イタリアの地方料理
La Cucina Regionale Italiana

イタリアへ修業に行き、地方料理のおいしさ、
奥深さに目覚める料理人は多いという。
しかし、日本のレストランでいざ料理を出そうとした時、
迷いを感じる料理人もまた少なくないという。
—— 日本で同じようにつくってもイタリアと同じ味が出せない。
果たして現地そのままの料理がお客に受け入れられるのだろうか ——
大切なのは、自分自身がしっかりとした解釈を持つこと。
また常に立ち帰るべき原点を見失わないことだろう。
本書では、知識篇でまず20州各州の地方料理の原点を見直し、
それを踏まえた上で、料理篇で自分なりの解釈を
組み立てるという構成を試みた。
26人のシェフのそれぞれの解釈を通じて、
新たな地方料理の魅力に迫ってみたい。
そして、20州280品の料理を通観することで見えてくる、
イタリア地方料理の真髄を探ってみたいと思う。

イタリアの地方料理　*La Cucina Regionale Italiana*
北から南まで20州280品の料理

目次

序

イタリア全図　6
本書の表記について　10

【知識篇】── 各州の特徴・伝統料理・特産物　須山雄子

イタリアの地方料理　7

01 ヴァッレ・ダオスタ州　12
02 ピエモンテ州　26
03 リグーリア州　52
04 ロンバルディア州　70
05 ヴェネト州　96
06 トレンティーノ=アルト・アディジェ州　122
07 フリウリ=ヴェネツィア・ジュリア州　140
08 エミリア=ロマーニャ州　156
09 トスカーナ州　180
10 ウンブリア州　204

11 マルケ州　220
12 ラツィオ州　236
13 アブルッツォ州　260
14 モリーゼ州　276
15 カンパーニア州　286
16 プーリア州　308
17 バジリカータ州　332
18 カラブリア州　350
19 シチリア州　370
20 サルデーニャ州　394

DOP・IGP・スローフードのプレシーディオ　145

ジャンル別　料理索引　413

素材別　料理索引　419

料理篇　担当シェフ　プロフィール　427

知識篇　主な参考文献・参照サイト　431

【料理篇】

01 ヴァッレ・ダオスタ州　17
　　岡谷文雄（ロッシ）

02 ピエモンテ州　33
　　堀川　亮（フィオッキ）
　　堀江純一郎（リストランテ イ・ルンガ）

03 リグーリア州　57
　　小塚博之（ラ・ルーナ）
　　堀江純一郎（リストランテ イ・ルンガ）

04 ロンバルディア州　77
　　後藤俊二（ラ・ボッテガ・ゴローザ）
　　西口大輔（ヴォーロ・コズィ）

05 ヴェネト州　102
　　林　亨（トルッキオ）
　　西口大輔（ヴォーロ・コズィ）

06 トレンティーノ＝アルト・アディジェ州　128
　　高師宏明（アルベラータ）

07 フリウリ＝ヴェネツィア・ジュリア州　146
　　渾川　知（リストランテ ラ プリムラ）

08 エミリア＝ロマーニャ州　164
　　沼尻芳彦（トラットリア ダディーニ）
　　三浦　仁（グラッポロ）

09 トスカーナ州　187
　　今井雅博（アルチェッポ）
　　辻　大輔（コンヴィーヴィオ）

10 ウンブリア州　209
　　奥村忠士（リストランテ・アカーチェ）

11 マルケ州　225
　　石川重幸（クチーナ シゲ）

12 ラツィオ州　243
　　京　大輔（コルニーチェ）
　　小池教之（オステリア デッロ スクード）

13 アブルッツォ州　266
　　鮎田淳治（ラ・コメータ）

14 モリーゼ州　280
　　鮎田淳治（ラ・コメータ）

15 カンパーニア州　293
　　渡辺陽一（パルテノペ）
　　杉原一禎（オステリア オ ジラソーレ）

16 プーリア州　315
　　江部敏史（コルテジーア）

17 バジリカータ州　337
　　島田　正（オステリア・ボーノ）
　　小池教之（オステリア デッロ スクード）

18 カラブリア州　356
　　有水かおり（トラットリア かおり）

19 シチリア州　377
　　石川　勉（トラットリア シチリアーナ・ドンチッチョ）
　　日髙良実（アクアパッツァ）

20 サルデーニャ州　400
　　馬場圭太郎（タロス）

デザイン　田島浩行
校　閲　河合寛子
編　集　網本祐子

イタリア全図　　　　　　　　　　　　　　　　　　　　　　　●は州都

◎首都ローマ市内にバチカン市国(CITÀ DEL VATICANO)がある。

イタリアの地方料理

須山雄子

気候風土がもたらすもの

イタリアはヨーロッパ大陸から地中海に突き出たイタリア半島と、地中海最大のシチリア島、二番目に大きいサルデーニャ島からなる長靴形をした国である。北にはヨーロッパ大陸を背にアルプス連峰が高々とそびえ、フランス、スイス、オーストリア、スロヴェニアと国境を接し、南のシチリア島の対岸には間近にアフリカ大陸のチュニジアが迫る。半島の中央には背骨のようにアペニン山脈が走り、山岳地帯と海岸地帯をくっきりと形作り、山脈の延長上にあるシチリア島のエトナ山は毎日噴煙を上げる活火山だ。半島の付け根部分にはパダーナ平原が広がり、イタリア最大のポー川が横切るように流れて広大な大地を潤す。このように南北に長く起伏に富んだ地形が、モザイクのように入り組んだ複雑な気候を生み、豊かな自然の恵みをもたらしている。

産物を見れば、平原ではトウモロコシや小麦などの穀類、水田地帯では米やカエルなど、牧草地では酪農が盛んで、食肉のみならず、チーズやサルーミなどの加工品が生産される。丘陵地帯では果物やナッツ類が収穫され、山には栗や豊かな自生キノコが実り、豊富なジビエ類が育つ。地中海やアドリア海からは新鮮な魚介類が揚がり、川や湖水地方では各種の淡水魚が獲れる。身近な特産物を生かし、それぞれ土地に根ざした料理が工夫され、受け継がれて、多彩な地方料理が発展してきた。北から南までイタリア各地を旅すると、一つの国とは思えないほどさまざまな食文化に出合うのはこうした背景があってのことだ。

北と南の食の違い

南北に長いイタリアでは、とりわけ北と南の違いが象徴的に語られることが多い。たとえば、酪農が盛んな北部では、伝統的にバターが料理のベースだが、オリーブ栽培が広く行なわれている中南部ではオリーブ油が基本となる。また、主要穀物である小麦粉も、北は軟質、南は硬質の栽培が中心だ。それに伴い、手打ちパスタは北では軟質小麦粉に卵を加えて練り、南では水とコシの強い硬質小麦粉で練る。軟質と硬質の小麦粉の違いはパンにも反

映されている。グルテンの少ない軟質小麦粉を使う北ではパンの食感はサックリと軽く、小ぶりのものが主流だが、グルテンの多い硬質小麦粉を使う南では、パンはむっちりとして大形になる。

歴史的背景がもたらすもの

地方料理の発展には、イタリアという国の歴史的な背景も大きく影響している。さかのぼってローマ時代には、兵士たちによって遠征先の東西各地の食材が伝えられ、その後は幾多の国の統治により、あるいは戦いを通してさまざまな食文化が移入されてきた。それが各地に根付き、独特の郷土料理として育まれていったのである。しかもイタリアでは長い間、都市国家隆盛時代が続いたため、それらが流動することなく地元でしっかりと守られてきた。イタリアが一つの国として統一されたのは1861年、まだ150年前のことなのである。奇しくもイタリア王国統一に貢献したガリバルディ将軍は「統一は成されたが、さてこれからイタリア人を創らなければ」と語ったという。それぞれ独立した小さな都市国家が集まって生まれたのがイタリアであり、そこには共通するイタリア人像などというものは存在しなかった。料理もしかりで、イタリア料理としてひとくくりにするにはあまりにも多様である。そこが「イタリア料理は地方料理の集合体である」といわれる所以なのである。その上、独自性を重んじるイタリア人気質から、同様の料理であってもそこにひと工夫もふた工夫も加えて、地方ごと、地域ごと、町や村ごとに違いがあるのが現実だ。

20州別の意味するところ

本書の【知識篇】では、20州別に各地の伝統料理、特産物を通観しながら、その食文化についての理解を深めていきたい。料理は基本的に古くから伝わるものを前提として取り上げたが、認知度や定着度合いなどから判断して、一部いくぶん新しいものも含めている。なお、20州は現在の行政区分で、イタリアが共和国（1946年〜）になってから議論を重ね、地形、言語、歴史、伝統、文化など、固有な特徴を共有している地方をまとめたものである（モリーゼ州はさらに16年後にアブルッツォ・エ・モリーゼ州が2つに分かれて生まれた）。また、20州のなかには特別州といわれる州が5州あり（ヴァッレ・ダオスタ、フリウリ＝ヴェネツィア・ジュリア、トレンティーノ＝アルト・アディジェ、シチリア、サ

ルデーニャ）、特に大幅な自治権が認められている。これらはいずれも国境を有する州で、近隣の国々の影響が色濃く残っている。地方による独自性を人々が大切にしている証であろう。

とはいえ、州境や県境などにはっきりとした境界線があるわけでなく、境目付近に住む人々にとってはどちらの習慣も自分たち固有のものである。また、もともとさらに小さな都市国家として独立していた地域では、同じ州内であっても顕著な違いが見られる場合もある。いずれにしても、食文化を州別にとらえることにはいささか無理があるが、便宜上、また大きな流れをつかむために、20州別に解説をすることとした。

古きをたずねて新しきを知る

料理は時代とともに生きている。今日では情報がいち早く伝わるようになり、次々と新しい調理技術が開発され、世界中の食材が容易に入手できるようになった。しかし、遥か昔に思いを馳せれば、今は全国各地に浸透しているバッカラも、15世紀の末にヴェネツィアの商人が北欧で難破したことでイタリアにもたらされたものだ。また現在ではイタリア料理の素材として切っても切れないトマトも、17世紀末から料理に使われるようになり、画期的な変容を遂げてきた食材である。

これからもイタリア料理は、さまざまな新しい素材、あるいは食文化の影響を受け、進化し続けることであろう。変わりなく見える地方料理も、微妙な変化を遂げている。しかし、長い年月を乗り越え、伝承されてきた料理は残るだけの価値があり、残るだけの底力を秘めているはずである。一見単純に見える地方料理の一つひとつに、先人たちの多くの知恵や工夫が息づいている。イタリアに長く暮らしても、全国津々浦々、まだまだ未知の世界が広がっている。イタリアの地方料理は、知れば知るほど奥が深い。

須山雄子（すやま・ゆうこ）
東京・品川生まれ。大学卒業後、ペルージャ外国人大学、ペルージャ州立ホテル学校に学ぶ。1984年からミラノ在住。月刊専門料理（柴田書店）のイタリア現地取材を担当、レストランや食材の取材、コーディネートなどに携わる。著書に「イタリアの地方菓子」（料理王国社）があるほか、「イタリアのレストラン」「イタリアのレストラン200の皿」「リーゾ」（いずれも柴田書店）などの出版に関わる。

本書の表記について

【知識篇】

●地名の表記について
＜　＞でくくったものは県、地方、都市、町、村などの地名を表わす。

例）＜トリノ県＞＜ガッリアーノ地方＞＜トラーパニ＞

●伝統料理の掲載順について
基本的にプリモ・ピアット、野菜料理、魚料理、肉料理、ドルチェの順で記載。

●チーズのタイプについて
チーズのタイプ分け（硬質、軟質、半硬質、その他）については、国によって基準が異なるなど、厳密に分類するのはむずかしい。本書では主として仕上がりの硬さ、柔らかさを基準に、参考までにタイプを記載している。

●特産物の項のDOPとIGPについて
イタリアの農林政策省発表の、2010年11月30日現在のデータから、すでに認証の完了したものだけを記載した。詳細は145頁参照。

●スローフードのプレシーディオについて
スローフード協会発表の、2011年1月31日現在のデータから記載。詳細は145頁参照。

【料理篇】

●料理名のルビについて
・欧文料理名のルビ（フリガナ）は、実際の発音に極力近いものとなるように、イタリア国営放送ＲＡＩの公式ＨＰ内イタリア語辞典「Dizionario italiano multimediale e multilingue d'Ortografia e di Pronunzia」（略称DOP）の発音に準じて表記した。
http://www.dizionario.rai.it/ricerca.aspx

・和文料理名のカタカナ表記は、日本国内で通用している一般的な表記を優先的に採用したため、ルビと一致しないものがある。

例）
・欧文のルビ／ツッパ、タッリャテッレ、リソット、ミラネーセ、ボロンニャ、スィチーリア
・和文のカタカナ表記／ズッパ、タリアテッレ、リゾット、ミラネーゼ、ボローニャ、シチリア

●料理名の欧文について
前置詞《di》のあとに母音で始まる名詞がくる場合、間にアポストロフィ《'》を入れて一語のようにつなげる書き方と、つなげずに単語をそのまま並べて書く2通りの表記法があるが、本書ではつなげない表記をとっている。
例）di oliva（d'oliva）　di oca（d'oca）
　　di agnello　（d'agnello）

●素材について
・小麦粉：本書では軟質小麦粉。国産の軟質小麦粉については、強力粉、中力粉の表記を採用し、薄力粉については単に小麦粉とした。イタリア産の軟質小麦粉については、できるだけ精白度別の分類を記載した。タイプ00、タイプ0、タイプ1、タイプ2、全粒粉の5段階があり、タイプ00は一番精白度が高いもの。

・セモリナ粉：本来は粗挽き粉の意で、主に硬質小麦（デュラム小麦）について使われる言葉だが、日本では一般に「硬質小麦粉」として認識されている。硬質小麦粉は挽き方で3つに分類され、セーモラが一番挽きが粗く、次がセモラート、一番挽きの細かいものがファリーナ・ディ・セーモラ（セーモラ・リマチナータ）と呼ばれる。ただし、本書では一部を除き、硬質小麦粉はすべてセモリナ粉として表記した。

・パルミジャーノ・レッジャーノはパルミジャーノと表記。また、パルミジャーノ、グラーナ・パダーノ、ペコリーノについては、とくに記載のないものはすりおろして使うものとする。

・フィノッキオ・セルヴァーティコは、野生のフィノッキオではなく、葉を使う品種のフィノッキオ（＝フェンネル）を指す。本書ではこれを別名でもあるフィノッキエットと表記した。

・バターは基本的に無塩バターを使用。

01

ヴァッレ・ダオスタ州
VALLE D'AOSTA

01 VALLE D'AOSTA

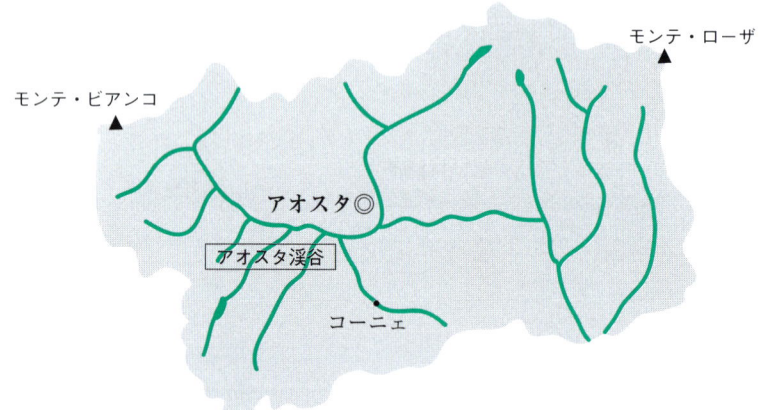

●ヴァッレ・ダオスタ州の県と県都

アオスタ県 …… アオスタ（州都）

ヴァッレ・ダオスタ州の特徴

イタリア西北端に位置し、フランスとスイスに国境を接する、20州中一番小さな州。州のほとんどが風光明媚な山岳地帯、渓谷地帯である。内陸性気候で、山岳地帯に特有の激しい気温の変化が特徴だ。湿度は低く、降雨量は20州中最も少ないが雪は多く、スキーヤーたちの憧れの地でもある。

家庭では現在でもフランコ＝プロヴァンス語が使われ、フランス語とイタリア語のバイリンガル地域であることも同州の大きな特徴。その伝統が料理にも反映されている。ただしスイスと国境を接するモンテ・ローザ山付近のグレッソネイ地域には、ドイツの影響が見られる。

伝統的な料理にはオリーブ油は見当たらず、バターとストゥルット（精製ラード）など動物性油脂が使われる。パスタにはあまり馴染みがなく、プリモ・ピアットはもっぱらスープ類やポレンタである。

寒さの厳しい長い冬は、雪で閉じ込められるため、羊や山羊肉などでつくる干し肉、モチェッタ（mocetta）や、豚の血が入ったサラミ、ブーダン（boudin）など、保存のきく畜肉加工品が多く生産されてきた。以前は牛肉を食べる習慣がなく、唯一、役牛が年老いて働けなくなった時にしか食用にしなかったことから、もっとも身近な食肉は、鹿や野ウサギなどのジビエ類である。

身体を温めるリキュールや、赤ワインを温めたヴィン・ブルレ（vin brulé）も、寒い土地の必然から生まれたもの。昔はパンも一年に数回しか焼かず、長期にわたって保存していた。そのため固くなったパンを専用の道具、コパパン（copapan）で切り、スープやミルクに浸して食べていた。

また、高原の野草で育つ乳牛のミルクからつくられるフォンティーナ・チーズは、同州を代表する特産物。個性的な味わいで、加熱するとクリーミーにとろけ、さまざまに使われて、同州の料理を特徴づけている。

美しい山々に抱かれたコーニェ渓谷。サヴァランシュ渓谷、レーム渓谷などを併せて「アオスタ渓谷地帯」と呼ばれる山深い地域。

01 VALLE D'AOSTA

ヴァッレ・ダオスタ州の伝統料理

◎ヴァッレ・ダオスタ州全体に広がる料理

＊ポレンタ・コンチャ Polenta concia ……フォンティーナ・チーズの薄切りとポレンタを交互に重ね、熱したバターをかけてオーブンで焼いたもの。あるいはポレンタに角切りのフォンティーナ・チーズを混ぜて溶かしたもの。

＊ニョッキのフォンティーナ焼き……ジャガイモのニョッキにバターとフォンティーナ・チーズをかけ、オーブン焼きにしたもの。

＊栗のミネストラ……牛乳で栗と米を煮たスープ。乾燥栗を使うこともある。

＊イラクサのズッパ……ブロードで米とジャガイモ、イラクサの葉を煮て、シナモン、クローヴの香りをつけたスープ。

＊タマネギのスープ……いわゆるオニオン・グラタン・スープ。タマネギのスープに熟成したトーマ・チーズあるいはフォンティーナ・チーズをのせてオーブンで焼く。

＊ポロネギのミネストラ……ポロネギ、タマネギ、ジャガイモ、米を入れたスープ。

＊ズッパ・ディ・コーニェ Zuppa di Cogne ……テラコッタ製の鍋にライ麦パンを入れ、あらかじめブロードで煮た米をブロードごと加え、フォンティーナ・チーズをのせてオーブンで焼いたもの。コーニェは州中央部の地名。

＊ズッパ・アッラ・ヴァルペッリネンセ Zuppa alla valpellinense ……薄切りのパンとフォンティーナ・チーズを交互に重ねて容器に入れ、あらかじめブロードで煮たチリメンキャベツをブロードごと加え、熱したバターをかけ、シナモンをふってオーブンで焼いたもの。

＊フォンドゥータ Fonduta ……いわゆるチーズ・フォンデュ。フォンティーナ・チーズ、卵黄、牛乳を溶かし合わせ、たっぷりのバターで焼いたパンを添える。

＊タマネギのオーブン焼き、チーズ、サルシッチャ入り

＊カルネ・サラータ Carne salata ……乳の出なくなった牛や、羊、山羊等の肉でつくる一種の生ハム。肉に粗塩、ニンニク、ローズマリー、セージをまぶし付け、テラコッタ製の容器に入れ、木製の蓋、重しをして約2週間漬けた後、取り出して、風通しのよいところに吊るして乾燥させる。

＊カルボナーダ Carbonada ……小さく切った牛肉（塩漬け）の赤ワイン（あるいは白ワイン）煮込み。カルボナーデ、カルボナード（どちらもCarbonade）、あるいはカルボナータ（Carbonata）ともいう。

＊ヴァッレ・ダオスタ風コトレッタ Cotoletta valdostana ……フォンティーナ・チーズを挟んで揚げた仔牛肉のカツレツ。

＊野ウサギのサルミ Lepre in salmì ……赤ワインとワインヴィネガーでマリネした野ウサギの煮込み。

＊ノロジカのシヴェ Civet di camoscio ……血を加えたノロジカの赤ワイン煮込み。フランス料理の流れを汲む調理法。

ヴァッレ・ダオスタ州の特産物

◎野菜・果物・ナッツ類
＊栗
＊洋梨（マルティン・セック種）……果肉が緻密な小ぶりの梨。生食より加熱して食べることが多い。
＊リンゴ（レネッテ種）……酸味のある種類。長期保存可能で、生食より加熱して使われる。
＊ラズベリー、ブルーベリーなどのベリー類
＊クルミ

◎チーズ
＊フォンティーナ fontina DOP（牛・硬質）
＊ヴァッレ・ダオスタ・フロマッツォ Valle d'Aosta fromazdzo DOP（牛・硬質）
＊レブレック rébleque（牛・フレッシュ）
＊サリニョン salignon（山羊、羊・フレッシュ）

◎畜肉加工品
＊ラルド Valle d'Aosta lard d' Arnad DOP ＜アルナド産＞
＊生ハム Valle d'Aosta jambon de Bosses DOP＜ボス産＞
＊ブーダン boudin ……豚の血（替わりにビーツを入れることもある）、ジャガイモ、ラルド、スパイスでつくるサラミ。
＊モチェッタ mocetta , motzetta ……塩、香草、スパイスで風味づけした干し肉。乾燥がすすんだ生ハム。カモシカ、牛、羊、山羊などの肉を使う。
＊テテウム teuteum ……牛の乳房を塩水に漬けた後、プレスし、加熱した緻密なムース状の加工品。薄切りにして前菜にする。

◎調味料
＊クルミ油
＊ハチミツ……シャクナゲ、栗、高山植物の花などから採れたもの。

◎飲料
＊ジェネピ genepì , génépy ……ジェネピーという香草を漬け込んだリキュール。
＊ヴィン・ブルレ Vin brulé ……レモンの皮、砂糖、スパイスを加え温めた赤ワイン。
＊カッフェ・ヴァルドスターノ caffè valdostano ……エスプレッソコーヒーにレモンの皮、グラッパ、砂糖を入れたもの。グロッラという専用容器に入れて飲む。グロッラは複数の飲み口が付いた木彫りの丸い容器で、これを回し飲みにするのがこの地の習慣（16頁参照）。

◎パン・菓子
＊パン・ネール pan ner ……ライ麦粉を入れたパン。昔は乾燥させて保存し、一年中これを食べていたが、現在はフレッシュな状態で食べるものもある。
＊ミコウーラ micoula ……軟質小麦粉とライ麦粉を半々で合わせてつくるレーズン入りのパン。
＊コーニェのクリーム crema di Cogne ……生クリーム、卵黄、チョコレート、砂糖を混ぜ合わせ、ラム酒とヴァニラで風味づけしたクリーム。
＊テーゴレ tegole ……アーモンド粉とヘーゼルナッツ粉を使った極薄クッキー。
＊モンテビアンコ montebianco ……イタリア版モンブラン。マロンクリームにホイップクリームをかけたもの。

01 VALLE D'AOSTA

ヴァッレ・ダオスタ風コーヒー
Caffè valdostano

別名、カッフェ・ダミチッツィア（友情のコーヒー）と呼ばれるヴァッレ・ダオスタ州独特のコーヒー。グロッラという木彫りの器に熱いコーヒー、グラッパ、砂糖、オレンジの皮、シナモン、クローヴなどを入れる。蓋をして、グロッラに砂糖をふりかけたら、蓋を開けて、グラッパのアルコール分が蒸発したところに火をつけ、炎も楽しむ。火が消えたら、突き出た口から皆で回し飲みをする。飲む時は飲み口の両隣の口を指で押さえてこぼれないようにする。

Antipasto　01　VALLE D'AOSTA

#001
Mocetta
（モチェッタ）

鹿肉のハム

保存性の高い肉料理が多いヴァッレ・ダオスタ州はサラミ類が多種多様だ。そのなかでもモチェッタは特に知られた一品。現在は一般に牛肉や鹿肉でつくられているが、昔から最高級とされているのはカモシカの肉でつくられたものである。今回紹介しているのは、現地の加工業者から習った方法で、赤ワイン、塩、ハーブ類で肉の中まであらかじめしっかりマリネしたうえで干す。塩と赤ワイン、その両方の作用で保存性を高めるため、塩だけで漬けたサラミ類のように塩抜きをする必要がなく、つくり方が非常に合理的。秋から冬ならば日本でもつくりやすい。

岡谷文雄（ロッシ）

ricetta

①鹿のモモ肉を赤ワイン、塩、ローリエ、セージ、ローズマリー、ネズの実、シナモン棒の中で肉の色が変わるまでマリネする。目安として、成鹿のモモ肉で2週間くらい。小さい肉の塊なら一晩でも可。

②表面の水気をしっかりふき取り、たこ糸で縛って形を整える。風通しのよい低温の場所につるす。表面にうっすら白カビが生えたらでき上がりの印。

01 VALLE D'AOSTA

Antipasto

#002
フォンドゥータ
Fonduta
チーズフォンデュ

ヴァッレ・ダオスタ州で最も知られる産物といえば、フォンティーナ・チーズ。このチーズを肉に挟んでカツレツにするなどいろいろな料理に使われるが、牛乳や卵黄とともに溶かしたフォンドゥータ（アオスタ風チーズフォンデュ）は秋から冬にかけてよく食べられる料理である。ここでは非常に相性のよい白トリュフ（できればピエモンテ産）をふんだんに使って贅沢なアンティパストに仕上げた。

岡谷文雄（ロッシ）

ricetta

①フォンティーナ・チーズを薄切りにし、ヒタヒタの牛乳に30分間以上浸ける。
②チーズのみを取り出し、器に入れて80℃の湯せんにかけ、混ぜながら溶かす。チーズを浸けておいた牛乳を少しずつ加えて混ぜ合わせる。混ぜながらバターを加える。
③全体がとろっとしたら卵黄を少しずつ入れ、混ぜ合わせる。均一に混ざって照りととろみが出てきたら皿に盛り、削った白トリュフをかける。

Primo Piatto

#003
Favò
（ファヴォ）

ソラ豆のパスタ

ファヴォとはファーヴェ（ソラ豆）の方言。知人から教えてもらったアオスタの家庭料理のリチェッタを参考につくってみたもの。びん詰めのトマトソースや、円形で十字の切り込みの入った日持ちのする固い黒パン、乾燥または冷凍ソラ豆を使用するところは、寒さが厳しく冬の間の保存食が必要なアオスタ地方らしい。焼いた固いパンの食感が、トマトソースで煮てオーブンで焼いたあとにも、軽くガリッと残るようにすると最後まで心地よく食がすすむ。派手さはないが、庶民の生活の中から生まれた料理をしみじみ味わってもらえる一品。

岡谷文雄（ロッシ）

ricetta

①タマネギ、ニンジン、セロリを適宜に切り、オリーブ油で炒める。セージを加えてさらに炒め、ホールトマトを加えてトマトソースをつくる。
②フライパンにバターを溶かし、固くなった黒パン（パン・ド・カンパーニュで代用してもよい）を焼いておく。
③ショートパスタを塩湯でゆで、途中でさやをむいたソラ豆を加えて一緒にゆでる。パスタはここではピペッテ（曲がったパイプ状のショートパスタ）を使用。
④トマトソースにパスタとソラ豆を加え、適宜の大きさにした黒パンを混ぜる。耐熱皿に入れ、薄切りにしたフォンティーナ・チーズをのせ、200℃のオーブンで12分間焼く。

※大量に仕込んでおいてそのまま食べても、温めなおして食べても味が変わらない。

Primo Piatto

VALLE D'AOSTA

#004
リゾット アッレ カスタンニェ
Risotto alle castagne
栗のリゾット

隣接するピエモンテ州のノヴァーラやヴェルチェッリは米の産地。その影響もあり、ヴァッレ・ダオスタ州には米料理も多く、リゾットやスープ料理に使われている。乳製品を多用するこの地方らしく、リゾットを炊く時はブロードよりも多く牛乳を加えるのが特徴。名産である栗を加えることで、名峰モンテビアンコ（モンブラン）を眺めるアオスタ渓谷を彷彿させる。

岡谷文雄（ロッシ）

ricetta

①クリの鬼皮をむき、15分間蒸した後、渋皮をむく。
②牛のブロード（牛肉をタマネギ、ニンジン、セロリとともに6時間煮出す）で5分間クリをゆでる。
③ブロードよりも多めの牛乳を加え、沸騰したら米を加えて煮る。
④塩で味をととのえ、バターをたっぷり混ぜ合わせて仕上げる。

Secondo Piatto

01 VALLE D'AOSTA

#005
スフォッリャータ　ディ　フンギ　ポルチーニ　アイ　フォルマッジ
Sfogliata di funghi porcini ai formaggi
キノコのパイ包み

アルプスの山岳地帯であるヴァッレ・ダオスタ州はキノコが豊富に穫れる。これをバターでソテーし、名産のフォンティーナ・チーズなど手に入りやすいチーズ類と合わせ、パイで包んだクラシックな一皿。バターやチーズだけでまとめているので、味が濃く重たい印象だが、それがこの地方らしいところ。あえて付合せなどを添えず、シンプルに提供する。

岡谷文雄（ロッシ）

ricetta

①練り込みパイ生地をつくる。
②ポルチーニ茸を掃除して適宜に切る。バターでさっと炒め、塩、コショウで味をととのえる。そのまま冷ます。
③ピエモンテ地方産のリコッタをかくはんし、すりおろしたパルミジャーノ、角切りのフォンティーナ・チーズを加える。さらにポルチーニ茸のソテーを加えて混ぜ合わせる。冷蔵庫に入れて冷ます（A）。
④パイ生地を薄くのばし、Aを包んでだ円形に整える。
⑤卵黄を表面にぬり、270℃のオーブンで12分間焼く。

Secondo Piatto

VALLE D'AOSTA

#006
チェルヴォ アッロスト エ カルボナーデ
Cervo arrosto e carbonade

鹿肉のローストと赤ワイン煮込み

カルボナーデはヴァッレ・ダオスタ州の方言で、赤ワイン煮込みのこと（一般にはカルボナータ。フランス料理のカルボナード）。鹿肉や牛肉の赤ワイン煮込みはこの地方の定番料理の一つだ。切れ端の肉を使うことが基本で、ワインに漬け込んでから、血が混じったワインをそのまま使って煮込む。ただこうするとアクが大量に出るので、それをていねいに取り除くことがポイント。ここでは、修業時代に北イタリアのリストランテで流行していたスタイルを意識し、フィレ肉やモモ肉はローストに、スジの多い肉は煮込みに、というように、同じ鹿肉でも異なる部位を一皿に盛り込んで味の変化を楽しんでもらえるようにした。付合せには、この地方でよく食べられているポレンタを添えるのが最もポピュラー。

岡谷文雄（ロッシ）

ricetta

①スジが多く入っている部位の鹿肉を細かく切り、赤ワイン、適宜に切ったニンジン、タマネギ、セージ、ローリエで一晩マリネする。
②鹿肉とマリネ液に分ける。鹿肉は塩、コショウして強力粉をまぶし、オリーブ油をひいたフライパンでソテーしておく。
③マリネ液には赤ワインを加え、沸騰させてからアクを取る。ここへソテーした鹿肉を加え、アクを取りながら2時間半くらい煮込んでカルボナーデとする。
④鹿のロース肉またはモモ肉の塊に塩、コショウし、ローリエ、ローズマリーとともに200～250℃のオーブンで回しながら焼く。温かいところにしばらくおいて休ませる。
⑤ポレンタをつくる。鍋に牛のブロードを沸かし、ポレンタの粉（全粒）を入れ、混ぜながら煮込んでいく。フォンティーナ・チーズを加えて混ぜ合わせ、塩、コショウで味をととのえる。
⑥皿にポレンタを盛り、薄く切った鹿肉のローストを並べ、カルボナーデを添える。

Dolce

01 VALLE D'AOSTA

#007
（ツッパ ディ マンドルレ）
Zuppa di mandorle
アーモンドのズッパ

18～19世紀にピエモンテ州から伝わったといわれるアーモンドは、保存性の高い食材を求めるこの州にしっかり根づいた。このスープはアオスタのリストランテのスペシャリテで、アーモンドのピュレを濃厚な牛乳でのばし、バターでコクを出すという山岳地方らしい一品。温かくても冷たくしても、食中でもドルチェでも提供できる。

岡谷文雄（ロッシ）

ricetta

①薄皮の付いたアーモンドを軽くゆで、水気をきってから薄皮をむく。
②少量の牛乳とともにミキサーにかけ、ペースト状になったら牛乳でのばし、シナモンを加える。
③鍋に移し、クローヴ、パン粉、砂糖、バターを加えて火にかける。
④皿に盛り、クローヴを浮かせる。

Dolce

#008
Torta di riso
（トルタ ディ リーソ）
米のタルト

ドルチェにはあまりバリエーションがない地方だが、タルトはよく食べられる。なかでもリンゴのタルトは、リンゴの産地ということもあって最もポピュラーである。今回紹介した米のタルトは、米をよく使うこの地方らしい一品。牛乳、卵などを使い、いわばプディングのような感覚で仕上げる。見た目は素朴でずっしりしているが、レモンピールを加えているので意外に軽く、食後でもすっと食べられる。

岡谷文雄（ロッシ）

ricetta

①レーズン50gを水またはワインでもどし、小麦粉を薄くふっておく。
②タルト型にバターをぬり、ごく細かくすりおろしたパン粉をふっておく。
③鍋に牛乳1ℓを入れて沸かし、塩、米250gを加えて煮る。仕上がる直前にすりおろしたレモンピールと、レーズン、砂糖150g、卵2個、バター80gを加えよく混ぜる。
④タルト型に③の生地を入れて表面に溶かしバターをぬり、パン粉を散らして170℃のオーブンで15〜20分間焼く。冷ましてから提供する。

02

ピエモンテ州
PIEMONTE

02　PIEMONTE

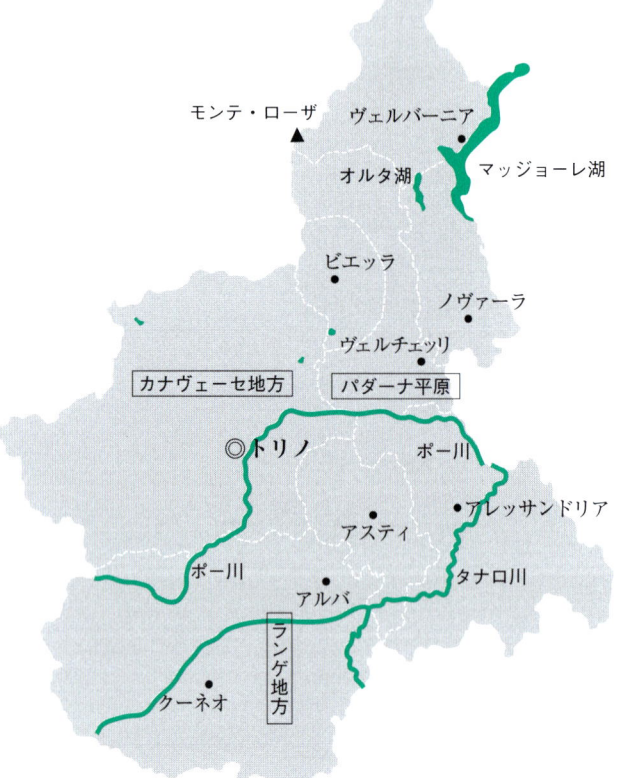

●ピエモンテ州の県と県都

アスティ県 …… アスティ
アレッサンドリア県 …… アレッサンドリア
ヴェルチェッリ県 …… ヴェルチェッリ
ヴェルバーノ・クージオ・オッソラ県 …… ヴェルバーニア
クーネオ県 …… クーネオ
トリノ県 …… トリノ（州都）
ノヴァーラ県 …… ノヴァーラ
ビエッラ県 …… ビエッラ

ピエモンテ州の特徴

　アルプス連峰を境にスイス、フランスと国境を接する20州中一番西に位置する州。州都のトリノは現在のイタリア共和国ができる前に、一時サヴォイア家の統治するイタリア王国（1861～1946年）の首都になり、歴史的にもイタリア統一に非常に大きな役割を果たした重要な場所である。

　地形を見ると43％が山岳部、30％が丘陵部、残りの27％が平野部と起伏に富んおり、幅広い産物を生み出している。気候は、典型的な内陸性で寒暖の差が激しく、季節のめりはりがはっきりしている。1日の気温の差も大きく、冬には山岳部で大量に雪が降り、平野部や丘陵部は濃厚な霧に包まれる。

　ラテン語の"ペデ・モンティス（Pede Montis）＝山の麓"から名づけられたという州名が示すように、山の幸が豊か。秋の味覚の王者、白トリュフをはじめとして、ポルチーニ茸、オーヴォリ茸などのキノコ類、ジビエ類も豊富だ。時季の10月から12月にかけて、アルバの町は白トリュフ市の中心となるが、それは中部イタリア産も取引きされる大規模なものである。また山岳地帯では放牧が行なわれ、個性あふれるバラエティ豊かなチーズ、バターなどの乳製品が生産されている。

　一方、州東部にあたる平野部のパダーナ平原では、ポー川とカブール水路を灌漑に利用して稲作が広く行なわれ、国内生産の60％以上をまかなっている。また畜産農家も多く、上質な食肉牛ピエモンテ種が飼育され、食肉用の牛の生産ではイタリア随一である。丘陵地帯では、櫛の目のように整然としたブドウ畑が続き、各種の銘醸ワインを産出しているが、ブドウに向かない土地はヘーゼルナッツなど他の果樹栽培、あるいはトウモロコシや野菜の栽培に当てられ、生産量も多い。

　ピエモンテ州の食事は、次から次へ何皿も出されるアンティパストから始まる。特にランゲ地方は顕著で、通常でも5～6品、結婚式の披露宴などでは30品にもおよぶことがある。サラミ類はもとより、各種のサラダもアンティパストとされることが多い。通常、料理のベースはバターやラードなど動物性油脂だが、有名な野菜料理バーニャ・カウダにはオリーブ油を使用する。州内でオリーブの栽培は見られないが、隣接したオリーブ油の産地、リグーリア州と昔から物々交換をしてきた歴史があり、その影響が伝統料理の中にも残っている。

　もう一つ特筆すべき点は、ドルチェの豊かさである。トリノには多数のチョコレート工房があり、また、焼き菓子の種類の多さも20州中群を抜く。こうした菓子文化の発展にも、イタリア最後の王家、サヴォイア家の存在が大きくかかわっているようだ。

緑の丘陵にオレンジ色の屋根が美しいピエモンテの風景。

02　PIEMONTE

ピエモンテ州の伝統料理

◎トリノ周辺の料理

*トリッパのミネストラ
*フィナンツィエーラ Finanziera ……鶏のトサカや鶏レバー、仔牛の胸腺肉、キノコなどの入った煮込み。一品料理として、あるいは米と合わせてリゾットにしたり、パイ生地と合わせたり、ソースの一つとして使われることもある。

◎カナヴェーセ地方の料理

*カナヴェーセ風アニョロッティ Agnolotti canavesani ……牛肉、サルシッチャなどの詰めものをしたパスタ。
*そば粉入りニョッキ
*カナヴェーセ風リゾット Risotto alla canavesana ……フォンティーナ・チーズ等のチーズ入りリゾット。
*トフェイヤ Tofeja ……トフェイヤ（＝テラコッタ製の鍋）でインゲン豆と豚の皮や豚のさまざまな部位を煮込んだもの。
*ウサギの煮込み　カナヴェーセ風 Coniglio alla canavesana ……テラコッタ製の鍋で煮込んだウサギ。タマネギ、セージ、ワインヴィネガーなどが入る。
*インヴォルティーニのカナヴェーセ風 Involtini alla canavesana ……仔牛のレバー、生ソーセージ、レーズンなどを混ぜ合わせて網脂で小さなロール状に包み、トマトソースで煮込んだもの。

◎ノヴァーラ県、ヴェルチェッリ県の料理

*パニッシャ Paniscia ＜ノヴァーラ県＞……米にタマネギ、サラーム・ドゥラ・ドゥーヤ（salam d'la duja＝豚の脂肪に漬け込んだサラミ）、豚の皮、ラルド、ウズラ豆、チリメンキャベツなどの野菜類を加え、赤ワインとブロードで煮てつくるリゾット。
*パニッサ Panissa ＜ヴェルチェッリ県＞……米にタマネギ、サラーム・ドゥラ・ドゥーヤ、豚の皮、ラルド、ウズラ豆などを加え、赤ワイン、ブロードで煮てつくるリゾット。
*カエルのリゾット　*米のサラダ
*リーゾ・イン・カニョン Riso in cagnon ……ゆでた米に卵黄とセージ風味のバター、すりおろしたチーズを混ぜ合わせたもの。ゆでた米にフォンティーナ・チーズとバターを合わせるやり方もある。カニョンは幼虫の意。米粒の形が似ているところからのネーミングとされる。
*ペッシェ・ペルシコ（カワスズキ）のバター焼き
*タプローネ Tapulone ……小さく切ったロバ肉を赤ワインとブロードで煮込んだもの。

◎山岳部の料理

*鱒の香草風味焼き……ローズマリー、タイム、セージ、ミント、ネズの実、ニンニクなどを使った鱒のオーブン焼き。
*野ウサギのシヴェ Civet di lepre ……レバーや血を加えた野ウサギの赤ワイン煮込み。フランス料理の流れを汲む調理法。civetはフランス語で、イタリア語ではsivè（シヴェ）あるいはcivé（チヴェ）とも書く。

◎ランゲ地方の料理

*タヤリン Tajarin ……卵と小麦粉の生地を細切りにしたロングパスタ。パルミジャーノやポレンタ粉を入れることもある。最近は卵黄を多く加えるタヤリンが主流である。タヤリンは タリオリーニのピエモンテ州での呼び名。
*アニョロッティ・アル・プリン Agnolotti al plin ……指でつまんで形づくる詰めものパスタ。
*チーズをからめたニョッキ Gnocchi alla bava ……ジャガイモと小麦粉のニョッキに、トーマ・ピエモンテーゼあるいはフォンティーナなどのチーズを生クリームに溶かしたクリームソースをからめ合わせたもの。バーヴァはよだれ、糸状の繊維などの意。
*クニャ cugnà ……カリン、リンゴ、洋梨、イチジクなどの

果物をブドウ果汁で煮つめたジャム。クルミやヘーゼルナッツ、スパイスなども加える。ボッリート（ゆで肉）やポレンタ、熟成したチーズなどに添える。

*バーニャ・カウダ Bagna caoda ……ニンジン、セロリ、ペペローニ、フィノッキオ、トピナンブール（キクイモ）、カルドなどの生の野菜、あるいはゆでたりオーブン焼きにした野菜を、卓上の鍋で温めたアンチョビとニンニク入りのオリーブ油につけながら食べる料理。

*アルバ風カルネ・クルーダ Carne cruda all'albese ……牛のフィレ肉を細かく切り、生のままレモン汁、ニンニク、パセリ、キュウリの酢漬けなどで調味したもの。

*鶏の胸肉のアルバ風 Insalata di pollo all'albese ……ゆでた鶏胸肉のサラダ。白トリュフをのせる。

*牛肉のブラザート バローロ風味 Brasato di manzo al barolo ……牛モモ肉にラルドやニンジンを刺し、赤ワイン（バローロ）に漬け込んだ後、ブロードやトマトとともに弱火で長時間、蒸し煮込みにしたもの。

◎ピエモンテ州全体に広がる料理

*ポレンタ・コンチャ Polenta concia ……ポレンタを練り、小さく切ったフォンティーナ、ゴルゴンゾーラ、トーマ・ピエモンテーゼなど数種のチーズを混ぜ合わせて溶かし、仕上げに熱したバターをかけたもの。

*ミックスチーズのリゾット……すりおろしたグラーナ・パダーノ、フォンティーナ、熟成したトーマ・ピエモンテーゼなどのチーズを加えたリゾット。

*バローロ風味のリゾット Risotto al barolo ……赤ワイン（バローロ）を加えて煮たリゾット。

*チーズのフォンドゥータソース……チーズを卵黄や牛乳などとともに溶かしたソース。地元産の各種チーズを使い、パスタに合わせたり、野菜、キノコなどに添えたりする。

*タマネギの詰めもの

*オーヴォリ茸のサラダ Insalata di ovoli ……オーヴォリ茸（タマゴタケ）を生でスライスしたサラダ。

*卵のベラ・ロジン風 Uova alla Bela Rosin ……ベラ・ロジンは、イタリア王、ヴィットリオ・エマヌエーレⅡ世の愛人（後に結婚）、ローザ・テレーザ・ヴェルチェッラーナ・グエッリエーリの愛称。ゆで卵を半分に切り、黄身を取り出して裏ごしし、マヨネーズソースと合わせて白身の上に絞り出したもの。

*アンチョビのグリーンソース Acciughe al verde ……イタリアンパセリ、ペペロンチーノ、ニンニク、ワインヴィネガー、オリーブ油を合わせたソースをかけたアンチョビ。

*ゆで鶏のサラダ

*仔牛のツナソース Vitello tonnato ……仔牛の脂肪のない部位の塊肉をゆでて薄切りにし、ツナソースと合わせた冷製料理。

*鶏のマレンゴ風 Pollo alla Marengo ……鶏肉のトマト煮。マッシュルーム、川エビが入る。フリットにしたパンと目玉焼きを添えるのが定番。マレンゴの戦いの後、ナポレオンが食べた料理として知られている。

*フリット・ミスト Fritto misto ……20～25種類の素材を使った揚げもの。溶き卵、細かいパン粉を付け、バター、またはバターとオイルで揚げる。ピエモンテ風として欠かせないものは仔牛レバー、胸腺肉、脳ミソ、仔羊骨付きロース肉、鶏肉のコロッケ、ジャガイモのコロッケ、甘みをつけたセモリナ粉の練りもの（角切り）、リンゴなど。

*ボッリート・ミスト Bollito misto ……牛のいろいろな部位、豚肉、コテキーノ（豚肉と豚の皮を詰めた生ソーセージ）、鶏などをゆでたもの。ピエモンテ風はトマトベースのバニェット・ロッソ（bagnetto rosso）、イタリアンパセリベースのバニェット・ヴェルデ（bagnetto verde）、あるいはクニャ（左頁参照）などのソースを添えて食べる。

02 PIEMONTE

ピエモンテ州の特産物

◎穀類
*米 riso di Baraggia biellese e vercellese DOP ＜ヴェルチェッリ県、ノヴァーラ県＞
*トウモロコシ

◎野菜・果物・キノコ・ナッツ類
*ペペローニ＜カルマニョーラ＞
*カルド＜キエリ、カステルヌオーヴォ・ベルボ＞……形状はセロリ、味はカルチョフィに似た野菜。
*グリーンアスパラガス＜サンテナ＞
*小タマネギ＜イヴレア周辺＞……酢漬け用に利用。
*栗 castagna Cuneo IGP ＜クーネオ、ボヴェス＞
*栗 marrone della Valle di Susa IGP＜スーザ渓谷＞
*サクランボウ＜ペチェット・トリネーゼ＞
*桃＜ヴォルペード、モンテウ・ロエロ＞
*ポルチーニ茸＜ピネローロ＞
*白トリュフ＜アルバ周辺＞
*ヘーゼルナッツ nocciola Piemonte IGP（トンダ・ジェンティーレ・デッレ・ランゲ種）＜ランゲ地方一帯＞

◎魚介類
*鱒
*ペッシェ・ペルシコ pesce persico ……カワスズキ。
*コレゴーネ coregone ……湖の淡水魚の一種。
*ティンカ tinca gobba dorata del Pianalto di Poirino DOP ……コイ科の淡水魚。

◎肉類
*ピエモンテ種の牛……食肉市場としてカルウが有名。
*カエル＜ヴェルチェッリ県、ノヴァーラ県＞
*カタツムリ＜ボルゴ・サン・ダルマッツォ＞
*去勢鶏 cappone＜モロッツォ＞

◎チーズ
*ゴルゴンゾーラ gorgonzola DOP（牛・軟質・青カビ）
*ブラ bra DOP（牛・テーネロは軟質、ドゥーロは硬質）
*カステルマーニョ castelmagno DOP（牛・硬質）
*ムラッツァーノ murazzano DOP（羊・軟質／牛乳を少量加えることもある）
*ラスケーラ raschera DOP（牛・硬質／山羊乳や羊乳を少量加えることもある）
*ロビオーラ・ディ・ロッカヴェラーノ robiola di Roccaverano DOP（牛、山羊、羊・フレッシュ）
*トーマ・ピエモンテーゼ toma piemontese DOP（牛・硬質）
*セイラス seirass （牛、羊・フレッシュタイプと熟成タイプがある／牛と羊の混乳もある）……ホエー（乳清）でつくるリコッタの一種。
*ベッテルマットゥ bettelmatt （牛・硬質）
*カプリーノ caprino（山羊・フレッシュ）
*タレッジョ taleggio DOP （牛・軟質）
*グラーナ・パダーノ grana padano DOP（牛・硬質）

◎畜肉加工品
*サラーム・ドゥラ・ドゥーヤ salam d'la duja ……豚の脂肪に漬け込んだサラミ。
*カッチャトリーノ cacciatorino ……赤ワインを加えた小形の豚肉のサラミ。熟成の若いタイプ。
*ラルド lardo ……豚の背脂を、ローズマリー入りの塩に漬け込み、熟成させたもの。
*サラーメ・コット salame cotto ……粗切りの豚肉に赤ワインを加えてつくるサラミをゆで上げたもの。
*サラーメ・デッレ・ヴァッリ・トルトネージ salame delle valli tortonesi ……トルトーナ近郊でつくられる、粗切りの豚肉でつくるサラミ。

＊サラーメ・ディ・パターテ salame di patate ……ゆでたジャガイモを豚肉に混ぜ入れたサラミ。
＊プロッシュット・クルード・ディ・クーネオ prosciutto crudo di Cuneo DOP＜クーネオ＞
＊サラーメ・クレモーナ salame Cremona IGP
＊モルタデッラ・ボローニャ mortadella Bologna IGP
＊サラミーニ・イタリアーニ・アッラ・カッチャトーラ salamini italiani alla cacciatora DOP

◎パン・菓子
＊グリッシーニ grissini ……細長い棒状の固焼きパン。
＊ビオヴァ biova ……小ぶりのテーブルパン。パニーノ（サンドイッチ）に使用することもある。
＊フォカッチャ・ノヴェーゼ focaccia novese IGP……オリーブ油を使ったフォカッチャ。ノーヴィ・リーグレ近郊でつくられる。
＊アマレッティ amaretti ……アーモンド粉を使った小さなクッキー。
＊サヴォイアルディ savoiardi ……サックリした軽い食感のフィンガービスケット。
＊ザバイオーネ zabaione ……ワインをきかせて泡立てた甘い卵黄クリーム。
＊ジャンドゥイオッティ gianduiotti ……ヘーゼルナッツ風味のなめらかなチョコレート。
＊トルタ・ジャンドゥーヤ torta gianduja ……ヘーゼルナッツとチョコレートを入れたスポンジ生地にチョコレートクリームを挟み、表面にあんずジャムをぬり、チョコレートでコーティングしたケーキ。
＊トルタ・ディ・ノッチョーラ torta di nocciola ……ヘーゼルナッツ粉を入れたスポンジケーキ。
＊バーチ・ディ・ダーマ baci di dama ……2個の小粒の半球形クッキーの間に、チョコレートクリームを挟んだ菓子。

＊パンナコッタ panna cotta ……ゼラチンで固めた生クリームのプリン。
＊ボネ bonet ……ゼラチンで固めたアマレッティ入りのチョコレートプリン。アマレッティのザラッとした食感が特徴。
＊マルティン・セックのバローロ煮 martin sec al barolo ……小さなマルティン・セック種の洋梨をバローロ・ワインで煮たもの。
＊メリンゲ meringhe ……砂糖を加えて泡立てた卵白をひと口大に絞り出し、低温で焼き上げたメレンゲ菓子。
＊桃のアマレッティ詰めオーブン焼き
＊モンテビアンコ montebianco ……マロンクリームにホイップクリームをかけたもの。名称はイタリア語でモンブランのこと。

スローフードのプレシーディオ

＊ニッツァ・モンフェッラート産のカルド・ゴッボ（こぶのようにカーブした比較的柔らかい食感のカルド）
＊カルマニョーラ産のコルノ・ディ・ブーエ種のペペローニ……コルノ・ディ・ブーエは牛の角の意。
＊カプリーリオ産の地元品種のペペローニ
＊コルテレッジョ産のピアッテラ・カナヴェザーナ……インゲン豆の一種。
＊カプラウナ産のカブ
＊オルヴァッサーノ産の赤セロリ
＊ガルバーニャ産のベッラ種のサクランボウ
＊トルトーナ周辺の丘の野生のイチゴ……大きさも色もラズベリー（木イチゴ）に似たイチゴ。甘く香りがよい。
＊ヴァッレ・ブロンダ産のラマッシン……スモモの一種。
＊ピエモンテ州の古い品種のリンゴ……グリージャ・ディ・トッリアーナ種、ブラス種、ルンセ種、ガンバ・フィーナ種、マニャーナ種、ドミニチ種、カルラ種、カルヴィッレ種など。

02　PIEMONTE

ほとんどが酸味のあるタイプで、生食よりも煮て食べるリンゴ。
*チェレゾーレ・ダルバ産のティンカ(淡水魚の一種)
*サンブーコ種の仔羊
*モロッツォ産の去勢鶏
*カルマニョーラ産の濃い灰色をしたピエモンテ種のウサギ
*サルッツォ・ホワイト種の雌鶏とピエモンテ・ブロンド種の雌鶏。
*ピエモンテ種の牛
*アルペッジョのカステルマーニョ……ピエモンテ種の牛のミルクで、少量生産でつくられる、半硬質タイプのチーズ。アルプスの標高の高い牧場で夏に放牧された牛のミルクでつくられるチーズをアルペッジョという。
*コアッツェ産のチェヴリン……ノロジカ系の山羊と牛のミルクを混ぜてつくるロビオーラ・チーズタイプのフレッシュチーズ。
*マカン……モンテ・ローザ近くのマカンが産地。牛のミルクでつくられる硬質チーズ。
*モンテーボレ……クローネ渓谷でつくられる、生地が三段重ねになった独特な形状のチーズ(羊と牛の混乳・半硬質)。
*伝統的なロビオーラ・ディ・ロッカヴェラーノ……牛のミルク85%、残りは羊か山羊のミルクでつくるフレッシュタイプのチーズ。
*セイラス・デル・フェン……ペッリーチェ渓谷産のリコッタ(牛、羊、牛と羊の混乳のホエーでつくる)を干し草に包んで熟成させたチーズ。
*ランゲ地方産の羊乳のトゥーマ・チーズ……10～15日間の若い熟成と、1ヵ月以上熟成したものがある。半硬質タイプ。
*ヴァッリ・ヴァルデージ産のムスタルデーラ……豚の端肉と豚の血を牛腸に詰め、加熱したソーセージ。
*トルトーナ渓谷産のサラミ……トルトーナ近郊の3つの渓谷地帯でつくられるサラミ。半放牧で飼育された豚肉を使い、90日間熟成させる。
*ガーヴィ産のテスタ・イン・カッセッタ……豚の頭、牛の心臓、タン、スジ肉を香辛料とともに牛の盲腸に詰めて固めた加工品。
*モンレガレーゼ産のパステ・ディ・メリガ……トウモロコシの粉を使ったクッキー。

Antipasto

02 PIEMONTE

#009
インサラータ　ディ トゥロータ　パターテ　エ　クレッショーネ
Insalata di trota, patate e crescione

ヤマメとジャガイモ、クレソンのサラダ

ピエモンテ西部、フランス国境に近い渓谷一帯の地域で食べられているサラダ。海がなく、オリーブ油も生産されない同地方では、マスやコイなどの川魚に、ゆで卵とタンポポのクルミオイル和えを合わせて食べるのが、数少ない魚料理の定番。ここでは、やはり同地方でソースとしてよく使われるバニェット（サルサのピエモンテ方言）を使い、ドレッシング代わりにして、ソテーしたヤマメとゆでたジャガイモのサラダ仕立てとした。ここで使ったバニェットはワインヴィネガーに浸したパン粉にきざんだゆで卵、クルミオイル、タマネギやケイパー、キュウリのピクルス、アンチョビなどを混ぜ合わせたもの。

堀川　亮（フィオッキ）

ricetta

①ヤマメを三枚におろし、骨を抜く。塩、コショウして、小麦粉をふってバターでソテーする。
②ジャガイモは皮ごと塩ゆでして皮をむき、5mm程度の厚さに切り分ける。
③クルミオイルのバニェットをつくる。ゆで卵を細かくきざみ、白ワインヴィネガーに浸したパン粉、クルミオイル、それぞれみじん切りのタマネギ、ケイパー、キュウリのピクルス、アンチョビを混ぜ合わせ、塩、コショウで味をととのえる。
④皿にジャガイモを盛り付け、ミニトマトを散らす。バニェットをのせ、その上にヤマメをのせて、さらにバニェットをかける。クレソンをたっぷりと盛り、バニェットをかけ、クルミオイルをふって、クルミを散らす。

Antipasto

02 PIEMONTE

#010
インサラータ ルッサ
Insalata russa

インサラータ・ルッサ

日本のポテトサラダに似た野菜のマヨネーズ和え。「ロシアのサラダ」の意味だが、イタリアの総菜の代表選手である。材料はジャガイモ、ニンジン、タマネギ、グリーンピースが定番で、マヨネーズだけで和えるのではなく、細かくきざんだケイパーやアンチョビ、ツナなども混ぜて味に深みを出すのが本格的なつくり方。野菜自体もそれぞれスパイス風味のゆで汁でゆでたあと、塩、コショウ、赤ワインヴィネガーの下味をつけ、ソースのうまみに負けないものにしておくのがポイントだ。また、私はジャガイモを2種類使い、粘質のものは形を残して、粉質のものはマッシュポテトにしてソースに混ぜ、ジャガイモの濃厚な味を出している。応用としてセロリや酢漬けのキノコを混ぜたり、トリュフをかけたりするのもよい。

堀江純一郎（リストランテ イ・ルンガ）
ricetta 49頁

#011
ヴィテッロ トンナート
Vitello tonnato

ヴィテッロ・トンナート

肉（仔牛）に魚（ツナ）のソースというめずらしい組合せだが、ピエモンテに古くから伝わる料理である。現在ではなめらかなピュレ状ソースを見ることが多いが、古典ではツナをはじめとする材料を包丁できざんでマヨネーズで和えるもので、素材の繊維を残したところにおいしさがある。また、できたてではなく、数日ねかせて味をなじませるとぐっとおいしくなる。一方の仔牛肉は、現代では部位も調理法もいろいろだが、クラシックではモモ肉の塊をゆでる。ロゼ色の美しさを出すとともに、噛みしめた時にうまみがじわりと広がるおいしさが大切で、それにはパサつかないようにジャストポイントで火を入れ、薄くスライスすることだ。また、ソースも肉もヴィネガーを上手にきかせることが鍵になると思う。

堀江純一郎（リストランテ イ・ルンガ）
ricetta 49頁

Antipasto

02 PIEMONTE

#012
グリーヴァ
Griva

豚レバーの網脂巻き

豚レバーをきざみ、酒や野菜、香草などで味つけし、ハンバーグ状に焼いた料理である。大きな塊でシンプルに焼くイタリア料理が多いなか、この料理はかなり手間をかけてつくるもので、そこにピエモンテらしさが感じられる。イタリアは内臓料理が豊富とはいえ、昨今はライト化の流れで内臓を食べる客が少なくなり、レストランで供する機会が減っているのが残念だ。私自身はつくっている端から食べたくなるほど好きなこともあって、後に残るようにつくり続けたいと思っている。

堀江純一郎（リストランテ　イ・ルンガ）
ricetta 49頁

#013
カルネ　クルーダ
Carne cruda

ホエー馬のタルタル

カルネ・クルーダは「生肉」の意で、ピエモンテ州のアルバ一帯ではカルパッチョが登場する以前からこの生肉料理を食べていた。特産のピエモンテ牛を包丁できざみ、レモン汁やオリーブ油、塩、コショウで味つけしたタルタル状のものだ。店では北海道・中足寄から稀少な馬のフィレ肉を仕入れているので、その個性的な風味を生肉で楽しんでいただこうとカルネ・クルーダとほぼ同じ調理法で提供している。この馬肉はチーズのホエー（乳清）を飲ませて40カ月齢に育てたもので、フィレ肉にはマグロのトロのような口溶け感とミルキーな味があり、生肉料理に最適だと思う。また、挽き肉を使うのではなく、包丁で「きざんだ」肉を使うと、挽き肉機を通した時のような熱が加わらず、噛みごたえも出て格段においしいものになる。

堀江純一郎（リストランテ　イ・ルンガ）
ricetta 50頁

Primo Piatto

02 PIEMONTE

#014
トゥフェイヤ
Tofeja

トフェイヤ

コテキーノ、耳、タン、ホホ肉、足など、豚のいろいろな部位と豆類を一緒に蒸し煮にした料理。トフェイヤは本来この料理に使うテラコッタ製の鍋を指す。現地では、プレーテ(下ゆでした豚の皮でハーブ類を包んだもの)をゆできざみ、一緒に加えるが、これはゼラチン質の固まりでお腹にかなりもたれるので、店では入れていない。また、現地ではもっとゴロゴロした"食べる"イメージが強いものだが、味わいはそのままに、具を細かく切って量もやや抑えめにし、スープ仕立てにして提供するなど、お客さまに無理なく食べていただける工夫をしている。なお、tofejaをトゥフェイヤと読むのはピエモンテ方言。

堀川 亮(フィオッキ)

ricetta

①鍋に水、香味野菜(タマネギ、ニンジン、セロリ)、白粒コショウ、ローリエを入れ、豚のホホ肉、耳、タン、足、コテキーノ(豚肉、脂身、皮でつくる腸詰め)を入れて煮る(3時間程度を目安に)。火の通ったものから順に上げ、煮汁もとっておく。それぞれ適宜にカットする。
②鍋にオリーブ油と小さめのさいの目切りにしたニンニクを入れて火にかけ、香りをうつす。
③やや大きめのさいの目切りにしたタマネギ、ニンジン、セロリを入れて甘みが出るまでよく炒める。さらに同じくらいの大きさに切ったジャガイモを加えて炒め、白ワインを加える。
④一晩水に浸けてもどしたウズラ豆と白インゲン豆を加える。豆が煮えてきたところで、あらかじめ煮ておいた肉類とその煮汁、ホールトマト、水、ブーケ・ガルニ(ローリエ、セージ、ローズマリー)、スパイス(シナモン、ナッツメッグ)を加えて煮る。
⑤盛り付けて、E.V.オリーブ油をたらす。

Primo Piatto

02 PIEMONTE

#015
Paniscia
（パニッシャ）

ノヴァーラ風
ウズラ豆のリゾット

パニッシャはノヴァーラ地方の有名な米料理で、レストランでもよく見かけた。リゾットは米が主役なので具材はあまり入れないが、パニッシャは具だくさんである。必ず入るのは豆、サラミや豚の端肉、野菜類、赤ワイン。チーズの量が少なめなのも特徴だ。日本人の口に合う料理だと思うが、店で出す際は力強さを残したまま、さらなる軽さが必要。そこで、現地ではサラミをラード漬けにするところをそのままで使い、提供の量も減らす。コースで食べる際のバランスが重要だと思う。

堀川 亮（フィオッキ）

ricetta

①ウズラ豆は一晩水に浸けてもどし、ゆでておく。ゆで汁もとりおく。
②オリーブ油でタマネギのみじん切りとミラノ・サラミ（細かい脂肪が入った豚肉のサラミ）を炒める。
③米（カルナローリ種）を入れ、つやが出るまで炒める。
④赤ワイン（バルベーラ種など酸味が強めのもの）を入れ、豚耳（香味野菜とともにゆでておく）も加える。野菜のブロードを足し、ホールトマトの果肉、ウズラ豆のゆで汁少量も加えて煮ていく。
⑤仕上がりの1分前くらいに、ウズラ豆、セロリ、ニンジン、キャベツのざく切りを入れて火を通す。
⑥仕上げにパルミジャーノ、バターを加えて和え、塩、コショウで味をととのえる。

Primo Piatto

02 PIEMONTE

#016
Zuppa di lumache
(ツッパ ディ ルマーケ)
カタツムリのスープ

　カタツムリはイタリアの各地で獲れるが、ピエモンテ州ではアルバの西にあるケラスコが大産地になっている。ソテーや煮込み、リゾットなど食べ方は多様だが、私が最も気に入ったのがこのスープ。シンプルで素朴だが、野菜とともによく煮込み、最後にすりおろしたジャガイモでつなぐことで煮汁がとろりと舌にからみつき、カタツムリと野菜のうまみが印象的に舌に残る。このようにすりおろしたジャガイモのでんぷん質で濃度をつけるのは、ピエモンテ料理に多い手法だ。

堀江純一郎（リストランテ　イ・ルンガ）

ricetta

①水にフレッシュのローリエと白ワイン、塩を入れて沸かし、カタツムリ（フランス産。殻をはずし、内臓を除いたもの）を入れて柔らかくなるまでゆでる。
②ニンニク、ローズマリー、セージ、タイム、フレッシュのローリエ、ネズの実（以上、みじん切り）をオリーブ油で炒め、香りが出てきたらジャガイモ、ニンジン、セロリ、ニンジン、タマネギ（各5mm〜1cmの角切り）を加えて炒める。半分ほど火が入ったら①のカタツムリを入れ、塩、コショウしてブランデーとマルサラ酒を入れてフランベする。肉のブロードとカタツムリのゆで汁を加え、味がなじむまでコトコトと煮込む。
③仕上げ間際にジャガイモをすりおろして加え、火を入れつつ濃度を出す。塩、コショウで味をととのえる。
④花ズッキーニは縦に2等分にしてオーブンで焼く。スープを器に盛り、花ズッキーニを添えて、E.V.オリーブ油とイタリアンパセリのみじん切りをふる。

Primo Piatto

02 PIEMONTE

#017

リーソ　マンテカート
Riso mantecato
アッラ　フォンドゥータ
alla fonduta
コン　タルトゥーフォ　ビアンコ
con tartufo bianco

チーズフォンデュのリゾット アルバ産白トリュフがけ

シンプルなリゾット、コクのあるチーズフォンデュ、イタリア一の香りを誇るアルバ産白トリュフ。ピエモンテの顔ともいえる郷土料理と食材が一堂に会した料理である。フォンドゥータは本来、地元産のラスケーラ（牛乳主体で、時により羊乳や山羊乳を加えてつくるクネオ県産のハードタイプチーズ）やお隣、ヴァッレ・ダオスタ州のフォンティーナ（ハードタイプチーズ）でつくるが、味がくどく日本人には敬遠されがちなことから、店ではパルミジャーノと生クリーム、卵黄を煮つめてつくる「フォンドゥータ風クレーマ」でアレンジ。おだやかなチーズのコクが好評である。また、白トリュフはタヤリンにかけることが多いが、リゾットのほうがより香りを生かしやすい、というのが私の考え。バターやチーズをたっぷり使い、米の粘度も出ているぶん、料理が冷めにくくトリュフが温められて香りが強く立ってくる。

堀江純一郎（リストランテ　イ・ルンガ）

ricetta

①リゾットをつくる。タマネギのみじん切りとフレッシュのローリエをバターで炒め、タマネギに火が通ったら米を入れて炒める。軽く透き通ってきたら白ワインを加えて炒め、アルコール分を飛ばす。肉のブロードを少量ずつ加えながら一定方向に混ぜ続けて煮る。米をアルデンテに煮上げたら、バターとパルミジャーノでつないで1分間ほど休ませる。こうすることで米と煮汁のつながりがよくなり、盛り付けた時に煮汁が流れることがなく、味も重くなりにくい。また、つなぎのパルミジャーノはうまみを濃くしようとたくさん入れがちだが、かえって重くなってしまうので量に気をつける。

②フォンドゥータ風クレーマをつくる。生クリームを沸かし、塩、コショウして煮つめ、軽いとろみをつける。パルミジャーノと卵黄を加えて混ぜながら70℃以上に火を入れ、卵の臭みを消す。ナッツメグをすりおろしてふる。

③皿にリゾットを盛って②のクレーマをかけ、コクづけと色のアクセントを兼ねて卵黄を溶いたものをたらし、白トリュフの薄切りをかける。

Primo Piatto

02 PIEMONTE

#018
（タヤリン アル ラグー クラッスィコ）
Tajarin al ragù classico

手打ちパスタ"タヤリン" ラグー・クラッシコ

タヤリンは小麦粉を卵黄主体で練る手打ちロングパスタだが、現地でも、店によって太さや食感の表現はさまざまだ。私がつくるのはかなり細身で、一見柔らかそうでいて食べるとシコシコした噛みごたえのあるもの。どんなソースと組み合わせても、麺に存在感があるように仕上げている。現地では小麦粉（タイプ00）にセモリナ粉を混ぜてコシの強さを出す方法が多くなっているが、私もそのひとり。また、生地をいろいろな段階で乾燥しながら仕上げるのも私のやり方で、これによって歯ごたえを強めつつ、卵や粉のうまみを凝縮している。タヤリンはバター系のソースや肉のラグーなど、いろいろな組合せができるが、ここでは牛挽き肉とサルシッチャでつくる最もクラシックなラグーを紹介した。

堀江純一郎（リストランテ イ・ルンガ）

ricetta

①タヤリンをつくる。小麦粉（タイプ00）、セモリナ粉、全卵、卵黄、E.V.オリーブ油、塩を混ぜて5分間ほどこねる。ラップ紙で包み、冷蔵庫で1時間休ませてから、パスタマシンに繰り返し通して薄い生地にのばし、長さ15cmに切る。台に広げて7〜10分間おいて軽く乾かしてから、パスタマシンで幅2mmに切る。

②切り分けたタヤリンを台に広げて空気を入れるように数回、両手ですくい上げてほぐす。再度台に広げて3〜4分間おき、裏返して3〜4分間おく。これを2〜3回繰り返して軽く乾燥させる。乾きが悪い時はセモリナ粉をまぶす。金網にクッキングシートを敷き、生地を1人分の分量にふんわりと丸めて並べていき、同じ紙をかぶせて厨房内で一晩乾燥させる。

③ラグーをつくる。牛肉をみじん切りにし、塩、コショウする。オリーブ油で炒め、赤ワインを加えて煮つめてアルコール分を飛ばす。別鍋でタマネギ、ニンジン、セロリ、ニンニク、パセリの軸、ローズマリー、セージ、タイム、ネズの実（各みじん切り）をオリーブ油でじっくりと炒め、先の牛肉を加える。バルサミコ酢、ポルト酒、マルサラ酒を加えて煮つめ、クローヴとローリエ、さらに肉のブロードをヒタヒタに入れて煮込む。塩、コショウ、ブロードで味をととのえる。

④強めに塩をきかせた湯でタヤリンを20〜30秒間ゆで、水気をきって温めたラグーで和える。パルミジャーノとイタリアンパセリのみじん切りを入れて和え、器に盛る。

Primo Piatto

02 PIEMONTE

#019
アニョロッティ ダル プリン
Agnolotti dal "Plin"

アニョロッティ・ダル・プリン

アニョロッティはいわゆるラヴィオリで、大小さまざまの詰めものパスタを指し、「プリン」もその一つに含まれる。詰めものの両脇の生地を指でつまんで形をつくるのが特徴で、ランゲ地方やアスティ一帯などピエモンテ州南部に伝わるものである。詰めものは3種の肉のローストに、炊いた米とホウレン草、卵などを混ぜる手の込んだもので、パスタ成形の工程も含めていろいろな調理技術の詰まった料理である。私は複雑な食感と香りの立つ肉の詰めもののおいしさを際立たせ、料理としての印象を強める目的で、パスタ生地を本来よりもかなり薄く、向こうが透けるほどにのばしている。ツルッとしてのど越しのよい生地と、咀嚼するほどにうまみがあふれる詰めものとの対比を狙ったものだ。詰めものには、このほかフォンドゥータ（チーズフォンデュ）を使うことも多い。

堀江純一郎（リストランテ イ・ルンガ）

ricetta

①アニョロッティの生地をつくる。小麦粉（タイプ00）、全卵、塩、E.V.オリーブ油を混ぜて5分間ほどこねる。冷蔵庫で1時間休ませてから、パスタマシンに繰り返し通して薄くのばす（下にあてた手が透けるくらいの極薄にする）。幅10cm（長さは適宜）の帯状に切り整える。
②詰めものをつくる。牛モモ肉、豚ロース肉、ウサギ肉（すべての部位をばらす）に塩、コショウし、ニンニクとローズマリーとともにオーブンでローストする。冷蔵庫でねかせ、冷えて固まった肉を3cm角に切り、フードプロセッサーにかける。別のフライパンにバターを溶かして米を炒め、透き通ってきたら白ワインと牛のブロードを注ぎ、柔らかめに煮上げてパルミジャーノを混ぜた後、軽くミキサーにけかける。ホウレン草をゆでて水気を絞り、ニンニクとともに炒めてきざむ。以上の肉、米、ホウレン草を合わせ、ときほぐした卵を加えて混ぜる。
③詰めものを絞り袋に入れ、生地の幅の真ん中に1.5cm間隔で絞り出していく。生地を二つ折りにして詰めものにかぶせ、指先に小麦粉をつけて詰めものの両脇をつまんで空気を押し出しながら生地と詰めものを密着させる。パイカッターで袖側の余分な生地を切り落とし、指でつまんだところを切り分ける。
④③のアニョロッティを塩湯でゆでる。フライパンにバターとローズマリー、グラス・ド・ヴィヤンド（フォン・ド・ヴォーなどを煮つめてつくる肉のエキス）を入れて温め、ゆで上がったアニョロッティを入れて和える。塩、コショウをふり、パルミジャーノで和えて器に盛る。

Secondo Piatto

02 PIEMONTE

#020
Bollito misto
ボッリート・ミスト

北イタリア一帯で非常にポピュラーな料理で、さまざまなバリエーションがある。一般に牛肩肉やテールがよく使われるが、前者はパサつきやすく、後者は部位が大きすぎるので、代わりに牛ホホ肉、牛タンを入れている。牛ホホ肉ならパサつかず、味もよく出ておいしい。ゆで汁は現地ではリゾットやスープに使っていたが、ここではスープ仕立てに。もともとは鍋ごと出す料理だが、日本で提供する際は1人前ずつ盛り付け、現地でお決まりのジャガイモ、キャベツだけでなく、彩りのよい野菜を合わせ、バニェット（サルサのピエモンテ方言）とモスタルダを添えてすすめるとよい。

堀川 亮（フィオッキ）

ricetta

①アルカリ性の水に塩を入れて沸かす。地鶏（蔵王香鶏）のモモ肉、牛ホホ肉、牛タン（水に浸けて血抜きする）を入れてゆでる。アクを除き、アクが出てこなくなったら、タマネギ、ニンジン、セロリ（少量の葉も一緒に）、ローリエ、白粒コショウを加えてさらにゆでる。それぞれの肉はゆで上がったものから順に引き上げる。鶏は1.5時間、牛ホホ肉は4時間、牛タンは5時間が目安。牛タンは熱いうちに皮をむく。
②牛ホホ肉、牛タンを食べやすい大きさに切る。煮汁は煮つめ、コショウで味をととのえる。
③ジャガイモ、キャベツ、ニンジン、グリーンアスパラガスを塩ゆでし、食べやすく切る。
④バニェットをつくる。ゆで卵、ケイパー、キュウリのピクルス、アンチョビ、タマネギ、パセリの各みじん切り、パン粉（白ワインヴィネガーでしめらせておく）、E.V.オリーブ油、ニンニク少量を合わせる。
⑤肉類と野菜を盛り付け、スープを注ぐ。バニェット、モスタルダ（＊）を添えて提供する。

＊モスタルダ
マスタード入りのシロップに漬けた果実などのピクルス、ジャム。ここではイタリア産のモスト（ブドウ果汁）のモスタルダにクルミなどを加えて煮なおして使っている。

Secondo Piatto

02 PIEMONTE

#021
フィレット エ アニメッラ ディ ヴィテッロ アッラ フィナンツェーラ
Filetto e animella di vitello alla finanziera
仔牛のフィレ肉と
リ・ド・ヴォーのソテー
フィナンツィエーラ風

ピエモンテ地方の有名な郷土料理で、仔牛の脳ミソ、胸腺肉、鶏のトサカ、レバー、ポルチーニ茸などをスーゴ・ディ・カルネ、マルサラ酒などで炒め煮にしたもの。ワインヴィネガーを加えることもある。本来なら鶏のトサカも入れたいところだが、店で出す場合には、女性客にも抵抗なく食べてもらいたいので、具材は仔牛のフィレ肉と胸腺肉、ポルチーニ茸のみとし、レバーはペーストにして別に添え、これを溶かしながら食べてもらうようにした。全体の味の印象として、現地のフィナンツィエーラのニュアンスが伝わればと思う。

堀川 亮（フィオッキ）

ricetta

①仔牛のフィレ肉は塩、コショウして強火でバターとオリーブ油でソテーする。胸腺肉はクール・ブイヨンでゆでて下処理し、塩、コショウ、小麦粉を付けてバターでこんがりとソテーする。
②ソースをつくる。タマネギのみじん切りをバターで軽く炒め、マルサラ酒を入れて煮つめる。こして鍋に戻し、もどした乾燥ポルチーニ茸と、そのもどし汁を加えて煮つめる。スーゴ・ディ・カルネ、ハチミツを加えてさらに煮つめ、塩、コショウで味をととのえる。仕上げに、生クリーム、バターを加えてつなぐ。
③鶏レバーのペーストをつくる。タマネギのみじん切りをアメ色になるまで、バターで炒める。掃除した鶏レバーを入れ、マルサラ酒を加えて、アルコール分を飛ばす。ローリエを加えてさらに煮つめ、レバーに火が入ったら、フードプロセッサーにかける。鍋に戻し、粗熱が取れたところで、バターを加えてつなぎ、ブランデーで香りづけする。最後に裏ごしして、塩、コショウで味をととのえ、ペーストにする。
④付合せ。小タマネギ、ズッキーニ、ニンジンはオリーブ油と塩をふって低温でロースト。小松菜は塩ゆで。ジャガイモはさいの目に切ってゆで、粉ふきの状態にして裏ごしする。粉ふきにした鍋に生クリームを少量加えて煮つめ、裏ごししたジャガイモに混ぜ合わせ、塩で味をととのえる。

Secondo Piatto

#022
ブラザート ディ スティンコ ディ マンゾ
Brasato di stinco di manzo
牛の赤ワイン煮

赤ワインの大産地ならではの肉料理で、ワインを贅沢に使って塊肉をゆっくりと煮込んでつくる。肉の繊維が崩れる柔らかさに仕上げることが大事で、3～4時間はしっかり煮ることだ。牛肉の部位はスネや首など、ゼラチン分の多いスジ肉が多く含まれているところがよく、長時間煮込むほどに柔らかく、うまみが増してくる。赤ワインはピエモンテの代表銘柄であるバローロで煮るものが伝統的に知られているが、これに限らずピエモンテ産の赤ワインを好みで使い分けるとよいだろう。私は濃厚な味のスジ肉をさっぱりと感じさせる、酸味の立ったバルベーラが合うと思っている。

堀江純一郎（リストランテ イ・ルンガ）

ricetta

①牛スネ肉の塊をたこ糸で縛り、塩、コショウしてサラダ油で表面に焼き色をつける。別鍋に赤ワイン（バルベーラ）とクローヴを入れて火にかけ、煮つめてアルコール分を飛ばしておく。
②タマネギ、セロリ、ニンジン、ニンニク、ローズマリー、セージ、タイム（以上みじん切り）とフレッシュローリエ、ネズの実をオリーブ油で炒め、塩、コショウする。
③②の野菜の鍋に①の肉と赤ワインを入れて水を加え、蓋をして180℃のオーブンで3時間強煮込む。竹串がスッと通る柔らかさに煮上げる。
④肉を取り出し、ラップ紙で包んで冷ました後、真空パックにして保存する。煮汁は、小麦粉を肉のブロードで溶いたものでつないでとろみをつけ、煮つめて塩、コショウで味をととのえソースとする。肉もソースも3日間冷蔵庫で休ませ、提供時に肉を2～3cm大に切り分けて、ソースの中で温める。
⑤ポレンタをつくる。沸騰した湯に塩、E.V.オリーブ油、ポレンタ粉（ピエモンテ産の石臼挽きのトウモロコシ粉）を入れ、混ぜながら1時間かけて炊き上げる。
⑥皿にポレンタをおき、牛の赤ワイン煮を盛ってイタリアンパセリをふる。

Secondo Piatto

02 PIEMONTE

#023

アッロスト ディ アンニェッロ
Arrosto di agnello
アッレ エルベ アロマーティケ エ アッリョ
alle erbe aromatiche e aglio

仔羊のロースト ニンニクとハーブの風味

レストランでは、仔羊料理というと背肉をロゼに焼いたものが多い。味も食感もソフトで、おいしく味わうための手法の一つだが、仔羊の魅力はそれだけではないという思いから私がよくつくるのがこの料理である。首やバラ肉の塊を低温の火で、水分や脂分を飛ばしながら時間をかけて焼ききるというイメージのローストで、見た目も味も重厚で力強い。肉や野菜、ハーブからしみ出る水分、脂、さらに風味づけにふりかける白ワインが煮つまり、焼きつけられて、渾然一体となったうまみと香りが肉にまとわりつき、一種のカラメリゼのような状態に焼き上がる。ピエモンテ州に伝わるクラシックな技法で、繊細さとは対極の、極めつきの濃いうまみが味わえるローストだと思う。現地で働いていた時は、復活祭などでよくつくったものである。

堀江純一郎（リストランテ イ・ルンガ）

ricetta

①仔羊の首肉とバラ肉を骨付きの塊で用意し、オリーブ油をひいたフライパンにおく。火にかけ、低温でじわじわと焼きながら表面全体の水分と脂分を抜いていく。途中で塩、コショウし、さらに焼くと水分がにじみ出てくるので、これらの水分がなくなるまでさらに焼く。
②①にタマネギ、ニンジン、セロリ（小さめのざく切り）と、皮付きのニンニク、ローズマリー、セージ、タイム、ネズの実、フレッシュのローリエを加えて塩、コショウし、野菜の水分が抜けるまで肉と一緒に焼いていく。白ワインをふり、180℃のオーブンに入れて約2時間ローストする。途中で、繰り返し肉の向きを変え、白ワインをふる。
③肉を取り出してラップ紙で包み、温かいところにおいておく。焼き汁は白ワインと肉のブロードを足して煮つめ、こしてジュとする。
④ジャガイモ（スタールビー種）を皮付きで10～20秒間塩ゆでする。二等分して、つぶしたニンニクとローズマリーとともに塩、コショウ、オリーブ油をふりかけて180℃のオーブンで柔らかくローストする。
⑤仔羊肉を1人分に切り分け、ジュを少量かけて、特に切り口を焼きつけるように高温のオーブンで温める。器に盛り、ジュをかけて香草を飾る。④のジャガイモをニンニクとともに添える。

Dolce

#024
パンナ コッタ コン ノッチョーレ
Panna cotta con nocciole

ヘーゼルナッツ入りのパンナコッタ

生クリームに火を入れ、ゼラチンや卵白で固めるのが本来のパンナコッタだが、今では味の軽さを出すために牛乳を加えるつくり方が主流で、私も生クリームの2分の1量の牛乳を混ぜている。ただ、ミルクゼリーのような淡白でツルッとした食感になってはいき過ぎ。とろりとした粘度のある柔らかさにパンナコッタらしさがあるとの考えから、ゼラチンの分量や混ぜるタイミングに工夫を凝らして独特の食感につくり上げている。また、生地には自家製のヘーゼルナッツペーストも混ぜているが、ピエモンテ特産のナッツであることからアレンジで入れたもの。ねっとりした食感にひと役買うだけでなく、香ばしい風味が加わっておいしさが数倍に膨らむ。

堀江純一郎(リストランテ イ・ルンガ)

ricetta

①ヘーゼルナッツをローストしてフードプロセッサーにかけ、油が出てねっとりするまでかくはんしてペーストにする。
②生クリームと牛乳を2対1の割合で合わせ、グラニュー糖、①のヘーゼルナッツのペーストを加えて火にかけ、沸騰させる。水でもどした板ゼラチンを入れて溶かし、粗熱を取る。
③グラニュー糖を焦がしてカラメルをつくり、プリン型の底に流す。②の生地を注ぎ、冷蔵庫で冷やし固める。
④ヘーゼルナッツのプラリネをつくる。ヘーゼルナッツをローストして、グラニュー糖とともに鍋に入れて煮つめカラメル状にする。バットなどに平らに流して冷やし固めた後、フードプロセッサーで細かく砕いてプラリネにする。
⑤③のパンナコッタを型から取り出して器に盛り、イチゴとミントの葉を飾り、④のプラリネを添える。

Dolce

02 PIEMONTE

#025
テッリーナ アッラ ジャンドゥーヤ コン サルサ ディ ランポーネ
Terrina alla gianduia con salsa di lampone
ジャンドゥイヤ風テリーヌ
木イチゴのソース

トリノ近郊から、ピエモンテ州南部のランゲ地方にかけては、ヘーゼルナッツの一大産地。チョコレートとヘーゼルナッツを組み合わせた菓子は実にバラエティに富んでいる。なかでもジャンドゥイヤ（チョコレートとヘーゼルナッツクリームのケーキ）や、ジャンドゥイオッティ（ヘーゼルナッツクリームの入ったチョコレート）は特に有名。それらの、ねっとりとした食感を残しつつ、レストランで出すデザートとして少し軽やかに変身させた一皿。非常に相性のよい木イチゴのソースで。

堀川　亮（フィオッキ）

ricetta

①きざんだチョコレートを煮溶かし、バターを加える。次にヘーゼルナッツのペーストを加え、さらにエスプレッソコーヒー、ラム酒、煮溶かしたゼラチンを加える。そこへ卵黄と砂糖をかき立てたもの、イタリアンメレンゲを加え、六分立てにした生クリームを加えて軽く混ぜる。最後にローストしたヘーゼルナッツのみじん切りを加える。

②テリーヌ型に流して冷やし固める。
③テリーヌを切り分けて盛り付け、ソースを流す。付合せを添え、ミントを飾って、粉糖をふる。ソースは木イチゴ（ラズベリー）をグラニュー糖で煮たもの。付合せは、ホワイトチョコレートでコーティングした木イチゴと、キャラメルがけにしたヘーゼルナッツ。

Dolce

02 PIEMONTE

#026
ドルチ　ピエモンテースィ
Dolci piemontesi

ピエモンテ地方の
お茶菓子盛合せ

ブルッティ・マ・ブオーニ　Brutti ma buoni
バーチ・ディ・ダーマ　Baci di dama
リングア・ディ・ガット　Lingua di gatto
バッロッティ・ディ・セイラス　Ballotti di seirass
ザバイオーネ　Zabaione

ピエモンテ地方にはバラエティ豊かな菓子がたくさんある。それらを、食後のお茶と一緒にお出しするプティフールの盛合せにしてみた。ブルッティ・マ・ブオーニはシナモンの風味がきいたメレンゲ菓子。ホロホロとした生地が特徴のバーチ・ディ・ダーマ（貴婦人のキス）、フランスの影響がたぶんに感じられるリングア・ディ・ガット（いわゆるラング・ド・シャ）、セイラスチーズ風味の生地にパン粉を付けて揚げたバッロッティ・ディ・セイラス。ザバイオーネはピエモンテ地方に発し、今では全国で食べられている、いわば卵黄クリーム。そのままスプーンですくって食べるほか、クッキーやフルーツにつけて食べることも多い。同地方でもリングア・ディ・ガットなどに添えて出されることもある。

堀川　亮（フィオッキ）
ricetta 50頁

ricetta

カラー34・35頁

#010　Antipasto

インサラータ・ルッサ
Insalata russa

①鍋に水、フレッシュのローリエ、クローヴ、塩を入れて火にかけ、沸騰したら赤ワインヴィネガーを加えてゆで汁をつくる。ローリエはキレのよい甘い香りがあり、クローヴは赤ワインヴィネガーとの相性がよい。このゆで汁で、7～8mm角に切った粘質タイプのジャガイモ（スタールビーを使用）、ニンジン、タマネギを順に柔らかくゆでる。ゆで汁をきり、熱いうちに塩、コショウ、赤ワインヴィネガーをふりかけておく。
②粉質タイプのジャガイモ（男爵を使用）は皮をむいて同じゆで汁でゆで、水気をきって塩、コショウ、赤ワインヴィネガーをふりかけた後、裏ごしにする。
③グリーンピースは塩ゆでして水気をきる。
④ソースをつくる。塩漬けケイパー（塩を洗い流したもの）、アンチョビ、ツナを包丁で細かくきざみ、自家製マヨネーズ（卵黄、塩、白ワイン、サラダ油）、白ワイン（ロエロ・アルネイス種）、赤ワインヴィネガー、グラス・ド・ヴィヤンド（＊1）、②のマッシュにしたジャガイモを加えて混ぜ合わせる。
⑤①と③の野菜をすべてソースで和え、味をととのえる。1～2日間、冷蔵庫でねかせてから供する。

#011　Antipasto

ヴィテッロ・トンナート
Vitello tonnato

①クール・ブイヨンの材料（タマネギ、ニンジン、セロリ、セージ、ローズマリー、パセリの軸、クローヴ、ネズの実、フレッシュのローリエ、塩、白粒コショウ、白ワイン、水）を煮出し、香りが出てきたら赤ワインヴィネガーを加え、仔牛モモ肉（1kg以上の塊肉）をたこ糸で縛って入れる。軽い沸騰状態を保ち、中心温度を35℃まで上げる（常温にもどしておいた肉を使った場合で20分間前後）。
②取り出して熱いうちに赤ワインヴィネガーをかけ、ラップ紙で巻いて常温におき、余熱でロゼに火を入れる。粗熱が取れたら冷蔵庫で保管する。
③トンナートソースをつくる。卵黄、塩、白ワインヴィネガー、サラダ油で自家製マヨネーズをやや固めにつくる。アンチョビと塩漬けケイパー、ツナ（イタリア製の缶詰）をそれぞれ包丁できざんだものとオレガノをマヨネーズに加え混ぜる。さらに赤ワインヴィネガー、白ワイン（ロエロ・アルネイス種）、グラス・ド・ヴィヤンド（＊1）、卵黄をゆでて裏ごししたものを加え混ぜ、味をととのえる。冷蔵庫で2日間ねかせて味をなじませる。
④仔牛肉を薄切りにして器に並べ、中心にトンナートソースを盛り、セルフイユを飾る。

#012　Antipasto

豚レバーの網脂巻き
Griva

①豚レバーを1cm角に切り、塩、コショウ、パルミジャーノ、ニンニクとローズマリーのみじん切り、赤タマネギのカラメッラータ（＊2）をきざんだもの、マルサラ酒、卵を混ぜ合わせてハンバーグ状に丸める。網脂を広げて中心にフレッシュのローリエをおき、丸めたレバーをのせてゆったりと包む。
②オリーブ油で①をローリエの面から焼き、裏面も香ばしく焼く。白ワインヴィネガーをふり、180℃のオーブンで4分間焼いて芯まで火を入れる。
③付合せをつくる。ジロールをオリーブ油で炒めて塩、コショウし、ニンニクのみじん切りとエシャロットのピュレ（サラダ油とともにミキサーにかけたもの）を加えて炒める。白ワインヴィネガーをふって煮つめ、牛のブロードとグラス・ド・ヴィヤンド（＊1）を加えて煮つめる。
④ソースをつくる。赤タマネギの薄切りとローリエをバターで炒め、火が通ったらザラメ糖、塩、コショウ、バルサミコ酢、マルサラ酒、ポルト酒を入れる。火をつけてアルコール分を燃やし、しばらく煮つめる。ミキサーにかけてこし、再度火にかけてブール・マニエ（小麦粉とバターを混ぜたもの）でつなぐ。
⑤焼き上がったグリーヴァを皿におき、ジロールを添えてイタリアンパセリのみじん切りをふり、ソースを流す。

＊1グラス・ド・ヴィヤンド
　フォン・ド・ヴォーなどを煮つめてつくる肉のエキス。
＊2赤タマネギのカラメッラータ
　赤タマネギの薄切りをローリエとともにバターでじわじわと炒める。火が通ったらザラメ糖、塩、コショウ、バルサミコ酢を加えてとろりとするまで煮つめる。

堀江純一郎（リストランテ　イ・ルンガ）

ricetta

カラー35頁

#013　Antipasto

ホエー馬のタルタル
Carne cruda

①馬のフィレ肉を包丁で細かくきざむ。フォークでニンニクをつぶしてフォークに香りをつけ、肉に塩、コショウ、アンチョビ、レモン汁、E.V.オリーブ油を順に加えながらフォークで和える。
②別にアンチョビ、レモン汁、E.V.オリーブ油をミキサーにかけてドレッシングをつくる。
③皿に馬肉を盛り、パルミジャーノの薄切りとハーブサラダを添える。②のドレッシングと、卵黄をといたものをソースとしてたらす。

堀江純一郎（リストランテ　イ・ルンガ）

ricetta

カラー48頁

#026　Dolce

ピエモンテ地方のお茶菓子盛合せ
Dolci piemontesi

ブルッティ・マ・ブオーニ　Brutti ma buoni

　卵白にその倍量のグラニュー糖を加えて泡立て、メレンゲをつくる。ここに、ヘーゼルナッツとアーモンドのローストを砕いたもの、ヴァニラシュガー、シナモンを加えて混ぜ合わせ、鍋に移して火にかける。火が入って鍋底にくっついてきたら、火からおろし、スプーンですくって天板にのせる。通常のメレンゲよりやや高めの低温（130℃程度）で焼く。

バーチ・ディ・ダーマ　Baci di dama

　バターに粉糖を加えてすり混ぜ、薄力粉、アーモンド粉を加えて軽く練る。少し休ませてから、小さな団子状に丸め、170℃程度のオーブンで焼く。冷めたら、平らなほうの面に溶かしたチョコレートをぬり、2つをくっつける。

リングア・ディ・ガット　Lingua di gatto

　バターに粉糖を加えてよくすり混ぜる。卵白、薄力粉、ヴァニラシュガーを加えて混ぜ合わせる。レモンの皮のすりおろしを加えてもよい。少し休ませて、絞り袋で細長く絞り出し、180℃程度のオーブンで焼く。

バッロッティ・ディ・セイラス　Ballotti di seirass

　セイラス・チーズ（＊）の表面を削って掃除し、裏ごしにする。ボウルに卵黄、砂糖、ハチミツを入れてかき立て、シナモン、ナッツメッグ、白コショウを加える。ここへセイラス・チーズの裏ごしを加えて混ぜ、さらに薄力粉を加えてさっくりと混ぜ合わせる。少し休ませてから、団子状に丸める。薄力粉をまぶし、卵を通してパン粉を付け、ラードとサラダ油半々の油で低温で揚げる。

＊セイラス・チーズ
　正式にはセイラス・デル・フェン。羊、牛、あるいはその混合のホエー（乳清）に、塩を加えて絞り袋で脱水したジュンカ・チーズ（ジュンカはピエモンテの方言で、リコッタのこと）を、干し草に包んで熟成させたもの。トリノ県南西部の限られた渓谷地帯でつくられている。ここで使うのは、乳製品の熟成香がしてくる前の若い熟成のものがよい。

ザバイオーネ　Zabaione

　卵黄にグラニュー糖、マルサラ・セッコ（辛口のマルサラ酒）を加え、湯せんにかけてもったりとするまで泡立てる。

堀川　亮（フィオッキ）

03

リグーリア州
LIGURIA

03 LIGURIA

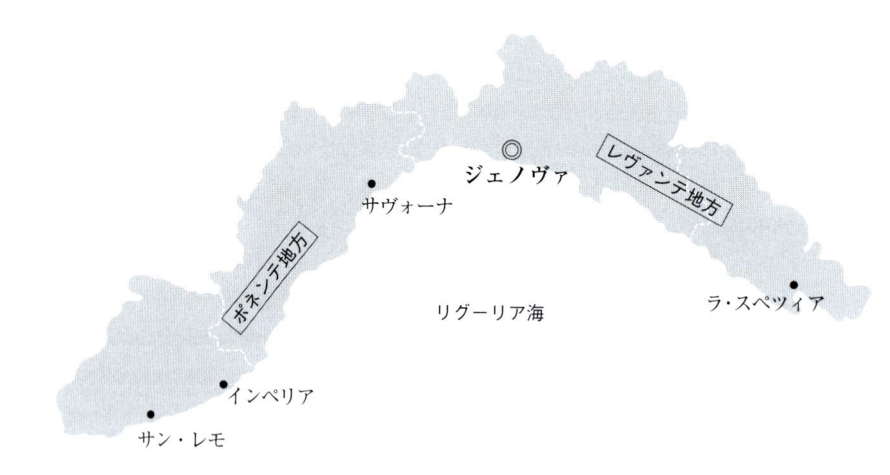

ポネンテ地方
レヴァンテ地方
ジェノヴァ
サヴォーナ
リグーリア海
インペリア
サン・レモ
ラ・スペツィア

●リグーリア州の県と県都

インペリア県 …… インペリア
サヴォーナ県 …… サヴォーナ
ジェノヴァ県 …… ジェノヴァ（州都）
ラ・スペツィア県 …… ラ・スペツィア

リグーリア州の特徴

　リグーリア海に沿って緩やかなアーチを描くように広がるリグーリア州は、隣のピエモンテ州の約5分の1と面積の小さな州。海岸線にすぐ山が迫る平野が少ない地形である。アーチの東側、レヴァンテ地方は傾斜が急で、それに比べて西側のポネンテ地方はやや緩やかだ。

　イタリア北部に位置していながら、周囲の山々に冷たい空気が遮られ、温暖な気候に恵まれている。そのため丘陵地帯は昔から石垣を積み重ね、段々畑にされてきた。大きな耕作機械が使用できない厳しい条件だが、さまざまな野菜、果物、花の栽培が盛んである。なかでも、オリーブは特筆される産物。比較的小粒のタジャスカ種が栽培され、搾油されたオイルは黄金色でデリケートな風味を持ち、その実はテーブルオリーブとしても利用されている。

　歴史をさかのぼると、かつては海洋国家、ジェノヴァ共和国として栄え、遠くイスラム圏の諸国や、スペイン、ギリシャ、シチリアなどから影響を受けた痕跡が料理にも残っている。ヒヨコ豆の粉でつくるファリナータはシチリアのパネッレを思わせるし、発酵乳のソースはヨーグルトを使うギリシャのソースを彷彿させる。シチリアからはパスタの伝統も移入した。同じ海洋国家として栄えたヴェネツィアがスパイスを料理に取り入れたのに対して、ジェノヴァは身近に手に入る香草にとどめている。当時貴重だったスパイスはあくまでも商品として扱い、自分たちの食卓には活用しなかったということだろう。

　リグーリア料理は、オリーブ油のコクをベースに、いろいろな香草を生かしているのが特徴である。バジリコの香りをふんだんに感じさせるソース、ペスト・アッラ・ジェノヴェーゼはその代表例だ。また、海に面した土地柄から魚介料理は数多いが、それよりもむしろ豊富な野菜を活用した料理に特徴が見える。ドルチェでは、代々フルーツの砂糖漬けの技術が受け継がれ、今でもジェノヴァやサヴォーナに専門工房が残っている。

リグーリア海沿いのリゾート地として名高いサン・レモ海岸。

03 LIGURIA

リグーリア州の伝統料理

◎ジェノヴァ周辺の料理

*トレネッテ trenette ……断面が紡錘形のロングパスタ。

*トロフィエ trofie ……短いヒモをねじったような形のショートパスタ。

*ファリナータ Farinata ……ヒヨコ豆の粉でつくる厚さ約5㎜のお焼き。プレーンの他、ローズマリー、カルチョフィ、葉タマネギ、ストラッキーノ・チーズ、ゴルゴンゾーラ、サルシッチャ、ビアンケッティ（イワシの稚魚）などをのせることもある。

*フォカッチャ・ディ・レッコ Focaccia di Recco ……レッコが発祥の地といわれる薄焼きのフォカッチャ。ストラッキーノなど、フレッシュチーズを挟んで食べる。

*ペスト・アッラ・ジェノヴェーゼ pesto alla genovese ……葉が小さくスプーン形に湾曲したバジリコ、松の実、ニンニク、ペコリーノ・サルド、塩、オリーブ油をすり混ぜたソース（伝統的には乳鉢を使う）。

*干だらのアグロドルチェ Stoccafisso in agrodolce ……もどした干だらをオリーブ油で炒め、ワインヴィネガー、砂糖などを加えて煮込む。松の実、レーズンが入る。

*チーマ・アッラ・ジェノヴェーゼ Cima alla genovese ……仔牛のバラ肉に詰めものをしてブロードでゆで、プレスした冷製料理。薄く切って食べる。詰めものは仔牛の胸腺肉、脳ミソ、乳房や、松の実、グリーンピース、マジョラム、ニンニク、パルミジャーノなどを混ぜ合わせたもの。ゆで卵を丸ごと入れることもある。

*トリッパとジャガイモのトマト煮

*ポルペッティーネのジェノヴァ風 Polpettine alla genovese ……ミートボールの揚げもの。仔牛の挽き肉、ゆでてきざんだ乳房、もどしてきざんだ乾燥キノコ、マジョラムなどを混ぜ合わせてボール状にし、油で揚げる。

◎リーグリア州全体に広がる料理

*コルツェッティ・アッラ・ポルチェヴェラスカ Corzetti alla polceverasca ……ニョッキ形（短い棒状）に切り分けた生地に2本の指をあてて両端を押しつぶし、平らな8の字形にしたショートパスタ。ポルチェヴェラスカは「ポルチェヴェーラ渓谷の」の意。他の地方では一般に、丸い木製のスタンプで型押しするメダル形のパスタをコルツェッティといい、こちらのほうがポピュラー。

*パンソッティ Pansotti ……青菜の詰めものをしたパスタ。クルミソースで和える。伝統的には朝摘みの7種の野草を使用していたが、現在はビエトラ、ボッラージネ（ルリチシャ、ボリジ）など入手できる青菜でつくる。形状は半月形やトルテッリ形などいろいろある。

*ラ・メス・チュア la mes-ciua ……インゲン豆、ヒヨコ豆と麦のスープ。

*オリーブの実、タマネギ、トマトをのせたフォカッチャ……オイル搾油後のオリーブの実を活用したフォカッチャがその始まりといわれる。この他、細かく切ったセージやローズマリーをのせたフォカッチャなど、バラエティに富んだフォカッチャがある。

*トルタ・パスクワリーナ Torta pasqualina ……リコッタクリーム、ビエトラ、卵を詰めものにしたタルト。復活祭に食べるのが伝統。

*カルチョフィのタルト　*ズッキーニと米のタルト

*野菜の詰めもののオーブン焼き……ズッキーニ、タマネギ、ナス、トマト、ペペローニなどの野菜に、マジョラムの風味をつけた詰めもの（パンの中身、ハム、卵、チーズなど）をしてオーブンで焼いたもの。

*カルチョフィのパセリ風味 Carciofi in tegame ……ゆでたカルチョフィをテラコッタ製の鍋（tegame）に入れ、オリーブ油、ニンニク、イタリアンパセリ、白ワインで炒め煮にしたもの。

リグーリア州の特産物

*カルチョフィのフリッタータ……カルチョフィ、モッリーカ（パンの中身の白い部分を乾燥させたもの）、マジョラムを入れた卵焼き。
*ゆでたビアンケッティ（イワシの稚魚）のサラダ　パセリとレモンの風味
*ビアンケッティのフリッタータ Frittata di bianchetti ……イワシの稚魚入りの卵焼き。
*魚のスカペーチェ Pesce in scapece ……ボーゲ（鯛の一種）などの小さな魚を揚げて、酢でマリネしたもの。
*バニュン・ディ・アッチューゲ Bagnùn di acciughe ……ヒシコイワシのトマト煮。バジリコ風味が特徴で、ガレッタ（円形の薄い小形パン）を添えて食べる。
*カッポン・マーグロ Cappon magro ……ヴィネガーで湿らせたガレッタ（円系の薄い小形パン）の上に、別々に下調理した7～8種類の魚介類と季節の野菜をピラミッド形に盛り合わせた料理。伝統的にクリスマスイヴなどのお祝いの日に食べる。
*チュッピン Ciuppin ……トマト煮込みの魚介スープ。
*ブリッダ Buridda ……魚介のトマト煮。昔は、ストッカフィッソ（干ダラ）でつくっていたが、最近はいろいろな鮮魚でもつくられるようになった。
*イカのイン・ズィミーノ seppie in zimino ……イカと青菜のトマト煮。
*バッカラのフリットの発酵乳ソース Fritto di baccalà, salsa latte cagliata ……ラッテ・カッリアータはチーズになる前のカード（凝乳）のこと。
*バッカラのフリットのニンニクソース
*ウサギの赤ワイン煮 黒オリーブと松の実入り
*ゆでた牛肉のサラダ……ゆでた牛肉を薄切りにし、アンチョビ、ケイパー、オリーブ油、ワインヴィネガーで調味したサラダ。ガレッタ（円形の薄い小形パン）と合わせて食べるのが基本。

◎穀類・豆類
*インゲン豆　*トウモロコシ

◎野菜・果物
*ズッキーニ　*カルチョフィ
*トロンベッタ種のズッキーニ　……トロンボーンのように長く、薄い緑色をしたズッキーニ＜サヴォーナ県＞
*トマト　*タジャスカ種のオリーブの実
*栗　*桃・アンズ

◎香草
*ジェノヴァのバジリコ basilico genovese DOP ……プラ産が特に有名。
*マジョラム・ローズマリー・セージ・タイム・ボッラージネ（ルリチシャ、ボリジ）など

◎魚介類
*エビ＜サン・レモ＞
*鯛・トゥリッリエ（ヒメジ）・白魚・穴子・サバ

◎肉類
*牛　*豚　*ウサギ　*鶏

◎水産加工品
*リグーリア海で水揚げされるヒシコイワシの塩漬け acciughe sotto sale del Mar Ligure IGP

◎チーズ
*ブルッツ bruzzu ……羊乳でつくるクリーミーなフレッシュチーズ。
*フォルマッジェッタ・デッラ・ヴァッレ・アルジェンティーナ formaggetta della Valle Argentina ……アルジェン

03 LIGURIA

ティーナ渓谷で、山羊、羊、牛のミルクあるいはそれらの混乳からつくられるフレッシュチーズ。
＊プレッシンセウア prescinsêua ……牛のミルクでつくる酸味のあるフレッシュチーズ。
＊サン・ステ san stè ……牛乳製の硬質チーズ。60日間以上熟成させる。

◎畜肉加工品

＊サラーメ・ディ・サントルチェーゼ salame di Sant' Olcese ……ブルーナ・アルピーナ種かピエモンテ種の牛肉50％と豚肉50％でつくるサラミ。サントルチェーゼが主要産地。
＊モスタルデッラ mostardella ……牛肉と豚肉半々でつくる太めのサラミソーセージ。生のまま、あるいは厚切りにして白ワインをふり、ローストして食べる。
＊テスタ・イン・カッセッタ testa in cassetta ……豚の肩肉と頭をゆでてほぐし、網脂で包んで四角い型に入れ、押し固めたもの。

◎オリーブ油

＊リヴィエーラ・リーグレ Riviera ligure DOP

◎パン・菓子

＊ガッレッタ galletta ……円形の薄い小形パン。
＊カルパシンナ carpasinna ……大麦の粉でつくる固いパン。水に浸けて柔らかくし、オリーブ油、ニンニク、トマト、アンチョビ、バジリコで調味してサラダ仕立てにして食べる。
＊チャッペ ciappe ……極薄でパリパリした食感の楕円形のパン。
＊フォカッチャ・ジェノヴェーゼ focaccia genovese ……オリーブ油がたっぷり入ったフォカッチャ。
＊リーブレット libretto ……本を開いたような形の小形パン。
＊カスタニャッチョ castagnaccio ……栗の粉を練り、松の実、レーズンを上に散らして焼いたタルト菓子。ねっちりとした食感が特徴。切り分けて食べる。
＊カネストレッリ canestrelli ……練りパイ生地でつくるマーガレット形のクッキー。
＊パンドルチェ・ジェノヴェーゼ pandolce genovese ……レーズン、フルーツの砂糖漬けの入った発酵生地でつくるパン菓子。パネットーネより緻密な生地が特徴。
＊ラガッチョ lagaccio ……さっくりしたラスクのような食感の楕円形の焼き菓子。

スローフードのプレシーディオ

＊バダルッコ産のピーニャ種、コーニオ種のインゲン豆
＊ヴェッサリコ産のニンニク
＊アルベンガ産の紫アスパラガス
＊ペリナルド産のヴィオレッタ種のカルチョフィ
＊カリッツァーノとムリアルド産の栗……テッチ（石造りの家）で乾燥させる。
＊ヴァッレッジャ産のアンズ
＊サヴォーナ産のキノット……柑橘類の1種。そのままでは苦いため、砂糖漬け、シロップ漬けなどにして利用する。
＊ノーリ産のチッチャレッリ…キスに似た小さな細身の魚。
＊ヴァル・ダーヴェト産のカバンニーナ種の乳牛
＊ヴァル・ディ・ヴァーラ産の黒鶏…大きなタイプで、よく卵を産む。
＊ブリガスカ種の羊のトーメ・チーズ

Antipasto

03 LIGURIA

#027
Testaroli al pesto genovese
テスタローリのジェノヴァ・ペースト風味

Focaccia con patate al rosmarino
ジャガイモのフォカッチャ
ローズマリー風味

Torta di carciofi e patate
ジャガイモとカルチョフィのタルト

リグーリア州のスナック的な粉ものを取り合わせて前菜としてみた。テスタローリ（右）はクレープに近いもの。本来、炭火で焼いて、タリアテッレのような麺状にして食べると聞いているが、現地でもほとんど見ることがない。ここでは現地のマンマに習った、ミルクレープ風のリチェタを紹介した。リグーリアのフォカッチャ（左）は、歴史の古いもので、これがリグーリアからナポリに伝わり、ピッツァの原形になったともいわれている。表面のジャガイモはあくまで薄く、生地と一体感を保つようにするのがポイント。タルト（中央）は、ジャガイモとカルチョフィの詰めものの周囲をパスタのような生地で覆って焼き上げたボリューム感のある一品。詰めもののマジョラムの風味がリグーリアらしい。

小塚博之（ラ・ルーナ）

ricetta

●テスタローリのジェノヴァ・ペースト風味
①小麦粉（タイプ0）、卵、塩、コショウを練り合わせる。ダマにならないように牛乳でとく。
②オリーブ油をひいたフライパンでクレープ状に焼く。
③間にジェノヴァ・ペースト（63頁参照）をぬりながら重ねていく。8枚程度重ねたら、しばらく常温においで落ち着かせてから、切り分ける。

●ジャガイモのフォカッチャ　ローズマリー風味
①ミキサーボウルに小麦粉（タイプ0）1kg、ドライイースト8g、塩18g、ぬるま湯610g、オリーブ油100gを入れ、約15分間練る。冷蔵庫で一晩おいて低温発酵させる。
②2分割して、27〜34℃で二次発酵させる。
③オーブンプレートに薄くのばして敷き、表面にジャガイモの薄切りを貼り付ける。粒子の細かい岩塩、ローズマリー、パルミジャーノをふって、E.V.オリーブ油をかけ、下火のオーブン（230〜250℃）で10分間程度焼く。

●ジャガイモとカルチョフィのタルト
①タルト生地をつくる。小麦粉（タイプ0）1kg、オリーブ油100g、水480gを合わせて練る。これを薄くのばして、タルト型に敷く。同じものを蓋用に準備しておく。
②詰めものをつくる。カルチョフィ（アーティチョーク）を掃除して、薄切りにし、レモン水に浸けておく。フライパンにたっぷりのオリーブ油とみじん切りのニンニクを入れて火にかけ、香りを出す。みじん切りのマジョラムとイタリアンパセリを加え、カルチョフィを入れて炒める。白ワイン、塩、コショウを加えて、柔らかくなるまで煮込む。
③ジャガイモは丸ごと蒸し器で蒸し、皮をむいてボウルにとる。塩、コショウ、E.V.オリーブ油、バターを入れ、フォークでつぶしながら混ぜ合わせ、冷ます。
④①のタルト型にジャガイモ、カルチョフィ、パルミジャーノ、カルチョフィ、ジャガイモと重ね、最後にパルミジャーノと角切りのタレッジョ・チーズを入れ、生地で覆って蓋をする。縁を餃子の要領でつまんでとめる。
⑤E.V.オリーブ油をふりかけて、180℃〜200℃で約35分間焼く。

Antipasto

LIGURIA 03

#028
チーマ　アッラ　ジェノヴェーゼ
Cima alla genovese
ジェノヴァ風チーマ

ジェノヴァ風チーマは、本来、仔牛肉のミンチに、仔牛の脳ミソや胸腺肉などの内臓類を加えて詰めものとし、これを仔牛のバラ肉に詰めて、ブロードの中でゆでて仕上げる料理。現地でも土地によって詰めものには差があるようだが、日本でも現在、内臓類が一部入手できないので、今回は仔牛肉と豚の背脂に、キノコや野菜、ゆで卵を加えた詰めものとした。十分味がついているのでオリーブ油をかけるだけで供しているが、好みによってサルサ・ヴェルデなどを添えてもよい。

小塚博之（ラ・ルーナ）

ricetta

①仔牛のバラ肉に切り目を入れて袋状にしておく。
②詰めものをつくる。仔牛肉8に対し、豚の背脂を2の割合で混ぜ合わせ、ミンチにする。そこに、サイコロ状に切った仔牛肉を加え、ポルチーニ茸（乾燥を水でもどしたもの）のみじん切り、マジョラム、ニンニクのみじん切り、ゆでたグリーンピース、塩、コショウを加えて混ぜ合わせる。
③バラ肉の袋に詰めものを入れ、ゆで卵を2個入れて、ロース針を使ってたこ糸で縫ってとめる。布でくるみ、沸かした野菜のブロードに入れて、約2.5時間ゆでる。
④そのままブロードの中で冷まし、全体の重量の30％の重しをして、冷蔵庫で一晩おく。
⑤糸をはずし、薄く切り分けて、E.V.オリーブ油をかける。

Antipasto

03
LIGURIA

#029
Cappon magro
カッポン・マーグロ

海洋国ジェノヴァの一帯で生まれた「魚介と野菜のサラダ」。もともと漁師料理だったものが、貴族料理として磨かれていったようで「サラダの女王」の異名もある。現在はクリスマスイヴなどの祝いの食事として供されることが多い。写真では素材が見えるようにずらして盛ったが、本来は十数種の素材をピラミッド状に積み上げて豪華さを出す。現代では魚介も野菜もゆでるだけという調理が多いが、昔は魚介を干物や塩漬け、オイル漬けなどに加工して使うこともあったのではないかと想像し、私はそれも条件の一つとして考えている。今回はサバをオイル漬けにして使ったが、日本の特産であるカレイの干物や棒ダラなどを利用するのもおもしろいと思う。この料理は冷製ではなく、常温で供する。

堀江純一郎（リストランテ　イ・ルンガ）

ricetta

①魚介類に火を入れる。伊勢エビ、小エビ（ここで使用したのは妙高雪エビ）は殻付きのまま塩ゆでして、腹部の殻と足を取り除く。ヒイカは口や目玉などを取り除き、塩ゆでする。ムール貝と岩ガキは殻付きのまま白ワイン蒸しにし、ムール貝は片側の殻を取り除き、岩ガキはむき身にする。オコゼをフィレにおろして皮を除き、塩ゆでしてひと口大に切る。マグロとカツオは、さくの大きさに切り分けて塩ゆでし、ひと口大に切る。
②サバのオイル漬けをつくる。サバを二枚におろし、骨付きで塩ゆでした後、ニンニク、ローズマリー、ネズの実、オリーブ油とともに真空パックにし、冷蔵庫で1日マリネする。供する際に骨をはずしてひと口大に切る。

③野菜類に火を入れる。ズッキーニとニンジンはやや厚めの斜め切り、ジャガイモも厚めの輪切りにして塩ゆでする。ササゲ豆のさやを塩ゆでする。カリフラワーは小房に分け、セロリは棒切り、ポルチーニ茸は四つ割にし、それぞれを塩、クローヴ、フレッシュのローリエ、赤ワインヴィネガーを入れた湯で柔らかくゆでる。
④サルサ・ヴェルデをつくる。イタリアンパセリ、ケイパー、黒オリーブ、松の実、ゆで卵の黄身、白ワインヴィネガー、E.V.オリーブ油をミキサーでかくはんする。
⑤仕上げをする。サルサ・ヴェルデを間にぬりながら、魚介と野菜を交互に重ねてピラミッド状に盛る。ゆでたシラスをふりかけ、金箔を飾る。

Primo Piatto

03 LIGURIA

#030
ツッパ ディ チェーチ
Zuppa di ceci
エジプト豆のズッパ

エジプト豆（ヒヨコ豆）のスープはイタリア各地にあるが、なかでもリグーリアのものが有名のようだ。11月に行なわれる、日本の彼岸会に似た「フェスタ・デイ・サンティ（死者の日）」のお供え料理としても伝わっており、私が主に働いていたピエモンテ州でも、この時期には必ずレストランで提供していた。本来はエジプト豆だけでつくるのだろうが、私はよりおいしさを際立たせるために、うまみの濃い白インゲン豆を全体の4割近く加えている。また、豆のスープにはビエトラ（フダン草）を入れることが多いが、ここでは味のよい地元（奈良）産の小松菜で代用した。

堀江純一郎（リストランテ イ・ルンガ）

ricetta

①たっぷりの水にフレッシュのローリエ、ローズマリー、タイム、セージ、つぶしたニンニク、E.V.オリーブ油を入れて豆のもどし汁とする。エジプト豆（ヒヨコ豆）と白インゲン豆を水洗いし、それぞれもどし汁に一晩浸けておいて柔らかくもどす。
②2種類の豆を、それぞれつけ汁ごと鍋に入れてゆでる。皮が柔らかくなってきたら塩を加え、芯が柔らかくなるまでゆでる（エジプト豆は約1時間半、白インゲン豆は乾燥具合によって異なるが、約3時間）。
③タマネギ、ニンジン、セロリ、ニンニクの各みじん切り、パセリの軸、水でもどしてみじん切りにした乾燥モリーユ、ラルドをオリーブ油で炒めてソッフリットをつくる。トマトソースを加えて混ぜ、2種類の豆を適量のゆで汁とともに入れて約30分間煮て味を含ませる。豆を少量取り出し、残りをミキサーにかけてピュレにする。
④小松菜を下ゆでして細かくきざみ、オリーブ油で炒める。③のピュレと取りおいた豆を入れて温め、豆のゆで汁で濃度を加減して塩、コショウで味をととのえる。
⑤器に盛り、E.V.オリーブ油をたらして白コショウをふる。

#031

ミネストゥローネ　ディ トゥリッパ　アッラ　リーグレ
Minestrone di trippa alla ligure

トリッパのミネストローネ リグーリア風

ジェノヴァ・ペーストをたっぷりと使ったリグーリアらしいミネストローネ。トリッパにインゲン豆と野菜類を加えたボリューム感のある食べるスープだ。とはいえ、バジリコのさわやかな香りがきいていて、意外にすっと食べられる。本来トリッパは、イタリアでは第1～第3胃がミックスされたものを使うので、ここでも第2胃のハチノスに第3胃のセンマイを加えてみた。

Primo Piatto

03 LIGURIA

小塚博之（ラ・ルーナ）

ricetta

①鍋にオリーブ油とつぶしたニンニクを入れ、香りが出れば、ニンジン、タマネギ、セロリの小角切りを入れて、十分に甘みが出るまで炒める。
②下処理して拍子木切りにしたハチノスとセンマイを加えて炒め、ブロードを加えて煮る。途中で、水でもどした白インゲン豆を入れ、さらにローズマリー、セージ、ラルドを一緒にみじん切りにして加えて煮る。
③仕上げにジェノヴァ・ペースト（63頁参照）をたっぷりと加え、E.V.オリーブ油とパルミジャーノをふって仕上げる。

Primo Piatto

03 LIGURIA

#032

トゥロフィエ アル ポモドーロ フレスコ エ ペスト
Trofie al pomodoro fresco e pesto

トロフィエ
フレッシュトマトのソースとバジリコのペースト

トロフィエは、小麦粉を水と塩でこねた生地を少量ずつ手のひらでよって短いひも状につくるパスタで、ねっちりした歯ごたえが特徴である。リグーリア州を代表するバジリコのペーストで和えるのが一般的だが、ここではトマトソースを主体にし、ペーストはアクセントに添える程度にした。実際、こうした食べ方も多く、二つのソースの相性のよさが実感できる。この土地には「クオーレ・ディ・ブーエ（牛の心臓の意）」という名のいびつな形のトマトがあり、それでつくるトマトソースは香りも味も絶品。私の店ではトマトの皮と種子を煮つめてこした濃縮汁を仕込み、果肉でつくるソースに混ぜ入れてフレッシュトマトの丸ごとの風味を生かすなど、当地のソースに負けないような工夫を凝らしている。

堀江純一郎（リストランテ イ・ルンガ）

ricetta

①トロフィエの生地をつくる。小麦粉（フランスパン用の強力粉、中力粉、薄力粉のミックス粉）に塩と水を加えて混ぜ、よくこねる。ラップ紙で包み、冷蔵庫で2時間休ませる。この工程をもう1回繰り返した後、再度よくこねて、真空パックにして一晩冷蔵庫で休ませる。
②生地をごく少量とって両手のひらで丸め、そのままこよりをつくるように細長くのばす。最後に指の跡を生地に残すように両手で強くこすり合わせて生地を落とす。
③トマトソースをつくる。フレッシュトマトの皮を湯むきし、果肉を切り分けてタネを取り出す。果肉は小角切りにする。タネは皮とともに塩を加えて煮つめておく（A）。別鍋でニンニクのみじん切りとエシャロットのピュレ（エシャロットとサラダ油をミキサーにかけたもの）をオリーブ油で炒め、香りが出てきたらバジリコを加えて炒める。小角切りのトマトを入れ、塩、コショウして水分を煮つめる。濃度が出てきたらAをこしながら加え、再度煮つめる。
④バジリコ、松の実、クルミ、ニンニク、パルミジャーノ、E.V.オリーブ油、塩、コショウをミキサーに入れてかくはんし、バジリコのペーストをつくる。
⑤トロフィエを塩湯でゆでる。トマトソースを温め、E.V.オリーブ油とパルミジャーノで味をととのえて、ゆで上がったトロフィエを和える。器に盛り、バジリコのペーストを周りにたらす。

Primo Piatto

03 LIGURIA

#033

トゥレネッテ アル ペスト ジェノヴェーゼ
Trenette al pesto genovese

トレネッテの
ジェノヴァ・ペースト和え

世界的に有名なジェノヴァ風ペーストを使ったパスタ。もともとは広場にあるものを適宜に摘んだ「野原(カンポ)料理」だろうが、私の働いていたレストラン「パラクッキ」では、バジリコの香りが勝ちすぎないよう栽培ものを使用し、クルミを加えて複雑みを出していた。また、麺をゆでる際、ジャガイモとサヤインゲンも一緒にゆでて塩分や旨みを吸わせるのもポイント。この料理は口中でバジリコを感じつつ、ジャガイモの甘みが広がりをもたらし、麺とソースとの相性も抜群と、すでに完成されている。自分の個性を無理に加えず、細部をていねいにつくってクオリティを高めたい。

小塚博之（ラ・ルーナ）

ricetta

①塩湯でトレネッテをゆで、ジャガイモとサヤインゲンの1cm角切りも加えて一緒にゆでる。
②フライパンにゆで汁をとり、バターを加え、コショウをふり、ほんの何秒か火にかける。トレネッテ、ジャガイモ、サヤインゲンを入れ、中火でゆで汁を煮つめる。
③濃度がついたら火から下ろし、ジェノヴァ・ペースト(*)を加え、さらにペコリーノを和える（ペーストを入れてから加熱すると色、香りが失われるため）。少量のゆで汁を加えてのばし、挽きたてのコショウ、ニンニクオイル（E.V.オリーブ油につぶしたニンニクを浸ける）を合わせ、バジリコをあしらう。

*ジェノヴァ・ペースト
　ニンニク1かけ、クルミ大さじ2、松の実大さじ2、E.V.オリーブ油、塩、コショウをミキサーにかける。パセリ10g、バジリコ100gを加えてさらにミキサーをまわし、ボウルに取り出す。ペコリーノを加えて混ぜ、ペースト状にする。

Secondo Piatto

03 LIGURIA

#034
（デンティチェ　アッラ　メディテッラーネア）
Dentice alla mediterranea
鯛の地中海風

地中海料理というと、日本ではかなり広い範囲を指して使われることが多いが、イタリアの中ではリグーリア一帯の料理を指すことが多いように思う。ここで紹介したのは、イタリアでいうところの典型的な「地中海風」。生のトマトとオリーブ、タイム、バジリコなどを使った魚料理が代表的な例だ。オリーブ油をたっぷりと使った健康的な調理法は、現代のニーズにも合致している。

小塚博之（ラ・ルーナ）

ricetta

①タイをフィレにして、塩、コショウする。グラタン皿にバターをぬり、タイをのせる。上から白ワイン、E.V.オリーブ油、ブロード・ディ・ペッシェをふりかけ、そのままオーブンに入れて焼く。タイに火が入ったら取り出し、保温しておく。
②グラタン皿に残った焼き汁を鍋にとって3分の1量まで煮つめる。
③ボウルにタイム、レモンの皮（すりおろし）、バジリコ（せん切り）、黒オリーブ（八つ割）、ケイパー（塩漬けを塩抜きしたもの）、塩、コショウ、つぶしたニンニク、E.V.オリーブ油、レモン汁に、皮をむいたトマトの小角切りを混ぜ合わせ、常温で30分間ほどマリネする。
④煮つめた焼き汁の中に、マリネしたトマトを加え、ごく軽く温めてトマトのソースとする。タイを盛り付け、トマトのソースをかける。
⑤ジャガイモをシャトー形にむいてゆで、塩、コショウ、パセリのみじん切り、E.V.オリーブ油、ゆで汁で和えて付合せとする。

Secondo Piatto

03
LIGURIA

#035
セッピェ イン ズィミーノ
Seppie in zimino
甲イカのイン・ズィミーノ

ビエトラ（フダン草）やホウレン草などの青菜とともに調理する甲イカの煮込みである。一般にはトマト味が多いが、ここで紹介したのはトマトを使わない「ビアンコ」タイプ。白ワインと水で煮るシンプルな調味だが、副材料の香味野菜や松の実、レーズンのうまみで十分おいしいものになる。私の働いていたピエモンテ州アックイ・テルメはリグーリア州との州境にある町で、ストッカフィッソ（干ダラ）を香味野菜や松の実、レーズンなどで煮た郷土料理があり、このビアンコタイプの煮込みに味がよく似ている。この一帯に共通する味の一つなのだろうと感じた。

堀江純一郎（リストランテ イ・ルンガ）

ricetta

①甲イカをさばいて甲羅と内臓を取り除く。足は2～3等分し、胴は鹿の子に切り目を入れてひと口大に切る。小松菜は塩ゆでして水気を絞り、一部を細かくきざむ。
②タマネギ、ニンジン、ニンニク、パセリの軸、赤トウガラシ（すべてみじん切り）をオリーブ油で炒めてソッフリットをつくる。①のイカを入れて炒め合わせ、続けて①のきざんだ小松菜と松の実を入れてさっと炒める。マルサラ酒に浸けてもどしたレーズン、白ワイン、水を入れ、甲イカが柔らかくなるまで煮込む。
③①で取りおいた形を残した小松菜3枚を器に敷き、②の煮込みを煮汁ごと盛る。E.V.オリーブ油をたらし、イタリアンパセリのみじん切りをふる。

Secondo Piatto

#036
ストッカフィッソ　アッコモダート
Stoccafisso accomodato
アッラ　ジェノヴェーゼ
alla genovese
干ダラのトマト煮込み

港町ジェノヴァの名がついた有名な料理。干ダラにはバッカラ（開いて塩漬け乾燥させる）とストッカフィッソ（塩なしで丸干しにする）の2種類があるが、この料理にはストッカフィッソを使う。干ダラ、ジャガイモ、生トマトの3要素が主役で、オリーブ、松の実、干しブドウが欠かせない脇役だ。すでに完成された味だと思うので、大幅なアレンジは不要。ただ、ニンジン、セロリ、タマネギなどを入れる方法もあるが、私は主役をはっきりさせたいので加えない。また、とても庶民的な料理なので、リストランテで供する時には、味はイタリアを尊重しても小ぶりの器に盛って盛合せの一つにするなど、出し方にひと工夫加えたいところである。

小塚博之（ラ・ルーナ）

ricetta

①干ダラを1週間水に浸けてよくもどし、骨をはずして身だけにし、ひと口大に切る。
②フライパンにニンニクオイル（E.V.オリーブ油につぶしたニンニクを浸ける）をひき、干ダラに焼き色をつける。鍋に入れ、皮とタネを除いたトマト（干ダラ7に対し6）を加え、松の実、水でもどしたサルタナ・レーズンを少量ずつ入れて煮る。
③オーブン焼きの黒オリーブを入れ、ブロードを注いで2時間ほど煮込む。上がりの約15分前にジャガイモの薄切りを加えて残りの火を入れる。
④パセリのみじん切りを散らす。

Secondo Piatto

03 LIGURIA

#037
フリカッセーア　ディ　アンニェッロ　コン　カルチョーフィ
Fricassea di agnello con carciofi

ミルクラムとカルチョフィのフリカッセ

カルチョフィはリグーリアの特産物の一つ。ガクにトゲの付いた品種「スピノーゾ・ディ・リグーリア」が有名だ。このカルチョフィと仔羊を白ワインとブロードで煮込み、卵とクリームでつないだ軽い煮込み料理である。とろっとなめらかなソースが特徴で、卵に火を入れすぎて、ボソボソにならないように注意する。

小塚博之（ラ・ルーナ）

ricetta

①カルチョフィ（アーティチョーク）はガク片をむき、掃除して、固い部分を取り除く。食べやすい大きさに切っておく。
②乳飲み仔羊のモモ肉を適当な大きさに切る（カルチョフィと同じくらいの大きさ）。塩、コショウして小麦粉を付け、熱したオリーブ油で焼く。
③ここにカルチョフィを加えて炒める。さらに香味野菜（ニンジン、タマネギ、セロリ、エシャロット）を加え、白ワインを加えてアルコール分を飛ばし、ブロード、スーゴ・ディ・カルネ、スーゴ・ダニェッロ（仔羊のスーゴ）を加えてオーブンに入れ、蒸し煮にする（約8分間）。
④ソースは、仔羊とカルチョフィを蒸し煮にした際の煮汁を3分の1程度まで煮つめてこし、卵黄とその3倍の生クリームを混ぜ合わせたものを入れてつなぐ。
⑤仔羊とカルチョフィを取り出して皿に盛り、ソースをかける。

Dolce

#038

クレーマ　フリッタ　コン　フルッティ　ディ　ボスコ
Crema fritta con frutti di bosco
カスタードクリームのフリット 森のフルーツ添え

少し固めのカスタードクリームにパン粉を付けて揚げた菓子。パン粉、卵、パン粉の順でしっかりと衣を付けてあるので、周囲がカリッときれいに、香ばしく揚がっている。なお、揚げ油は一般にピーナッツ油を使用する。

小塚博之（ラ・ルーナ）

ricetta

①カスタードクリームをつくる。牛乳200gにヴァニラ棒2分の1本を入れて熱し、そのまま冷まして香りをうつす。卵黄4個分にグラニュー糖50gを入れて泡立て器で混ぜ、小麦粉40gを加えてさらにすり混ぜる。ここへ牛乳を加えて混ぜ、弱火にかけてダマができないように、泡立器でかき混ぜながら煮る。火が通ったら、冷ましておく。
②カスタードクリームを俵形に丸め、パン粉、卵、パン粉の順に付けて、ピーナッツ油で揚げる。
③盛り付けて、フルーツ（イチゴ、サクランボウ、ブルーベリー、ラズベリーなど）とラズベリーのソース（つくり方省略）を添え、粉糖をふる。

04

ロンバルディア州
LOMBARDIA

04 LOMBARDIA

キャヴェンナ
ソンドリオ テーリオ
ヴァルテッリーナ地方
マッジョーレ湖
コモ湖
ヴァレーゼ
レッコ
コモ
イゼオ湖
ベルガモ
ブリアンツァ地方
モンツァ
ガルダ湖
ブレッシャ
ミラノ
モルターラ
パヴィーア
ローディ
クレモーナ
マントヴァ
ポー川
パターナ平原
ポー川

●ロンバルディア州の県と県都

ヴァレーゼ県 …… ヴァレーゼ
クレモーナ県 …… クレモーナ
コモ県 …… コモ
ソンドリオ県 …… ソンドリオ
パヴィーア県 …… パヴィーア
ブレッシャ県 …… ブレッシャ
ベルガモ県 …… ベルガモ
マントヴァ県 …… マントヴァ
ミラノ県 …… ミラノ（州都）
モンツァ・エ・ブリアンツァ県 …… モンツァ
レッコ県 …… レッコ
ローディ県 …… ローディ

ロンバルディア州の特徴

「ロンバルド族が統治していた土地」という意味から名づけられたロンバルディアは、その後、都市国家時代を経て、西ではヴィスコンティ家とスフォルツァ家が統治するミラノ公国が栄え、東ではゴンザーガ家が治めるマントヴァ公国が、芸術そして食においても活気ある宮廷文化を築き上げた。現在州都のミラノは、イタリア経済、ビジネスの中心で、国内唯一の証券取引所を有する金融の要としての役目も担っている。またファッションやデザインなど流行を先取りする気風も強く、料理においても新規なものに柔軟である。

北にアルプス連峰をいただき、南に肥沃なパダーナ平原が広がるこの州は、20州中4番目の広さを有し、人口が一番多い州である。概して気候は内陸性で寒暖の差が激しく、比較的湿度が高い。夏は蒸し暑く、冬によく霧が出るのも特徴である。

山岳部のヴァルテッリーナ地方の痩せた土地ではそばが栽培され、ポルチーニ茸をはじめキノコ類も産出される。海に面していない州だが、山からの豊かな水は、いくつもの湖をつくり、ポー川流域を潤してきた。湖のアゴーネや川のウナギ等の淡水魚は食材として欠かせない。水が豊富なことから水田も多く見られ、パヴィーア県は稲作が盛んである。またアヒルの飼育も行なわれ、水田のカエルとともに料理によく登場する。

平原では野菜などの農作物のほか、広大な牧草地を利用した畜産物が数多い。牛の飼育は国内の約25％を占め、精肉だけでなく、乳牛から搾られたミルクは工場に運ばれ、特産の大きなグラーナ・パダーノ、天然の洞窟を利用して熟成させるタレッジョなどさまざまなチーズに加工されている。牛のほか、養豚も重要な産業で、国内生産の3分の1をまかない、精肉はもとより生ハムやサラミなどの畜肉加工品の材料として供給している。

こうしたロンバルディア州の食を伝統的に支えてきたのは、バターや、豚の脂肪からつくられるラードといった動物性油脂、肉類、各種のチーズである。オリーブ栽培は、コモ湖をはじめ、マッジョーレ湖、イゼオ湖畔で行なわれ、オイルも近年生産量が増加している。総体的にデリケートな風味のオイルで、淡水魚等に合わせられることが多い。

ロンバルディア州の料理の性格をひと言で語るのは、12県おのおのに個性があってむずかしい。たとえばミラノ料理は、とろ火で気長に時間をかける傾向だ。オッソブーコしかり、コストレッタもバターの中でじっくり焼き上げるのが伝統的な技法である。他方、北部の山岳地帯を有するソンドリオ県は、寒さに耐えられるよう乳製品やバターがたっぷり入った腹持ちのよい料理が特徴である。またベルガモ県、ブレッシャ県は、全般的にはしっかりした味つけだが、山岳地帯では重厚な料理が多く、湖一帯では淡水魚を使ったやさしい味わいの料理となる。ゴンザーガ家の影響を強く受けたマントヴァ県、クレモーナ県には、塩味に甘みを加えた宮廷料理の流れ、畜産を背景にした農家料理の特徴が見られ、さらにパルマ公国（現エミリア＝ロマーニャ州）に近いことからその影響も受け、バラエティに富んだ料理が残っている。

04 LOMBARDIA

ロンバルディア州の伝統料理

◎ミラノ周辺の料理

*リゾット・アッラ・ミラネーゼ Risotto alla milanese……仔牛の骨髄、サフランを入れて風味をつけた黄色いリゾット。

*ミネストローネ Minestrone……米入りの野菜スープ。

*カッスーラ Cassoeula……豚の骨付きバラ肉と皮、ヴェルツィーニ(生サラミ)をチリメンキャベツと煮込んだ料理。その他、耳や足、ほお肉、首下肉など、豚のさまざまな部位や、ルガーネガ(細長いサラミ)などを入れることもある。

*ネルヴェッテ Nervette……仔牛の足を長時間煮込み、肉や筋を骨からはずしてほぐし、煮汁のゼラチン質で冷やし固めたもの。棒状に切り分け、薄切りのタマネギとともにオリーブ油、塩、ケイパーで調味する。

*モンデギーリ Mndeghili……本来はローストやゆで肉の残りを挽き、パセリ、レモンの皮を加えて小さなハンバーグ状に丸め、バターでソテーした再利用料理。現在は精肉を挽いた肉を使うことも多い。

*オッソブーコ Ossobuco……輪切りにした仔牛の骨付きスネ肉の煮込み。トマトを加えないものと加えるものがある。ミラノ風はグレモラーダ(レモンの皮のすりおろし、イタリアンパセリとニンニクの各みじん切りを合わせたもの)を加えるのが特徴。

*コストレッタ・アッラ・ミラネーゼ Costoletta alla milanese……骨付き仔牛ロース肉のカツレツ。

*ブセッカ Busecca……トリッパと大きな白インゲン豆のトマト煮。

◎ベルガモ県、ブレッシャ県の料理

*カゾンセイ Casonsei……半月形の詰めものパスタ。伝統的な詰めものには、牛のロースト、サルシッチャのほか、アマレッティや洋梨、レーズンなどの甘みが入るが、現在一般的には牛肉、サルシッチャ、グラーナ・パダーノが主な材料。

*ポレンタ・オゼイ Polenta e osei……直訳するとポレンタと小鳥。比較的粗挽きのトウモロコシ粉を長時間かけて練り合わせながら煮たポレンタに、バターで焼いた(ベルガモ県)、あるいは串焼きにした(ブレッシャ県)野鳥を添えたもの。

*ポレンタ・タラーニャ Polenta taragna……トウモロコシ粉とそば粉でつくるポレンタに、タレッジョなどのチーズを混ぜ込み、セージ風味のバターをかけた料理。

*リゾット・アッラ・ピトッカ Risotto alla pitocca……若鶏1羽をすべて使ったリゾット。鶏の頭、首、手羽先、骨、内臓などでブロードをとり、残りの鶏肉とレバーを具として加える。

*カルピオーネ Pesce in carpione……淡水魚類(鱒など)を揚げて酢漬けにしたもの。

*湖の淡水魚のカルトッチョ Pesce al cartoccio……淡水魚を紙包み焼きにしたもの。

*湖の淡水魚のフリット

◎ソンドリオ県、コモ湖周辺の料理

*ピッツォッケリ Pizzoccheri……そば粉、小麦粉、水を練ってつくる平たい手打ちパスタ。2〜3mmの厚さで、幅は約1cm、長さ7〜8cmくらいが一般的な大きさ。チリメンキャベツと地元産のチーズ(ビットやカゼーラ)、バターを合わせるのが定番。

*ポレンタ・タラーニャ Polenta taragna……トウモロコシ粉とそば粉でつくるポレンタに、地元産のチーズ、シムットゥ(scimut)などを混ぜ込んだもの。

*シャット Sciatt……そば粉に水、グラッパを加えて練り、芯に地元産のとろけるチーズを入れて丸め、フリットにしたもの。

＊カワスズキのリゾット Risotto con pesce persico
＊キノコのリゾット
＊ポルチーニ茸のリゾット
＊ポルチーニ茸のグリル
＊ポルチーニ茸のフリッタータ……ポルチーニ茸の卵焼き。
＊カルピオーネ Pesce in carpione ……コモ湖で獲れる淡水魚類を揚げて酢漬けにしたもの。
＊ミスルティットゥのマリネ Misultitt marinata ……淡水魚の干物、ミスルティットゥ（特産物・水産加工品の項参照）を弱火で焼き、骨を取り除いてマリネにしたもの。

◎クレモーナ県、マントヴァ県の料理
＊アンチョビのビゴリ Bigoli con le sardelle ……ビゴリは水と小麦粉を固く練った生地を、トルキオという道具でスパゲッティ状に押し出した手打ちのロングパスタ。細かいウロコが立ったような状態の表面が特徴。アンチョビとニンニク入りのソースと合わせる。
＊マルビーニ Marubini ……クレモーナの代表的な詰めものパスタ。牛、仔牛、豚肉、グラーナ・パダーノ、ナツメッグなどを詰めものにし、スープに入れて食べるのが定番。形状はさまざま。
＊トルテッリ・ディ・ズッカ Tortelli di zucca ……カボチャの詰めものをしたパスタ。形はさまざま。
＊アニョリーニ・イン・ブロード Agnolini in brodo ……小さな指輪形の詰めものパスタをスープに入れたもの。牛、豚、仔牛、生ハム、モルタデッラ、グラーナ・パダーノ、ナツメッグなどを合わせた詰めものが定番。
＊ピロータ風リゾット Risotto alla pilota……サルシッチャ入りのピラフ（98頁参照）。
＊カワカマスのマントヴァソース Luccio in salsa alla mantovana……ゆでたカワカマスにアンチョビ、ケイパー、イタリアンパセリベースのソースをかけたもの。
＊ウナギのカルピオーネ Anguilla in carpione ……ウナギを揚げて酢漬けにしたもの。ティンカ（コイ科の淡水魚）を使うこともある。
＊カエルのフリット
＊野ウサギのサルミ Lepre in salmi ……白ワイン、香草、香辛料でマリネした野ウサギの煮込み。タマネギ、細かく切った内臓やラルドを加える。
＊牛肉のストラコット Stracotto di manzo ……牛肉を赤ワインで長時間煮込んだもの。

◎パヴィーア県の料理
＊修道院風リゾット Risotto alla certosina ……カエル、カワスズキ、キノコ、ザリガニ、グリーンピースなどを入れたリゾット。チェルトジーナは修道院風の意。パヴィーアの郊外にある壮大な修道院からの名称。
＊パヴィーア風ズッパ Zuppa pavese ……深皿にバターで焼いたパンを入れ、卵を割り入れて熱いブロードを注ぎ、グラーナ・パダーノをかけたスープ。
＊アスパラガスのフリッタータ……ホワイトアスパラガスのオムレツ。とき卵とグラーナ・パダーノ、ホワイトアスパラガスを混ぜ合わせ、フライパンで焼いた卵焼き。
＊カエルのトマト煮 Rana in guazzetto
＊カエルの白ワイン煮
＊アヒルのロースト

◎ヴァレーゼ県の料理
＊カワスズキのリゾット Risotto con pesce persico
＊ブリュシット Bruscitt ……小さく切った牛肉（肩ロース、トウガラシ、ミスジ等の部位）の赤ワイン煮込み。フェンネルシードを加え、ごく弱火で長時間煮込む。通常ポレンタを添える。

04　LOMBARDIA

ロンバルディア州の特産物

◎穀類
*米＜パダーナ平原、パヴィーア県＞
*そば粉＜ヴァルテッリーナ地方＞

◎野菜・果物・キノコ類
*カボチャ＜マントヴァ県＞
*ジャガイモ＜コモ湖地方＞
*ホワイトアスパラガス＜チラベーニョ＞
*チリメンキャベツ
*サンタ・クローチェ種の栗＜キャヴェンナ＞
*洋梨 pera mantovana IGP＜マントヴァ＞
*リンゴ mela di Valtellina IGP＜ヴァルテッリーナ地方＞
*ポルチーニ茸＜ヴァルテッリーナ地方＞

◎魚介類
*ペッシェ・ペルシコ（カワスズキ）
*ルッチョ（カワカマス）
*ティンカ（コイ科の淡水魚）
*鱒など湖の淡水魚
*ウナギ

◎肉類
*牛＜ブリアンツァ地方＞
*豚＜ブレッシャ県＞
*羊
*カエル

◎水産加工品
*ミスルティットゥ misultitt……淡水魚のアゴーネを丸ごと1尾、塩漬けにして天日に干し、プレスしたもの。ミッスルティンmissultinともいう。＜コモ湖＞

◎チーズ
*グラーナ・パダーノ grana padano DOP（牛・硬質）
*タレッジョ taleggio DOP（牛・軟質）
*ビット bitto DOP（牛、山羊・半硬質）
*ヴァルテッリーナ・カゼーラ valtellina casera DOP（牛・半硬質）
*ストラッキーノ stracchino（牛・フレッシュ）＜コモ県、ベルガモ県＞
*クワルティローロ・ロンバルド quartirolo lombardo DOP（牛・軟質）
*カプリーニ caprini（牛、山羊・フレッシュ）＜ベルガモ県＞
*ゴルゴンゾーラ gorgonzola DOP（牛・青カビ）
*クレシェンツァ crescenza（牛・フレッシュ）
*マスカルポーネ mascarpone（牛・軟質・フレッシュ）
*バゴス bagoss（牛・硬質）＜ブレッシャ県＞
*ブランツィ branzi（牛・硬質）＜ベルガモ県＞
*サルヴァ salva（牛・硬質）＜ベルガモ県＞
*フォルマイ・デ・ムット・デッラルタ・ヴァッレ・ブレンバーナ formai de mut dell'alta valle Brembana DOP（牛・硬質）
*パルミジャーノ・レッジャーノ parmigiano reggiano DOP（牛・硬質）
*プロヴォローネ・ヴァルパダーナ provolone valpadana DOP（牛）……糸状に裂けるタイプのチーズ。
*グラーナ・ロディジャーノ grana lodigiano（牛・硬質）……ローディでつくられる大形チーズ。薄く削って食べる。

◎畜肉加工品
*ブレザオラ・デッラ・ヴァルテッリーナ bresaola della Valtellina IGP……牛の骨なしモモ肉の生ハム。
*サラーメ・ディ・ヴァルツィ salame di Varzi DOP……粗く切った豚肉でつくるサラミ。

*サラーメ・ブリアンツァ salame Brianza DOP……豚肉のサラミ。
*サラーメ・ドーカ・ディ・モルターラ salame d'oca di Mortara IGP……ガチョウの皮にガチョウの挽き肉を詰めて加熱してつくるサラミ。
*サラミーニ・イタリアーニ・アッラ・カッチャトーラ salamini italiani alla cacciatora DOP……豚肉でつくる一般的なサラミ。
*サラーメ・ディ・ミラーノ salame di Milano……細かい脂肪が入った豚肉のサラミ。<ミラノ県、ブリアンツァ地方>
*ルガーネガ luganega……北部イタリア全域で生産されている豚肉のサルシッチャ。羊腸をケーシングにした細長い形状が特徴。<ブリアンツァ地方、モンツァ>
*サラーメ・クレモナ salame Cremona IGP……ニンニク、黒コショウをきかせたスパイシーな豚肉のサラミ。
*ザンポーネ・モデナ zampone Modena IGP……豚足をケーシングに使い、豚肉と皮を詰めた生サラミタイプの加工品。約2時間ゆでて食べる。
*コテキーノ・モデナ cotechino Modena IGP……豚肉と皮を詰めた直径5～6cmの生サラミタイプの腸詰め。約2時間ゆでて食べる。
*モルタデッラ・ボローニャ mortadella Bologna IGP……豚の背脂の角切りが入った直径30cm以上ある大形ソーセージ。黒粒コショウやピスタチオを入れることもある。
*ヴィオリーノ violino ……羊あるいは山羊のモモ肉でつくる生ハム。<カモニカ渓谷地帯>
*グレッポレ greppole ……小さく切った豚の脂肪を高温で長時間蒸した後、プレスし、塩、香草で風味をつけ、乾燥させたチップ。スナックとして食べられる。チッチョリ ciccioli ともいう。<モルターラ>

◎オリーブ油

*ガルダ・ブレッシャーノ Garda bresciano DOP
*ラーギ・ロンバルディ laghi lombardi DOP

◎調味料

*モスタルダ mostarda ……フルーツに砂糖を加えて煮つめ、マスタード・エッセンスを加えたピクルス、ジャム。ゆで肉やチーズに添えて、あるいはパスタの詰めものなどにも使われる。<クレモナ県、マントヴァ県、ヴォゲーラ>

◎パン・菓子

*チャバッタ ciabatta ……ミラノを中心にロンバルディア州全体で食べられるスリッパ形のパン。発祥はヴェネト州だが、ロンバルディア州でも広く浸透している。
*マントヴァーノ mantovano ……マントヴァの小形パン。
*ミケッタ michetta ……ミラノの小形パン。中が空洞でバラの形をしている。
*ミッコーネ miccone ……パヴィーアを中心にロンバルディア州で広く食べられているプレーンな大形パン（約1kg）。サックリと固いクラスト（皮）が特徴。
*キヤッケレ chiacchiere ……カーニバル時期の菓子。薄い長方形にのばした生地をフリットにする、あるいはオーブンで焼いて、粉糖をかける。
*コトニャータ cotognata ……カリンの実に砂糖を加えて煮つめてピュレ状にし、ようかん状に固めた甘い菓子。<クレモーナ>
*コロンバ colomba ……鳩（コロンバ）が飛んでいるような形に成形し、アーモンドを飾った発酵生地の焼き菓子。イースターの菓子として有名。<パヴィーア>
*サラーメ・ディ・チョッコラート salame di cioccolato ……砕いたクッキーをチョコレート味のプレーンな生地に混ぜ、サラミ形に整形した菓子。ロンバルディア州全体のホームメード菓子。

04 LOMBARDIA

＊タリアテッレのトルタ torta di tagliatelle ……細めのタリアテッレをアーモンドバターで和え、これをフィリングにして焼いた薄形タルト。＜マントヴァ＞

＊トッローネ torrone ……ハチミツ、卵白、ナッツ類でつくる菓子。いわゆるヌガー。＜クレモナ＞

＊トルタ・サッビオーサ torta sabbiosa ……バター、砂糖、卵、小麦粉、片栗粉(ジャガイモでんぷん)を混ぜ合わせた生地をケーキ型に流して焼いたもの。サッビオーサは砂のようにもろいという意味で、サクサクとした崩れやすい食感が特徴。ヴェネトにも同じような菓子がある。＜マントヴァ県＞

＊トルタ・ズブリソローナ torta sbrisolona ……ホロッと崩れるような食感が特徴の焼き菓子。アーモンドとトウモロコシ粉が主材料。＜マントヴァ＞

＊トルタ・デッレ・ローゼ torta delle rose ……発酵生地にレモン風味のバタークリームを重ねてロール状に巻き込み、切り分けた7個ぶんを切り口を上にしてタルト型に詰め、バラの花の形につくった焼き菓子。＜マントヴァ＞

＊トルタ・パラディーゾ torta paradiso ……卵、小麦粉、片栗粉(ジャガイモでんぷん)、バター、レモンの皮でつくる、ホロホロと崩れる食感のプレーンな焼き菓子。パラディーザはパラダイスの意で、天国を思わせるような食感と味わいからの名称。＜パヴィーア＞

＊パネットーネ panettone ……フルーツの砂糖漬け、レーズン、卵とバターの入った発酵生地でつくるクリスマス菓子。通常は1kgもある大きなドーム形で、ミラノが発祥。

＊パン・デ・メイ pan de mei ……トウモロコシ粉の入った、直径約8cmの円盤状のパン菓子。＜ミラノ＞

＊ブッソラ bussola ……小麦粉、砂糖、バター、卵、イーストを混ぜ、何回にも分けて発酵させた生地を、大きなドーナツ状にして焼いた菓子。＜ブレッシャ＞

＊ブルッティ・エ・ブオーニ brutti e buoni ……泡立てた卵白ときざんだナッツ類(ヘーゼルナッツやアーモンド)を混ぜ合わせて焼いたひと口サイズのゴツゴツした焼き菓子。ブルッティ・マ・ブオーニ(brutti ma buoni)ともいわれる。＜ヴァレーゼ県、ガヴィラーテ＞

＊ポレンタ・オゼイ polenta e osei ……半球形のスポンジ生地を黄色いマジパンで覆い、チョコレートでつくった小鳥をのせたケーキ。ベルガモ名物。

スローフードのプレシーディオ

＊そば粉＜ヴァルテッリーナ地方＞

＊ビット(牛と山羊・硬質)……アルバート渓谷とジェロラの山小屋製チーズ。

＊バゴス・チーズ(牛・硬質)＜バゴリーノ＞

＊パンネローネ・チーズ(牛・硬質)＜ローディ＞

＊ファトゥリ・チーズ(山羊・硬質・スモーク)＜ヴァル・サヴィオーレ＞

＊アグリ・チーズ(牛・フレッシュ)＜ヴァルトルタ＞

＊ストラッキーノ・アッランティーカ・デッレ・ヴァッリ・オロービケ・チーズ(牛・軟質)＜ベルガモ県＞

＊ヴィオリーノ……ヴァルキヤヴェンナ産の山羊の生ハム。

Antipasto

#039
ラッツァ イン サルサ マントヴァーナ
Razza in salsa mantovana
エイの
マントヴァ風ソース

04 LOMBARDIA

サルサ・ヴェルデの延長線上にあるようなマントヴァ風ソースを、ゆでた魚に合わせた、ほんのりと温かい前菜。海のないロンバルディア州では、ルーチョ（カワカマス）などの淡水魚をよく使うが、ここで使ったのは赤エイ。海の魚だが、イタリア人にもなじみ深く、日本人にも違和感なく食べてもらえると思い、店で出したところ評判がよかったもの。マントヴァ風ソースは、現地でもいくつかのタイプのものを見たが、アンチョビ、ニンニク、オリーブ油をベースに、ケイパーや松の実、タマネギ、ペペローニ（赤ピーマン）などがよく使われ、あとはそれぞれに好みの野菜を使って味わいにふくらみを持たせているようだ。

後藤俊二（ラ・ボッテガ・ゴローザ）

ricetta

①エイの身を沸騰させたクール・ブイヨン（水、酢、塩、黒粒コショウ、クローヴ、タマネギ、ニンジン、セロリ、レモン）の中に入れ、再沸騰して2分間くらいを目安にゆでる。火からおろして、そのまま6〜7分間おく。
②ペペローニ（赤ピーマン）は焼いて皮をむき、果肉をE.V.オリーブ油、レモン汁、白ワインヴィネガー、バルサミコ酢でマリネする。
③ソースをつくる。オリーブ油にニンニクを入れて火にかけ、香りをうつす。アンチョビを溶かし込んで香りを出し、みじん切りにしたニンジン、タマネギ、セロリを加えてゆっくり火を入れる。火からおろし、ペペローニとキュウリの自家製ピクルス、ケイパーをそれぞれみじん切りにして加える。
④セルクルを用意し、ペペローニのマリネ（常温）、骨をはずしてほぐしたエイの身、さっと温めたソースを重ねて盛り付ける。煎った松の実、イタリアンパセリを散らす。

Antipasto

04 LOMBARDIA

#040
コンポズィッツィヨーネ ディ アナトゥラ
Composizione di anatra

鴨のコンポズィツィオーネ

首のサラミ Salame
パテ Patè
ブリオッシュ Brioche
サルシッチャ Salsiccia
燻製 Affumicata
チッチョリ Ciccioli
手羽先のイン・サオール Ali in saor
(左手前から時計回りに)

茨城産の良質な鴨を使い、モルターラで習った手法を活用してサラミなどさまざまな加工品に仕立て、余すことなく鴨を堪能できるよう盛り合わせた鴨づくしの一品。モルターラは、ロンバルディア州南部のポー川とティチーノ川に挟まれた水郷地帯、ロッメリーナに位置し、稲作の盛んなところである。昔から農家の中庭ではガチョウが飼われ、その加工品をつくってきた長い歴史がある。もっとも特徴的なのは首のサラミ。首をケーシングにして、低めの温度でじっくり加熱することで、うまみを逃がさず、しっとりした食感に仕上がる。チッチョリは、もともとガチョウや豚の脂を溶かして液体の脂を取った後に残るカリカリ状の脂身で、イタリアでは市販もされている。ちょっとしたおつまみとして、またポレンタと合わせて食べられているものだが、ここでは皮を利用してつくり、全体のアクセントとした。

首のサラミ

西口大輔（ヴォーロ・コズィ）
ricetta 93頁

Antipasto

#041
インサラータ ディ ロンボ ディ レーブレ
Insalata di lombo di lepre
野ウサギの背肉のサラダ

この料理の原形は17世紀の料理人のリチェッタで、著名な料理人だった故フランコ・コロンバーニ氏がそれを再現したという。原書を見ていないので、どの程度のアレンジか不明だが、コロンバーニ氏の料理は熟成させた生の野ウサギの背肉を、ケイパー、ザクロ果汁、バルサミコ酢の酸味の強いソース（臭み消し、殺菌）で食べさせるもの。さらにルーコラ、白トリュフという香りの強い素材を合わせていた。ここでは野ウサギを生ではなくブレザオラ的な塩漬けにし、和食の「たたき」のように周囲を熱して余熱で内側に火を入れ、薄切りにして生温かい前菜として仕立てた。ねっとりした身質の鉄っぽい野ウサギ肉と、アグロドルチェの（甘酸っぱい）ソースがよく合う。

後藤俊二（ラ・ボッテガ・ゴローザ）

ricetta

①野ウサギの背肉はタオルなどで汚れをふき取り、強めに塩をして丸1日おく。翌日水分を取り、つぶした黒粒コショウをしっかりと周囲にまぶす。ペーパータオルで巻いて冷蔵庫に入れ、少し乾燥させる。ペーパータオルを2〜3回取り換え、2日目くらいにだいたい落ち着いてきたら、さらしなどで巻いて冷蔵庫で保存する。提供直前に粒コショウを取り除き、フライパンに澄ましバターをひいて「たたき」のように外側だけを焼く。余熱で中心がほんのり温かくなるくらいまで休ませる。

②ソースをつくる。塩漬けケイパー（水で塩抜きする）、サルタナ・レーズン、ザクロの実を、バルサミコ酢とザクロ果汁で和え、塩、コショウで調味する。
③ルーコラのサラダをつくる。ルーコラ・セルヴァーティカに塩、コショウし、E.V.オリーブ油で和える。
④野ウサギを薄切りにして皿に盛り、ソースをかけて、ルーコラのサラダを添える。白トリュフを削り、野ウサギにE.V.オリーブ油をさっとかける。

Primo Piatto

#042
アンニョリ イン ブロード
Agnoli in brodo
アニョリ入りブロード

じっくりと火を入れることで生まれるパスタとスープの一体感がこの料理のおいしさのポイント。強火で煮るとスープが濁るので、弱火でゆっくりと加熱する。その煮つまり具合を計算して、淡い味わいのコンソメを用意することが大切だ。マントヴァ近郊のレストラン「ダル・ペスカトーレ」では、古くからの習慣を踏襲して、このスープの中にランブルスコ(エミリア=ロマーニャ州産の弱発泡性の赤ワイン)を入れてサービスしていた。合わせるワインはやはりランブルスコがいいだろう。

04
LOMBARDIA

後藤俊二(ラ・ボッテガ・ゴローザ)

ricetta

①小麦粉(タイプ00)、少量の強力粉、卵、塩、オリーブ油を練って生地をつくる。
②詰めものをつくる。フライパンにバター、ローズマリーを入れ、自家製サルシッチャを入れて弱火でソテーする。仔牛肉、豚肉、少量の牛肉を適当な大きさに切ってゆで、水きりした後、サルシッチャのフライパンに加えて火を通す。セージのみじん切りを加え、火からおろして冷ます。これをフードプロセッサーに2回ほどかけ、口当たりをなめらかにする。アマレッティを砕いたもの、さらにモスタルダ(あればマントヴァ風のもの。白メロンなど、ウリ系のものが多い)をみじん切りにして加え、グラーナ・パダーノ(またはパルミジャーノ)、ナッツメッグ、塩、コショウを加え混ぜる。
③アニョリをつくる。パスタ生地を約0.8mmの厚さにのばし、約4cm四方の正方形にカットする。中央に丸めた詰めものをおき、正方形の周囲に、水でうすめたとき卵をハケでぬる。頂点を少しずらすようにして三角形に折り、くっつける。詰めもののところを下から上へ持ち上げるようにしながら底辺の両端を持ってくるっと丸め、くっつける。
④鶏を主体にしたブロードにごく少量の牛肉と香味野菜を入れて煮る。布ごしして澄みきったコンソメをとる。この中にアニョリを入れ、煮立てないように弱火でじっくりと煮る。パスタの詰めものに火が入り、パスタ生地にもコンソメの味がしみ込むようなイメージで。

Primo Piatto

04 LOMBARDIA

#043
ピッツォッケリ ディ テッリョ
Pizzoccheri di Teglio

テーリオの
ピッツォッケリ

　テーリオは、そば粉の産地、ヴァルテッリーナ地方の村の名前。イタリアでは、そばというと貧しいイメージがあり、そば粉を使ったパスタ、ピッツォッケリも、限られた地域で寒い季節に限って出されているものだが、日本にはそうしたイメージがないので、かえって抵抗なく受け入れられるかもしれない。ボソッとした独特の食感のパスタと、野菜、チーズのバランスがおいしさの決め手。本来はそば粉と同じ地方産のヴァルテッリーナ・カゼーラやビットといった高原チーズを使うが、手に入らない場合は、同じロンバルディア州産のタレッジョやグラーナ・パダーノなどをブレンドして使うとよい。

後藤俊二（ラ・ボッテガ・ゴローザ）

ricetta

①ピッツォッケリをつくる。そば粉と、その5分の1程度の強力粉、塩、水、牛乳を練って生地をつくる。休ませた後、パスタマシンで約1mmの厚さにのばし、おおよそ幅1.5cm、長さ6〜7cmの大きさに切り分ける。
②芽キャベツは半分に切り、ジャガイモは角切りに、チリメンキャベツは他と大きさを揃えて適宜切る。
③塩湯を準備し、ピッツォッケリ、ジャガイモ、芽キャベツ、チリメンキャベツの順に入れてゆで上がりの時間を合わせる。
④フライパンにバターを入れて溶かし、セージを加えてセージバターをつくる。そこにタマネギのソッフリット（みじん切りをバターでよく炒めたもの）を加え、ゆで上げたピッツォッケリと野菜を加えてよくなじませる。グラーナ・パダーノで仕上げる。
⑤別のボウルにブレンドしたチーズ（タレッジョとベルパエーゼ）を入れて溶かしておく。このチーズをフライパンのピッツォッケリの上に少しずつのせ、ゆで汁少量を加えて、そのままオーブンに入れて焼く。
⑥器に盛り付け、セージバターをかけ、グラーナ・パダーノ、黒コショウをふる。

※そば粉はイタリア産の有機栽培のそばの実を、殻ごと粗めに挽いたものを使用。昔ながらの製粉を行なうイタリアの製粉所から取り寄せているもので、香りや風味が強い。

Primo Piatto

04 LOMBARDIA

#044
ピッツォッケリ
Pizzoccheri
アッラ　キヤヴェンナスカ
alla chiavennasca

キャヴェンナ風ピッツォッケリ

ピッツォッケリは、ロンバルディア州北部の山岳地帯、ヴァルテッリーナ地方の冬の名物パスタ料理である。霜が降りると一段と味わい深くなるチリメンキャベツと山のジャガイモ、地元産チーズを使う。一般的なピッツォッケリは、そば粉に小麦粉を加えてつくり、形は幅広いタリアテッレ状のパスタを7～8cmの長さに切ったもの。一方、キャヴェンナのそれは、生地にまったくそば粉を入れず、形も小さなしずく形（南チロル地方の小さいニョッキ、スペッツリの形に酷似）と、大きく異なる。チーズは、生産量の多いカゼーラが広く使われているが、ここではより山の料理らしい特色を出すため、ビットを使用した。なお、チリメンキャベツの代わりにビエトラを使うこともある。

西口大輔（ヴォーロ・コズィ）

ricetta

①キャヴェンナのピッツォッケリをつくる。小麦粉（タイプ00）に水と塩を加えて適度な固さの生地を練る（固すぎないように。器具を通してポトンポトンとゆっくり落ちる程度）。休ませた後、生地を器具に入れ、押し出して塩湯に落としてゆでる。器具はスペッツリ（南チロル地方のしずく形の小さなニョッキ）用のものを使用（器具を使用しない場合は、指あるいはスプーン、ゴムベラなどを使い、小さく、いびつな球形をつくる）。
②フライパンにバターを溶かし、ニンニクのみじん切り、セージを加えて香りをつける。ゆでたチリメンキャベツと角切りのジャガイモを入れ、ゆで上げたピッツォッケリを加えて混ぜる。
③角切りのビット・チーズ（*）とすりおろしたグラーナ・パダーノを加え、混ぜ合わせる。好みで挽きたての黒コショウをかけてもよい。

*ビット・チーズ
牛乳製の半硬質チーズ。ヴァルテッリーナ地方の、生産量の限られたアルペッジョ（夏期に標高の高い高原で放牧された乳牛のミルクでつくるチーズ）で、独特の風味がある。

Primo Piatto

04 LOMBARDIA

#045
トルテッリ ディ ツッカ
Tortelli di zucca
アッラ マントヴァーナ
alla mantovana

カボチャのトルテッリ

カボチャの栽培で有名なマントヴァ（ロンバルディア州南東部の県）を代表する伝統的なパスタ料理。起源は、中世からとも、ルネッサンス期にこの地を統治していたゴンザーガ家の宮廷料理からともいわれ、この地方では今でも、家族が集まる大切なクリスマスイブに食べる料理として親しまれている。カボチャの甘み、アマレッティの苦み、モスタルダの辛み、スパイスの香りが融合し、複雑な風味を醸し出す詰めものが特徴。モスタルダを加えるのが定番で、現地では薬局でマスタード・エッセンスを購入し、スイカの白い部分、洋梨、リンゴなどでモスタルダを自家製していた。ただし、日本ではマスタード・エッセンスが入手できないため、ここでは入れていない。そのぶんカボチャ本来のうまみのある甘さを主役にして、スパイスなども控えめに調整している。

西口大輔（ヴォーロ・コズィ）

ricetta

①小麦粉（タイプ00）800gとファリーナ・ディ・セーモラ（一番挽きの細かい硬質小麦粉）200g、卵黄8個分、全卵5個、E.V.オリーブ油を混ぜ合わせ、よく練ってまとめ、休ませる。これを真空パックにして冷蔵保存し、オーダーのつどのばして成形する。こうすることで短時間にゆで上がり、よりフレッシュ感のあるパスタを提供することができる。
②カボチャは、八つ割りにしてアルミ箔をかけ、180℃のオーブンで柔らかくなるまで加熱する。皮を取り除き、果肉を裏ごしし、細かく砕いたアマレッティ（アーモンドを使ったビスケット）、ナッツメッグ、グラーナ・パダーノ、塩、コショウを加え、固めの詰めものをつくる。
③生地を0.3～0.4mmの厚さにのばし、絞り袋に入れた詰めものを間隔をあけて絞り出す（この時、生地も十分味わえるよう、詰めものの周囲の"あそび部分"を多めにとるようにする）。その上にのばした生地をのせて密着させ、波形のカッターで四角く切り分ける。
④塩湯で1～2分間ゆで、セージを加えて風味をつけたバターで和え、グラーナ・パダーノをふりかける。

Primo Piatto

04 LOMBARDIA

#046
リゾット アッラ ピロータ
Risotto alla pilota

リゾット・アッラ・ピロータ

マントヴァ地方の料理で、直訳すると脱穀人風リゾット。ミラノ風のサフランのリゾットは、熱いブロードを注ぎ足しながら煮ていく手法で、若干粘りのある状態に仕上げるが、こちらはピラフのようにパラパラの状態に炊き上げるもの。日本人の感覚に合うとみえて店でも評判がよい一品だ。現地ではブロードに生米を入れるが、そうすると火の通りは早いがアルデンテが長持ちせず、すぐにベチャッとしてしまうので、バターで米を炒めて、油でコーティングしてから入れる方法をとっている。他の地方では見られないこのリゾットには、この地方の代表的な米であるヴィアローネやヴィアローネ・ナーノ種がふさわしいと思う。

後藤俊二(ラ・ボッテガ・ゴローザ)

ricetta

①ココット鍋にバター、オリーブ油を入れ、洗っていない米(ヴィアローネ・ナーノ種)を炒める。白ワインを加えて煮て、アルコール分を飛ばし、アツアツのブロードを一気に加える(米が隠れる高さまで)。弱火で煮ながら、ベースの野菜(エシャロットのソッフリット、ポルチーニ茸のみじん切りのソテー)を加えて混ぜ合わせる。
②米が液面から上に見えるくらいになったら、蓋をしてオーブンに入れる。ブロードを入れてからオーブンでの時間も含め、トータルで15分間くらいの加熱が目安。

③適宜の大きさにカットしたポルチーニ茸とほぐした自家製サルシッチャを、フライパンで弱火でソテーして香りを出す。
④米が炊き上がったところに③のポルチーニ茸とサルシッチャを加えて混ぜる。上からグラーナ・パダーノをふりかけ、蓋をして、30秒間ほど火にかけ、客席へ運ぶ。
⑤客前で皿に盛り付け、黒コショウとオリーブ油をふる。

※リゾットには牛のうまみは強すぎるので、鶏と豚でとったブロードを使う。

Secondo Piatto

04 LOMBARDIA

#047
ヴェルツァーダ
Verzada

黒豚バラ肉と
チリメンキャベツの
軽い煮込み

豚は古くから庶民の生活と切っても切れない存在で、ロンバルディア州では豚肉や豚加工品とチリメンキャベツとを煮込んだ「カッソーラ」（ヴェルツァーダともいう）が親しまれている。ここで使ったのは鹿児島産黒豚のバラ肉。沸騰しない温度（85〜90℃）のブロードでゆっくりと調理し、ふっくら柔らかく火を入れた後、フライパンで表面を煎り焼いて、外側はパリッと、内側はしっとりとした質感に仕上げている。チリメンキャベツはサルシッチャとともに豚のブロードで煮て、煮込みに必要な一体感を出す。

後藤俊二（ラ・ボッテガ・ゴローザ）

ricetta

①前日に黒豚バラ肉に塩をし、翌日水分をふき取り、黒コショウをまぶす。適当にカットし、ひもで縛って成形し、表面に焼き色をつける。
②鍋に白ワインを沸かしてアルコール分を飛ばし、少し煮つめる。豚肉を入れて火にかけ、白ワインヴィネガーを加え、さらにニンニク、ローリエ、ローズマリー、香味野菜、水を加えてゆっくり弱火で煮込む。串が入る柔らかさになったら、そのまま冷ます。
③煮汁を、チリメンキャベツの煮込み用（A）、肉を温める時用（B）に分ける。Aはトマトソース、スーゴ・ディ・カルネを加えて煮立て、注文ごとに下ゆでしたチリメンキャベツを煮て味をしみ込ませ、サルシッチャのほぐし身を加え、味をととのえて皿に盛る。
④豚肉は適宜の厚さに切り、注文ごとにBの煮汁で温め、フライパンで表面をカリッと焼き固める。煮汁の透明な脂（分離して上面にたまるもの）をまわしかけ、皿に盛る。
⑤粗塩、黒粒コショウをのせる。

Secondo Piatto

04 LOMBARDIA

#048
ルガーネガ　アッラ　グリッリャ
Luganega alla griglia
コン　ポレンタ　フレスカ
con polenta fresca

ルガーネガと黄色のポレンタ

ルガーネガはサルシッチャ（腸詰め）の一種で、羊腸を使った細長い形が特徴。もとは南のルカーニア地方（バジリカータ州の旧称）でつくられていたが、現在は北部、とくにロンバルディア州の全域でつくられている。一方、もともと家畜の飼料として栽培されてきたトウモロコシの粉でつくるポレンタは「貧しい料理」とされ、炎の燃えさかる暖炉の薪の上に、パイオーロ（paiolo）と呼ばれる銅製の大鍋をのせてこれを煮る風景は、北イタリアを代表する冬の風物詩であった。そんな素朴な田園風景をイメージし、バーベキューのように焼いた野趣あふれるルガーネガとポレンタを合わせてみた一品。なお、ポレンタは、最近ではトウモロコシの産地や品種の差別化をうたい、高級レストランのメニューにも載るようになってきている。

西口大輔（ヴォーロ・コズィ）

ricetta

ルガーネガ
①豚の赤身肉と脂身を4対1の割合で合わせ、フードプロセッサーにかける。塩、コショウ、卵白、生クリームを加えてさらに混ぜ合わせ、冷蔵庫で一晩ねかせて味をなじませる。
②絞り袋に入れ、羊腸に詰める（1本の長さは25〜30cm）。
③このルガーネガを渦巻き状にし、加熱途中で破裂しないよう楊枝で数ヵ所穴をあける。グリル板で格子状の焼き目をつけてから170℃のオーブンに約15分間入れる。

ポレンタ
④厚手の鍋に水と牛乳を1ℓずつ入れ、塩14gを加えて沸騰させる。
⑤黄色のポレンタ粉340gをサラサラと雨を降らすように加える。はじめはダマができないように泡立て器を使って混ぜ、粉が全部混ざったら木べらに持ち替えて混ぜながら、40分間くらいを目安に、鍋肌からスッと離れるようになるまで煮る。

仕上げ
⑥アツアツのポレンタを盛り、その上にルガーネガをのせる。E.V.オリーブ油をかけ、イタリアンパセリをふる。

※ポレンタはできたてのアツアツだけでなく、冷ましてから切り分け、グリルにして付け合わせてもよい。
※ポレンタ粉は、八つ筋種（イタリアの伝統的な品種）のトウモロコシを石臼で挽いたイタリア産を使用。

Secondo Piatto

#049
オッソブーコ　アッラ　ミラネーゼ
Ossobuco alla milanese
コン　リゾット　アッロ　ヅァッフェラーノ
con risotto allo zafferano

ミラノ風オッソブーコとサフランのリゾット

ミラノを代表する冬の煮込み料理。オッソブーコは、「穴のある骨」という意味で、仔牛の後ろスネ肉の輪切りを使う。じっくり時間をかけて加熱することで、スネ肉のバランスの良い筋肉質の繊維が柔らかくなり、ねっとりしたうまみが引き出される。そして骨の中の、プルンとしてこってりした髄を味わうのがこの料理の醍醐味。白ワインとブロードで煮た後、仕上げ際にグレモラーダを加えて、爽やかさを添えるのがミラノ風の特徴で、さらにアンチョビやローズマリー、サルヴィアを入れることもある。付合せは黄色いサフランのリゾットが定番。なお、最近は少なくなったが、伝統的なミラノ風サフランのリゾットには骨髄を加えるのが決まりである。その他、ポレンタやほうれん草のバター炒め、ジャガイモのピュレを付け合わせることもある。

西口大輔（ヴォーロ・コズィ）

ricetta

オッソブーコ
①厚さ4cmの仔牛の骨付きスネ肉の輪切りに塩、コショウし、全体に小麦粉をふる。
②鍋にサラダ油を熱し、肉の両面を焼き固める。小角切りのニンジンとセロリ、みじん切りのタマネギ、白ワイン、鶏のブロード（ヒタヒタの量）、ローリエを加え、アルミ箔をかぶせ、約2時間半、180℃のオーブンで加熱する。一晩おいて味をなじませ、表面に浮いた脂を取り除く。
③レモンの皮とイタリアンパセリ、ニンニクをみじん切りにして合わせ、グレモラーダをつくる。
④②を温めて肉を盛り付ける。残ったスーゴ（汁）にグレモラーダとフォンド・ブルーノ（焼いた仔牛の骨でとった褐色のだし）を加えて温め、肉の上からかける。

サフランのリゾット
⑤鍋にバターを熱し、みじん切りのタマネギを炒める。
⑥カルナローリ種の米を加えて炒め、白ワインを注ぎ入れる。蒸発したら、熱いブロードを、少しずつ3～4回に分けて加えながら煮て、5分後にサフランを加える。
⑦仕上がる3分前に生クリームを入れる。火を消してから、バターとグラーナ・パダーノでマンテカーレし、黒コショウを加えて仕上げる。トータルの加熱時間は17分間程度を目安に。

仕上げ
⑧オッソブーコとリゾットを盛り合わせる。

Secondo Piatto

04 LOMBARDIA

#050
コストレッタ　ディ　ヴィテッロ
Costoletta di vitello
アッラ　ミラネーセ
alla milanese

ミラノ風
仔牛のカツレツ

コストレッタとは、骨付きのロース肉のこと。仔牛の骨付きロース肉のカツレツはミラノを代表する伝統料理の一つである。ミラノの北に広がるブリアンツァ地方で飼育される仔牛は質の良さで定評があり、柔らかい肉質と、デリケートなうまみで知られていた。その仔牛の厚みのある骨付きロース肉に、細かく挽いたパン粉を付け、香りよくバターで焼いたものが絶品であったことから、この地方に根づいた料理といわれる。何よりポイントとなるのは仔牛肉のうまみだが、最近、惚れ込むような上質の国産仔牛肉に出会い、店でもミラノ風カツレツを出せるようになった。パヴィーア（ロンバルディア州）で働いていた頃は、叩いて薄く大きくした骨付き仔牛肉で、「オレッキエ・ディ・エレファンテ（象の耳）」と呼ばれるカツレツを焼き、ルーコラとトマトをのせて出していたこともある。最近はこのようなカリカリとした食感を好む人も多く、ミラノでもよりカリカリ感の味わえるオレッキエ・ディ・エレファンテがカツレツの一つの形として定着してきているようだ。

西口大輔（ヴォーロ・コズィ）

ricetta

①3cmの厚さに切った仔牛の骨付きロース肉を、細かく挽いた生パン粉を付けながら肉叩きで叩く。骨の際から、厚みが均等になるように叩き、約1cmの厚さ（骨と同じ厚さを目安に）にする。
②卵とすりおろしたグラーナ・パダーノ、塩、サラダ油を混ぜ合わせる。これを肉の表面に付け、再度パン粉を付けて、肉と生パン粉が一体感を持つように手のひらで押し付ける。包丁の背で余分なパン粉を落とし、斜めの格子状に筋をつける。
③フライパンに澄ましバターを入れて中火にかけ、静かに②のロース肉を入れる。肉にはなるべく触らずに、フライパンの柄を前後に動かしながら、中で肉が動くようにし、片面2～3分間ずつを目安に焼く。火加減を調整しながらしっかりと肉に火を通す。美しい焼き色をつけ、なおかつ脂っぽさを残さないために、澄ましバターを途中で2～3回替えて、カリッと焼く。
④ジャガイモを、皮付きニンニク、ローズマリーと一緒にオーブンで焼き、塩をふって付合せとする。

Dolce

#051
Sabbiosa con crema di mascarpone
サッビョーサ コン クレーマ ディ マスカルポーネ

サッビオーサ マスカルポーネクリーム添え

ロンバルディアやヴェネト地方で伝統的に食べられている素朴なバターケーキ。サッビオーサとは「砂状の」という意味。このケーキのサラサラ、ボソボソした感じを指していうのだろう。現地では、ロンバルディア州名産のフレッシュチーズ、マスカルポーネをかけて食べるのが定番だが、ここではさらにラムレーズンのソースと黒糖のジェラートを添え、ひと味加えてリストランテ風の仕立てとした。奄美大島のジャヴァ黒糖をカラメルにしてつくるジェラートは甘さのきれがよく、苦みにコクがあって気に入っている。

後藤俊二(ラ・ボッテガ・ゴローザ)

ricetta

サッビオーサ
①室温で柔らかくしたバターを泡立て器でかくはんしてクリーム状にする。粉砂糖を入れてさらにかくはんする。白く、もったりとした状態になる。そこへ全卵と卵黄を加えて混ぜ合わせ、さらにベーキングパウダーを合わせた片栗粉(ジャガイモでんぷん)をさっくりと混ぜ合わせる。ラム酒で香りづけして、パウンド型に入れて焼く(180℃で約50分間)。
②ラムレーズンのソースをつくる。粗糖を焦がしてカラメルにし、少量の生クリームを加える。ラム酒でもどしたサルタナ・レーズンを入れてなじませる。仕上げに黒蜜を加える。

マスカルポーネクリーム
③卵黄と砂糖を湯せんにかけて泡立て、少量のゼラチン(もどしたもの)を加えて溶かす。マスカルポーネ、泡立てた生クリームを順に混ぜ合わせ、最後にイタリアンメレンゲ(卵白に同量のシロップを合わせて泡立てたもの)をさっくりと混ぜ合わせる。
④皿にサッビオーサを切り分けて盛り、ラムレーズンのソースを、ケーキをしめらせるようにかける。マスカルポーネクリームをふんわりとかけ、黒糖のジェラート(つくり方省略)をのせる。周囲にもラムレーズンのソースを流す。

Dolce

#052
ラチャディットゥ
Laciaditt
あつあつリンゴの
クロッカンテ

04
LOMBARDIA

神聖ローマ帝国に支配されたロンバルディア北部には、オーストリアとよく似たリンゴの菓子が見られる。本来のラチャディットはリンゴのくし形切りを衣にくぐらせて揚げたフリット。レストランのデザートとしてはあまりに素朴で、家庭のおやつ的なので、「リンゴと粉生地」という点だけを残し、あとは大胆に構成を変えた。リンゴはくし形切りにしてバターで炒めてカラメリゼ。生地は小麦粉（タイプ00）、卵、生クリーム、塩少量を合わせ、1日ねかせてやや固めに仕上げ、これをフライパンで焼く。揚げものというより、揚げ焼きにするイメージ。ソースとジェラートを添えて、皿盛りデザートに仕立てた。

後藤俊二（ラ・ボッテガ・ゴローザ）

ricetta

①リンゴ（紅玉）の皮を厚めにむき、くし形切りにする。フライパンにバター少量を熱し、リンゴをゆっくり焼く。途中グラニュー糖をふり、カラメル化させながら焼き、仕上げにカルヴァドス酒をふる。
②パステッラ（揚げ衣）をつくる。卵に塩少量、砂糖を入れてよくとき、小麦粉（タイプ00）を加えてよく練る。生クリームを加え、1日ねかせる。翌日バター少量を焦がす直前まで熱して加え混ぜる。
③フライパンで澄ましバターを熱し、パステッラを丸い形にして入れる。そこへリンゴ、クルトンを均等に並べ、ごく弱火で火を入れる。表に火が入ったら裏返して焼く。
④サツマイモのシナモン風味のジェラート（つくり方省略）とリンゴのソースを添える。ソースは紅玉の皮、紅玉の果肉を、白ワイン、水、砂糖で煮込み、ピュレにしたもの。

Dolce

LOMBARDIA 04

#053
トルタ　パラディーゾ
Torta paradiso
コン　ジェラート　ディ　マスカルポーネ
con gelato di mascarpone

トルタ・パラディーゾと
マスカルポーネの
ジェラート

トルタ・パラディーゾは、パヴィーアの有名な伝統菓子。サックリとして口の中でホワリと淡雪のように溶ける食感から、食べた人が口々にパラディーゾ（天国）の味と叫んだために名づけられたといういわれを持つタルトである。材料がシンプルなだけに、素材選びやつくり方のわずかな違いが仕上がりに大きく影響する。今回は、卵を泡立てる方法と、バターをクリーム状に泡立てる方法の両方を試してみたが、イタリアで食べたものはサクサク感があり、後者に近いようだ。しかし、レストランの食事の終わりにサービスするには、より軽い感じに仕上げるほうが適切と考え、ここでは卵を泡立てる方法を採用し、大きさも1人前単位で焼き上げた。また、ロンバルディア州でよく使われるチーズ、マスカルポーネでジェラートをつくり、地方性を色濃く打ち出した。

西口大輔（ヴォーロ・コズィ）

ricetta

トルタ・パラディーゾ
①小麦粉（中力粉）125gとコーンスターチ125gを合わせてふるう。
②全卵3個と卵黄3個分にグラニュー糖250gを加えて泡立て、すりおろしたレモンの皮1個分と溶かしバター250gを加えて混ぜ合わせ、①の粉をサックリと混ぜ込む。
③カップ型に入れて160℃のオーブンで23分間焼く。

マスカルポーネのジェラート
④マスカルポーネと粉糖、生クリームを合わせて泡立て、ホイッパーと一緒に冷凍庫に入れる。途中、数回ホイッパーでかき混ぜてジェラートをつくる。

仕上げ
⑤トルタ・パラディーゾとジェラートを盛り合わせ、イチゴとミントを添えて粉糖をふる。粗く切ったルバーブに砂糖をまぶして煮たソースとキャラメルソース（つくり方省略）を添える。

ricetta

カラー78・79頁

#040　Antipasto
鴨のコンポズィツィオーネ
Composizione di anatra

首のサラミ　Salame
①バルバリー種のオス鴨（約5kg）をさばき、首の中骨を取り、1日半くらいかけて流水で洗う。
②モモ肉は骨を抜いて粗めのミンチにし、塩、コショウ、みじん切りのニンニク、ナッツメッグを混ぜ合わせ、冷蔵庫で一晩おいて味をなじませる。
③首の中に②を詰めて布で包み、たこ糸で縛る。
④二重の真空パックにし、スチームコンベクションオーブンで80℃で約2時間半加熱する。
⑤冷ましてから冷蔵庫で保存する。

パテ　Patè
①余分な筋を取ったレバーを2日間マルサラ酒でマリネする。
②薄切りにしたタマネギをサラダ油で炒め、薄く切ったレバーを加えてさらにソテーする。フードプロセッサーにかけた後、裏ごしにする。
③室温にもどしたバターを同量混ぜ合わせ、ラップ紙で巻いて円筒状に成形し、そのまま冷蔵庫で保存する。

ブリオッシュ　Brioche
①小麦粉（中力粉）、卵3個、バター160g、水100g、砂糖15g、塩8g、生イースト8gを練ってまとめ、一次発酵させる。ガス抜きし、休ませた後、ブリオッシュ型に入れて二次発酵させる。
②160℃のオーブンで、37分間焼く。
③薄く切り分けて温め、レバーのパテに添える。

サルシッチャ　Salsiccia
①豚腸に上記の②を詰める（長さ約20cm）。
②加熱途中で破裂しないように楊枝で数カ所穴をあける。
③フライパンにサラダ油を熱し、サルシッチャを入れ、少量のブロードを補いながらふっくらとソテーする。

燻製　Affumicata
①胸肉に岩塩をなすり付けて半日おき、味をなじませる。
②岩塩を洗い流し、フライパンでサラダ油でソテーした後、180℃のオーブンで約12分間焼く。リンゴのチップで2～3分間燻製にかけ、冷めてから真空パックにして保存する。

チッチョリ　Ciccioli
①皮、脂肪を小さく切り、薄切りのニンニク、ローズマリーを加えたサラダ油に2日間漬ける。
②漬けた油ごとフライパンでカリカリになるまで焼く。

手羽先のイン・サオール　Ali in saor
①鴨をさばいた時に出た骨と手羽先をブロードで約2時間煮る。
②皮は取り除き、身をほぐしてバットに並べ、塩、コショウする。イン・サオールのマリネ液（白ワインヴィネガー、E.V.オリーブ油、薄切りのタマネギ、岩塩、松の実、レーズン）をヒタヒタに注いで約2日間漬ける。

仕上げ
手羽先のイン・サオールをパイ生地のバスケット（＊）に入れて皿の中央におき、周りに胸肉の燻製、チッチョリ、首のサラミ、ブリオッシュを添えたレバーのパテ、サルシッチャを盛り合わせ、イタリアンパセリを飾る。

＊パイ生地のバスケットのつくり方
小麦粉（中力粉）500g、E.V.オリーブ油125g、塩5g、水180g、卵1個を混ぜ合わせてよく練り、パスタマシンでごく薄くのばし、直径5～6cmの型に敷き詰める。フォークで穴をあけて重しをのせ、170℃のオーブンで5～6分間焼く。型から取り出して冷ます。

西口大輔（ヴォーロ・コズィ）

中央奥はパヴィーアの僧院。周囲には田園風景が広がる。

05

ヴェネト州
VENETO

05 VENETO

ドロミテ渓谷

ベッルーノ

バッサーノ・デル・グラッパ

ガルダ湖

トレヴィーゾ

ヴィチェンツァ

ヴェネツィア ◎

ヴェローナ

パドヴァ

アドリア海

キオッジャ

ロヴィーゴ

● ヴェネト州の県と県都

ヴィチェンツァ県 …… ヴィチェンツァ
ヴェネツィア県 …… ヴェネツィア（州都）
ヴェローナ県 …… ヴェローナ
トレヴィーゾ県 …… トレヴィーゾ
パドヴァ県 …… パドヴァ
ベッルーノ県 …… ベッルーノ
ロヴィーゴ県 …… ロヴィーゴ

ヴェネト州の特徴

アルプス連峰とアドリア海に挟まれてヴェネト平野が広がる、イタリアで8番目に大きい州。海に面したヴェネツィア周辺のラグーン（干潟）を含む平野部が約56％を占め、14％が丘陵地帯、30％はオーストリア国境近くの山岳地帯で、起伏に富む。

気候は西のガルダ湖一帯と東のアドリア海沿岸は地中海性で温暖だが、山岳地帯では冬期の積雪量が多く、厳しい寒さが訪れる。このような多様な地形と変化のある気候が、バラエティに富んだ産物をもたらしている。

平野では稲作が行なわれ、砂糖用のビーツや大豆も広く栽培されている。その一方で、手間をかける高価な野菜づくりも盛んで、一旦畑から収穫した後に水耕栽培して美しい赤色に育てる晩生タイプ（タルディーヴォ）のラディッキオ・ロッソ（赤チコリ）や、輝く白色のアスパラガスもこの州の特色ある野菜だ。食肉用の牛や乳牛を飼う畜産家、畜肉加工品用の養豚、そして養鶏農家も多く、卵生産も盛んである。またアドリア海沿岸のヴェネツィアやキオッジャは大きな魚市場を擁し、貝類、甲殻類をはじめ豊富な魚介に恵まれている。

世界中のツーリストが訪れるヴェネツィアを筆頭に、スキー客で賑わう山岳地帯など、観光も大きな産業の一つだが、昔は貧しく、移民を強いられてきた歴史を持つ。しかし近年では、イタリア東北部の奇跡と称されるように、中規模企業の繁栄で経済的にも豊かである。

その豊かさを背景に、ヴェネト料理は、イタリア料理のすべての要素を兼ね備え、それに洗練が加わったものといわれている。海辺と高原では同じ州でも郷土料理の様相が違うが、ヴェネト料理を特徴づける共通項は二つ。一つは、トウモロコシの粉でつくるポレンタが頻繁に登場すること。大きな銅鍋で練り上げるポレンタは、できたてのアツアツのおいしさはいうまでもなく、冷めてからもチーズや肉の煮込みに合わせてオーブンで焼いたり、薄く切ってグリルやフリットにするなど、さまざまに利用されている。そしてもう一つは、スパイスのオリエンタルな香りが漂うことである。かつて繁栄を極めた海洋国家、ヴェネツィア共和国は、東方交易によるスパイスを商品として流通させるだけでなく、地元の料理にも取り入れ、妙味を加える工夫をしてきた。

また、米料理もかなりの比重を占める。グリーンピースの甘みを生かしたミネストラ「リージ・エ・ビージ」はその代表格だ。ヴェローナ近郊で栽培される小粒系の米の品種、ヴィアローネ・ナーノが各地の素材とともに、さまざまなスープやリゾットに活用されている。

古い町並を残すトレヴィーゾ市街。

05 VENETO

ヴェネト州の伝統料理

◎ヴェネツィア周辺の料理

*ブロエート Broeto ……魚介のスープ。

*カニのヴェネツィア風 Granseola alla veneziana ……カニのサラダ。ゆでた身をほぐし、レモン汁とイタリアンパセリを混ぜ合わせる。

*ホタテ貝のヴェネツィア風 Cape sante alla veneziana ……ホタテ貝柱をニンニクオイルで炒め、レモン汁、イタリアンパセリで仕上げる。

*ヒコイワシのマリネ

*ウナギのヴェネツィア風 Bisato alla veneziana ……ワインヴィネガー、ローリエ風味のウナギの炒め煮。ポレンタを添える。ビサートはウナギのヴェネト方言。

*モレーケ(ソフトシェルクラブ)のフリット

*ポレンタ・オゼイ Polenta e osei ……ポレンタと小鳥。粗挽きのトウモロコシ粉を長時間煮たポレンタに、バター焼きにした野鳥を添えたもの。ロンバルディア州ベルガモにも残る郷土料理だが、もともとその地方をヴェネツィア共和国が支配していたことによる。

*仔牛のレバーのヴェネツィア風 Fegato alla veneziana ……仔牛のレバーをタマネギと炒め、白ワインなどを加えて軽く煮込んだもの。

◎ヴィチェンツァ県の料理

*パスタ・エ・ファソイ Pasta e fasoi ……直訳するとパスタと豆。ウズラ豆やインゲン豆と一緒に煮込んだ、汁気の多いパスタ料理。豚の皮やラルドを入れて味を出す。ファソイは方言で、パスタ・エ・ファジョーリ(Pasta e fagioli)に同じ。

*ホワイトアスパラガスのリゾット

*ホワイトアスパラガス ゆで卵のソース……ゆで卵をこし、オリーブ油とワインヴィネガーを合わせたソースを、ゆでたホワイトアスパラガスにかける。

*バッカラのヴィチェンツァ風 Baccalà alla vicentina ……牛乳、オリーブ油などでタマネギとともに4~5時間煮込んだバッカラ(ヴェネト州ではストッカフィッソのこと。一般にストッカフィッソは塩漬けせずに丸のまま乾燥した干ダラで、バッカラは開きにして塩漬けし、乾燥した干ダラを指す)。

*去勢鶏のカナヴェーラ風 Cappone alla canavera……去勢鶏の蒸し煮込み。去勢鶏の腹に香味野菜を詰め、牛の膀胱に入れる。この膀胱に、蒸気抜き用の芯が空洞の茎(カナヴェーラ)を差し入れて一緒に縛り、ブロードで煮る。

*七面鳥のロースト ザクロ風味 Paeta rosta al malgarano……ヴェネト方言の料理名。七面鳥にザクロのジュースをかけながらローストし、内臓とザクロのジュースでつくったソースを添える。

◎ヴェローナ県、ロヴィーゴ県の料理

*ピロータ風リゾット Risotto alla pilota ……サルシッチャを混ぜ込んで炊いた、いわゆるピラフ。ロンバルディア州マントヴァ県の南からヴェネト州ヴェローナ県にかけてつくられている料理で、ピロータ(精米職人)がよく食べていたのでこの名がついた。

*ホロホロ鳥のテチヤ Faraona in tecia ……テチヤの中で時間をかけてじっくり蒸し焼きにしたホロホロ鳥。テチヤとはヴェネト方言で、浅鍋の意(一般にはテガーメ)。

*パスティッサーダ・ディ・カヴァロ Pastissada di cavallo ……赤ワインでマリネした馬肉のトマト煮込み。

◎トレヴィーゾ県、ベッルーノ県の料理

*ウズラ豆のパスタ Pasta e fagioli……汁気の多いウズラ豆のパスタ。味出しに生ハムの骨を入れる。

*コルティーナ・ダンペッツォ風のカスンツィエイ Casunziei

ヴェネト州の特産物

alla Cortina d'Anpezzo……ゆでたビーツを詰めた半月形のパスタ。バターとケシの実で和える。
*ラディッキオ・ロッソのリゾット
*トリッパのズッパ……仔牛のトリッパをタマネギ、ローズマリーと煮込んだスープ。仔牛の足を入れることもある。
*ソーパ・コアーダ Sopa coada ……鳩を長時間煮てつくるスープ。薄切りパンを入れる。ソーパはスープの方言。
*ラディッキオ・ロッソのグリル　*山羊のロースト

◎ヴェネト州全体に広がる料理
*ビゴリ Bigoli ……専用の圧搾器、トルキオで押し出した手打ちのロングパスタ。太めのスパゲッティ状で、ザラッとした粗い表面と強い弾力が特徴。鴨のソース、アンチョビソース、鶏の内臓のソースなどと合わせる。
*パナーダ Panada ……固くなったパンをスープで煮て、すりおろしたチーズを加えたパン粥。
*リージ・エ・ビージ Risi e bisi ……グリーンピースと米のミネストラ。
*イカ墨のリゾット
*イワシのイン・サオール Sardele in saor ……揚げたイワシの酢漬け。コリント・レーズン(ギリシャ・コリント産のレーズン)と松の実が入る。サルデーレ(sardele)はサルデ(sarde)の方言。
*イカの墨煮とポレンタ Seppie in nero con polenta ……ヴェネツィア、トレヴィーゾ、パドヴァでは白いポレンタと合わせるのが定番。
*ペヴェラーダソース salsa peverada ……鳥のレバー(角切り)を使ったソースで、肉のローストに添える。レバーにアンチョビ、イタリアンパセリ、ニンニク、赤ワインヴィネガー、レモン汁などを加えて煎り焼きにし、黒コショウをたっぷりと加える。
*詰めものをした鴨のオーブン焼き

◎穀類・豆類
*トウモロコシ＜トレヴィーゾ県＞
*ウズラ豆 fagiolo di lamon della vallata bellunese IGP＜ラモン＞
*ヴィアローネ・ナーノ種の米 riso nano vialone veronese IGP＜ヴェローナ＞
*ポー川のデルタ地帯の米 riso del delta del Po IGP
*ビーツ(砂糖大根)＜ロヴィーゴ＞
*大豆＜ロヴィーゴ＞　*グリーンピース＜ルミニャーノ＞

◎野菜・果物類
*白ニンニク aglio bianco polesano DOP＜ポレージネ＞
*ラディッキオ・ロッソ radicchio rosso di Treviso IGP ……長形の赤チコリ。プレコーチェ(早生)とタルディーヴォ(晩生)があり、タルディーヴォは畑で収穫後、水耕栽培をして、芯に近い赤と白が鮮明な部分のみを食用とする高級野菜。＜トレヴィーゾ＞
*ラディッキオ・ヴァリエガート radicchio variegato di Castelfranco IGP……薄黄緑色の葉に赤色の斑点がついた、バラの花のような形をしたチコリ。＜カステルフランコ＞
*ラディッキオ・ロッソ radicchio rosso di Chioggia IGP ……球形の赤チコリ。＜キオッジャ＞
*ラディッキオ・ロッソ radicchio rosso di Verona IGP……紡錘形の赤チコリ。＜ヴェローナ＞
*サラダ菜 insalata di Lusia IGP＜ルージア＞
*ホワイトアスパラガス asparago bianco di Cimadolmo IGP＜チマドルモ＞
*ホワイトアスパラガス asparago bianco di Bassano DOP＜バッサーノ・デル・グラッパ＞
*ホワイトとグリーンのアスパラガス asparago di Badoere IGP＜バドエーレ＞
*カルチョフィ＜ヴェネツィアの近郊＞

05　VENETO

＊サクランボウ ciliegia di Marostica IGP＜マロスティカ＞
＊栗 marrone di San Zeno DOP＜サン・ゼーノ＞
＊栗 marrone di Combai IGP＜コムバイ＞
＊栗 marrone del Monfenera IGP＜モンフェネーラ＞
＊桃＜モッリアーノ・ヴェネト、ペスカンティーナ＞
＊桃 pesca di Verona IGP＜ヴェローナ＞

◎魚介類
＊スズキ・鯛・ボラ　＊イワシ　＊各種の淡水魚
＊ウナギ　＊アサリ・ムール貝・ホタテ貝・ミル貝
＊シャコ　＊カニ（グランセオラ・ソフトシェルクラブ）

◎肉類
＊牛　＊豚
＊鶏・卵　＊ホロホロ鳥・去勢鶏・鴨　＊ウサギ

◎チーズ
＊アジアーゴ asiago DOP（牛・硬質）
＊モンテ・ヴェロネーゼ monte veronese DOP（牛・硬質）
＊グラーナ・パダーノ grana padano DOP（牛・硬質）
＊モンタージオ montasio DOP（牛・硬質）
＊プロヴォローネ・ヴァルパダーナ provolone valpadana DOP（牛・硬質）
＊タレッジョ taleggio DOP（牛・軟質）
＊カザテッラ・トレヴィジャーナ casatella trevigiana DOP（牛・フレッシュ）

◎畜肉加工品
＊プロッシュット・ヴェネト・ベリコ＝エウガーネオ prosciutto Veneto Berico-Euganeo DOP
＊ソプレッサ・ヴィチェンティーナ sopressa vicentina DOP ……2～4カ月熟成した太めのサラミ。
＊スフィラッチ sfilacci ……乾燥した馬のモモ肉を塩漬けし、燻煙にかけて乾燥させたものを、叩いて細かい繊維状にほぐしたもの。＜パドヴァ＞
＊ボンドラ bondola ……豚肉と仔牛肉でつくる球状のサラミ。蒸すか長時間ゆでて食べる。＜アドゥリア＞

◎オリーブ油
＊ガルダ Garda DOP
＊ヴェネト Veneto DOP＜デル・グラッパ、エウガーネイ・エ・ベリチ、ヴァルポリチェッラ＞

◎飲料
＊グラッパ grappa＜バッサーノ・デル・グラッパ＞

◎パン・菓子
＊チャバッタ ciabatta ……スリッパ形のパン。
＊チョーパ ciopa ……4～6本の角が飛び出たような形状の、小形から中形のパン。
＊モンタス montasù ……ヴェネト州の典型的なテーブルパン。一般に中形で、クラム（中身）は緻密、クラスト（皮）はサクサクしているものが多い
＊トルタ・サッビオーサ torta sabbiosa ……砂が崩れるようにサクサクした食感が持ち味のケーキ。小麦粉、片栗粉（ジャガイモでんぷん）、バター、卵を合わせ、型に流して焼く。
＊ザレッティ zaletti ……トウモロコシの粉が入ったザラッとした食感のクッキー。
＊ティラミス tiramisù ……マスカルポーネのクリームと、コーヒーをしみ込ませたフィンガービスケットを重ねたしっとりした菓子。上にココアパウダーをかける。発祥はトレヴィーゾ。
＊バイコリ baicoli ……一度焼いたプレーンなパンを薄

※**マルガ製チーズ**／夏期に高原で放牧する牛や羊、山羊から搾乳し、マルガと呼ばれる山小屋で手づくりされる少量生産のチーズのこと。高山植物を食べて育つ家畜のミルクは、平地の草を食む家畜のミルクより風味豊かで質がよいため、そのミルクでつくられるチーズは貴重とされる。

切りにして、もう一度焼いたビスコットタイプの焼き菓子。形は楕円形。<ヴェネツィア>

＊パンドーロ pandoro ……卵黄とバターがたっぷり入ったクリスマスの発酵生地菓子。1個約1kgと大形。天地は八角（スターアニス）の形で、底面より上面のほうが小さい独特な形状をしている。<ヴェローナ>

＊ピンツァ pinza ……トウモロコシ粉を熱湯で煮て、酵母、ストゥルット（精製ラード）かバター、レーズン、フェンネルシード、イチジク（乾燥）、オレンジピールなどを加え、タルト型に流して焼いた菓子。ねっちりとした固めの食感が特徴。1月のエピファニーの日（公現祭）の日に食べる。<パドヴァ>

＊フガッツァ・ヴィチェンティーナ fugazza vicentina ……シナモンなどのスパイスを加えた卵入りの発酵生地を丸め、十字に切り込みを入れて焼いた菓子。復活祭に食べるヴィチェンツァの菓子で、歴史は古い。大きさはさまざまで、2kgくらいある大きなものもある。

＊フレゴロッタ fregolotta ……砕いたアーモンド入りの生地をタルト型に流して焼いた菓子。ガリッとした固い食感が特徴。

スローフードのプレシーディオ

＊ホワイトパール種のトウモロコシ（白ポレンタ粉用の品種）
＊アッパデッセ産のグルモロ種（ヴィアローネ・ナーノの一種）の米……米粒がヴィアローネ・ナーノ種よりもさらに小さいが、加熱すると水分を含んで大きくなる特徴を持ち（膨張率が高い）、通常の米よりもよく味を含む。
＊ベッルーナ渓谷地帯の古代大麦
＊ベッルーナ渓谷のジャレット種のインゲン豆
＊サン・テラズモ島の紫色のカルチョフィ
＊レッシーニア産のミッソ種（歴史の古い品種）の洋梨
＊モレーケ（ソフトシェルクラブ）
＊アルパーゴ種の仔羊
＊パドヴァ種の雌鶏
＊マルガ製(※)のモンテ・ヴェロネーゼ・チーズ（牛・硬質）
＊マルガ製(※)のモルラッコ・チーズ（牛・半軟質）……ブルリーナ種の牛のミルクでつくる。<モンテ・グラッパ>
＊アルトピアーノ産のマルガ製(※)の長期熟成アジアーゴ・チーズ（牛・硬質）
＊アヒルのコンフィ…アヒル肉をその脂肪に漬けたもの。塩漬けしたアヒルの生肉を低温の脂肪で煮て漬けたものと、あらかじめ赤ワインで煮たアヒル肉を脂肪に漬けたものの2種類がある。

Antipasto

05 VENETO

#054
アスパーラジ　レッサーティ
Asparagi lessati
ホワイトアスパラガスの玉子のせ

ホワイトアスパラガスの産地として名高い、ヴェネト州バッサーノ・デル・グラッパのアスパラガスを使った定番料理。アスパラガスは、目玉焼きをのせたり、オランデーズソースをかけたりと、卵と合わせる料理が多い。これもその一つで、ゆで卵のソースと香草のソースを添えた生温かい野菜料理。アスパラガスのおいしさを存分に味わってもらいたい一皿。

林 亨（トルッキオ）

ricetta

①ホワイトアスパラガス（ヴェネト州バッサーノ・デル・グラッパ産）は、薄皮を取って、塩湯でゆでる。苦みやアクが気になる時には、牛乳を加えた湯でゆでるとよい。
②ゆで卵のソースをつくる。ゆで卵を白身と黄身に分け、それぞれ裏ごしにかける。これを一緒に混ぜて、塩、コショウで味をつける。オリーブ油、赤ワインヴィネガーを加えて和える。
③香草のソースをつくる。バジリコ、イタリアンパセリを包丁で叩いて、E.V.オリーブ油、赤ワインヴィネガーで和える。塩、コショウで味をととのえる。
④ゆでたアスパラガスに、ゆで卵のソースと香草のソースを添え、さらに裏ごししたゆで卵を飾る。

Antipasto

#055
Baccalà alla vicentina
(バッカラ　アッラ　ヴィチェンティーナ)

バッカラの
ヴィチェンツァ風

05
VENETO

ヴェネトの方言でバッカラは、標準語でいうストッカフィッソ（塩漬けしない干ダラ）のこと。乾物の一種で、水に浸けて何日かかけてもどす。それに牛乳、油を加えてグツグツと煮たのがこの料理。肉を禁じられる日の肉の代用品なので、非常に濃厚な味わいだ。できたてのポレンタを添えるのがお決まりで、写真のように成形して香ばしくグリルするのが一つのスタイル。手間がかかるため、現地でもつくる人が減っているが、じんわりとしたおいしさは捨てがたいもの。

林　亨（トルッキオ）

ricetta

①バッカラ（ヴェネト州では塩漬けしていない干ダラのこと）1本をよく水洗いして、水を入れ換えながら1日ほどかけて柔らかくもどす。皮は取らずに開く。
②バターでタマネギのみじん切りをよく炒める。アンチョビを入れてなじませる。白ワイン、小麦粉、牛乳を加える。
③銅鍋にオリーブ油を入れ、バッカラの半量を皮目を下にして並べる。パルミジャーノ、小麦粉、②の半量を加える。残りのバッカラを皮を上にして入れ、パルミジャーノ、小麦粉、②の残りを加える。オリーブ油をかけ、蓋をして、160℃のオーブンで3時間ほど焼く。
④ポレンタをつくる。水1ℓを火にかけ、白ポレンタ粉300ｇ、塩5ｇを加え、固めに練り上げる。バットなどに入れて四角に成形し、グリル板で焼き目をつける。
⑤バッカラとポレンタを盛り合わせ、イタリアンパセリを添える。

Antipasto

05 VENETO

#056

アンティパスト　デッラ　ラグーナ
Antipasto della laguna

ヴェネツィア風前菜の盛合せ

ムール貝のオリーブ油とレモン風味 Peoci all'olio e limone
バッカラ・マンテカート 焼いた白ポレンタ添え Baccalà mantecato e polenta abbrustolita
イワシのイン・サオール Sardele in saor
野菜の詰めものをしたヤリイカ Calamaro ripieno di verdure
真ダコのソップレッサータ Soppressata di piovra
ヒシコイワシの酢漬け Alice marinata
ウナギのマリネ Anguilla marinata
ホタテのパン粉焼き Capasanta gratinata
マテ貝の白ワイン風味 Cape lunghe al vino bianco
カニのサラダ Insalata di granzo
エビのオリーブ油とレモン風味 Gambero lessato

（外円の左手前から時計回りに→内円へ）

バーカロ（bacaro）でサービスされるチケティ（cicheti）をイメージして、ヴェネツィアの魚介料理を盛り合わせた。バーカロとはヴェネツィア独特の居酒屋的な店、チケティはつくりおきの"おつまみ"のことである。ヴェネツィアでは、夕暮れの食前酒タイムになると地元の人々がバーカロに集まり、ワイングラスを片手に、カウンターにズラッと並んだおつまみを楽しむ光景がよく見られる。ここでは酸味のきいたヒシコイワシの酢漬けや、ヴェネト州の代表的な郷土料理イワシのイン・サオール、地元でよく使われるウナギなどを組み合わせ、レストランのアンティパストとして、色彩的にも華やかで、季節感を取り入れた一皿に仕立てた。この他、カジキの燻製やアニス風味のウナギのマリネ、魚の端肉でつくるサラミなどを組み合わせて、常時店で出し好評である。なお、料理名のラグーナは干潟の意で、ヴェネツィア独特の遠浅の地形を指す。

西口大輔（ヴォーロ・コズィ）
ricetta 119頁

Primo Piatto

05 VENETO

#057

Pasta e fagioli alla veneta
(パスタ エ ファジョーリ アッラ ヴェネタ)

パスタ・エ・ファジョーリ

イタリア全土、あらゆるところで見られる「パスタ・エ・ファジョーリ」。直訳すればパスタと豆。現地では単なる豆のスープがこんなにおいしいのかと驚くことが多々あった。ヴェネト州ではラモン産の生のインゲン豆が有名で、生が入手できない時には乾燥のウズラ豆やインゲン豆を使ったズッパやパスタ・エ・ファジョーリをよく見かけた。この料理は、たとえば日本の味噌汁に近いものかもしれない。各家庭にそれぞれの味があり、具材や味噌に変化をつけて、毎日食卓に登場する。ここで紹介したのは、現地でおもしろいと思ったもので、ジャガイモを丸ごと1個入れて、豆の火の通り加減を見るという合理的な一品。ジャガイモの味やとろみもこの一皿をさらにおいしくしている。

林 亨（トルッキオ）

ricetta

①鍋にオリーブ油を入れ、つぶしたニンニクを入れて火にかけ、香りをうつす。グワンチャーレ（豚ホホ肉の塩漬け）、またはパンチェッタの塊1個を入れ、脂を出しながら、ニンジン、タマネギ、セロリのさいの目切りを、しんなりするまで炒める。
②もどしたウズラ豆（一晩水に浸ける）を入れて、ヒタヒタ程度まで水を入れる。
③ジャガイモは皮をむいて、丸のまま鍋に入れる。
④さらに皮をむいてつぶした完熟トマトを入れ、ブーケ・ガルニ（ローズマリー、セージ、ローリエ、イタリアンパセリ）を加えて、蓋をして煮込む。ジャガイモに火が通る時間と、豆に火が通る時間はほぼ一致する。
⑤ブーケ・ガルニとグワンチャーレ（またはパンチェッタ）を取り出し、野菜こし器でこす。鍋に戻して火にかけて水分量を調整し、ティケーラ・パスタを入れて煮る。
⑥盛り付けて、ローズマリー風味のオイルをかけ、イタリアンパセリ、黒コショウをふる。

※ここで使ったパスタ、ティラーケは、セモリナ粉、水を練ってつくったパスタで、タリアテッレよりも太くて短い平打ちの麺。ゆでずに生で入れて濃度を出す。

#058

ビゴリ イン サルサ
Bigoli in salsa
ビゴリ・イン・サルサ

ビゴリは、ヴェネト州を代表する伝統的な手打ちパスタで、形状は太いスパゲッティ状。全粒粉が入るのが基本で、小麦の外皮の素朴な味わいと、モソッとした食感が特徴である。また、固めの生地をトルキオという専用の圧搾器で押し出すため、摩擦でパスタの表面が粗くなることから、ほどよくソースとからみ、一体感をもたらす。鴨のラグーや鶏の内臓のソースなどさまざまなソースと合わせるが、なかでもこの「イン・サルサ」は、カトリック教の四旬節(復活祭前の40日間)の初日や、クリスマスイブに伝統的に食べられ、「肉の入らない料理(=マーグロ料理)」として長きにわたり親しまれてきた特別な一品。タマネギの甘味とアンチョビの塩辛さをしっかりつかみ、シンプルながら、嚙みしめるほどに味わい深い、力強いパスタ料理である。

05 VENETO

西口大輔(ヴォーロ・コズィ)

ricetta

①繊維に垂直に薄切りにしたタマネギを鍋に入れ、ヒタヒタの量のオリーブ油と水150ml、岩塩を加えて火にかける。沸騰したら弱火にし、タマネギを色づけないように2時間ほど煮る。途中で、水分が少なくなったら適宜水を加え、タマネギが完全に溶けるくらいまで煮る。
②アンチョビを加え、くずしながら軽く煮て溶かし、ソースとする。火から下ろして粗熱を取り、冷蔵庫で保管する。当日も使えるが、2~3日目にもっとも味がなじみ、うまみが増す。
③塩湯でビゴリを10分間強ゆでる。ビゴリのつくり方は111頁参照。
④フライパンで②のソースを温め、ビゴリのゆで汁とイタリアンパセリ、黒コショウを入れて味をととのえ、ゆで上がったビゴリを和える。
⑤皿に盛ってイタリアンパセリをふる。

Primo Piatto

05 VENETO

#059
リーズィ エ ビーズィ
Risi e bisi
リージ・エ・ビージ

米とグリーンピースのミネストラ。ヴェネツィア共和国時代からの有名な料理で、今でもその支配下だった地域——国内のみならず、ギリシャ、トルコ、レバノンなど——で広くつくられているそうだ。春先の宗教的な祝いの際の料理なので、非常に季節感がある。グリーンピースはぜひとも旬の生を使いたい。なお、この料理はリゾットではなく、ミネストラ（スープ類）の一種なので、米はゆるめに炊き、具もたくさん入るのが特徴。米はヴェローナ近くで穫れるヴィアローネ・ナーノ種を使ったが、日本の米でも代用できると思う。

林 亨（トルッキオ）

ricetta

①グリーンピースをさやから取り出す。さやを水で煮出して、グリーンピースのブロードとする（甘みが足りない時はブロード・ディ・カルネを足す）。
②生ハム、グワンチャーレ（豚ホホ肉の塩漬け）、タマネギ少量をみじん切りにする。
③深鍋にバターを入れ、グリーンピース、生ハム、グワンチャーレ、タマネギを加えて炒める。タマネギがしんなりしてきたら、米（ヴィアローネ・ナーノ種）、①のグリーンピースのブロードを加え、20分間弱煮る。
④水気を少し残した状態で火から下ろし、バター、パルミジャーノを加え、手早く混ぜる。
⑤ゆでて色出ししたグリーンピース、イタリアンパセリをのせ、E.V.オリーブ油をまわしかけて提供する。

Primo Piatto

#060

リゾット アル ラディッキヨ ロッソ ディ トゥレヴィーゾ
Risotto al radicchio rosso di Treviso

ラディッキオ・ロッソ・ディ・トレヴィーゾのリゾット

ヴェネト州トレヴィーゾ県に産地が点在するラディッキオ・ロッソ・ディ・トレヴィーゾ（トレヴィーゾの赤チコリ）。ほのかな甘みと独特の苦みが特徴の野菜で、その味わいだけをシンプルに生かした伝統的なリゾットである。ラディッキオをしっかり炒めて、その味を十分に引き出すのがポイント。リゾットは「all'onda（アッロンダ）＝波打つように」といわれるように、盛り付けた皿を揺らすと平らになるくらいの濃度が理想的だ。そのためには、米は粘りの少ないイタリア米がよい。ここで使ったのはヴェネト州産のヴィアローネ・ナーノ種。

05 VENETO

林 亨（トルッキオ）

ricetta

①ラディッキオ・ロッソ・ディ・トレヴィーゾ・タルディーヴォ（トレヴィーゾ地方の晩生種のラディッキオ・ロッソ。以下ラディッキオ）を、小口から5mm程度に細かく切る。
②鍋にバターを熱し、タマネギのみじん切りを炒める。米（ヴィアローネ・ナーノ種）を洗わずに加え、強火にして炒める。透き通るくらいになったら、赤ワイン（アマローネ）を加える。一度煮つめ、熱いブロード（淡めのブロード・ディ・カルネ）をヒタヒタまで加える。
③別鍋で、ラディッキオをオリーブ油で炒める。焦げないように注意しながら、しなっとするまで弱火でよく炒める。赤ワイン（アマローネ）を加えて煮つめる。
④③のラディッキオを、②の米の鍋に加え、コトコトと、約20分間煮る。途中、沸かしたブロードを何回か加え、同じくらいの水分量を保ちながら煮る。鍋底にくっつかないよう、時々木杓子でかき混ぜるが、あまり頻繁にはいじらず、また、同じ方向に回すようにして、米をつぶしたり、粘りを出したりしないように注意する。
⑤仕上げの直前にスーゴ・ディ・カルネを加え、バターとパルミジャーノを加えて鍋をゆすってマンテカーレ（空気を混ぜ込んで和え、とろみとツヤをつけて仕上げる）する。

Secondo Piatto

#061

スカンポ　デンティチェ　エ　ロンボ　イン　カッソ　ピーパ
Scampo, dentice e rombo in casso pipa

アカザ海老と真鯛とヒラメのカッソ・ピーパ

05
VENETO

ヴェネツィアの南、アドリア海に面した漁師町キオッジャの郷土料理である。カッソは陶器、ピーパはゆっくり加熱する意味で、パイプをくゆらすようにのんびり時間をかけてテラコッタ製の鍋で調理するのが特徴。もともとキオッジャの漁師たちが漁の後、港で焚き火を起こして活きのよい雑魚をコトコトと煮込んだのが始まりといわれ、貝類をはじめ、白身の魚、甲殻類など多様な魚介を一緒に入れる。働いていたヴェネツィアの店では、その日にキオッジャ港で水揚げされるいろいろな魚介を入れていたが、アサリなどの貝類、シャコなどの甲殻類は欠かせなかった。今回は、貝類のうまみのある汁を活用し、まずイイダコをじっくり煮てベースをつくり、他の魚介はふんわりした身質を保つよう長時間の加熱を避け、仕上げにすべてを一緒に温めて、全体に味をなじませるようにした。

西口大輔（ヴォーロ・コズィ）

ricetta

①フライパンにつぶしたニンニクとオリーブ油を入れて温め、アサリを入れる。白ワインをふって蓋をし、蒸し煮にする。殻が開いたら、貝から出た汁をこして取りおく。同様にしてムール貝、マテ貝、ホタテ貝も白ワインで蒸し煮にして煮汁を取りおき、4種の煮汁を合わせておく。
②フライパンにオリーブ油とつぶしたニンニクを入れて熱し、洗ったアカザエビを入れ、白ワインをふり、蒸し煮にする。頭を残して殻をむく。
③ヤリイカは、掃除して皮をむき、輪切りにして、クール・ブイヨン（119頁参照）でゆでる。
④マダイとヒラメは、おろして適宜の大きさの切り身にし、塩をする。フライパンにオリーブ油とつぶしたニンニクを熱して切り身を入れ、白ワインをふり、蓋をして蒸し煮にする。
⑤テラコッタ製（陶器）の鍋に、掃除したイイダコ、みじん切りのニンニク、オリーブ油、アンチョビ、①の煮汁を入れる。蓋をして150℃のオーブンで柔らかくなるまで30分〜1時間煮込む。途中、煮汁がなくなったら水を加えて調整する。
⑥最後に、②③④の魚類と①の貝を入れ、一緒に温め、イタリアンパセリをふる。
⑦好みでE.V.オリーブ油、レモン汁をかけてもよい。

Primo Piatto

#062
ビゴリ イン カッソ ピーパ
Bigoli in casso pipa
カッソ・ピーパのビゴリ

大きな鍋でつくるカッソ・ピーパは、残るとパスタと合わせて食べるのが定番。ここで紹介した、多様な魚介から出る濃厚なうまみとビゴリとの組合せは、働いていたヴェネツィアの店で実際に出していて、看板料理として好評だったものである。以前、イタリアのあるレストランで食べた煮込み料理があまりにも気に入り、翌日、煮込みのソースをマッケローニに合わせてもらって食べ、そのおいしさに二度衝撃を受けたのを思い出す。イタリア料理には、このように大人数分をつくる料理が数多くあり、そのうまみを生かしきるように、次の日に少し手を加え、前菜にしたり、とき卵を加えて焼いたり、またこのようにパスタと合わせる知恵が残っている。

05 VENETO

西口大輔（ヴォーロ・コズィ）

ricetta

ビゴリ
①全粒粉3と小麦粉（タイプ00）2の割合で混ぜ合わせ、全卵、卵黄、E.V.オリーブ油を加えて練る。固いと感じたらぬるま湯を加え、力強くこねてまとめる。真空パックにして冷蔵庫に入れ、1日休ませ、生地を落ち着かせる。
②必要なぶんだけ生地を取り出してこね、トルキオ（生地を押し出す器具）に入る太さの筒形に整える。トルキオに入れて生地を押し出しながら、くっつかないようにセモリナ粉をまぶし、25cmの長さに包丁でカットする。
③布巾にセモリナ粉をふり、1人分単位に束ね、上から布巾をかけて冷蔵庫で保管する。オーダーのつど取り出してゆで、その日のうちに使いきる。

カッソ・ピーパのソース
④カッソ・ピーパの魚介類を食べやすい大きさに切る。
⑤煮汁をルー（バターと小麦粉でつくる）でつないで適度な濃度をつけ、ソースとする。
⑥ソースに④の具を混ぜ合わせ、みじん切りにしたたっぷりのイタリアンパセリを加え、E.V.オリーブ油と黒コショウで味をまとめる。
⑦ゆで上げたビゴリをソースと和える。

※ビゴリの生地の分量（目安）：全粒粉300g、小麦粉（タイプ00）200g、全卵Lサイズ1個、卵黄Lサイズ8個分、E.V.オリーブ油5ml、ぬるま湯50ml

Secondo Piatto

05 VENETO

#063

セッピエ イン ネーロ コン ラ ポレンタ ビヤンカ
Seppie in nero con la polenta bianca

イカの墨煮と白ポレンタ

ヴェネト州の海岸沿いでよく食べられている料理。イタリアでの修業中には、毎日バケツ1杯分のイカ墨を掃除していたこともあった。大事なのはイカの鮮度。本当に新鮮なイカ墨なら、まったく生臭みがない。いい季節に、獲れたてのイカでつくるのが一番だ。イカの墨煮にトマトを入れるリチェッタもあるようだが、トマトを入れるとヴェネト州の料理とは別物になってしまうと思う。付合せとして欠かせないのは、やはりヴェネト州の名物、ポレンタ。白と黄色があるが、最近は日本でもいろいろなものが手に入るようになったので、料理によって使い分けるといいだろう。ここではイカ墨の黒と対比させて、真っ白なポレンタを添えた。

林 亨（トルッキオ）

ricetta

①スミイカを掃除して墨袋をはずす。ハサミで切って中身を取り出し、裏ごしする。
②フライパンにオリーブ油を入れ、つぶしたニンニクを入れて火にかけ、香りをうつす。タマネギのみじん切りを中火で炒め、ローリエを加えて香りを出す。
③細切りにしたスミイカの身を入れて炒め、ヒタヒタくらいまで白ワインをたっぷりと注ぎ入れて煮る。途中、イカが十分に柔らかくなる少し手前で①のイカ墨を加え、一緒に煮て、柔らかく仕上げる。火を入れていったん固く締まったイカが、味を含んで再度ふっくらと柔らかくなるまで煮る。
④仕上げにレモン汁とイタリアンパセリを加え、塩味が足りなければ塩を加える。
⑤盛り付けて、E.V.オリーブ油とイタリアンパセリをふり、とろっと柔らかく仕上げた白ポレンタ（水を沸かし、白ポレンタ粉、塩を加えて練る）を添える。

Secondo Piatto

\#064
フェーガト アッラ ヴェネッツィヤーナ
Fegato alla veneziana
仔牛レバーのヴェネツィア風

タマネギの甘みと新鮮なレバーの濃厚な味わいが絶妙にマッチした、ヴェネト州の郷土料理。伝統的なリチェッタでは、白ワインやスーゴ・ディ・カルネは使わないようだが、自分の店の味を出すという意味で、私は加えている。アレンジをするなら、タマネギとともに炒めたレバーにフルーツなどの香りのあるヴィネガーをふってスーゴ・ディ・カルネでつないで仕上げたり、またタマネギを使わないなら、グラッパをふり入れ、スーゴ・ディ・カルネとブドウの実を加えて仕上げるなど、レバーによく合う、いわゆるアグロドルチェにする方法がいろいろと考えられる。ただし、ヴェネツィア風をうたうならタマネギは必須。

05
VENETO

林 亨（トルッキオ）

ricetta

①仔牛のレバーは薄皮を取り、ひと口大の薄切りにする。臭みが気になる時は、1日水にさらすか、調理前に10〜15分間、牛乳に浸ける。
②タマネギは薄い輪切りにし、オリーブ油とバターで、弱火で炒める。完全にアメ色にせず、アメ色に変わり始めるくらいまで炒める。
③レバーを入れて強火にして炒めながら、白ワイン、スーゴ・ディ・カルネ少量、イタリアンパセリを加えて煮る。火を入れすぎてレバーが固くならないよう注意する。味をととのえて仕上げる。レバーを入れたら強火でさっと仕上げるのがコツ。
④器に盛り、イタリアンパセリをふる。
⑤ポレンタをつくる。水を沸かし、塩を入れてオリーブ油を数滴落とし、ポレンタ粉（黄）をすばやくふり入れる。泡立器でかき混ぜながら、ダマにならないように煮る。固まってきたら木杓子に持ち替え、弱火にして、同じ方向に回しながら練る（40〜50分間を目安に）。

Secondo Piatto

#065

(ファラオーナ イン サルサ ペヴェラーダ)
Faraona in salsa peverada

ホロホロ鳥のペヴェラーダソース

05 VENETO

ホロホロ鳥のローストに、その内臓（レバー）を使ったソースを添えた料理。ペヴェラーダソースのベースとなるのはレバーとソップレッサ（ヴェネト州のサラミ）、そして黒コショウ。これにニンニク、レモンの皮、イタリアンパセリ、赤ワインヴィネガーなどが加わる温かいソースだ。濃厚ながら、少し酸味があり、レモンの風味がきいて味わい深い。ホロホロ鳥をはじめとする鳥類に合わせるのが定番だが、ゆでただけの豆と合わせて食べる組合せや、パスタと合わせる例もある。ここでは鳥と豆を一皿に盛り込んでみた。パスタと合わせる時には、ソースの具材をもっと細かく切り、ピュレに近い状態にして使っている。

ricetta

①丸のホロホロ鳥を掃除して、腹の中に塩、コショウをすり込む。パンチェッタ、ニンニク、セージ、ローズマリーを腹の中に詰め、糸で縫ってとめる。ホロホロ鳥の表面にも塩、コショウをすり込み、全面にパンチェッタを巻いて、オーブンでローストする。
②ペヴェラーダソースをつくる。ホロホロ鳥のレバー（生）と、ソップレッサ（ヴェネト州のサラミ）を小さなさいの目に切る。鍋にオリーブ油を入れ、つぶしたニンニクを入れて火にかけ、香りをうつす。取り出して、レバーとソップレッサを炒める。レモンの皮、イタリアンパセリ、ニンニクの各みじん切りを加え、仕上げに赤ワインヴィネガー、レモン汁、たっぷりの黒コショウを入れて混ぜ合わせる。塩味をととのえ、イタリアンパセリをふる。
③ファジョーリ・イン・ウミド（豆の煮込み）をつくる。今回はウズラ豆を使う。一晩水に浸けてもどしたウズラ豆を柔らかくなるまで水で炊いて、仕上げに塩、コショウをふる。
④よく練った黄色いポレンタを（113頁ricetta⑤参照）、バットに広げて冷ます。食べやすい形に切り分けて、グリル板で焼く。

林 亨（トルッキオ）

Dolce

#066

ティーラミ スー
Tirami su

ティラミス

いまやどこのイタリアンレストランへ行っても必ずドルチェとして登場するティラミスだが、もともとの発祥はヴェネト州。現地でもよくつくったが、その魅力は何ともいえない素朴さと、新鮮なマスカルポーネのおいしさだと思う。今では生クリームや卵白を泡立てて加えたり、リキュールやオレンジを加えたり、また形や固さも各人各様で、バリエーションも無数にあるが、ここでは現地でもつくっていた最もベーシックなものを紹介する。

05 VENETO

林 亨（トルッキオ）

ricetta

①マスカルポーネクリームをつくる。卵黄とグラニュー糖を合わせて白っぽくなるまでよく泡立てる。新鮮なマスカルポーネを加えて混ぜ合わせる。
②サヴォイアルディ（ピエモンテのフィンガービスケット）を、濃く抽出したエスプレッソコーヒー（マルサラ酒を加える）に浸して、マスカルポーネクリームと交互に重ねていく。
③6層（3セット）くらいに重ねたら、上にココアパウダーをふる。

Dolce

#067
パンドーロ ディ ヴェローナ
Pandoro di Verona
パンドーロ

05
VENETO

ヴェネト州ヴェローナに伝わるクリスマス菓子。直訳すると黄金のパン。本来は背の高い円錐形（ただし周囲に深い溝があり、星形に近い）をした専用の型で焼くものだが、ここでは手持ちの型で代用。中種法で何度も発酵を繰り返し、バターを折り込んだら、その生地を三つ折りにしては休ませることを繰り返した後、やっと焼成に入る。気の遠くなるような工程を経て完成するパンである。イタリア現地でも、これを自家製にするところはほとんどないと聞く。かつて栄華を誇ったヴェネツィア共和国の繁栄の名残りともいえる菓子に、挑戦してみた。

林 亨（トルッキオ）

ricetta

①薄力粉、砂糖、酵母、卵黄をよく練る。低温（8～10℃）で約10時間発酵させる（A）。
②Aに、薄力粉、バター、砂糖、卵黄を練り込む。これを10時間低温においで発酵させる（B）。
③薄力粉、バター、全卵、卵黄、砂糖をBに練り込む。低温で10時間おいて発酵させる（C）。
④生クリーム、レモンの皮、ヴァニラパウダーを合わせたものを、Cに練り込む（D）。
⑤Dの生地を麺棒でのばし、バターを挟んで三つ折りにする。これをのばして、再度、三つ折りにする。30分間ねかせる。
⑥さらに三つ折りを2回繰り返して、30分間ねかせる。
⑦⑥をもう2回繰り返す（E）。
⑧バターを薄くぬった型にグラニュー糖をふり、Eの生地を入れて、低温で発酵させる。型の半分くらいの高さまで生地を入れ込み、それが型いっぱいの高さくらいまで発酵したら、オーブンで焼く。190℃で20分間、170℃で20分間。
⑨ザバイオーネソースをつくる。卵黄に砂糖を入れ、マルサラ酒、シナモンを加えて、湯せんでかき立てる。
⑩粉糖をふったパンドーロを切り分けて皿に盛り、ザバイオーネソースを流し、フルーツを添える。

Dolce

#068

クレーマ ディ グラッパ エ フレゴロッタ
Crema di grappa e fregolotta

グラッパのクリームとフレゴロッタ

ヴェネト州特産のグラッパと、トレヴィーゾ名物のビスケットの一種、フレゴロッタを組み合わせたドルチェ。蒸留酒のグラッパは食後酒として有名だが、ヴェネト地方では寒い朝、バールに立ち寄り、小さなグラスでグラッパを引っかける人をよく見かける。ここではグラッパに、チョコレートや生クリームを加えて、ゆるいクリーム状にしてみた。フレゴロッタは、砕いたアーモンドを使った焼き菓子で、イタリア人好みのカリッとした固い食感に特徴がある。大きなトルタ型で焼くのが一般的だが、これを小さく焼いて真っ白いクリームの上に浮かべ、食感にも見た目にも、コントラストをつけることを狙った。さらに、桑の実、ラズベリー、ブルーベリーなど酸味のあるフルーツをたっぷり添えて、甘いクリームの味に変化をつけた。なお、グラッパのクリームは凍らせてセミフレッドとすることもできる。

西口大輔（ヴォーロ・コズィ）

ricetta

グラッパのクリーム
①きざんだホワイトチョコレート400gを湯煎で溶かし、室温の牛乳少量とグラッパ100gを入れて混ぜる。さらに八分立ての生クリーム200gを入れて、もったりしたクリームにする。

フレゴロッタ
②アーモンドを煎って皮をむき、グラニュー糖を少量加えながらフードプロセッサーで細かく砕く。少量の塩を加えた小麦粉とグラニュー糖、卵黄を加えて混ぜ合わせる。固さを見ながら生クリームを少しずつ加え、ボソッとした生地にする。

③生地を直径約2cmの球状に丸め、間隔をあけて天板に並べる。180℃のオーブンでカリッと色づくまで焼く。

仕上げ
④深皿に①のクリームを入れ、フレゴロッタ、桑の実、ラズベリー、ブルーベリーを散らす。粉糖をふり、ラズベリーのソースをまわしかけ、ミントを飾る。

※フレゴロッタの生地の分量（目安）：アーモンド300g、小麦粉（中力粉）300g、グラニュー糖300g、卵黄2個分、塩3g、生クリーム50g

05 VENETO

ricetta

#056　Antipasto

ヴェネツィア風前菜の盛合せ
Antipasto della laguna

ムール貝のオリーブ油とレモン風味
Peoci all'olio e limone

①フライパンにオリーブ油とつぶしたニンニクを入れて熱し、洗ったムール貝を入れる。白ワインを加え、蓋をして蒸し煮にする。
②口が開いたら身を取り出し、E.V.オリーブ油とレモン汁で調味する。殻にのせて盛り付ける。
※peoci は cozze のヴェネツィア方言。

バッカラ・マンテカート　焼いた白ポレンタ添え
Baccalà mantecato e polenta abbrustolita

バッカラ・マンテカート

①バッカラ（ここでは塩漬けの干ダラ。本来、ヴェネト州では塩漬けしていない干ダラをバッカラと呼ぶ）を水に3日間浸してもどす。途中、1日に2回以上水を換える。
②皮と骨を取り除き、鍋に入れ、水、レモンの皮、黒粒コショウ、ローリエを加え、沸騰させて火を弱め、30分間ゆでる。
③バッカラを取り出し、身をほぐして別鍋に入れて火にかける。E.V.オリーブ油を少しずつ加えながら木べらで空気を含ませるように混ぜ合わせる。ゆで汁を少量加えて塩味をととのえる。黒コショウとイタリアンパセリを混ぜ合わせ、1日冷蔵庫でねかせて味をなじませる。

白ポレンタ

④鍋に牛乳と水を半量ずつ入れ、塩を加えて沸騰させる。泡立器でかき混ぜながら、白ポレンタ粉をサラサラと雨を降らすように入れ、再度沸騰したら火を弱め、6〜7分間煮る。次に木べらに持ち替え、混ぜながら約40分間練る。
⑤火から下ろし、粗熱を取る。テリーヌ型に流して冷ます。冷めたら取り出して厚さ1cmの三角形に切り分ける。フッ素樹脂加工のフライパンにサラダ油を熱し、両面に焼き色がつくまで焼く。

イワシのイン・サオール　Sardele in saor

①イワシをフィレにおろし、塩をする。小麦粉を付けてサラダ油で揚げる。
②薄切りのタマネギ、白ワインヴィネガー、E.V.オリーブ油、松の実、岩塩、レーズンを混ぜ合わせたサオール液に3日間漬ける。
③パスタ・フリッタを添えて盛り付ける。パスタ・フリッタは、小麦粉150g、溶かしバター22g、白ワイン10g、卵1個、少量の白ワインヴィネガーと塩を混ぜ合わせた生地を薄くのばし、適宜に切り分けて揚げたもの。
※sardele は sarde のヴェネツィア方言。

野菜の詰めものをしたヤリイカ
Calamaro ripieno di verdure

①掃除した小さなヤリイカは、クール・ブイヨン（*）でゆで、輪切りにする。
②小さな角切りにしたズッキーニ、ニンジン、セロリを、別々に塩ゆでする。
③キュウリのピクルスを小さな角切りにして、②と合わせ、オリーブ油とレモン汁で調味し、イカに詰める。
＊クール・ブイヨン：タマネギ、ニンジン、セロリ、ローリエ、白ワイン、黒粒コショウを30分間ほど沸騰させ、火を止めて保管する。

真ダコのソップレッサータ　Soppressata di piovra

①真ダコを丸ごとバットに入れて99℃のスチームコンベクションオーブンで77分間加熱する。熱いうちに頭とクチバシを取り除き、足を縦に2等分し（ここでは足だけを使用）、吸盤をナイフで削り取る。
②直径5〜6cm程度の均質な太さの円筒形になるように、互い違いに足を組み合わせて束ね、ラップ紙でしっかり巻く（7周くらい巻き付ける）。冷蔵庫で30分間休ませた後、フィルムに入れて真空パックにする。氷漬けにして一気に冷やし、冷蔵庫に入れて安定させる。
③ラップ紙をはずし、薄切りにして盛り付ける。

ヒシコイワシの酢漬け　Alice marinata

①ヒシコイワシ（カタクチイワシ）をフィレにして、2時間白ワインヴィネガーに浸けた後、皮をむいて塩とE.V.オリーブ油で調味する。

ウナギのマリネ　Anguilla marinata

①ウナギを開き、中骨、頭、ヒレを取り除く。皮を引いて塩をする。
②尾側から渦巻き状に巻く。オリーブ油をふり、ローリエを散らして、170℃のオーブンで、14分間焼く。
③粗熱を取り、ラップ紙で包んで冷蔵庫に入れ、形を安

05　VENETO

ricetta

定させる。
④提供時に薄切りにして温め、塩とE.V.オリーブ油で調味する。

ホタテのパン粉焼き　Capasanta gratinata

①ホタテ貝のヒモを細かく切り、オリーブ油で炒める。
②イタリアンパセリ、タイム、ローズマリーをみじん切りにし、グラーナ・パダーノ、オリーブ油、①をパン粉に混ぜ合わせる。
③ホタテ貝柱を殻に盛り、②のパン粉をのせてオーブンで色づくまで焼く。

マテ貝の白ワイン風味　Cape lunghe al vino bianco

①フライパンにオリーブ油とつぶしたニンニクを入れて熱し、洗ったマテ貝を入れる。白ワインを加え、蓋をして蒸し煮にする。
②口が開いたら身を取り出し、先端を切り落とし、斜めに半分に切る。E.V.オリーブ油とレモン汁で調味し、殻にのせて盛り付ける。
※cape lunghe は cannolicchi のヴェネツィア方言。

カニのサラダ　Insalata di granzo

①北海道産の毛ガニを丸ごとスチームコンベクションオーブン（99℃）で37分間蒸し、身を取り出す。
②カニの身にレモン汁、E.V.オリーブ油、みじん切りにしたイタリアンパセリを混ぜ合わせ、甲羅に盛る。
③ニンジン、セロリ、ズッキーニのみじん切りをE.V.オリーブ油とレモン汁で和えたものを添える。
※granzo は granchio のヴェネツィア方言。

エビのオリーブ油とレモン風味　Gambero lessato

①車エビは背ワタを取り、塩と白ワインヴィネガーを加えた湯に入れ、ゆでる。頭を残して殻をむき、E.V.オリーブ油とレモン汁で調味する。

仕上げ

　皿の中央にカニとエビ、その周りに他のすべてを盛り合わせて、イタリアンパセリを添える。

西口大輔（ヴォーロ・コズィ）

トレンティーノ＝
アルト・アディジェ州
TRENTINO-ALTO ADIGE

06 TRENTINO-ALTO ADIGE

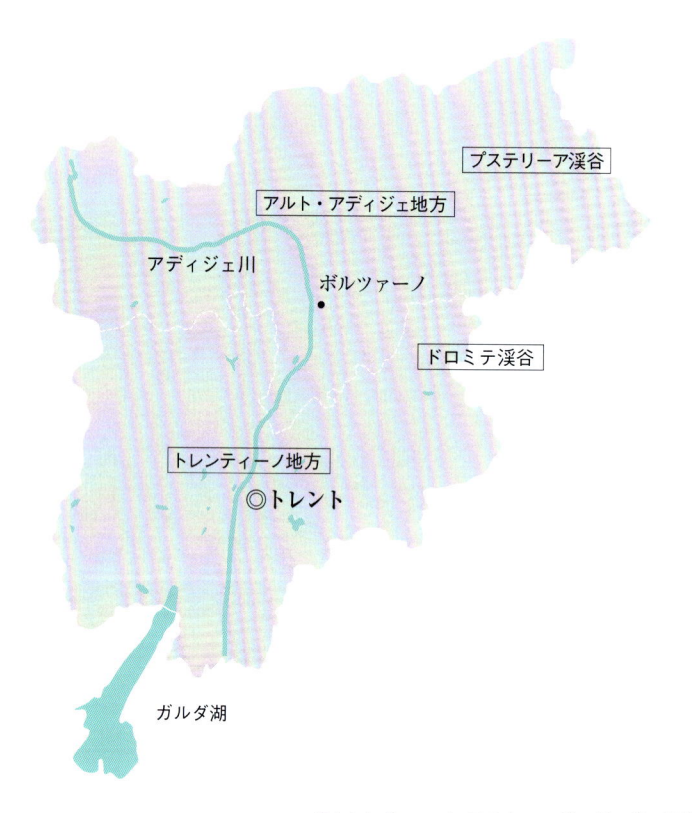

プステリーア渓谷
アルト・アディジェ地方
アディジェ川
ボルツァーノ
ドロミテ渓谷
トレンティーノ地方
◎トレント
ガルダ湖

● トレンティーノ＝アルト・アディジェ州の県と県都

トレント自治県 …… トレント （州都）
ボルツァーノ自治県 …… ボルツァーノ

トレンティーノ=アルト・アディジェ州の特徴

　スイス、オーストリアの国境に接し、20州中一番北に位置する、人口密度の低い州である。ほぼ全域が山岳地帯にあたり、美しい山並みの景観に恵まれる一方、厳しい気候条件にさらされており、温暖なガルダ湖畔を除いては気温の差が激しい。冬季は深い雪に覆われるが、暖かくなると、マルガと呼ばれる夏期だけの山小屋が稼働し、高原に放牧した牛のミルクでチーズをつくる。マルガ製のチーズは少量生産で品質が高く、同州の貴重な産物の一つである。また、山間部ではリンゴや洋梨の栽培が盛んで、特にリンゴは良質と評価が高く、国外にも輸出されている。日当たりの良い斜面ではブドウ栽培も行なわれ、銘醸ワインも数多く産出される。

　食の傾向は、そのルーツから南側のトレンティーノ地方と北側のアルト・アディジェ地方に分けられる。トレンティーノ地方は、ヴェネト州の山の料理の流れを汲み、ポルチーニ茸をはじめ、250種以上ともいわれる多彩なキノコを、ポレンタや米、パスタ、肉料理などに使う。そのポレンタも通常のトウモロコシ粉だけのもの、そば粉を加えたもの、それにジャガイモを加えたものなど材料に工夫がある。

　一方、アルト・アディジェ地方は、オーストリア、スイスに接し、南チロル地方(Südtirol)とも呼ばれる。日常的にはドイツ語を話すバイリンガルな土地柄で、ドイツの食文化の影響が色濃い。オーストリアやドイツからの観光客も多く、ドイツ系の料理が浸透していて、典型的な豚肉とキャベツの組合せなどはどこでも見られる。なかでもこの地方を特徴づけるのは、豚のモモ肉でつくるスペック(スモークをかけた生ハム)である。各家庭に秘伝のつくり方があり、スモークの薪の選定によっても風味が変化する。まずは朝食に、ランチの前菜に、そしておやつのパンに挟んだり、もちろんディナーの食卓にと、さまざまなシーンで自家製のスペックが登場する。

　また、プステリーア渓谷のラヴィオリやドイツ系のスペッツリ以外には、これといったパスタ料理はなく、代わりにいろいろなスープ類が食べられてきた。色の濃いライ麦粉やカラス麦の粉などを使う独特なパンが多いのも特色である。

山間部で栽培されるリンゴは国内外で評価が高い。

06 TRENTINO-ALTO ADIGE

トレンティーノ=アルト・アディジェ州の伝統料理

◎トレンティーノ地方の料理

*ローストを詰めたラヴィオリ
*トウモロコシ粉のポレンタ
*トウモロコシ粉にそば粉を加えたポレンタ……ズマルツァーダ（smalzada）とも呼ぶ。アンチョビ、トレンティン・グラーナ・チーズ、溶かしバターをかけ、オーブンに入れて溶かす。
*トウモロコシ粉とジャガイモのポレンタ……肉の煮込みやチーズと合わせる。
*小麦粉、そば粉にジャガイモを加えたポレンタ……淡水魚のフリットやバッカラの煮込み、チーズ、サラミ等と合わせる。
*スマカファム Smacafam ……そば粉を牛乳で柔らかく練って型に入れ、ルカーニカ（細いサルシッチャ）の薄切りをのせてオーブンで焼く。
*パスタ・エ・ファジョーリ Pasta e fagioli ……ウズラ豆とパスタのスープ。
*大麦のミネストラ
*トリッパのズッパ
*カブとラルドの炒め煮
*キノコのフリット
*キノコのグリル
*キノコのトリフォラーティ Funghi trifolati ……薄切りにしたキノコをニンニクオイルで炒め、イタリアンパセリを加えたもの。
*クラウティ Crauti ……ザワークラウト（sauerkraut）のこと。細く切ったキャベツをネズの実、コリアンダーなどとともに塩漬けにし、約4週間おいて乳酸発酵させたもの。使用する時は水で洗い、ストゥルット（精製ラード）などで炒め、豚の足や皮、スペック、香草や香辛料（ローリエ、ニンニク、ネズの実、粒コショウなど）を加えて白ワインで軽く煮込むのが一般的。肉料理の付合せなどに利用する。

*鱒のマリネ、レーズンとパセリ風味
*牛肉の牛乳煮込み Manzo alla vecchia Trento
*クルミを詰めたゆで鶏 Pollo ripieno alle noci
*ルカーニカとクラウティのワイン煮 Lucanica coi crauti ……炒めたクラウティを赤ワインで煮て、ルカーニカ（豚肉、牛肉、ロバ肉でつくるサルシッチャ）を加えてさらに煮たもの。

◎アルト・アディジェ地方の料理

*クラウティ Crauti ……ザワークラウト。（左記参照）
*プステリーア渓谷のラヴィオリ Ravioli della Valle Pusteria ……ライ麦粉入りの生地で包んだラヴィオリ。詰めものはクラウティ、ホウレン草、シブレットなど。
*ムス Mus ……トウモロコシ粉と小麦粉、塩、牛乳でつくるポレンタ。溶かしバターとケシの実で調味する。
*カネーデルリ Canederli ……パンを球状に丸めてつくる団子。コンソメスープ仕立てやトマトソース煮込みにするのが一般的。いろいろな種類のパンを使い、スペックや仔牛のレバーを混ぜ込むこともある。
*カタツムリのズッパ
*クラウティのズッパ
*グーラシュのミネストラ Minestra di gulasch ……牛肉とタマネギを炒め、パプリカ、クミン、マジョラム、ローリエ、レモンの皮などで香りをつけ、トマトとジャガイモを加えて煮込んだスープ。
*赤キャベツとスペックの炒め煮
*仔牛の脾臓のクロスティーニ……脾臓をのせて焼いた薄切りパンに熱いブロードを注いで食べる。
*グーラシュ・ディ・マンツォ Gulasch di manzo ……パプリカをたっぷり加えた牛肉の煮込み（142頁トリエステ県の料理参照）。
*ノロジカのワイン煮 ブルーベリーのジャム添え

トレンティーノ＝アルト・アディジェ州の特産物

＊チロル風のカモシカ Camoscio alla tirolese ……カモシカの塊肉をワインとワインヴィネガーでマリネし、タイム、ローリエ、パスティナーカ（セロリに似た野草）、クローヴなどを加えて煮込んだ料理。
＊仔牛のスネ肉のオーブン焼き
＊角切りマトンのトマト煮込み
＊肉のストゥルーデル Strudel di carne ……ローストした牛肉や豚肉を細かく切り、リンゴ、松の実などを合わせてストゥルーデル生地（菓子の項参照）で包み、オーブンで焼いたもの。

◎穀類
トウモロコシ

◎野菜・果物・キノコ類
＊キャベツ　＊ジャガイモ
＊白アスパラガス＜アヴィオ＞
＊ヴァル・ディ・ノン産のリンゴ mela Val di Non DOP
＊アルト・アディジェ地方産のリンゴ mela Alto Adige（あるいは südtiroler apfel）IGP
＊洋梨＜ヴァル・ディ・ノン＞
＊スモモ＜アルデーノ＞
＊サクランボウ＜ロヴェレート近郊＞
＊小さなベリー類（ブルーベリー、ラズベリー、スグリなど）
＊ポルチーニ茸
＊フィンフェルリ茸
＊キオディーニ茸

◎魚介類
＊鱒　＊各種の淡水魚

◎肉類
＊牛　＊豚

◎チーズ
＊トレンティングラーナ trentingrana DOP（牛・硬質）……トレンティーノ産のグラーナ・パダーノ。グラーナ・トレンティーノ（grana trentino）ともいう。
＊アジアーゴ asiago DOP（牛・半硬質）
＊スプレッサ・デッレ・ジュディカリエ spressa delle giudicarie DOP（牛・半硬質）
＊プロヴォローネ・ヴァルパダーナ provolone valpadana DOP（牛・半硬質）

06 TRENTINO-ALTO ADIGE

*プッツォーネ・ディ・モエーナ puzzone di moena（牛・ウォッシュタイプ）
*ノストラーノ・フィアヴェ nostrano fiavè（牛・硬質）……トレンティーノ地方で一般的につくられている、アジアーゴに似たタイプのチーズ。小さな気泡があいている。ヴァル・ディ・フォッサ（val di fossa）ともいう。
*ヴェッツェーナ vezzena（牛・硬質）……トレンティーノ地方の高級チーズ。テーブル用にも、すりおろしても使われる。
*アルムケーゼ almkäse（牛・硬質）……アルト・アディジェ地方の高原でつくられるチーズ。
*グラウケーゼ graukäse（牛・硬質）……チロル地方の伝統的なチーズ。緑がかった灰色のカビが特徴。
*カプリーノ・ディ・カヴァレーゼ caprino di Cavalese（山羊・半硬質）
*ステルヴィオ stelvio（あるいはstilfser）DOP（牛・半硬質）

◎畜肉加工品
*スペック・デッラルト・アディジェ speck dell' Alto Adige（あるいはsüdtiroler speck）IGP ……骨を取り除いた豚モモ肉のスモークハム。
*カルネ・サラーダ carne salada ……牛肉の塩漬け。ローズマリー、ネズの実、ローリエ、ニンニク、コショウ等の風味をつける。
*馬肉のスモーク carne affumicata di cavallo
*ルガーネガ・トレンティーナ luganega trentina ……豚肉のサルシッチャ。
*プロブスト probusto ……豚肉と牛肉の合挽き肉でつくるソーセージ。軽く燻製をかける。
*モルタデッラ・ボローニャ mortadella Bologna IGP

◎オリーブ油
*ガルダ Garda DOP

◎パン・菓子
*ウル＝パアル ur-paarl ……小麦粉にファッロ麦やライ麦の粉を混ぜてつくる、アルト・アディジェ地方のパン。パアル（paarl）ともいう。パアルはカップルの意で、丸い生地を2つくっつけた形状をしている。
*シュッテルブロット schüttelbrot ……カチカチに乾燥した固いパン。円形で、厚さは約1cm。ライ麦粉と小麦粉でつくる生地にクミン、フェンネルシード、アニスなどを加える。
*セガリーノ segalino ……ライ麦粉100％のパン。
*パン・デ・モルケ pan de molche ……ガルダ湖畔でつくられる、オリーブペーストを混ぜ込んだソフトなパン。
*ビーナ bina ……小さなパンが4つくっついた形のトレンティーノ地方のパン。
*プッチャ・プステレーゼ puccia pusterese ……ライ麦、カラス麦、大麦の粉を小麦粉にミックスしてつくるアルト・アディジェ地方のパン。
*ベーキ＝パンツァリーニ bechi-panzalini ……長形のトレンティーノ地方のパン。
*クラッフェン kraffen（krapfen）……クリームやジャムを発酵生地で包んで揚げた菓子。揚げドーナツ。
*ゼルテン zelten ……クリスマス時期の菓子。イチジク（乾燥）、レーズン、デーツ、アーモンド、クルミ、松の実、フルーツの砂糖漬け、グラッパ、スパイス等を入れたタルト。
*リンゴのストゥルーデル strudel di mele ……ごく薄くのばしたパイ生地でレーズンと松の実を加えたリンゴの詰めものを何重にも巻いて焼いた菓子。

スローフードのプレシーディオ

＊グリージョ・アルピーナ種の牛
＊マルガ製のボティロ・ディ・プリミエーロ……プリミエーロ高原で放牧された牛のミルクからつくるバター（101頁※参照）。
＊ヴァル・ディ・ソーレ産と、ラッビ、ペーヨ産のカソレット・チーズ（牛・半硬質）
＊ヴァッレ・アウリーナ産のグラウケーゼ・チーズ（牛・半硬質）
＊ヴェッツェーナ・チーズ（牛・硬質）
＊モエーナ産のプッツォーネ・チーズ（牛・硬質）
＊バナーレ産のチュイゲ……カブを混ぜ込んだ豚肉のサラミ。
＊ルガーネガ・トレンティーナ……豚の赤身と背脂でつくるサルシッチャ。
＊ヴァル・ディ・ノン産のモルタンデーラ……豚の挽き肉でつくる大きなミートボール形のサラミ。スモークをかける。
＊ヴァル・ヴェノスタ産のウル＝パアル……ライ麦粉でつくるパン。

Antipasto

#069

アンティパスト　ミスト　デッラ　ヴァル　バディーア
Antipasto misto della Val Badia

前菜の盛合せ

ホワイトアスパラガスのボルツァーノ風ソース
Asparago alla bolzanese

ウズラの胸肉のロースト キャベツとスペック添え
Quaglia arrosto con cavolo e speck

鴨胸肉の燻製　タマネギのモスタルダ添え
Anatra affumicata con mostarda di cipolla

この土地らしい食材を使った前菜盛合せ。季節は春を想定して、まず特産のホワイトアスパラガスを使用。それと相性のよい卵のソースを合わせ、ボルツァーノ風の乳化させる方法で独特のなめらかな食感をつくった。キャベツも、この地方ならではの、アツアツの油と酢をかける瞬間マリネに。熱でしんなりとした食感もおもしろい。春先はまだ寒いので、冷製ではなくティエーピド（生温い温度）にて提供。仕立て方はあくまで日本のリストランテの枠に合うようにする。

06
TRENTINO-ALTO ADIGE

高師宏明（アルベラータ）

ricetta

ホワイトアスパラガスのボルツァーノ風ソース
①ホワイトアスパラガスを塩ゆでし、食べやすい大きさに切る。
②ボルツァーノ風ソースをつくる。ゆで卵の黄身を裏ごしし、ブロード、酢、マスタードを加えて練る。サラダ油を少しずつ加えてつなぎ、裏ごししたゆで卵の白身を加えて合わせる。
ウズラの胸肉のロースト　キャベツとスペック添え
③キャベツをせん切りにし、スペック（スモークハム）のせん切り、フェンネルシードを合わせる。
④フライパンにサラダ油を熱し、火からはずして白ワインヴィネガーをざっと加え、塩をして、熱いうちに③のキャベツにかける。熱い油と酢で瞬間的にマリネし、しんなりさせる。
⑤ウズラの胸肉をローストし、切り分けてのせる。
鴨胸肉の燻製　タマネギのモスタルダ添え
⑥タマネギのモスタルダを敷き、鴨胸肉の燻製をのせ、クレソンを添える。
⑦皿にフェンネルシードを散らし、3品ともティエーピド（生温かい温度）で提供する。

Antipasto

#070
テスティーナ ディ マイヤーレ
Testina di maiale
豚の頭の前菜

06
TRENTINO-ALTO ADIGE

豚のホホ、タン、耳、皮をゆでてトロトロにし、それらをきざんで、スパイスとともに自身のゼラチン質で固めた前菜。本来は仔牛の頭でつくる。タマネギのスライスを添え、ヴィネグレットソースで食べるのが一般的で、ヴィネガーやピクルスの酸味がよく合う。ホワイトアスパラガスはこの地方でよく獲れる野菜。独特の食感と酸味がアクセントとなり、旬の時季にピクルスにしておくと重宝する。

高師宏明（アルベラータ）

ricetta

①豚のホホ、タン、耳、皮を一晩塩水に浸ける。翌日これらを一緒にゆでて、柔らかくなった順に上げていく。粗熱が取れたらきれいにほぐし、またはカットして、クローヴ、ネズの実、レモンの皮、塩、コショウ、こした煮汁を加えて混ぜ合わせ、テリーヌ型に入れて冷やし固める。
②2本つくって重ね、板をあてて輪ゴムでとめ、軽い重し代わりとする。
③②を薄く切り分けて盛り付け、ホワイトアスパラガスのピクルス、クレソンなどの野菜を飾り、ヴィネグレットソース、砕いた黒粒コショウをかける。ヴィネグレットソースは、サラダ油、ワインヴィネガー、マスタード、塩、コショウを混ぜ合わせたもの。

Primo Piatto

#071
スペッツリ　アッリ　スピナーチ　コン　ラグー　ディ　カルネ
Spätzli agli spinaci con ragù di carne
ホウレン草のスペッツリ
いろいろな肉のラグー和え

06
TRENTINO-ALTO ADIGE

スペッツリはこの地に来て初めて見たパスタで、オーストリア、ドイツ、スイスでも食べると聞いた。天かすのような小さく不規則な形で、むちむちした弾力がユニーク。他の料理で残った端肉のラグーを組み合わせ、パスタと一緒に食べてもらう。現地では油脂や乳製品を大量に使うが、私としては量を抑え、酸味や塩味をきちんと決めて、野暮ったくならないようにしたい。今回はホウレン草を練り込んだが、カボチャやビーツでもよいだろう。

高師宏明（アルベラータ）

ricetta

①小麦粉（タイプ00）、牛乳、ホウレン草（塩湯でゆで、絞って水気をきる）を、ミキサーでしっかり練る。天ぷらの衣程度の濃度をつける。
②スペッツリ専用の道具のスライドする部分に入れ、前後に動かして目を通す。生地が天かすのようにポトポトと落ちる。この作業を沸騰した湯の上で行なう。そのままスペッツリをゆで、ザルにとって油をまぶす。
③さまざまな肉の端肉を細かく叩く。鍋に油をひき、ソッフリットを炒め、端肉を入れてトマト、赤ワインとともに炒める。ブロードを加え、塩、コショウ、ナッツメグで味をととのえ、ラグーとする。
④深めの皿にラグーを盛り、スペッツリをのせ、コンソラーノ・チーズをすりおろす。

Primo Piatto

#072
ミネストゥローネ　ディ　オルヅォ
Minestrone di orzo
大麦のスープ

大麦のスープは大変ポピュラーな料理で、修業中も頻繁に食べ、つくってきた。家庭料理としては、くたくたに煮ても、翌日に味がぼやけても、それはそれで一体感となり、良さがある。しかしプロとしては、大麦のプチプチした食感を生かすように下ゆでする、火の通りを計算して野菜を切る、大きさを揃える、きちんと味を決めるなど個々のプロセスを考えて、ていねいにつくりたい。なお、今回は大鍋で出して素朴さを演出したが、逆にモダンな器を使うのもよいと思う。

06
TRENTINO-ALTO ADIGE

高師宏明（アルベラータ）

ricetta

①鍋に油をひき、スペック（スモークハム）のブロックをよく炒め、タマネギとニンジンのさいの目切りを加えて炒める。
②2cm角のキャベツを加え、塩をして、ブロードを加える。
③汁が煮つまってきたらジャガイモのさいの目切りを入れる。
④大麦（丸麦をゆでて、水気をきってサラダ油をかけておく）を加えて煮る。
⑤上がりの少し前にきざんだホウレン草を加える。

Primo Piatto

#073
ラヴィオーリ ディ パターテ
Ravioli di patate
ライ麦を使ったラヴィオリ

06
TRENTINO-ALTO ADIGE

アルト・アディジェ地方は、パスタの印象が薄い地方だ。プリモ・ピアットというと、ズッパやカネーデルリなどのほうが一般的。ライ麦を使ったラヴィオリは、そんな中で見かけた数少ないパスタの一つ。ライ麦を使った生地はあまりコシがなく、食感としてもやさしいものとなる。これはモチモチ感や、アルデンテといった食感とはまた別物。ソースも濃度が薄めのなめらかなものを合わせ、バランスをとっている。そこにアルト・アディジェ地方特産のスペック（スモークハム）をカリカリに焼いて添え、塩味と食感にアクセントをつけている。

高師宏明（アルベラータ）

ricetta

①詰めものをつくる。ゆでたジャガイモの裏ごし、仔牛の煮込み、アジアーゴ・チーズ（ヴェネト州産）を混ぜ合わせる。
②ライ麦粉と小麦粉（タイプ00）を3対7くらいの割合で合わせ、卵、塩を加えて生地を練る。薄くのばし、適宜の間隔をおいて詰めものを絞り出す。生地をかぶせて密着させ、菊型で抜く。塩湯でゆで、バターでからめる。
③ソースは、生クリームとブロードを半々くらいに合わせて火にかけ、そこへフォンティーナ、パルミジャーノ、タレッジョの3種のチーズを加えて煮溶かす。これをミキサーにかける。
④スペック（スモークハム）を薄く切って100℃から120℃の低温のオーブンでカリカリに焼く。
⑤器にソースを敷き、ゆで上がったラヴィオリをのせる。カリカリのスペックを添え、イタリアンパセリを散らす。

Primo Piatto

#074
カネーデルリ　イン　ブロード
Canederli in brodo
カネーデルリ・イン・ブロード

昔この地方は、1年に一度しかパンを焼かなかったといわれ、まとめて焼いた固いパンをいろいろな料理に使う伝統がある。パンにチーズ、卵、粉などを合わせて団子状にし、スープやラグーなどと一緒に食べるカネーデルリもその一つ。現地ではゴルフボールよりもやや大きめにつくるのが一般的だが、店では食べやすいようひと口大にしている。固さも、現地のものは固いので少し柔らかめにし、具材を変えて3色にするなど、ちょとした工夫をしている。今回はプレーンのものと、ポルチーニ茸入り、ホウレン草入りの3種を用意。チーズはトレンティーノ地方のグラーナ・チーズを小さくきざんで使っている。

06 TRENTINO-ALTO ADIGE

高師宏明（アルベラータ）

ricetta

①固くなった白パンを3cm角程度の大きさに切る。バターで炒めたタマネギのみじん切り、牛乳、卵、少量のそば粉、下味用のパルミジャーノ、ゴルゴンゾーラを混ぜ合わせる。これをベースとして、3色のカネーデルリをつくる。
（A）プレーン。ベースの生地。
（B）ホウレン草を塩ゆでして細かくきざみ、水気を絞ってベースの生地と混ぜ合わせる。
（C）乾燥ポルチーニ茸は水でもどし、細かくきざんで水気を絞り、ベースの生地と混ぜ合わせる。

②それぞれ味が足りなければパルミジャーノ、ゴルゴンゾーラを足す。また、生地がゆるくなったら薄力粉とパンを加えるとよい。
③コンソメと鶏のブロードを半々くらいの割合で合わせ、味をととのえる。この中にカネーデルリを入れて煮て火を通す。
④盛り付けて、アサツキを添える。

※コンソメは、卵白をからめた牛挽き肉、香味野菜類をブロード・ディ・カルネに入れ、弱火で煮出してこしたもの。

Secondo Piatto

#075
コニッリョ　アッロスト　アッラ　ティロレーセ
Coniglio arrosto alla tirolese
コン　サルサ　アル　ティーモ　エ　パターテ
con salsa al timo e patate

ウサギのモモ肉のチロル風ロースト タイムとジャガイモソース

アルト・アディジェ地方では、肉といえば鹿や山羊、ウサギなどがポピュラー。ここではウサギにクラウティ（ザワークラウト）を詰め、スペック（スモークハム）を巻いてわかりやすく土地を表現した。クラウティは今や家庭であまりつくらないようで、現地滞在中も製造工程を見られなかった。今は市販品を輸入し、店で白ワインとフィノッキオを加えて煮なおして使っている。なお、この料理はウサギのやさしい味わいにクラウティの酸味やスペックのうまみ、ソースによる凝縮感をプラスし、レストラン料理として肉の焼きっぱなしとは一線を画す複雑な構成とした。

06 TRENTINO-ALTO ADIGE

高師宏明（アルベラータ）

ricetta

①ウサギのモモ肉を骨に沿って開く。大腿骨を1本はずし、塩、コショウしてクラウティ（135頁参照）を詰め、閉じる。肉の表面に塩、コショウし、スペック（スモークハム）の薄切りを巻き、たこ糸で縛って成形する。
②表面に焼き色をつけ、脂をふき取り、フライパンに入れたままオーブンでローストした後、休ませる。
③焼き汁を白ワインで煮溶かし、こして別鍋に移す。タイムを入れ、スーゴ・ディ・カルネを加えて煮つめ、バター少量でつないで、ソースとする。
④ゆでたジャガイモの裏ごしを牛乳、ブイヨン少量でのばし、塩、コショウしてピュレとする。
⑤ウサギのローストを切り分けて皿に盛る。ジャガイモのロースト、グリンピースの煮込み（ベーコン、タマネギ、水で柔らかく煮る）を添え、③のソース、④のジャガイモのピュレを流す。

Secondo Piatto

#076
ストゥファート ディ チェルヴォ
Stufato di cervo
鹿の赤ワイン煮込み

クラウティはキャベツを塩漬けにした発酵食品。いわゆるザワークラウトと同様のもので、アルト・アディジェ地方の典型的な保存食である。パプリカをたっぷり加えたグーラッシュや赤ワイン煮込みなど、ずっしりとした煮込み料理には欠かせない付合せだ。ここで添えたのは、赤キャベツにリンゴやオレンジの果汁、ネズの実を加えたクラウティ。酸味とともにスパイシーな風味が煮込みの後味をすっきりとさせてくれる。なお、鹿肉は脂が少なく、ややすじっぽいくらいの部位のほうが、この料理ではおいしさが際立つ。

06
TRENTINO-ALTO ADIGE

高師宏明（アルベラータ）

ricetta

①鹿肉は適宜の大きさに切り、赤ワイン、タマネギ、ニンジン、セロリ（各ざく切り）、ネズの実で一晩マリネする。水気をきり、フライパンでサラダ油で焼いて、周囲を焼き固める。マリネの香味野菜は別鍋でサラダ油で炒め、パプリカをふりかける。そこへ焼いた肉を加え、マリネ液を注ぎ入れ、さらにトマトペーストを加えて煮込む。肉が煮えたらいったん取り出し、目の粗い裏ごしで残った野菜類を裏ごしして、鍋にもどす。
②別のフライパンにサラダ油を熱し、クミン、レモンの皮、ニンニクを炒める。これを①の鍋の中に加える。鹿肉ももどしておく。
③付合せをつくる。

クラウティ／赤キャベツをせん切りにし、リンゴのすりおろし、オレンジの搾り汁、赤ワイン、ネズの実で一晩マリネする。翌日鍋に入れ、水分を煮つめていく感覚で煮ていく。これを冷やして保存する。
ジャガイモのピュレ／ジャガイモを丸ごとゆでて皮をむき、裏ごしにする。生クリーム、牛乳、ナッツメッグ、パルミジャーノ、塩、コショウを加えて混ぜ合わせる。
リンゴのジャム／鍋にリンゴ（皮をむいて適宜に切ったもの）、白ワイン、レモン汁、ヴァニラ棒、少量のバルサミコ酢を入れて煮つめる。最後にマスタードシードを入れ、フードプロセッサーにかける。

Dolce

#077
カネーデルリ　ドルチ　コン　ジェラート　ディ　ヴァニッリャ
Canederli dolci con gelato di vaniglia

カネーデルリのデザート ヴァニラアイス添え

カネーデルリはパン粉でつくるニョッキのようなもの。グーラッシュ（ハンガリー発祥のパプリカをたっぷり使った肉の煮込み）やスープと合わせるのが一般的で、寒い地方独特の栄養価の高い料理である。しかし、ここではリコッタや砂糖を加えてデザートに。ポーションは小さくし、また、温かいカネーデルリに冷たいアイスクリームを対比させ、ソースや果物を加えた。カネーデルリという地方料理から発想して、さまざまな要素を組み合わせ、複数のパーツで構成する、リストランテらしい一皿とした。

高師宏明（アルベラータ）

ricetta

①固くなったパンのさいの目切り、砕いたビスケット、乾燥したスポンジ生地をザルでこして粉にする。
②①の粉から適量をとり、リコッタ、卵、砂糖、シナモンを混ぜ合わせる。団子状に丸め、薄い塩水を沸かした中に落としてゆでる。①の粉の中に転がして粉をまぶす。
③森のフルーツのソースをつくる。鍋に砂糖を入れてカラメル状にし、森のフルーツ（イチゴ、カシス、ブルーベリー等）を加える。白ワインをふり、適度な濃度がつくまで煮つめ、レモン汁を加えて仕上げる。
④カスタードソース（つくり方省略）を流し、カネーデルリ、ヴァニラアイスクリーム（つくり方省略）をのせる。フルーツのソースを添え、粉糖、①の粉を散らし、ミントの葉をのせる。

Dolce

#078
トルタ ディ リンツ
Torta di Linz
リンツァー・トルテ

06
TRENTINO-ALTO ADIGE

オーストリアのウィーンとザルツブルクの中間にある小さな町、リンツに由来する焼き菓子。アルト・アディジェ地方でもよく見かける定番の菓子である。この地方特産のリンゴやアンズのジャムを使った素朴なタルトで、固めの生地で表面を格子状に飾ったり、また柔らかい生地を絞り出してつくるものもある。ここでは小さな丸型で焼き、セミフレッドを添え、森のフルーツのソースとカスタードソースを流し、テュイルを飾って、1人前のレストランデザートに仕立ててみた。生温かい（ティエーピド）状態で食べてほしい一皿。

高師宏明（アルベラータ）

ricetta

①タルト生地をつくる。バターにグラニュー糖を入れて泡立器でかき立て、卵を加えてさらにかき立てる。そこにふるった小麦粉とアーモンド粉を加えて混ぜ合わせ、香りづけにレモン汁、キルシュ、シナモン、クローヴパウダーを加える。
②タルト型に生地を敷き込み、200℃で約15分間焼く。ある程度生地が固まったところで、アンズジャムをたっぷりとぬる。同じ生地を格子状に絞り出して上面を飾り、200℃のオーブンで15分間焼く。トータルの焼き時間は約30分間を目安に（でき上がりは写真奥）。

③1人分の盛付けは、セミフレッド、テュイル（つくり方省略）を飾り、森のフルーツのソース（136頁ricetta③参照）とカスタードソース（つくり方省略）を流し、粉糖をふる。セミフレッドのつくり方は以下の通り。生クリームにグラニュー糖を入れて泡立てる。ここにビスケットや固くなったスポンジケーキを砕いて粉状にしたもの、同じく砕いたアーモンドのプラリネ、細かくきざんだレーズンを加え、最後に卵白にグラニュー糖を入れて泡立てたメレンゲをさっくりと混ぜ合わせる。これを型に入れて冷やし固める。

Dolce

#079
ストゥルーデル
Strudel

ストゥルーデル

06 TRENTINO-ALTO ADIGE

リンツァー・トルテと同様、国境を接するオーストリアの影響を受け、定着している菓子。現地では「新聞の字が読めるくらいに」という言い方をされるほど、生地をどれだけ薄くのばせるかがポイントで、これを何重にも巻いて成形する。中には生のリンゴを入れるのが本来のやり方。あらかじめ火を入れたリンゴでつくると、ストゥルーデル独特の食感ではなくなってしまう。中にビスケットの粉やスポンジケーキの粉を入れるのは、それらがリンゴの水分を吸ってくれるから。あくまでも周りの生地はパリッとした状態で焼き上げたい。リンゴは身質が緻密でしっかりしているほうがよく、日本の品種でいえば紅玉が最もふさわしい。

高師宏明（アルベラータ）

ricetta

①強力粉、ぬるま湯、サラダ油を混ぜ合わせて生地を練る。途中、台に叩きつけるようにしながら、よくのびる生地をつくる。温かいところに1時間程度おいてなじませた後、温かめの温度を保ちながら生地を薄くのばしていく。
②リンゴは皮をむいて八つ割りにし、いちょう切りの要領で薄くスライスする。砂糖、シナモン、松の実、レーズン、少量のパン粉、スポンジケーキやビスケットの粉（固くなったものをザルでこす）などと混ぜ合わせ、生のまま詰めものとする。
③薄くのばした生地を広げ、溶かしバターをハケでぬり、粉糖をふっておく。リンゴの詰めものをおいて、端からくるくると巻いていく（ここでは8周くらい巻いている）。表面に溶かしバターをぬり、さらに卵黄をぬり、粉糖をかけて焼く。210℃で30分間くらいが目安。
④切り分けて盛り付け、イチゴを添え、カスタードソース（つくり方省略）を流す。粉糖、スポンジケーキやビスケットの粉を散らす。

フリウリ＝
ヴェネツィア・ジュリア州
FRIULI-VENEZIA GIULIA

07 FRIULI-VENEZIA GIULIA

カルニア地方

サン・ダニエーレ

ポルデノーネ

ウーディネ

ヴェネト平野

ゴリツィア

フリウリ地方

グラード

トリエステ

ヴェネツィア湾

● フリウリ＝ヴェネツィア・ジュリア州の県と県都

ウーディネ県 …… ウーディネ
ゴリツィア県 …… ゴリツィア
トリエステ県 …… トリエステ（州都）
ポルデノーネ県 …… ポルデノーネ

フリウリ=ヴェネツィア・ジュリア州の特徴

北はオーストリア、東はスロヴェニアに国境を接し、南はアドリア海に面した州。北側の山岳部カルニア地方とヴェネツィア湾に臨むヴェネト平野がほぼ同じくらいの面積を持つ。内陸の山岳部は寒冷で雨も多い。一方、南は比較的温暖だが、大きな港を持つトリエステでは冬期、時として北東からボーラ（bora）と呼ばれる冷たい突風が吹き、同地の名物的な気象現象となっている。

産物の筆頭にあげられるのは生ハムであろう。有名なサン・ダニエーレ産をはじめ、サウリスやコルモンス、カルソなどの名産地があり、手塩にかけて飼育した豚でつくる工房生産の生ハムは食通たちの高い評価を得ている。一方、ワイン用のブドウ栽培も盛んで、特に白ワインは優れたものが多い。平野部ではトウモロコシが栽培され、同州の代表的な料理の一つ、ポレンタづくりを支えている。また、グラードやドゥイーノ＝アウリジーナなどの市場には魚介類が充実しており、小さな州ながら、山、野、海の幸に恵まれている。

料理の傾向は、ヴェネト州と共通するものをベースとして、ハプスブルク系、スラブ系など東方の影響が色濃い。特にクミンをはじめとする各種のスパイス使いにそれが見てとれる。

主食はパンというよりむしろポレンタで、チーズやキノコ、肉、野菜、魚などさまざまなものとともに日々食卓にのぼる。アグロドルチェ（甘酸っぱい味）を好む傾向が顕著で、トマトソースはすっかり陰を潜める。名物料理の一つ、グーラシュ（パプリカを使った牛肉の煮込み）にハンガリー、ガチョウの加工品にユダヤというように、さまざまな食文化がはっきりとその足跡を残しつつ、今なお原形に近い形で共存していることが同州の特色であるといえるだろう。

重要な港町、トリエステの大運河。冷たい北東の風、ボーラは冬の風物詩の一つ。

07　FRIULI-VENEZIA GIULIA

フリウリ＝ヴェネツィア・ジュリア州の伝統料理

◎トリエステ県の料理

* ケシの実のラザーニャ　Lasagna al papavero ……つぶしたケシの実を加えた溶かしバターに砂糖を入れ、ゆでたラザーニャと合わせたもの。ハプスブルク家支配の名残りであるトリエステの料理。
* プラムのニョッキ……プラムを芯に入れたジャガイモのニョッキ。
* 魚介のリゾット
* ブロデット・ビアンコ　Brodetto bianco ……トマトソースを加えない魚介スープ。グラードでつくられるものが有名。
* グーラシュ　Gulasch ……強いパプリカ風味の牛肉の煮込み。ゆでたジャガイモを添える。ハンガリー料理として有名だが、トリエステでもよく食べられる。
* ウィーン風コトレッタ　Cotoletta alla viennese ……仔牛肉のカツレツ。トリエステの名物料理で、日本ではウインナーシュニッツェルの名で知られる。
* 豚の腎臓の網脂包みオーブン焼き ローリエ風味

◎カルニア地方の料理

* チャルツォンス　Cjalzons、Cialzons ……香草、ジャガイモ、グラーナ・チーズを詰めものにしたパスタ。砂糖を加えた甘みとシナモンの風味が特徴。
* ポレンタ・コンチャ　Polenta concia ……練り上げたポレンタとモンタージオ・チーズ、熟成したカルニア産のチーズ、バターとともに熱した牛乳を層にして重ね、しばらくなじませてチーズを溶かしたもの。
* ポレンタ・パスティッチャータ　Polenta pasticciata ……去勢羊肉の赤ワイン煮込み、ゆでたコテキーノ、鶏と鳩のトマト煮を混ぜ合わせ、練り上げたポレンタと交互に深さのあるオーブン容器に重ね入れ、オーブンで焼いたもの。
* アスパラガスのリゾット
* 大麦とウズラ豆のミネストラ
* ウズラ豆と米のミネストラ
* フリコ　Frico ……モンタージオ・チーズ、ラッテリーア・チーズなど、熟成の若いものと進んだものを合わせ、バターで溶かしながら焼いた料理。チーズのほか、ジャガイモ、タマネギ、リンゴなどを加えて仕上げるフリコもある。
* ムゼットのブロヴァーダ添え　Musetto con brovada ……ムゼットは豚の頭部を混ぜたコテキーノ（腸詰めの一種）。これにブロヴァーダ（下記参照）を添えたもの。
* ジビエのサルミ（煮込み）
* 野鳥の串焼き

◎フリウリ＝ヴェネツィア・ジュリア州全体に広がる料理

* スカンピまたはエビのリゾット
* ヨータ　Jota ……クラウティ（ザワークラウト。124頁参照）、インゲン豆、豚肉、豚の皮などを入れたスープ。
* パパロトゥ　Paparot ……ホウレン草入りトウモロコシ粉のスープ。
* ブロヴァーダ　Brovada ……カブをワイン粕に漬け込んだもの。
* ラーファノソース　Salsa di rafano ……ラーファノ（ホースラディッシュ）のソース。ゆで肉に添える。
* イワシのイン・サオール　Sardelle in saor ……フリットにしたイワシをタマネギ、レーズン、松の実とともに酢でマリネしたもの。
* カニ肉を詰めた小イカ
* 仔牛のスネ肉のオーブン焼き

フリウリ=ヴェネツィア・ジュリア州の特産物

◎穀類・豆類
*トウモロコシ＜ポルデノーネ県、ウディネ県の平野部＞
*大麦＜ポルデノーネ県、ウーディネ県の平野部＞
*大豆＜アックイレイア周辺＞

◎野菜・果物・キノコ・ナッツ類
*ビーツ（砂糖用）＜パルマヌオーヴァ周辺＞
*カブ
*インゲン豆
*ラディッキエット（チコリの一種）＜ゴリツィア＞
*ホワイトアスパラガス＜タヴァニャッコ＞
*栗
*リンゴ（ゴールデン・デリシャス種）
*洋梨
*桃＜ロンキ・デイ・レジョナーリの周辺＞
*サクランボ＜サン・フロリアーノ・デル・コーリオ周辺＞
*プラム・スモモ　*キウィ
*ポルチーニ茸
*フィンフェルリ茸
*ヘーゼルナッツ

◎魚介類
*鯛、スズキ
*背の青い魚（イワシ、カタクチイワシ、サバ）＜ムッジャ＞
*スカンピ、エビなどの甲殻類＜ドゥイーノ=アウリジーナ＞

◎肉類
*豚
*仔牛＜トルメッツォ産＞……ペッツァータ・ロッサ・フリウラーナ種の仔牛。
*仔羊、仔山羊＜マルティニャッコ周辺＞
*ガチョウ＜ウーディネ県＞

◎チーズ
*モンタージオ montasio DOP（牛・半硬質）
*ラッテリーア latteria（牛・半硬質）

◎畜肉加工品
*プロッシュット・ディ・サン・ダニエーレ prosciutto di San Daniele DOP
*プロッシュット・ディ・コルモンス prosciutto di Cormons
*プロッシュット・ディ・サウリス prosciutto di Sauris IGP……スモークをかけた生ハム。サウリスは標高1400mの高地にある町。
*プロッシュット・ディ・カルソ prosciutto di Carso
*サラーメ・モルビド salame morbido＜アウリジーナ＞
*クラーニョ風サルシッチャ salsiccia Cragno……スモークをかけた豚肉と牛肉のサルシッチャ。クラーニョはスロヴェニアの地名がイタリア語化したもの。トリエステ名物。
*サラーメ・フリウラーノ salame friulano……フリウリ風サラミ。豚肉の中挽き肉でつくり、2カ月間以上熟成するやや太めのサラミ。
*プロッシュット・ディ・オーカ prosciutto di oca……ガチョウの生ハム。
*ガチョウの胸肉 petto di oca……ガチョウの胸肉をスモークしたもの。
*コット・ディ・オーカ cotto di oca……ガチョウの加熱サラミ。
*ピンドゥリス pindulis……羊、山羊の赤身肉を塩、コショウ、香草で漬け込んだ後、乾燥させ、ネズの木の薪でスモークする。
*リングア・コッタ lingua cotta……加熱した牛タンのハム。＜カルニア地方＞
*ムゼット musetto……豚の頭部も入れたコテキーノ（腸詰め）の一種。＜カルニア地方＞

07 FRIULI-VENEZIA GIULIA

＊サラミーニ・イタリアーニ・アッラ・カッチャトーラ salamini italiani alla cacciatora DOP

◎オリーブ油
＊テルジェステ Tergeste DOP

◎パン・菓子
＊パーネ・デ・フリッツェ pane de frizze ……フリットにした豚のくず肉を混ぜ込んで焼いたパン。
＊パーネ・ディ・マイス pane di mais ……小麦粉にトウモロコシの粉を混ぜ込んだパン。
＊パーネ・ブルーノ pane bruno ……ライ麦と大麦粉でつくるパン。
＊ピンツァ pinza ……イチジクなどのドライフルーツを入れた甘いパン。
＊グバーナ gubana ……発酵生地にレーズンやドライフルーツをのせて何重にも巻き込み、カタツムリのようなうず巻き状にして焼いた菓子。
＊フリッテッレ frittelle ……発酵生地を小さなボール状にして揚げたドーナツ。フリットレ（frittole）ともいう。
＊プレスニッツ presnitz ……パイ生地を、レーズン、フルーツの砂糖漬け、クルミなどを芯にして細長いロール状に巻き、リング状にして焼き上げた菓子。
＊リンゴのトルタ

スローフードのプレシーディオ

＊レジア産のニンニク
＊ラディック・ディ・モント……1000m以上の高山に自生する野生チコリの一種。
＊フォルマディ・フラント……牛乳製の半硬質チーズ。
＊ピティーナ……ノロジカなど野生の鹿肉を細かく挽いて丸め、トウモロコシの粉をまぶして乾燥させた畜肉加工品。ペトゥッチャ、ペータともいう。
＊ファガーニャ産のペスタット……豚の背脂に野菜やスパイス、香草類を混ぜ込んで腸詰め（あるいは瓶詰め）にし、熟成させた保存調味料。スープや煮込みなどにコクを加えるのに使う。

参考資料──各州の特産物を見るにあたって

ＤＯＰ・ＩＧＰ・スローフードのプレシーディオ

ＤＯＰ　　Denominazione d'Origine Protetta

すぐれた農産物を規制・保護・保証するＥＵ(欧州連合)の制度。保護指定原産地表示。英語表記ではＰＤＯ(Protected Designation of Origin)。
表示が認可されるのは、主として自然および人間的要素を含む地域的環境に由来する特徴を備え、生産、加工、変化がその生産地で行なわれた農作物および食品。品種、生産・栽培地域、生産・栽培方法、品質などの定められた条件をクリアしなければならない。

ＩＧＰ　　Indicazione Geografica Protetta

すぐれた農産物を規制・保護・保証するＥＵ(欧州連合)の制度。保護指定地域表示。英語表記ではＰＧＩ(Protected Geographical Indication)。
表示が認可されるのは、その質と特徴、または名声が生産地に由来し、生産、加工、変化のいずれか、もしくはすべてが限られた地域内で行なわれた農作物および食品。

　　農林政策省のDOP、IGP、伝統的な産物リスト
　　https://www.politicheagricole.it/flex/cm/pages/ServeBLOB.php/L/IT/IDPagina/309

　　※本書で掲載したのは、2010年11月30日現在のイタリア農林政策省によるリストの中で、すでに認証が完了したもの。

スローフードのプレシーディオ

1989年にピエモンテ州ブラで発足したスローフード協会の活動の一つ。スローフードとは、土地に根ざした食品の保護とその伝統を守るための運動で、会の趣旨は食べ物のさまざまな側面を通して食文化を学び、生物多様性を保護し、伝統的食材の生産を守ることにある。そのため良質な小規模生産者を支える活動を活発に行なっている。プレシーディオとは1998年に作成された救済品目リスト。高品質で味わいがあり、消滅の危機に瀕している食材を庇護するプロジェクト「味の方舟（はこぶね）計画」の一環で、50年以上その地でつくられている在来の野菜や穀物、環境を考えた伝統漁法による魚介類、昔ながらの製法でつくられている加工食品などがリストアップされている。なお、リストは頻繁にアップデートされており、新しいものが加わるだけでなく、危機から脱したと判断されたものは外されていく。

　　スローフードのプレシーディオ
　　http://www.fondazioneslowfood.com/it/nazioni-presidi/italia/

　　※本書で掲載したのは、2011年1月31日現在のスローフード協会によるリストに記載されていたもの。

Antipasto

#080
Sardele in saor
（サルデーレ イン サオール）
イワシの酢漬け

ヴェネト料理としての知名度が高いが、フリウリ＝ヴェネツィア・ジュリア州でもアドリア海沿岸でよく食べられているマリネ。つくる人や店により、ヴィネガーだけの酸味でまとめるかレモン汁も加えるか、甘みをレーズンだけで出すか砂糖も加えるか、などの違いがあるようだ。私自身はヴィネガーもレモンも、レーズンも砂糖も使って、はっきりした酸味、甘みを出している。単体で味を表現するよりも、2種類の素材を組み合わせたほうが味に深みが出るということもある。私が働いていた店では焼きたての魚にマリネ液をかけてすぐに供していたが、午前中に仕込んで夜に提供するくらいの浸かり具合がちょうどよいと思う。

渾川　知（リストランテ ラ プリムラ）

ricetta

①マイワシを三枚におろし、塩をふって10分間ほどおいて締める。ワインヴィネガーを水で薄め、軽くイワシを洗う。水気をふき取って小麦粉をまぶし、やや多めのオリーブ油で揚げるように両面を焼く。
②マリネ液をつくる。タマネギのスライスをオリーブ油でソテーし、火が通ったら水でもどしておいたレーズン、砂糖、白ワイン、白ワインヴィネガーを混ぜる。仕上げにレモン汁で味をととのえ、ローストしておいた松の実を混ぜる。
③揚げたてのイワシに②のマリネ液をかけ、半日おいて味をなじませる。器に盛って、イタリアンパセリのみじん切りをふる。

Antipasto

#081
フリコ
Frico

モンタージオと
ジャガイモのフリコ

モンタージオというフリウリ＝ヴェネツィア・ジュリア州特産のチーズを、切ったりすりおろしたりして焼いただけのシンプルな料理。炒めたタマネギと混ぜて焼く方法もあるようだが、私がよく見かけたのはゆでてつぶしたジャガイモにモンタージオを混ぜてパンケーキのように焼いたものだった。主食代わりのポレンタに添えて食べることが多かったが、店では肉のローストの付合せにしたり、ごく小さく焼いてアミューズとして出している。また、ジャガイモは細長くすりおろすことで焼いた時のカリッとした食感を強調し、トリュフの薄切りも挟むなどして洗練した味にしている。

07
FRIULI-VENEZIA GIULIA

渾川　知（リストランテ ラ プリムラ）

ricetta

①ジャガイモを蒸し、皮をむいておろし器で細長くすりおろす。モンタージオ・チーズもすりおろす。
②フライパンにオリーブ油を熱し、下からジャガイモ、モンタージオ、トリュフのみじん切り、モンタージオ、ジャガイモの順に層に重ねながら円形に整える。表面に塩、コショウをふる。底面がカリッと香ばしく焼けたら裏返しにし、チーズがほどよく溶けるまで同様に焼く。

③器に盛り、トリュフのスライスとモンタージオを包丁で薄く削ったものを散らし、セルフイユを飾る。

※本来はモンタージオのフレスコ（熟成の短いもの）を使うが、日本には輸入されていないのでスタジオナート（熟成の長いもの）を使っている。

Primo Piatto

#082

ミネストゥラ　ディ　ボルロッティ　コン　オルゾ
Minestra di borlotti con orzo

ボルロッティ豆と大麦のスープ

07
FRIULI-VENEZIA GIULIA

全国各地にあるインゲン豆のスープの一つで、ゆでた大麦を浮き実に使うのがフリウリ＝ヴェネツィア・ジュリア州の特徴。またインゲン豆もいろいろな種類があるが、北部では茶色いボルロッティ豆を使うことが多い。当地では、このスープを煮つめて濃度を出したものを、サラダのドレッシング代わりにしたり、豚のローストのソースにも使っていた。紹介したつくり方は、最後に別鍋でパンチェッタとニンニクのみじん切りを炒め、ここに仕込んでおいたスープを注いで仕上げるというもの。コクが加わり、また豆のもったりした味が引き締まる。

渾川　知（リストランテ ラ プリムラ）

ricetta

①ボルロッティ豆（ウズラ豆）を水に浸して1日おき、もどす。これを適宜の大きさに切ったジャガイモ、タマネギとともに、鶏のブロードで柔らかく煮る。
②豆の一部を少量とりおき、残りを野菜こし器でこす。鍋に入れて再度温め、鶏のブロードを加えてスープの濃度に調整する。
③大麦（丸麦）を柔らかく塩ゆでする。ローズマリーをE.V.オリーブ油で熱して香りをつける。
④ニンニクとパンチェッタのみじん切りをオリーブ油で炒め、②のスープを注いで温める。丸麦と、取りおいた豆を混ぜる。
⑤器に注ぎ、ローズマリー風味のオリーブ油を少量たらし、ローズマリーの葉を飾る。

Primo Piatto

#083
Cjalçons (チャルソンス)

チャルソンス

シナモンとミントの個性的な風味と、砂糖の甘い味つけが特徴のフリウリ＝ヴェネツィア・ジュリア州ならではのパスタ料理。非常に伝統的なパスタだが、私が修業していた当時のリストランテではつくっておらず、つくり方を教えてほしいと頼んだことがきっかけでメニューに載せるようになった。その後、エビを使ったチャルソンスを提供するようになったが、日本ではそうしたアレンジは時期尚早と思い、基本に近いものを出している。ただ、パスタ生地には、本来は入れないセモリナ粉を混ぜている。修業先で教わった配合だが、コシのあるやや固めの生地は私の好みでもある。

07 FRIULI-VENEZIA GIULIA

渾川　知（リストランテ ラ プリムラ）

ricetta

①パスタ生地をつくる。小麦粉（タイプ00）500g、セモリナ粉300g、全卵4個、卵黄6個分、水適量、E.V.オリーブ油、塩各少量を練ってパスタ生地をつくり、約2時間ねかせる。
②詰めものをつくる。タマネギのみじん切りをバターで炒め、こしてタマネギ風味のバターをつくる。ジャガイモを柔らかく蒸してつぶし、裏ごしする。熱いうちにタマネギ風味のバターを混ぜ、シナモン、ミントのみじん切り、パルミジャーノ、卵、砂糖、塩を混ぜる。
③パスタ生地をのばして円形にぬき、②のジャガイモベースの詰めものを包む。
④ゆでて器に盛り、カチョカヴァッロ・アッフミカート（燻製にしたカチョカヴァッロ・チーズ）をすりおろしたものと焦がしバターをかける。ミントを飾る。

※最後にかけるチーズは、本来リコッタ・アッフミカータ（燻製のリコッタ）を使うが、ここでは燻製にしたカチョカヴァッロで代用した。

Primo Piatto

#084
パパロトゥ
Paparot
ポレンタとホウレン草のスープ

フリウリ＝ヴェネツィア・ジュリア州の独特のスープで、ポレンタ粉をどろっとした濃度に煮上げたもの。浮き実はホウレン草。現地ではホウレン草もとろとろになるまでよく煮るのが普通だが、日本のホウレン草の質や日本人の食感の好みから、店ではあまり火を入れないで仕上げている。下ゆでするにしても瞬間的に火を通す程度で、ものによっては生のままスープに入れてさっと温めるだけのこともある。どろりとしたスープの液体の中にトウモロコシ粉のざらっとした食感とホウレン草のわずかな歯ごたえがアクセントになっておいしい。

07 FRIULI-VENEZIA GIULIA

渾川　知（リストランテ ラ プリムラ）

ricetta

①ニンニクとパンチェッタのみじん切りをオリーブ油で炒めて香りを出す。鶏のブロードを注いで温め、ポレンタ粉を加える。弱火で30分間ほど、どろっとした濃度になるまで煮る。

②ホウレン草を軽く塩ゆでし、水気をきって食べやすい長さに切る。

③①のスープにホウレン草を入れて混ぜ合わせ、バターを少量加えて香りをつける。

Primo Piatto

#085
ニョッキ　ディ　ツッカ
Gnocchi di zucca

カボチャのニョッキ
フリウリ風

フリウリ＝ヴェネツィア・ジュリア州のカボチャのニョッキはテーブルスプーン大でやや大ぶり。また紡錘形につくるのが特徴である。カボチャの風味を前面に出すには小麦粉の量を抑えることが必要。それにはカボチャのピュレにできるだけ水気を含ませないことがポイントで、カボチャはゆでずにオーブンで蒸し焼きにするか、電子レンジで柔らかくするのがよい。またニョッキはゆで時間が長くなるとだれてくるので、私はやや短めにし、その後オーブンで水気をきりつつ仕上げの火入れをしている。最後の調味はセージバターではなく、焦がしバターで香ばしさを加えた。

07
FRIULI-VENEZIA GIULIA

渾川　知（リストランテ ラ プリムラ）

ricetta

①カボチャはタネを除いて薄く切り分け、皮を取り除く。アルミ箔で包み、180℃のオーブンで20分間ほど焼いて柔らかく火を入れる。裏ごしして、塩、コショウ、パルミジャーノ、小麦粉、卵を混ぜ合わせる。
②スプーンで大きめの紡錘形に形づくり、ゆでる。水気をきって鉄板などにのせ、190℃のオーブンに3分間ほど入れて余分な水分を飛ばす。
③器に盛り、カチョカヴァッロ・アッフミカート（燻製にしたカチョカヴァッロ・チーズ）をすりおろしたものと焦がしバターをかけ、セルフイユを飾る。

※最後にかけるチーズは、本来リコッタ・アッフミカータ（燻製のリコッタ）を使うが、ここでは燻製にしたカチョカヴァッロで代用した。

Secondo Piatto

#086
Gulasch(グーラシュ)
グーラシュ

日本ではハンガリー料理として知られるが、フリウリ＝ヴェネツィア・ジュリア州でもセコンド・ピアットの代表格。牛肉の角切りのトマト煮込みで、パプリカを入れるのが特徴である。本来はモモ肉やスネ肉でつくる料理だが、日本では牛肉の煮込みに"柔らかなとろける食感"を求められることが多いので、私はホホ肉に変えてつくっている。また現地では2cm角くらいの小さな塊を使うのが一般的なようだが、店では120g前後の大きさで煮込み、2つに切って盛り付けている。大きな塊で煮込んだほうが肉の味が抜けにくく、またよく噛むことでうまみや肉汁を堪能できると思うからである。

07 FRIULI-VENEZIA GIULIA

渾川 知（リストランテ ラ プリムラ）

ricetta

①ニンニクのみじん切りをオリーブ油で炒め、タマネギのみじん切りを加えてさらによく炒める。
②牛ホホ肉を120g前後の塊に切り分け、塩、コショウ、小麦粉をまぶして、E.V.オリーブ油で表面を焼く。①のタマネギの鍋に移し、赤ワインを加えて沸かす。さらに鶏のブロード、トマトのピュレ（トマトをこして軽く煮つめたもの）、パプリカを加え、アクを取りながら約3時間煮込む。提供時に肉を二等分して器に盛り、煮汁をかける。
③ポレンタをつくる。鍋に水と塩を入れて沸かし、ポレンタ粉を少しずつ加えながらかき混ぜる。弱火で約1時間半かけて、ふんわり煮上がるまで練る。
④グーラシュを盛り、ポレンタを添え、トリュフのスライスとパルミジャーノを削ったものをかける。

Secondo Piatto

#087
コニッリョ　アッロスト　アグロドルチェ　コン　ポレンタ
Coniglio arrosto agrodolce con polenta

ウサギのアグロドルチェ ポレンタ添え

ウサギはイタリアではポピュラーな食材で、フリウリ＝ヴェネツィア・ジュリア州では野ウサギを、細かくきざんだレバーとともにそぼろ煮風に煮込んだものがよくつくられていた。レバーの臭みを消すため、クローヴやシナモンなどのスパイスを使い、甘酸っぱい味つけをする。今回はその調理法を家ウサギに応用したが、背肉はパサつかないようちょうどよい火入れのローストにし、レバーは別に炒め煮にしてソース的に添えている。レバーは白ワインヴィネガーと砂糖の味つけで甘酸っぱく（アグロドルチェ）しているが、家ウサギの淡白な味に合わせて、スパイスはコショウしか使っていない。

07
FRIULI-VENEZIA GIULIA

渾川　知（リストランテ ラ プリムラ）

ricetta

①ウサギの背肉に塩、コショウし、たこ糸で縛って形を整える。E.V.オリーブ油で表面を焼き、180℃のオーブンで約5分間ローストする。
②レバーのソースをつくる。ウサギのレバーを包丁で叩く。タマネギのみじん切りをE.V.オリーブ油で炒めたところにレバーを加え、さらに炒める。白ワインと白ワインヴィネガーを加えて沸かし、鶏のブロードを加える。砂糖、塩、コショウで調味して煮つめる。最後にイタリアンパセリのみじん切りを混ぜる。
③ポレンタをつくる。鍋に水と塩を入れて沸かし、ポレンタ粉を少しずつ加えながらかき混ぜる。弱火で約1時間半かけて煮上げる。バットなどに流して冷やし固め、5cm四方に切ってサラダ油で揚げる。
④肉のたこ糸をはずして2cmほどの厚さに切り分け、揚げポレンタに1個ずつのせて器に盛る。レバーのソースをかける。

Dolce

#088
プレスニッツ
Presnitz
プレスニッツ

州都トリエステの伝統菓子で、各種ナッツやレーズンを折りパイ生地で筒状に巻いて焼いたもの。切り口の詰めものが中国菓子の月餅を彷彿させる。レストランのデザートというよりパスティッチェリーアに並ぶおやつ菓子だが、細く巻いたり、小さめにカットし、ジェラートやソースを添えれば食後のデザートとしても楽しめる。写真はオレンジソースを添えているが、詰めものが甘いのでソースには砂糖を加えず、オレンジ果肉を煮つめただけの自然な甘みでまとめている。

渾川　知（リストランテ ラ プリムラ）

ricetta

①バターと小麦粉で折りパイ生地をつくる。
②詰めものをつくる。ブランデーとラム酒を合わせてヴァニラ棒を入れ、レーズンを浸して柔らかくもどしておく。固くなったスポンジ生地を砕き、クルミ、アーモンド、オレンジの皮の砂糖漬け（以上、細かくきざんだもの）、松の実、先のレーズン、レモンの皮のすりおろしを加えて混ぜ合わせる。
③パイ生地を薄くのばし、ナッツの詰めものを細い筒状に包む。表面に卵黄をぬり、グラニュー糖をふって190℃のオーブンで30〜35分間焼く。
④ソースをつくる。オレンジの果肉を小さく切ってレモンの皮のすりおろしを加え、煮つめる。
⑤焼き上がった③のプレスニッツを切り分けて器に盛り、オレンジソースを添え、ミントを飾る。

エミリア＝ロマーニャ州
EMILIA-ROMAGNA

08 EMILIA-ROMAGNA

●エミリア=ロマーニャ州の県と県都

パルマ県 …… パルマ
ピアチェンツァ県 …… ピアチェンツァ
フェッラーラ県 …… フェッラーラ
フォルリ=チェゼーナ県 …… フォルリ
ボローニャ県 …… ボローニャ（州都）
モデナ県 …… モデナ
ラヴェンナ県 …… ラヴェンナ
リミニ県 …… リミニ
レッジョ・エミリア県 …… レッジョ・エミリア

エミリア=ロマーニャ州の特徴

　イタリア半島のちょうど付け根の位置にあたり、20州中6番目の広さを持つ州。ポー川南側の流域一帯に広がるパダーナ平原が州の約半分を占め、あとはアドリア海に面する東側の海岸沿いの地帯と、アペニン山脈にかかる西側の山岳地帯からなる。この山岳地帯はトスカーナ州と接し、「アペニン・トスコ=エミリアーノ」といわれる地域で、冬は寒さが厳しく、夏は涼しい山岳地特有の気候である。一方パダーナ平原は、やや内陸的な気候で、海側に近づくにつれて温暖になる。

　ポー川に潤される肥沃な平野では、砂糖用のビーツや軟質小麦の栽培が広く行なわれ、ソースやダイスカット加工用のトマト栽培も盛んである。そのほかの野菜や果樹の栽培も多く、洋梨、桃やサクランボウなど種類も豊富だ。テーブル用、ワイン用ともブドウの生産量も多い。広大な平地を利用して牛や豚を飼う畜産農家も多く、それに伴う畜肉加工業も古くから同州の主要産業として定着している。放牧された牛のミルクからは、イタリア料理になくてはならないパルミジャーノ・レッジャーノ・チーズが生産され、また豚肉の各部位から特徴のあるプロッシュット（生ハム）、クラテッロ、パンチェッタ等上質な畜肉加工品が生産される。その代表格、パルマ産のプロッシュットの熟成は、やや南に下がったランギラーノの町を中心に行なわれている。

　エミリア=ロマーニャ州は、その名が示すように、ピアチェンツァ、パルマ、レッジョ・エミリア、モデナ、ボローニャの各県からなるエミリア地方と、フェッラーラ、ラヴェンナ、フォルリ=チェゼーナ、リミニの各県からなるロマーニャ地方という、二つの異なった性格を持つ地方が一緒になった州である。

　州都であるボローニャはエミリア地方にあり、「太っちょのボローニャ」と呼ばれる町。豚肉でつくるバラエティに富んだ畜肉加工品をはじめ、濃厚な肉料理が多く、ここにいるとついつい食べ過ぎて太ってしまうというわけだ。美食の町としての名声は古く、1300年代にはすでに150軒ものオステリーアがあったと伝えられる。また、エミリア地方のモデナやレッジョ・エミリアはバルサミコ酢の産地として名高く、伝統的な技法で、長い年月をかけてじっくりと熟成される芳醇な酢は、食通たち垂涎の食材である。

　一方、ロマーニャ地方、特に海辺のチェゼナーティコやリミニなどでは、新鮮な魚をシンプルにグリルにしたり、数種類の魚介を使用したスープ、ブロデットが有名だ。また、ブリジゲッラなどのアドリア海に近い一部の地域ではオリーブが栽培され、良質なオリーブ油が少量産出されるが、伝統的にはバター、ラード等の動物性油脂が多く使われて、総体的に料理はどっしりと重厚な味わいが特徴である。

　両地方の共通項としてあげられるのはパスタ料理が充実していること。いずれも軟質小麦粉でつくる卵入りの生地を使ったものが多く、州全体で食べられるきしめん状のタリアテッレのほか、エミリア地方では畜肉加工品やパルミジャーノを活用した多彩な詰めものパスタが中心で、一方のロマーニャ地方は筒状のガルガネッリや、太くて短いひも状のパッサテッリなど、専用の道具でつくるショートパスタが代表的である。

08 EMILIA-ROMAGNA

エミリア゠ロマーニャ州の伝統料理

◎パルマ県、ピアチェンツァ県の料理

*タッリアテッレ・アル・プロシュット Tagliatelle al prosciutto ……ゆで上げたタリアテッレ（卵入りの平打ち麺）を、バターで炒めた生ハムで和えたもの。

*栗の粉入りのタリアテッレ Tagliatelle con farina di castagna ……ボルゴターロ地方の料理。栗の粉と小麦粉を合わせて練った生地でつくる。リコッタをパスタのゆで汁でのばしたソースで和え、パルミジャーノで仕上げるのが一般的。

*リコッタと青菜のトルテッリ Tortelli di ricotta e erbette ……リコッタと青菜を詰めた指輪形パスタ。

*アノリーニ Anolini ……指輪形の詰め物パスタ。伝統的には去勢鶏からとったスープ仕立てで食べる。

*ピサレイ・エ・ファゾ Pisarei e fasò ……ピアチェンツァ料理で、小麦粉、パン粉、牛乳を練った生地を小さなニョッキ形にして、ウズラ豆、トマトと合わせたパスタ。

*リゾット・アッラ・パルミジャーナ Risotto alla parmigiana ……すりおろしたパルミジャーノをたっぷり混ぜ込んだリゾット。

*パナーダ Panada ……固くなったパンをスープで煮て、すりおろしたパルミジャーノを加えたパン粥。

*エルバッツォーネ Erbazzone ……ビエトラとリコッタを詰めた塩味のタルト。

*カルチョフィのタルト

*パルマ産の生ハムとメロンあるいはイチジク

*アスパラガスのパルマ風 Asparagi alla parmigiana ……ゆでたグリーンアスパラガスに溶かしバターとパルミジャーノをかけ、オーブン焼きにしたもの。

◎モデナ県、レッジョ・エミリア県の料理

*タッリアテッレ・ヴェルディ Tagliatelle verdi ……ホウレン草を混ぜ込んだタリアテッレ。

*青菜のトルテッリ Tortelli di erbette ……青菜を詰めた指輪形パスタ。

*アスパラガスのミネストラ

*パルミジャーノのバルサミコ酢がけ

*ホウレン草、パンチェッタを巻き込んだ仔牛肉のオーブン焼き

*ウサギのオーブン焼き

*鶏のカッチャトーラ Pollo alla cacciatora ……鶏肉をトマトソースで炒め煮にしたもの。

*コテキーノ Cotechino ……豚肉、脂身、皮でつくる太い腸詰め。加熱して、マッシュポテトまたはレンズ豆、あるいはホウレン草を添えて食べる。

*ザンポーネ Zampone ……豚の足をケーシングに使い、豚肉、脂身、皮などの詰めものをした腸詰め。加熱して、マッシュポテトまたはレンズ豆、あるいはホウレン草を添えて食べる。

◎ボローニャ県の料理

*タッリアテッレ・アル・ラグー Tagliatelle al ragù ……ボローニャ風ラグー（右頁参照）で和えたタリアテッレ。

*ラザーニャ Lasagna ……卵入りのシート状の生地と、ボローニャ風ラグー（右頁参照）、ベシャメルソース、パルミジャーノを交互に重ねたオーブン焼き。

*トルテッリ Tortelli ……さまざまな詰めものをした指輪形のパスタ。トルテッリの大きいものがトルテッローニ（Tortelloni）。詰めものはマーグロ（肉が入らない）が基本で、チーズ（リコッタ、パルミジャーノ、熟成の若いフレッシュタイプのストラッキーノ、クレシェンツァなど）、野菜が主体。小さいものはトルテッリーニ（Tortellini）といい、肉をベースにした詰めものが基本。

*トルテッリーニ・アッラ・ボロニェーゼ Tortellini alla bolognese ……豚ロース、七面鳥の胸肉、生ハム、モル

タデッラ、パルミジャーノ、ナッツメッグ、牛の髄を詰めものにした指輪形の小さなパスタ。

*ウズラ豆のミネストラ

*レンズ豆のズッパ

*バッカラのボローニャ風 Baccalà alla bolognese ……バッカラ(塩漬けの干ダラ)をバターとオイルで炒め煮にしたもの。イタリアンパセリをふって、レモン汁で仕上げる。

*ボローニャ風ラグー Ragù alla bolognese ……タマネギ、ニンジン、セロリ、豚と牛の挽き肉を炒め、赤ワインやトマトソースで煮込んだミートソース。

*仔牛肉のインヴォルティーニ ボローニャ風 Involtini alla bolognese ……薄切りの仔牛肉で、すりおろしたパルミジャーノと生ハムを巻き込み、トマト煮にしたもの。

◎アドリア海沿岸地域の料理
（フェッラーラ県、ラヴェンナ県、フォルリ県、リミニ県）

*パッサテッリ Passatelli ……すりおろしたチーズ、パン粉、卵などを混ぜ合わせた生地を、穴の空いた専用の型で、太くて短いひも状に押し出したもの。通常はスープ仕立てにして食べる。

*ガルガネッリ Garganelli ……筒状に巻いた、細かい筋入りの手打ちショートパスタ。四角形の生地を棒に巻きつけ、筋の入った板の上を転がしてつくる。

*カッペッラッチ・フェッラレージ Cappellacci ferraresi ……カボチャの詰めものをした指輪形のパスタ。

*ウナギのズッパ Zuppa di anguilla ……筒切りにして皮を取ったウナギと香味野菜、香草、生ハムの骨などを入れて煮込んだスープ。

*ウナギのスピエード Anguilla allo spiedo ……筒切りにしたウナギとローリエを串に刺し、パン粉をふってローストしたもの。

*ウナギのトマト煮込み

*ウナギのマリネ

*ブロデット Brodetto ……さまざまな魚やイカ、シャコなどを、トマトソースとワインヴィネガーで蒸し煮にした具だくさんのスープ。薄切りパンを加える。

*チョウザメの軽い煮込み フェッラーラ風 Storione in umido alla ferrarese ……香味野菜と白ワインでマリネしたチョウザメのトマト煮。

*サラーマ・ダ・スーゴ Salama da sugo ……豚肉でつくる加工品のサラーマ・ダ・スーゴ(特産物の項参照)を布で包み、鍋の縁に渡した棒にくくり付けて鍋底に付かないようにしてゆでる(昔は蒸していた)。マッシュポテトを付け合わせるのが定番。

◎エミリア=ロマーニャ州全体に広がる料理

*パスティッチョ Pasticcio ……ショートパスタをベシャメルソースやラグーで和え、これをフィリングにして焼いたタルト。一般に甘みのある練りパイ生地を使う。

*カッペッレッティ Cappelletti ……詰めものをした指輪形パスタ。現在はトルテッリーニと同じ形状のものと理解されているが、もともと、カッペッレッティは中世の帽子の形に、トルテッリーニはヴィーナスのへそ形に由来するといわれる。伝統的にはカッペッレッティのほうが生地が厚めで、トルテッリーニのほうがやや小さく、詰めものも少なめとされる。スープ仕立てで食べるのが定番。

*トルテッリーニ Tortellini ……詰めものをした小さな指輪形のパスタ。肉をベースにした詰めものが基本。

*パスタ・レアーレ入りのミネストラ Minestra di pasta reale ……小さな球形のシュー(パスタ・レアーレ)を浮き実に使ったスープ。

*肉の詰めものをしたズッキーニ

*畜肉加工品の盛合せ Affettato misto

08 EMILIA-ROMAGNA

エミリア=ロマーニャ州の特産物

◎穀類
* トウモロコシ
* 小麦＜パルマ県＞
* 米 riso del delta del Po IGP ＜ポー川のデルタ地域＞

◎野菜・果物・キノコ類
* トマト＜ピアチェンツァ、フィデンツァ周辺＞
* ビーツ（砂糖用）＜フェッラーラ周辺＞
* ニンニク aglio di Voghiera DOP＜ヴォギエーラ＞
* エシャロット scalogno di Romagna IGP＜ロマーニャ＞
* グリーンアスパラガス asparago verde di Altedo IGP ＜アルテード＞
* ジャガイモ patata di Bologna DOP ＜ボローニャ県＞
* 栗 marrone di Castel del Rio IGP＜カステル・デル・リオ＞
* サクランボウ＜ヴィニョーラ＞
* サクランボウ amarene brusche di Modena IGP＜モデナ＞
* リンゴ
* イチゴ
* アンズ
* テーブル用ブドウ
* 桃とネクタリン pesca e nettarina di Romagna IGP＜ロマーニャ＞
* 洋梨 pera dell'Emilia Romagna IGP ＜エミリア=ロマーニャ＞
* ポルチーニ茸 fungo di Borgotaro IGP＜ボルゴターロ＞
* オーヴォリ茸（タマゴタケ）
* プラタイオーリ茸（ハラタケ）＜ポレッタ・テルメ＞
* トリュフ（白、黒）

◎魚介類
* トゥリッリエ（ヒメジ）・ヒラメ・カサゴ
* 背の青い魚（サバ、イワシ、カタクチイワシなど）
* ウナギ（養殖）＜コマッキオ＞

◎肉類
* 中央アペニン地域の1歳強の仔牛 vitellone bianco dell'appennino centrale IGP
* 豚＜パルマ県、モデナ県＞
* 鶏・卵
* ウサギ

◎チーズ
* フォルマッジョ・ディ・フォッサ formaggio di fossa di Sogliano DOP（羊、牛・硬質）……フォッサとは穴の意。約3カ月間、地中の穴の中で熟成する。＜ソッリアーノ＞
* パルミジャーノ・レッジャーノ parmigiano reggiano DOP（牛・硬質）……24kg以上ある大形チーズで、12カ月以上の熟成を要する。
* スクワックワローネ squaquarone……牛のミルクでつくる柔らかいフレッシュチーズ。ピアディーナやフォカッチャなどのパンにぬって食べる。＜カステル・サン・ピエトロ＞
* ペコリーノ・デイ・コッリ・ボロニェージ pecorino di colli bolognesi（羊・硬質）……ボローニャ県の丘陵地帯でつくられる。
* グラーナ・パダーノ grana padano DOP（牛・硬質）
* プロヴォローネ・ヴァルパダーナ provolone valpadana DOP（牛・硬質）
* カショッタ・ディ・ウルビーノ casciotta di Urbino DOP（羊、牛・半硬質）

◎畜肉加工品
* コッパ・ピアチェンティーナ coppa piacentina DOP……豚肉でつくる大理石模様の生ハム。
* コテキーノ・モデナ cotechino Modena IGP……豚

肉、脂身、皮でつくる太い腸詰め。ケーシングは天然もしくは人工。

＊クラテッロ・ジベッロ culatello Zibello DOP……豚のモモ肉の中央部（シンタマ）だけを使い、塩漬け、長期熟成させた生ハム。ワインに浸して柔らかくして食べる。

＊フィオッケット fiocchetto ……クラテッロになる部分を取り除いた尻肉の生ハム。

＊モルタデッラ・ボローニャ mortadella Bologna IGP ……豚肉のさまざまな部位を使い、角切りの脂肪や粒コショウなどを混ぜ合わせてケーシングし、加熱した大形ソーセージ。

＊パンチェッタ・ピアチェンティーナ pancetta piacentina DOP ……豚バラ肉を塩漬けし、ロール状に巻いて熟成させた加工品。

＊パンチェッタ・ステッカータ・ディ・パルマ pancetta steccata di Parma ……豚バラ肉を塩漬けし、2枚の木の板に挟んで熟成させた加工品。

＊プロッシュット・ディ・モデナ prosciutto di Modena DOP

＊プロッシュット・ディ・パルマ prosciutto di Parma DOP

＊サラーマ・ダ・スーゴ salama da sugo ……豚の首肉、喉の脂肪、レバー、舌を混ぜ合わせて膀胱に詰め、塩漬け、熟成させた加工品。4〜5時間加熱して食べる。＜フェッラーラ＞

＊サラーメ・ディ・フェリーノ salame di Felino ……豚バラ肉、モモ肉でつくる長めのサラミ。

＊サラーメ・ジェンティーレ salame gentile ……上質の豚肉を腸詰めにし、熟成させたサラミ。

＊サラーメ・ピアチェンティーノ salame piacentino DOP ……豚肉の太めのサラミ。

＊ザンポーネ・モデナ zampone Modena IGP……豚の足に豚肉、脂身、皮を詰めた加工品。ゆでてから食べる。

＊サラーメ・クレモーナ salame Cremona IGP ……ニンニク、黒粒コショウなどをきかせたスパイシーな豚肉のサラミ。

＊サラミーニ・イタリアーニ・アッラ・カッチャトーラ salamini italiani alla cacciatora DOP ……イタリア各地でつくられる最も一般的な豚肉のサラミ。

＊スパッラ・コッタ spalla cotta ……骨を取り除いた豚の肩肉を加熱したハム。

＊プロッシュット・コット prosciutto cotto ……骨を取り除いた豚のモモ肉を加熱したハム。

＊カッペッロ・ダ・プレーテ cappello da prete ……司祭の帽子のように三角形に縫った豚の皮に豚肉と皮を詰めた加工品。加熱して食べる。

◎オリーブ油

＊ブリジゲッラ Brisighella DOP

＊コッリーネ・ディ・ロマーニャ colline di Romagna DOP

◎調味料・飲料

＊レッジョ・エミリアの伝統的なバルサミコ酢 aceto balsamico tradizionale di Reggio Emilia DOP ……レッジョ・エミリアで伝統的な製法でつくられるバルサミコ酢。金ラベル（最低25年熟成）、銀ラベル（最低6〜7年熟成）、赤ラベル（アラゴスタ＝伊勢エビ色）の3種類がある。

＊モデナの伝統的なバルサミコ酢 aceto balsamico tradizionale di Modena DOP ……モデナで伝統的な製法でつくられるバルサミコ酢。ゴールドキャップ（25年熟成）、白キャップ（12年熟成）がある。

＊モデナのバルサミコ酢 aceto balsamico di Modena IGP ……加熱したブドウ汁、濃縮したブドウ汁、ワインヴィネガーを材料につくられた酢。伝統的なバルサミコ酢よ

08 EMILIA-ROMAGNA

り熟成期間が短い。
*サーパ sapa ……バルサミコ酢の原料であるブドウ果汁を煮つめたもの。サーバ(saba)ともいう。サラダの調味料として、あるいはドルチェやビスケット、チーズなどに添えられる。
*カルピ産のモスタルダ……マルメロや洋梨、リンゴなどをサーパで煮て、マスタード・エッセンスを加えたもの。ザンポーネ、コテキーノ、ゆで肉などに添える。
*ノチーノ nocino ……若いクルミを使ったリキュール。

◉パン・菓子
*コッピア・フェッラレーゼ coppia ferrarese IGP ……フェッラーラのパン。左右に2本ずつ棒状にのびた独特な形で、カリッとした食感のパン。
*ティジェッラ tigella ……テラコッタの専用容器で焼いた厚さ約1cm、直径約10〜15cmの円盤状のパン。伝統的にはラルドを挟んで食べる。
*ニョッコ・フリット gnocco fritto ……発酵生地をのばし、ひし形に切ってストゥルット(精製ラード)で揚げたパン。生ハム、サラミ類と一緒に食べる。農家などで朝食として食べられてきたが、最近はアンティパストとしてサービスされることも多い。
*ピアディーナ piadina ……ロマーニャ地方特産の薄焼きパン。古くからストリートフードとしてパニーノに利用されてきた。屋台でも販売されている。
*クロスタータ crostata ……練りパイ生地にジャムやクリームを詰めて焼いたタルト。
*米のケーキ torta degli addobbi ……米を牛乳で煮てとき卵を加え、アーモンド風味をつけた生地を型に流して焼いたケーキ。トルタ・ディ・リーゾ(torta di riso)ともいう。アッドッビ(addobbi)は装飾の意。バルコニーなど町内を飾る祭りの際に食べられていたことからの名称。

*ジャム入りラヴィオリ raviole di San Giuseppe ……薄くのばした練りパイにジャムを詰め、2つ折りにして半月形に焼いた菓子。3月のサン・ジュゼッペの聖人の日に食べる。
*スポンガータ spongata ……ドライフルーツ、フルーツの砂糖漬け、スパイスなどを混ぜ合わせたフィリングを練りパイ生地で挟んだタルト形の焼き菓子。
*トルタ・バロッツィ torta barozzi ……別名トルタ・ネーラ(黒いトルタ)。コーヒー、アーモンド、ヘーゼルナッツなどが入った、甘さ控えめのしっとりしたチョコレートケーキ。
*パンパパート panpapato ……フェッラーラの銘菓で、シナモン、クローヴなどのスパイスとチョコレート、フルーツの砂糖漬けなどが入ったドーム形のケーキ。パンペパート(panpepato)ともいう。
*ベンソーネ bensone ……発酵生地を、大きなリング形、あるいはS字形や楕円形にして焼いたケーキ。ジャムやサーパを入れることもある。
*リンゴのトルタ torta di mele ……生地に薄切りのリンゴを混ぜて焼いたケーキ。

スローフードのプレシーディオ

*ペーラ・ココメリーナ……アペニン山脈のチェゼーナ近郊で穫れる小粒の洋梨。熟すと果肉が赤くなる。
*コルノ・アッレ・スカーレのサルメリーノ……アペニン山脈のトスコ＝エミリアーノ地域にある州立自然公園(コルノ・アッレ・スカーレ)で穫れるサルメリーノ(鱒の一種)。
*コマッキオ渓谷産の伝統的なウナギのマリネ
*ロマニョーロ種の牛
*モーラ・ロマニョーロ種の豚
*モデナ種の白牛
*アペニン山脈のトスコ＝ロマニョーロのラヴィッジョーロ……

牛、羊、山羊の混合乳でつくるフレッシュタイプのチーズ。キャベツ、イチジク、シダの葉などで包んで2日間熟成させる。アペニン山脈のトスコ＝ロマニョーロ地域（フォルリ＝チェゼーナ県のトスカーナ州境あたり）でつくられる。
＊ジベッロ産のクラテッロ（特産物の項参照）
＊マリオーラ……豚の各種部位を使い、ニンニク、白ワインで風味をつけた大形のソーセージ。生（ピアチェンツァ産、パルマ産など）と、加熱したもの（クレモーナ産、パルマ産など）がある。
＊ボローニャ産の伝統的なモルタデッラ……ケーシングに豚の膀胱を使い、工房で職人が手づくりしたモルタデッラ。
＊フェッラーラ産のサラーマ・ダ・スーゴ（特産物の項参照）
＊チェルヴィア産の、職人がつくる塩田製の塩

エミリア街道沿いにあるレッジョ・エミリアの町。

Antipasto

#089
クレッシェンティーナ エ スプーマ ディ モルタデッラ
Crescentina e spuma di mortadella

クレシェンティーナと
モルタデッラのスプーマ

クレシェンティーナはいわゆる"揚げパン"でエミリア地方のアンティパストには欠かせない一品。ニョッコ・フリットともいう。イースト入りの生地を薄くのばし、小さな四角形にカットして揚げると、ぷっくりと膨らんで中が空洞になる。一般にはこれにモルタデッラや生ハム、地元の牛乳製フレッシュチーズ、スクワックエローネなどを添えて供するが、ここではリストランテ仕様にアレンジし、モルタデッラをスプーマ仕立てにして盛り合わせてみた。生地にはビールを加え、風味をつけるとともに仕上がりを軽くするのが特徴。また、最近はまろやかさを出すために牛乳を生地に加えることが多いようだ。

08 EMILIA-ROMAGNA

沼尻芳彦（トラットリア ダディーニ）

ricetta

クレシェンティーナ
①ビール25gと牛乳80gに生イースト8gを溶かす。これと小麦粉（タイプ00）200g、塩4gを練り合わせ、1時間ほど休ませる。
②生地を薄くのばし（2mm程度の厚さ）、1辺が4cmくらいの菱形にカットする。
③植物油で揚げる。油の中にしばらく沈めると膨らむので、あとは返しながら両面を揚げる。
※カリカリにしすぎず、ふっくらとしたパンらしさを残す程度で油から引き上げるのがポイント。

モルタデッラのスプーマ
④牛乳と生クリームを温め、もどした板ゼラチンを加えて溶かす。冷ましてから、マスカルポーネと混ぜ合わせる。
⑤きざんだモルタデッラと④をミキサーにかけて混ぜ合わせる。
⑥パコジェットの容器に入れて凍結させてから、ムース状に粉砕する。

仕上げ
⑦クレシェンティーナと、クネル形にとったモルタデッラのスプーマ、自家製リコッタ（つくり方省略）を盛り合わせる。

Antipasto

#090
アンティパスト　デッラ　ロマンニャ
Antipasto della Romagna
ロマーニャの前菜

ピアディーナ Piadina
パルマ産プロッシュット Prosciutto di Parma
モルタデッラ Mortadella
ジベッロ産クラテッロ Culatello di Zibello
ストラッキーノ Stracchino

08
EMILIA-ROMAGNA

プロッシュット、クラテッロ、モルタデッラといった、エミリア＝ロマーニャ州特産のサルーミ（畜肉加工品）の盛合せは、高級ホテルのレストランのメニューにも欠かせない定番の前菜。今回はイーストなしの薄焼きパン、ピアディーナと食べてもらうスタイルとした。ピアディーナはロマーニャ地方のパンで、いまや全土のバールでもスナックとしておなじみだが、現地ではレストランなどのテーブルパンとしても供されていた。典型的な食べ方は、プロッシュットとルーコラ、ストラッキーノ（牛乳製のフレッシュチーズ）の組合せ。生地にラードを練り込むので、焼きたての香ばしさは格別。印象深かったので、自家製で焼き、通常はフォワグラなどを挟み、リストランテらしいアンティパストとして提供している。

三浦　仁（グラッポロ）

ricetta

①ピアディーナをつくる。小麦粉（タイプ00）、ラード、塩、水をミキサーで低速で約30分間かけて練る。冷蔵庫で2日間休ませる。
②①を直径22cm、厚さ5mmに麺棒でのばし、ピアディーナ専用の鉄板で10分間ほどかけて弱火で焼く。オイルはひかずに生地をおき、表面に穴ができて膨らみはじめたら、裏返す。さらに膨らんでくるので、木べらでつぶして空気を抜きながら、まだらに焼き色がつくまで焼く。
③ビニール袋に入れて粗熱を取り、ある程度しっとりとさせる。このまま保管し、提供時に再度焼いて温める。
④パルマ産プロッシュット、ジベッロ産クラテッロ、モルタデッラをスライスして盛り合わせる。ストラッキーノ・チーズとルーコラ、ピアディーナを添える。

※直径40cmほどの大きいものはピアーダ（piada）と呼ぶ。

Primo Piatto

#091
ガルガネッリ コン ラグー ディ ピッチョーネ
Garganelli con ragù di piccione
アッラ ボロンニェーゼ
alla bolognese

ガルガネッリ 鳩のラグーのボローニャ風

ガルガネッリは専用の道具でつくる手打ちパスタだが、つくり手によって生地の仕上げ方に若干の違いがある。柔らかくふわっとした食感にする人もいるが、私はコシのあるタイプが好きなので生地を巻き付ける棒に細いものを使い、またきつめに巻いて穴を小さくしている。こうすると、小ぶりで歯ごたえのあるガルガネッリになる。ソースは、豚と仔牛肉でつくるボロニェーゼが基本形だが、ここでは現地でもよく食べられている鳩肉に変え、レバーも使って濃厚な味につくっている。トマトソースやクリームソース系にも合うパスタである。

08
EMILIA-ROMAGNA

沼尻芳彦（トラットリア ダディーニ）

ricetta

①ガルガネッリの生地をつくる。小麦粉（タイプ00）210g、卵黄6個分、E.V.オリーブ油、塩各少量を合わせてこねる。一つにまとめてラップ紙で包み、30分間ねかせる。薄くのばして小さな四角形に切り分け、ガルガネッリに形づくる。
②ソースをつくる。鳩をさばき、モモ肉、胸肉、レバーを粗みじんに切る。タマネギ、ニンジン、セロリも同様に切る。つぶしたニンニクをE.V.オリーブ油で炒め、香りが出たら香味野菜を加えてさらに炒める。しんなりしたら鳩のモモ肉と胸肉を加えて炒める。表面に火が通ったらトマトペーストを加えてからめ、白ワイン少量、ホールトマト、スーゴ・ディ・カルネ、鳩のブロードを加えて10分間ほど煮込む。仕上がり近くでレバーを入れて火が通るまで軽く煮る。
③ガルガネッリをゆでてソースと和え、バターとパルミジャーノを和える。イタリアンパセリのみじん切りとパルミジャーノ少量をふる。

Primo Piatto

#092
(パッサテッリ イン ブロード ディ クワッリャ)
Passatelli in brodo di quaglia
ウズラのブロードのパッサテッリ

パッサテッリはエミリア＝ロマーニャ州、マルケ州などでつくられている手打ちのショートパスタ。パン粉にパルミジャーノ、卵などを混ぜ合わせた生地を、専用の道具で細長く押し出してつくるもので、一般にはシンプルなブロード仕立てにすることが多い。余ったパンを有効活用する庶民的な料理だが、私はウズラやシャコなどの魚介類を使って濃厚かつ上品なブロードをとり、リストランテらしい一皿として仕上げている。冬場にスープを求められた時などに提供して好評だ。表面がザラザラしているので、ブロードがたっぷりとしみ込み、パンの味わいと一体化する。さわやかな香りを発するレモンの皮は必須。成形には作業性がよいポテトマッシャーを用いている。

08 EMILIA-ROMAGNA

三浦 仁（グラッポロ）

ricetta

①パッサテッリをつくる。パン粉（フランスパンを乾燥させて挽いたもの）と同量のパルミジャーノ（すりおろしたもの）、卵、レモンの皮のすりおろし、シナモン、塩を練り混ぜる。テニスボール大にとって丸め、ラップ紙で包む。冷蔵庫で一晩休ませ、全体をつなげる。
②ウズラのブロードをとる。ローストしたウズラから胸肉、モモ肉を取りはずし、残ったガラを使う。ポロネギを加え、鶏のブロードを注いで煮つめ、こす。
③パッサテッリの生地をポテトマッシャーに入れる。ウズラのブロードを沸かし、パッサテッリをマッシュして落とし、弱火で4分間煮る。
④盛り付けて、ウズラのロースト、黒トリュフのスライス、ポロネギの細切りの素揚げを添える。

Primo Piatto

#093
カッペッローニ　コン　ビエートラ
Cappelloni con bietola
ビエトラのカッペッローニ

08
EMILIA-ROMAGNA

イタリアのなかでもエミリア＝ロマーニャ州は詰めもののパスタのバリエーションが豊富。トルテッリやトルテッリーニ、トルテッローニなど、形や大きさで名称はさまざまだが、私は詰めものを強調したい時には、大きめのカッペッローニに仕立てることが多い。ナイフで切って口に運ぶので、詰めものはどんな味だろうと感じながら食べてもらえるからだ。詰めものにしたのはイタリアの代表的な青菜、ビエトラ。リコッタやパルミジャーノ、パン粉と合わせるだけのシンプルなものだが、ガリアーノ（薬草リキュール）を少量加えてふわりと香らせることで、味に奥行きが出る。

三浦　仁（グラッポロ）

ricetta

①カッペッローニの生地をつくる。小麦粉（タイプ00）、全卵、卵黄（全卵と卵黄は7対3）、塩、E.V.オリーブ油をミキサーで練り合わせ、ラップ紙で包んで冷蔵庫で1時間休ませる。パスタマシンで薄めにのばし、ナイフで10cm角にカットする。
②詰めものをつくる。ビエトラの葉を塩湯で8分間ゆで、包丁で細かく叩く。これとリコッタ、卵少量、すりおろしたパルミジャーノ、パン粉（フランスパンを乾燥させて挽いたもの）、ガリアーノ（薬草リキュール）を混ぜ合わせる。
③生地の中央に詰めものをおき、生地の縁にとき卵をぬる。対角線で半分に折りたたみ、さらに三角形の両角を折り合わせてくっつける。常温で30分間休ませる。
④カッペッローニを塩湯で5分間ゆでる。
⑤フライパンにバターを溶かし、カッペッローニのゆで汁少量を入れてのばし、セージ、塩を加える。ゆで上げたカッペッローニを入れて和える。
⑥盛り付けてソースをかけ、パルミジャーノをふる。

Primo Piatto

#094
ストロッツァプレーティ アッロ スコッリョ
Strozzapreti allo scoglio
岩礁風のストロッツァプレーティ

イタリアで強く印象に残った生パスタの一つが、このストロッツァプレーティ。ロマーニャ地方の手打ちショートパスタで、それまで抱いていた、生パスタはモチモチしているものという概念を覆された。固いといってもよいほどの強い歯ごたえがあり、シコシコしている。これは2回こねて充分にグルテンを形成した後、成形工程で生地をひねることによってさらにグルテンが強化されて生まれるもので、この強いコシがストロッツァプレーティの身上だ。肉系のソースも合うが、私が滞在したリミニでは、辛みをきかせたヴォンゴレ・ロッソや、魚介類との組合せが多く見られ、こちらも好相性。コシがあるので、魚介類のエキスをたっぷりと吸わせて仕上げるようにしている。

08
EMILIA-ROMAGNA

三浦 仁（グラッポロ）

ricetta

①ストロッツァプレーティをつくる。小麦粉（タイプ00）、水、卵（水と卵は4対1）、塩、E.V.オリーブ油を手で練り合わせ、ラップ紙で包んで冷蔵庫で30分間休ませる。再度手でよくこね、冷蔵庫で1時間休ませる。パスタマシンでのばし、ナイフで2cm×6cm大にカットする。これを両手でひねるようにして成形する。ひねりながら、粉（ポレンタ粉とセモリナ粉を同割で合わせたもの）を敷いたバットに落とし、余分な水分を吸わせる。
②E.V.オリーブ油とニンニクのスライス、赤トウガラシの小口切り、ケイパー（酢漬け）、アンチョビ（フィレをミキサーにかけてペースト状にする）、オレガノを入れて火にかける。色づいてきたら、シャコ、アカザエビ、エビ、ムール貝、アサリを入れ、湯むきしたサンマルツァーノ種のトマトもちぎって入れる。白ワインを注ぎ、蓋をして弱火で火を入れる。
③ストロッツァプレーティを塩湯で13分間ゆでる。
④②にゆで上げたストロッツァプレーティを入れ、煮汁を吸わせるようにしながら和え、E.V.オリーブ油を加えて仕上げる。
⑤盛り付けて、きざんだイタリアンパセリを散らす。

Primo Piatto

#095
タッリャテッレ　アル　ラグー　アッラ　ボロンニェーセ
Tagliatelle al ragù alla bolognese
ボローニャのラグーのタリアテッレ

08
EMILIA-ROMAGNA

美食の都といわれるボローニャ地方のラグーは、牛挽き肉と鶏レバー、ハムを基本につくり、とにかくリッチなことが特徴。ラグーそのものだけでなく、これをパスタ料理などに仕上げる際にも、バターやパルミジャーノをふんだんに加える。私は、この濃厚な味わいに匹敵するパスタとして、ロマーニャ地方のリッチョーネで修業先の同僚の母親から教わった平打ち麺を合わせている。これは、幅1cmと通常のタリアテッレよりも幅広で、なおかつ少し厚みもある。しっかりとした噛みごたえを出すために、生地を成形後に冷凍庫に入れるのが技法的なポイントで、こうするとしっかりとしたコシが出る。ラグーは現地の濃厚な味わいを追求しつつ日本人の好むテイストに合うように工夫をし、ソッフリットを通常の倍量以上入れ、フォワグラやポルチーニ茸も加えて甘みやうまみを強く表現している。

三浦　仁（グラッポロ）

ricetta

①タリアテッレをつくる。小麦粉（タイプ00）、全卵、卵黄（全卵と卵黄は7対3）、塩、E.V.オリーブ油をミキサーで練り合わせ、ラップ紙で包んで冷蔵庫で1時間休ませる。パスタマシンでのばし、ナイフで1cm幅にカットして、冷凍庫に保管する。
②ラグーをつくる。タマネギ、ニンジン、セロリの粗みじん切りをオリーブ油で炒めてソッフリットをつくり、牛肩肉の粗挽き肉を加えてさらに炒める。フォワグラ、鶏レバー、もどしてきざんだポルチーニ茸、プロッシュット、モルタデッラを加えて炒め合わせ、たっぷりの赤ワイン、マルサラ酒を注いで煮つめる。ホールトマトを加え、シナモン、ナッツメッグ、塩、黒コショウを加えて4時間煮込む。
③タリアテッレを塩湯で4分間ゆでる。
④ラグーとバター（ラグーの1/5量）を温め、ゆで上げたタリアテッレを加え、パルミジャーノも加えて和える。
⑤盛り付けて、パルミジャーノをたっぷりとかける。

Primo Piatto

#096
ラザンニェ　アッラ　ロマンニョーラ
Lasagne alla romagnola
ロマーニャ地方のラザーニャ

08
EMILIA-ROMAGNA

ロマーニャ地方のラグーといえば、豚肩肉などのサルシッチャでつくり、フィノッキオの風味をきかせたものが代表的。牛挽き肉や鶏レバーを入れるボローニャ風の濃厚なラグーに比べるとさっぱりしているので、ベシャメルソースと合わせてラザーニャに使うことにしている。このラグーならば、ボリュームがあるラザーニャでも、重く感じずに食べてもらえると思う。ラザーニャの生地を容器からはみ出るように敷いてカリカリに焼き上げるのは、私のオリジナルの遊び心。ラグーとベシャメルソース、生地が5層に重なって渾然一体化した部分と、カリカリした生地の歯ごたえと香ばしさ、そのコントラストを楽しんでもらおうという発想だ。

三浦　仁（グラッポロ）

ricetta

①ラザーニャの生地をつくる。小麦粉（タイプ00）、全卵、卵黄（全卵と卵黄は7対3）、塩、E.V.オリーブ油をミキサーで練り合わせ、ラップ紙で包んで冷蔵庫で1時間休ませる。パスタマシンで薄めにのばす。
②ラグーをつくる。豚肩肉の挽き肉をE.V.オリーブ油で炒め、タマネギのスライスも加えて炒める。きざんだニンニク、フェンネルシード、イタリアンパセリを加え、白ワインを注いで煮つめ、さらにトマトソース、塩、黒コショウを加えて4時間煮る。
③ベシャメルソースをつくる。バターと薄力粉を色づけないように炒め、沸騰させた牛乳を加えてのばし、とろっとするまで煮て、塩で調味する。
④耐熱容器にラグー、ラザーニャ、ベシャメルソース、ラグー、細くちぎったモッツァレッラ、すりおろしたパルミジャーノの順に重ねる。これを5回くり返し、上にトマトソースを流し、バターを散らす。ラザーニャの生地は耐熱容器の縁からはみ出るようにする。
⑤耐熱容器とラザーニャの間に水少量を入れ（ラザーニャの縁の部分が先に焦げるのを防ぐため）、230℃のオーブンで25分間焼く。

Primo Piatto

#097
(リゾット コン レ ラーネ)
Risotto con le rane
カエルのリゾット イタリアンパセリ風味

08 EMILIA-ROMAGNA

エミリア＝ロマーニャ州東部のフェッラーラ周辺には湿地帯があり、カエルの産地として知られている。この地方ではリゾットのほか、フリットにしたり、ゆでた丸麦とともにサラダ仕立てにしたりとカエル料理にもいくつかのバリエーションがある。今回の料理は基本どおりにつくったリゾットに、バターソテーしたカエルと、相性のよいパセリのピュレを組み合わせたもの。盛付け後にも、焦がしバターとスーゴ・ディ・カルネをたらして香ばしさとコクを加えている。

沼尻芳彦（トラットリア ダディーニ）

ricetta

①リゾットをつくる。タマネギのみじん切りをバターで炒め、透き通ってきたら、米（カルナローリ種）を洗わずに入れて炒める。表面に火が通ったら、沸かした鶏のブロードを少量ずつ注ぎながら煮ていく。最後にバターとパルミジャーノ、イタリアンパセリのピュレ（E.V.オリーブ油とともにミキサーにかけたもの）でつなぐ。

②カエルの脚肉に塩、コショウし、バターでソテーする。ふくらはぎの小さな部位は骨から離してリゾットに混ぜ、器に盛る。骨付きのモモ肉は中央に飾る。
③焦がしバターをつくり、スーゴ・ディ・カルネを合わせて温めたものを周りに少量流す。アサツキの小口切りを散らす。

Secondo Piatto

#098
アングウィッラ アッラ グリッリャ
Anguilla alla griglia
天然ウナギの炭火焼き

フェッラーラはカエルとともに天然ウナギの産地でもある。ウナギの質は日本の天然ウナギに匹敵するくらいによい。現地で見た調理法は、開いたものに塩、コショウして炭火で焼き、レモン汁をかけて食べたり、ローリエとともに串に刺して焼くものが多かった。ただ、皮は日本ほどによく焼かないので、香ばしさに乏しく、ぬるっとした食感が残るのが気になった。ウナギにはやはり甘からい味が合うと考え、ここでは甘みのある調味料サーバに赤ワインを加え、濃度が出るまで煮つめたものを仕上げ直前にぬり、香ばしさが出るくらいに焼いている。サーバはブドウ果汁を煮つめたこの地方の特産物。私は鴨や鳩のソースにも利用している。

08 EMILIA-ROMAGNA

沼尻芳彦（トラットリア ダディーニ）

ricetta

①ウナギを背開きにして骨と内臓を取り除く。8〜10cmの長さに切り、両面に塩、コショウして炭火で香ばしく焼く。サーバ（＊）と赤ワインを混ぜて煮つめたものを、焼き上がりにウナギの両面にぬって再度軽く焼く。ひと口サイズに切り分けて器に盛る。
②セルフイユ、エストラゴン、ディルの葉先をつまみ、2〜3cmの長さに切ったアサツキを混ぜてレモンドレッシング（E.V.オリーブ油、レモン汁、塩、コショウ）で和える。
③このハーブサラダをウナギの上に盛り、周りにサーバと赤ワインを煮つめたものを少量、ソースとして流す。

＊サーバ
ブドウ果汁を煮つめた甘味料の一種で、エミリア＝ロマーニャ州の特産。サーパともいう。

Secondo Piatto

#099
ソッリョラ　アッラ　ロマンニョーラ
Sogliola alla romagnola
コン　インサラータ　ディ　リスカリ
con insalata di liscari

ロマーニャ風 舌ビラメのパナート おかひじきのサラダ

08 EMILIA-ROMAGNA

アドリア海に面したロマーニャ地方では舌ビラメをよく食べていた。現地で経験するまでは、舌ビラメといえばムニエルと決めつけていたが、パナート（パン粉焼き）が適していることを実感した。鯛やスズキなどのように身が厚い魚の場合は直火のグリルでもいいが、ヒラメのように身が薄い魚や、エビやイカなどの小さな魚介類には、パン粉焼きは火が柔らかく入るので最適の調理法だと思う。州南東部のリミニあたりの海岸沿いの屋台でも、パン粉をまぶした魚介類を串に刺して炭火焼きにしていたのが懐かしい。一緒に盛り合わせたオカヒジキは、ロマーニャ地方では日常的に食べるもので、魚介の付合せとしてよく登場していた。シャキシャキと歯ごたえもよく、サラダとして添えるとフレッシュ感がある。

三浦　仁（グラッポロ）

ricetta

①舌ビラメは皮を引き、塩、黒コショウをふり、E.V.オリーブ油をぬる。
②パン粉（フランスパンを乾燥させて挽いたもの）、パセリ、ローズマリー、ニンニクのみじん切り、パルミジャーノ、E.V.オリーブ油を混ぜて、少ししっとりとしたパン粉をつくる。
③パン粉を舌ビラメにまぶし付け、炭火で焼く。
④オカヒジキは水で3回洗い、黒い部分を取り除き、さらに水に放って汚れを落とす。塩湯でゆで、ゆで湯をきる。オリーブ油とレモン汁、塩で和える。
⑤舌ビラメのパナートに、オカヒジキのサラダ、レモンを添える。

100

スイーノ ネーロ ディ パルマ アッラ グリッリャ
Suino nero di Parma alla griglia
コン チポッロッティ イナグロドルチェ
con cipollotti in agrodolce

パルマ産骨付き黒豚のグリル チポッロッティのアグロドルチェ

Secondo Piatto

08
EMILIA-ROMAGNA

パルマ産の黒豚は稀少でもあり、近年脚光を浴びている肉素材の一つ。赤身部分はいかにも肉らしい濃密な味で、仔牛に近いイメージ。脂身も厚くしっかりとしている。この特徴を生かすには、ストレートに炭火焼きにするのが一番だと思う。付合せは、モデナ名産のバルサミコ酢で甘酸っぱく仕上げたチポロッティのアグロドルチェに、モスタルダも添えて。モスタルダはロンバルディア州のクレモーナやマントヴァが有名な産地だが、隣接するロマーニャ地方でもよく食べられている。脂身を食べたあとの口をさっぱりさせる効果があり、店ではコトレッタ（カツレツ）にも添えて出している。

三浦 仁（グラッポロ）

ricetta

①パルマ産の黒豚の骨付きロース肉に塩、黒コショウをふり、炭火でゆっくりと焼く。
②チポッロッティ（葉タマネギ）のアグロドルチェをつくる。フライパンに多めのE.V.オリーブ油を熱し、塊のままのニンニク、皮をむいて青い部分を切り落としたチポッロッティを入れる。チポッロッティの表面が少し焦げはじめるまでソテーする。バルサミコ酢、グラニュー糖、ヒタヒタのブロードか水を加え、蓋をして15分間煮る。火を止めてそのまま冷ます。
③豚肉のグリルに、チポッロッティのアグロドルチェ、オレンジのモスタルダ（マスタードパウダーを加えて辛みをきかせた市販品のシロップでオレンジを煮たもの）を添える。

Dolce

#101

トルタ ディ タッリョリーニ
Torta di tagliolini

タリオリーニのトルタ

08 EMILIA-ROMAGNA

ロンバルディア州マントヴァには「トルタ・ディ・タリアテッレ」というドルチェがあるが、今回のものはタリオリーニを使ったエミリア=ロマーニャ州のドルチェ。パスタ料理に使う生地をそのまま利用して、砕いたアーモンドの生地と交互に重ねてある。赤い色はアルケルメスというズッパ・イングレーゼに必須のリキュールをシロップに混ぜてかけてあるからだが、現地ではシロップをかけなかったり、アーモンドの生地が少なめでタリオリーニがもっと強調されたつくりのものもある。かなり甘口の菓子である。

沼尻芳彦（トラットリア ダディーニ）

ricetta

①タルト生地をつくる。小麦粉（タイプ00）600ｇ、卵220ｇ、粉糖240ｇ、バター240ｇをすり混ぜてこねる。一つにまとめてラップ紙で包み、冷蔵庫で１日ねかせる。
②タリオリーニをつくる。小麦粉（タイプ00）１kg、卵10個、E.V.オリーブ油、塩各少量で生地をつくり、細長く切る。
③アーモンドの生地をつくる。アーモンド200ｇとグラニュー糖250ｇをフードプロセッサーにかけて細かく砕く。レモンの皮１個分をすりおろしてアーモンドに混ぜる。
④タルト生地を３mmの厚さにのばし、約15cm四方の角型に合わせて切り、底に敷く。アプリコットジャムを薄くのばし、③のアーモンド生地の３分の１量を詰める。タリオリーニ125ｇを散らし、アーモンド生地の３分の１量、タリオリーニ125ｇ、アーモンド生地の３分の１量の順に重ねて層にする。表面にバターを散らし、アルミ箔で蓋をして、150℃のオーブンで１時間焼く。
⑤ボーメ30度のシロップ50ｇ、アルケルメス（赤く着色されたエミリア=ロマーニャ州産のリキュール）50ｇ、ホワイトラム酒30ｇを合わせ、焼き上がった熱いタルトにハケでぬる。

Dolce

#102

スフラッポレ エ カスタンニョーレ
Sfrappole e castagnole

スフラッポレと
カスタニョーレ

現地で料理上手のマンマから教わったエミリア地方の揚げ菓子2種の盛合せ。スフラッポレは薄い生地を、カスタニョーレはドーナツ状の生地を揚げたもので、呼び方は異なるものの、どちらもイタリア全土に同様の揚げ菓子がたくさんある。特に2月のカルネヴァーレ（謝肉祭）の時期には欠かせない菓子だが、結婚式やお祝いごとのパーティなどでも、手でつまんで食べられるので重宝な一品。サーバ（ブドウ果汁を煮つめたもの）をかけて食べたり、ノチーノ（クルミのリキュール）と一緒に楽しんでいる光景をよく見た記憶がある。どちらもほのかなオレンジの香りが爽やかで、カスタニョーレにはさらにアニスの香りが加わる。この香りのもとはサッソリーノというエミリア地方のアニス系リキュールで、ドルチェの香りづけによく使われる。

08
EMILIA-ROMAGNA

沼尻芳彦（トラットリア ダディーニ）

ricetta

スフラッポレ
①小麦粉（タイプ00）175g、グラニュー糖大さじ1/2、ポマード状にした無塩バター10〜15g、全卵1個、卵黄1/2個分、オレンジジュース1/2個分、ブランデー少々を練り合わせ、しばらく休ませる。
②生地を薄くのばし（2mm程度の厚さ）、パイカッターでリボン状、三角形など好みの形にカットする。リボン状にカットしたものは結ぶ。
③植物油で揚げる。

カスタニョーレ
④小麦粉（タイプ00）250g、グラニュー糖60g、全卵1+1/2個、オリーブ油大さじ1+1/2、オレンジジュース1/2個分、オレンジの皮のすりおろし1/2個分、サッソリーノ大さじ2、ベーキングパウダー大さじ1/2を練り合わせ、しばらく休ませる。
⑤スプーンで丸くとって、植物油で揚げる。
仕上げ
⑥スフラッポレ、カスタニョーレを盛り合わせ、粉糖をふる。

Dolce

#103
ツッパ　アッレミリヤーナ
Zuppa all'emiliana
エミリア風ズッパ

イタリア全土で食べられ、世界的にも有名なドルチェ「ズッパ・イングレーゼ」のエミリア版と解釈している。カスタードクリームと、アルケルメス（またはラム酒）入りのシロップをたっぷりしみ込ませたスポンジ生地を層にするのがズッパ・イングレーゼの伝統的なつくり方だが、エミリア風のズッパは、さらにチョコレートクリームが入るようだ。いずれも食後のドルチェとしてはやや重たいので、ここではマスカルポーネを加えてセミフレッド仕立てにし、チョコレートは上からかけるだけにして、軽く仕上げている。

08 EMILIA-ROMAGNA

沼尻芳彦（トラットリア ダディーニ）

ricetta

マスカルポーネクリーム
①卵黄にグラニュー糖を加えて泡立てる。
②ブランデーを温め、もどした板ゼラチンを加えて溶かす。
③①の卵黄に②のブランデーを加えて混ぜ合わせる。
④マスカルポーネに③を加えて混ぜ合わせ、三分立てにした生クリームと、しっかりと泡立てたメレンゲを順に加えて混ぜ合わせる。
スポンジ生地
⑤シロップにアルケルメス（赤く着色されたエミリア・ロマーニャ州産のリキュール）を加え、これをスポンジ生地にたっぷりとしみ込ませる。
仕上げ
⑥容器に④のクリーム、オレンジジャム、⑤のスポンジ生地を重ね、これをもう一度繰り返し、最後に④のクリームを重ねる。
⑦表面にチョコレートで模様を描き、冷凍庫で冷やし固める。

トスカーナ州
TOSCANA

09 TOSCANA

カッラーラ
マッサ
ガルファニャーナ地方
ピストイア
プラート
ルッカ
ピサ
フィレンツェ
アルノ川
キャンティ地方
リヴォルノ
キアーナ渓谷
アレッツォ
シエナ
モンテプルチャーノ
モンタルチーノ
マレンマ地方
グロッセート
ティレニア海

● トスカーナ州の県と県都

アレッツォ県 …… アレッツォ
グロッセート県 …… グロッセート
シエナ県 …… シエナ
ピサ県 …… ピサ
ピストイア県 …… ピストイア
フィレンツェ県 …… フィレンツェ（州都）
プラート県 …… プラート
マッサ=カッラーラ県 …… マッサ
リヴォルノ県 …… リヴォルノ
ルッカ県 …… ルッカ

トスカーナ州の特徴

　西側にティレニア海を望み、東北部をアペニン山脈のトスコ＝エミリアーノ地帯に囲まれたトスカーナ州。平野部が少なく、大部分が丘陵、山岳部で占められている。そんな地形のため、均質な農作物栽培はむずかしく、ほとんどが零細農家である。

　古代ローマ以前のエトルスク時代からの歴史を持ち、中世以降フィレンツェを中心にルネッサンス文化が花開いた時代にかけて栄華を極めた。勢いのあったメディチ家の娘カテリーナがフランスのアンリ2世に嫁いだ際、おかかえコックを連れて当時の先端だったフィレンツェの食文化を伝えたことはあまりにも有名である。

　鴨のオレンジ煮に見られるような宮廷料理が残る一方、あらかたを占めるのが農家料理の流れを汲むトスカーナ料理で、素材本来の味を重んじ、炭火の上で焼いたり、フリットする極めてシンプルなものだ。しかもバターなどの動物性油脂ではなく、オリーブ油を使用する。ソースや長時間煮込んだ複雑な味わいより、簡潔にわかりやすいおいしさを求める傾向にある。炭火で焼くぶ厚いTボーンステーキ、言わずと知れたビステッカ・アッラ・フィオレンティーナは、キアーナ渓谷の原生種、上質な肉質のキアーナ種の牛から生まれたもの。イタリア料理のクラシック、鶏のディアーヴォラ風も、鶏1羽を開いて両面にオイルをつけながら炭火で焼き上げたものだ。

　そして近年、効率のよい白色豚の勢いに見捨てられていた、放牧に向く原生のチンタ・セネーゼ種の豚が脚光を浴びている。緻密でうまみの濃い肉質は精肉として高級レストランで使われ、加工品は食通の垂涎の的である。

　また、羊乳からつくる半硬質チーズ、ペコリーノ・トスカーノも名高く、サルデーニャから羊飼いが移り住んできたことにより生産高が増えた。山岳地方のキノコ、栗、イノシシなども秋から冬にかけてトスカーナの食を賑やかに彩る。

　そうした潔いともいえるおいしさのトスカーナ料理を支えるのは、オリーブ油と香草である。丘陵地帯に広がるオリーブ畑では、手摘みしやすいように丈を低く剪定する。これらの畑はごく一部を除く全域がDOP地区に指定されており、香り高く風味のある良質のオリーブ油が生産されている。加熱する調理に使用されるだけではなく、リボッリータやパッパ・アル・ポモドーロなどの多様なズッパの仕上げに、生のままのエクストラ・ヴァージン・オリーブ油をまわしかけることも多い。香草は、フィノッキエット（葉を使う品種のウイキョウ。フェンネル）をはじめ、セージやタイムなどを多彩に使う。ローズマリーは、栗の粉でつくるクラシックな菓子、カスタニャッチョにも使われるほどである。

　ティレニア海に沿う町では、カッチュッコ（魚介のスープ）やズィミーノ（煮込み）をはじめとする魚介料理も数多い。また、州南端のグロッセート県オルベテッロの干潟で獲れるボラからは高級食材ボッタルガがつくられている。

09 TOSCANA

トスカーナ州の伝統料理

◎フィレンツェ県、シエナ県、アレッツォ県、キャンティ地方の料理

* 野ウサギのパッパルデッレ Pappardelle alla lepre ……野ウサギ肉を赤ワインと野ウサギの血で煮込んだソースで和えたパッパルデッレ（幅広の卵入り手打ち麺）。トマトを入れることもある。
* ピーチ Pici ……うどん状の太い手打ちパスタ。小麦粉と水で練る生地を手のひらでのばしてつくる。ピンチ、ピッチともいう。
* インゲン豆のズッパ
* トリッパの煮込み
* チブレオ Cibreo ……鶏のレバーやトサカのスープ煮。
* 鶏のフリット
* 鴨のオレンジ煮
* スコッティリア Scottiglia ……仔牛、豚、ウサギ、鶏、ホロホロ鳥、鳩肉などを赤ワイン、トマトなどで煮込む料理。
* ポルケッタ・アッロ・スピエード Porchetta allo spiedo ……乳飲み仔豚の骨を取り除き、一頭丸ごとで串刺しにして焼いたもの。ローリエ、ローズマリー、ニンニク、その他のスパイスをひもで縛り付け、まわしながら赤ワインをかけて焼き上げる。

◎リヴォルノ県、ルッカ県、ガルファニャーナ地方の料理

* リンファリナータ L'infarinata ……ジャガイモ、カーヴォロ・ネーロ（黒キャベツ）、豚の皮、ゆでたインゲン豆でつくるトウモロコシ粉入りスープ。
* カッチュッコ リヴォルノ風 Cacciucco alla livornese ……ブイヤベース風のトマト入り魚介のスープ。トーストしたパンを入れる。
* ネッチ Necci ……栗の粉を牛乳か水で溶いて焼いた塩味のクレープ。フレッシュなリコッタや熟成の若いペコリーノを合わせる。
* ファッロ麦のサラダ

* トゥリッリアのリヴォルノ風 Triglia alla livornese ……ソテーしたヒメジにトマトソースを加えてオーブン焼きにした料理。
* ビアンケッティのフリッタータ Bianchetti coll'uovo ……シラスをとき卵に加えて焼いたオムレツ。

◎グロッセート県、マレンマ地方の料理

* アックワコッタ Acquacotta ……水分の多い野菜のスープに固くなったパンを入れたもの。
* ヤリイカの詰めもの Calamari ripieni ……パンの身、ヤリイカの足、パルミジャーノ、卵を詰めたヤリイカの白ワイン煮。
* イノシシのアグロドルチェ Cinghiale in agrodolce ……イノシシの塊肉と香味野菜を赤ワイン、ネズの実、黒粒コショウなどでマリネしてから、赤ワイン、クローヴ、ローズマリーなど加えて煮込んだもの。ワインヴィネガー、砂糖、ココアパウダーを熱したものを加えて甘酸っぱく仕上げる。
* 仔羊のフリカッセア Fricassea di agnello ……仔羊肉を炒め、白ワイン、とき卵、レモン汁などで煮てクリーム状に煮上げたもの。

◎トスカーナ州全体に広がる料理

* パッパルデッレ 鴨のソース和え
* パッパ・アル・ポモドーロ Pappa al pomodoro ……パンを入れた濃度のあるおかゆ状のトマトスープ。
* リボッリータ Ribollita ……カーヴォロ・ネーロ（黒キャベツ）、チリメンキャベツ、ジャガイモ、白インゲン豆などでつくる野菜スープにトスカーナパンを入れて仕上げたもの。
* パンツァネッラ Panzanella ……日にちがたって固くなったパンを水に浸して柔らかくし、絞ったものにきざんだトマト、バジリコ、タマネギなどを入れ、ワインヴィネガー、オリーブ油、塩、コショウで味つけしたサラダ。

＊ブルスケッタ・アル・ポモドーロ　Bruschetta al pomodoro　……薄切りにしたトスカーナパンをローストし、ニンニクをこすりつけ、オリーブ油をたらしたもの（トスカーナ方言でフェットゥンタfettuntaという）に、塩、コショウして小角切りにしたトマト、フィノッキエットをのせたもの。ゆでた白インゲン豆（後述の白インゲン豆のフィアスコ）をのせることもある。

＊鶏のレバーペーストのクロスティーニ　Crostini di fegatini　……トスカーナのアンティパストに欠かせないカナッペ。鶏レバー、アンチョビ、ケイパーなどでつくるペーストをトーストした薄切りパンにぬる。

＊カルチョフィのトルティーノ　Tortino di carciofi　……カルチョフィ入りの小さなタルト。

＊カルチョフィのフリッタータ　Frittata di carciofi　……カルチョフィの薄切り入りの卵焼き。

＊白インゲン豆のフィアスコ　Fagioli al fiasco　……フラスコ瓶に豆と水を入れて暖炉にかけ、じっくり長時間加熱して柔らかく仕上げた豆料理。オリーブ油、塩、挽きたてのコショウで調味する。

＊白インゲン豆のアッルッチェッレット　Fagioli all'uccelletto　……白インゲン豆の代表的な料理。下ゆでしたインゲン豆を、セージとニンニクの風味をつけたトマトソースで煮込んだもの。ウッチェッレットは小鳥の意で、もともと鳥料理に使われていた技法であることからの名称。

＊スルメイカのズィミーノ　Totani in zimino　……スルメイカと青菜の軽い煮込み。

＊アリスタ　Arista　……豚の骨付きロース肉の塊を串刺しにして、薪やオーブンで焼いたもの。肉にはローズマリー、ニンニク、フェンネルシードを混ぜて刺し込む。

＊ビステッカ・アッラ・フィオレンティーナ　Bistecca alla fiorentina　……キアーナ種の牛のTボーンステーキ。厚さ5～6cm、重さ1～1.5kgの塊肉を樫やオリーブの木であぶり焼きにする。

＊鶏のディアーヴォラ風　Pollo alla diavola　……鶏1羽を背から開き、重しをして平らに焼いた料理。ディアーヴォラとは悪魔の意味で、由来は加熱の火の燃えるさまが地獄を思わせる、コショウの辛味が火を吹くようだから、形がマントを広げた悪魔の姿に似ているからと諸説ある。

イタリア屈指のワインの産地を有するトスカーナ。

09 TOSCANA

トスカーナ州の特産物

◎穀類・豆類
* ファッロ麦 farro della Garfagnana IGP＜ガルファニャーナ地方＞
* 白インゲン豆 fagiolo di Sorana IGP＜プラトマーニョ、ソラーナ＞
* 栗の粉 farina di neccio della Garfagnana DOP＜ガルファニャーナ地方＞

◎野菜・果物・キノコ類
* ビーツ＜マレンマ地方＞
* 黒キャベツ
* カルチョフィ＜グロッセート、エンポリ周辺＞
* カリフラワー＜カシーナ＞
* グリーンピース＜エンポリ周辺＞
* セロリ＜サン・ジョヴァンニ・ヴァルダルノ＞
* グリーンアスパラガス＜ペッシャ＞
* 桃＜プラート、ポンタッシエーヴェ＞
* サクランボウ＜セッジャーノ＞
* 栗 marrone del Mugello IGP＜ムジェッロ＞
* 栗 castagna del Monte Amiata IGP＜モンテ・アミアータ＞
* 栗 marrone di Caprese Michelangelo DOP＜カプレーゼ・ミケランジェロ＞
* 黒トリュフ・白トリュフ＜シエナ近郊、カゼンティーノ地方、ガルファニャーナ地方、ヴォルテッラ周辺＞
* ポルチーニ茸 fungo di Borgotaro IGP＜ボルゴターロ＞
* ポルチーニ茸・オーヴォリ茸（タマゴタケ）など＜各地＞

◎香草
* サフラン zafferano di San Gimignano DOP＜サン・ジミニャーノ＞

◎魚介類
* スズキ・鯛・トゥリッリア（ヒメジ）
* エビ・スカンピ
* ボラ・ウナギ＜オルベテッロの干潟＞
* イカ（ヤリイカ系、スミイカ系）

◎肉類
* 中央アペニン地域の1歳強の仔牛 vitellone bianco dell'Appennino Centrale IGP ……産地のコルトーナが、ビステッカ・アッラ・フィオレンティーナの発祥地といわれている。
* マレンマ種の牛＜マレンマ地方＞
* チンタ・セネーゼ種の豚＜シエナ県＞
* その他の品種の豚
* ヴァルダルノ種の黒鶏（食用鶏）＜モンテヴァルキ＞
* リヴォルノ種の白鶏（採卵鶏）
* その他の品種の鶏
* ウサギ
* ジビエ類（イノシシ、野ウサギ、鹿、キジなどの野鳥）

◎水産加工品
* ボラのボッタルガ……ボラの卵巣を塩漬け、乾燥、熟成させたカラスミ。＜オルベテッロ＞
* ウナギのスモーク……開いたウナギをワインヴィネガーなどで漬けて乾燥し、赤トウガラシ入りの白ワインをぬってスモークしたもの。

◎チーズ
* ペコリーノ・トスカーノ pecorino toscano DOP（羊・半硬質）
* ペコリーノ・ロマーノ pecorino romano DOP（羊・硬質）

*ペコリーノ・ディ・ピエンツァ pecorino di Pienza（羊・半硬質）＜ピエンツァ＞
*ペコリーノ・セネーゼ pecorino senese（羊・半硬質）＜シエナ県、フィレンツェ県＞
*カチョッタ・トスカーナ caciotta toscana（牛乳と羊乳のミックス・半硬質）……トスカーナ州で最も一般的なチーズ。
*マルツォリーノ・デル・キャンティ marzolino del Chianti（羊・半硬質）……キャンティ産の羊乳チーズ。野生のカルチョフィの花から抽出した凝乳酵素でつくる。

◎畜肉加工品
*プロシュット・トスカーノ prosciutto toscano DOP……乾燥が進んだタイプの生ハム。
*サラミーニ・イタリアーニ・アッラ・カッチャトーラ salamini italiani alla cacciatora DOP
*モルタデッラ・ボローニャ mortadella Bologna IGP
*フィノッキオーナ finocchiona……柔らかめの大形サラミで、フェンネルシード入り。
*ラルド・ディ・コロンナータ lardo di Colonnata IGP……マッサ・カッラーラ県の大理石の石切り場、コロンナータ産。豚の背脂を塩、コショウ、シナモン、クローヴ、コリアンダー、ローズマリー、ローリエなどとともに大理石製の容器に入れ、6カ月漬け込んで熟成させたもの。
*バルディッチョ bardiccio＜フィレンツェ県山岳部＞……豚肉、牛肉、またそれらの心臓を入れてつくるサルシッチャ。グリルして食べる。
*ブリスト buristo……豚の胃袋に詰めた豚の血入りのサルシッチャ。豚の頭、皮、背脂のほかに松の実、レモンの皮、イタリアンパセリ、ニンニクなどを加える。切り分けて、加熱して食べる。
*サンブデッロ sambudello……豚肉、心臓、レバー、肺、ニンニク、クローヴ、フィノッキエット、塩、コショウをして腸詰めする。アレッツォ周辺でつくられるサルシッチャ。
*イノシシの生ハム prosciutto di cinghiale……イノシシの骨付きモモ肉の生ハム。＜マレンマ地方＞
*リガティーナ rigatina……豚バラ肉の塩漬け加工品。
*サラーメ・トスカーノ salame toscano……豚肉の太めのサラミ。
*ソップレッサータ・トスカーナ soppressata toscana……豚の頭の骨を取り除き、舌や皮も含めた肉をスパイスなどとともに長時間ゆで、頭肉自体のゼラチン質で固めたもの。5〜10kgの大形。

◎オリーブ油
*キャンティ・クラッシコ Chianti classico DOP
*ルッカ Lucca DOP
*テッレ・ディ・シエナ terre di Siena DOP
*トスカーノ toscano IGP＜コッリーネ・ディ・アレッツォ、コッリーネ・ディ・フィレンツェ、コッリーネ・ルッケージ、コッリーネ・デッラ・ルニジャーナ、コッリーネ・セネージ、モンタルバーノ、モンティ・ピサーニ、セッジャーノ＞

◎調味料
*ヒマワリ油＜グロッセート周辺＞

◎パン・菓子
*テスタローロ testarolo……ルニジャーナ地方の直径40〜45cmの薄形パン。
*パーネ・ディ・ネッチョ pane di neccio……栗の粉の入ったパン。＜ガルファニャーナ地方＞
*パーネ・ディ・パターテ pane di patate＜ガルファニャーナ地方＞……ジャガイモ入りパン。
*パーネ・ディ・ファッロ・デッラ・ガルファニャーナ pane di farro della Garfagnana……ガルファニャーナ地方産

09　TOSCANA

のファッロ麦の粉を混ぜたパン。
*パーネ・トスカーノ　pane toscano ……塩が入らない大形パン。
*カスタニャッチョ　castagnaccio……栗の粉、水、オリーブ油でつくる薄焼きのタルト。ねっちりした食感が特徴。レーズン、松の実、ローズマリーなどをのせる。
*カントゥッチ　cantucci ……二度焼きするタイプの固いビスケット。ホールアーモンド入り。全トスカーナ州でつくられているが、プラートがその中心で、ビスコッティ・ディ・プラートとも呼ばれる。
*ズッコット　zuccotto ……半球形をしたセミフレッド。外側がスポンジ生地で、中にリコッタベースや、ジェラートベースの詰めものを入れる。オレンジやシトロンの皮の砂糖漬け、粒チョコレートなどを混ぜる。
*ネッチ　necci ……栗の粉のクレープ。栗の粉を牛乳か水で溶いて焼き、甘い味をつけたリコッタなどと合わせて食べる。
*パンフォルテ　panforte ……ココアやスパイス入りの小麦粉の生地にフルーツの砂糖漬けやアーモンドなどのナッツ類を混ぜて焼いたタルト。シナモン、クローヴ、コリアンダーなどのきいたスパイシーな味が特徴。シエナの銘菓。
*ブリジディーニ　brigidini ……アニス風味のチップス状の焼き菓子。
*リッチャレッリ　ricciarelli di Siena IGP ……アーモンドの粉でつくるソフトタイプの菱形クッキー。シエナの銘菓。

スローフードのプレシーディオ

*ソラーナ産のインゲン豆
*カルミニャーノ産の乾燥イチジク
*トスカーナの海のパラミータ……マグロあるいはサバに似た種類の魚。グリルやトマト煮などにもするが、最もポピュラーなのはオイル漬け。
*ゼーリ種の仔羊
*ヴァルダルノ種の白鶏（食用鶏）
*原生種のマレンマ種の放牧牛
*オルベテッロ産のボラのボッタルガ
*ピストイア県の山でつくられるペコリーノ
*ガルファニャーナ産のビロルド……豚の頭、舌、心臓、血を混ぜて豚の膀胱か胃袋に詰め、ゆでたサラミ。薄く切って食べる。
*サン・ミニアート産のマッレガート……背脂、松の実、レーズン、シナモンなどを入れてつくる豚の血のサルシッチャ。生、あるいは加熱して食べる。
*プラート産のモルタデッラ……職人の手づくりによる小形のモルタデッラ。
*バッツォーネ産の生ハム
*カゼンティーノ産の生ハム
*ヴァルダルノ産のタレーゼ……熟成パンチェッタ。
*カーソラ産のマロッカ（栗の粉入りのパン）
*ガルファニャーナ産のパーネ・ディ・パターテ（ジャガイモ入りのパン）
*ポントゥレーモリ産のテスタローロ……職人の手づくりによる、直径40〜45cmの薄形パン。
*ピティリアーノ産とソラーノ産の、ユダヤの伝統を引いたスフラット……直径3cm、長さ20〜30cmの筒状の焼き菓子。外側は小麦粉を白ワインでこねた生地で、中にクルミ、オレンジの皮の砂糖漬け、ハチミツ、ナッツメッグなどを混ぜ合わせた詰めものが入る。

Antipasto

#104
ピンツィモーニョ
Pinzimonio
ピンツィモーニオ

トスカーナでの修業時代、モンテプルチャーノ近くの山の中の町、サン・クイリコでオリーブオイル祭りがあった時に出合った料理。祭りといっても、生野菜をオリーブ油につけておつまみ感覚で食べながら、ワイワイとおしゃべりをしているものだったが、オリーブの収穫時期でもあることから、野菜は根菜を中心に数種類。オリーブ油はずっしりとした強いものだった。店では、東京の現代人の食生活を考え合わせ、葉野菜も加えてたくさんの種類の野菜を少しずつ食べてもらえるようにしている。ただ、オリーブ油はやはりサラリとした軽いものでは合わないので、トスカーナの濃厚なオイルを、ピンツィモーニオ専用に用意している。生野菜は体を冷やすので、夏場のメニューとして出すことが多い。

09 TOSCANA

今井雅博（アルチェッポ）

ricetta

①ミニトマト、ラディッシュ、三浦ダイコン（紅ダイコン）、ゆでたグリーンピースとソラ豆、ペペローニ（オレンジ、黄）、フィノッキオ（ウイキョウ）、ルーコラ、クレソン、ラディッキオ・ロッソ・ディ・カステルフランコ、ラディッキオ・ロッソ・ディ・トレヴィーゾ・タルディーヴォ、サラダホウレン草などを盛り合わせる。
②生ハム、ラルド、コッパ（豚のホホ肉、耳、舌などでつくるハム）も一緒に盛り合わせる。
③野菜をハムに包んだり、それぞれそのままE.V.オリーブ油をかけたりして、自由に食べてもらう。

Antipasto

♯105

インサラータ ディ ファジョーリ カンネッリーニ
Insalata di fagioli cannellini
コン　トンノ　アッラ　ブレザオラ
con tonno alla bresaola

自家製マグロのブレザオラ風と白インゲン豆のサラダ

09
TOSCANA

オリーブ油、ニンニク、セージなどの風味をつけながら柔らかくゆでたトスカーナの象徴的な白インゲン豆に、赤タマネギとツナを取り合わせた定番サラダ。ここではマグロの赤身をオリーブ油で煮て自家製ツナをつくり、付加価値の高い一皿に仕上げた。また、アレンジとして添えたのがマグロの赤身を塩漬けして半日ねかせたもの。生臭みが抜けて肉のようなうまみが引き出され、鮮やかな赤色とあいまってブレザオラ（牛の生ハム）を思わせる味になり、豆サラダのよいアクセントになっている。このマグロには直接舌に当たらない裏側に白トリュフオイルをぬり、さりげなく香りを立たせている。

辻　大輔（コンヴィーヴィオ）

ricetta

①重曹を入れた水に白インゲン豆（カンネッリーニ種）を入れて、一晩おいてもどす。もどした水は捨て、皮付きのニンニク、セージ、塩とともに水に入れて火にかける。沸騰したらアクを取り除き、オリーブ油と白粒コショウを加え、蓋をして柔らかくなるまでゆでる。
②20×10cm大のマグロの赤身に塩（マグロの重量の1.7％）とオレガノをふり、二等分して、周りに落ちた塩とオレガノを切り口にまぶす。マグロが完全に浸る量のオリーブ油とローリエを鍋に入れて40〜50℃に熱し、マグロの塊の一つを入れる。温度を保って弱火で約1時間、ゆっくり火を入れてツナに仕上げる。もう一つのマグロの塊は脱水シートで包み、冷蔵庫で12時間ねかせてブレザオラ風に仕上げる。
③赤タマネギとトマトの小さなざく切りにイタリアンパセリのみじん切りとケイパーを混ぜ、①の白インゲン豆と②のツナを小さく崩して混ぜる。器に盛り付ける。
④マグロのブレザオラ風は薄切りにし、片面に白トリュフオイルをぬって、その面を下にして③にのせる。酢漬けのケイパーベリー（ケイパーの実）とイタリアンパセリを添える。

Antipasto

#106
ソップレッサータ　セネーセ
Soppressata senese
シエナ風ソップレッサータ

シエナに伝わるサルーミ（豚肉加工品）の一つで、ゆでた豚頭肉を小片にして肉自体のゼラチン分で固めたもの。当地では布袋に詰め、ワインカーヴに吊るして熟成させることが多く、油脂分が袋にしみ出てちょうどよい加減になるが、レストランの調理場でつくるならラップ紙で包んで蒸し、表面に浮いた脂を取り除くのがよいと思う。また、舌は大きめ、耳は細切りなど部位ごとの固さに適した切り方をし、あとで切り分けた時に各部位がモザイク状になるように混ぜると、見た目にも味わい的にもよい。一般には薄切りにして盛るが、ここでは角切りにして味や食感に変化をつけた。

09
TOSCANA

辻　大輔（コンヴィーヴィオ）

ricetta

①豚の頭を香味野菜（ニンジン、セロリ、赤タマネギ、ローリエ）、塩とともに水に入れ、約3時間かけて柔らかくゆでる。
②脳ミソと目玉を取り除いて、その他の部位を固さに合わせて切り分け、ニンニク、パセリ、イタリアンパセリ、レモンの皮（すべてみじん切り）、塩、コショウを混ぜる。部位を均等にばらしてラップ紙で包み、円柱形に整えて80℃のスチームコンベクションオーブンで33分間蒸す。粗熱を取って冷ます。
③②のソップレッサータの表面に浮いた脂を取り除き、1cm大の角切りにしてレモンオイル（＊）で和えて器に盛る。
④ベルギーチコリのざく切り、トマトの小角切り、黒オリーブは縦に二等分してタネを抜き、これらもレモンオイルで和えてソップレッサータにかける。細く削ったペコリーノ・トスカーノをふり、オレガノの葉を飾る。

＊レモンオイル：E.V.オリーブ油440g、レモン汁100g、塩10gを合わせたもので、魚、肉、サラダ仕立てのものなど広範囲に利用している。

Antipasto

#107

インサラータ ディ トゥリッパ
Insalata di trippa

トリッパのサラダ

09 TOSCANA

フィレンツェの名物にトリッパとランプレドット（第4胃）の煮込みがあるが、実際トスカーナでは牛胃をよく食べる。煮込みだけでなく冷製サラダにしてもおいしいもので、修業先のキャンティの店では、ニンニクとレモンで調味したものを夏の定番料理として出していた。今回はヒヨコ豆とサルサ・ヴェルデを組み合わせて、贅沢感のあるトリッパのサラダにアレンジした。トリッパは塊でゆで、そのままゆで汁に浸けて注文が入った時点で水気をふいて切り、調味料をしっかりからませることがポイント。ぎりぎりまでゆで汁に浸けておくことでゆで汁の野菜や赤ワインヴィネガーの風味がしみ込み、乾燥も防げる。なお、トリッパの臭み消しに赤ワインヴィネガーを使うのはトスカーナ州の特徴である。

辻　大輔（コンヴィーヴィオ）

ricetta

①ざく切りにした香味野菜（タマネギ、セロリ、ニンジン）、ローリエ、赤ワインヴィネガー、塩を入れた水で、トリッパの塊を約2時間半ゆでる。ゆで汁に浸けたまま冷ます。
②オーダーが入ってからトリッパを取り出してペーパータオルで水気をふき、ひと口サイズの極薄に切る。イタリアンパセリ、ニンニク、レモンの皮の各みじん切り、E.V.オリーブ油、赤ワインヴィネガー、塩で和える。
③ヒヨコ豆を、重曹を入れた水に一晩浸けてもどす。もどした水は捨て、ローズマリーと皮付きのニンニク、塩を入れた水で柔らかくゆでる。使うまでゆで汁に浸けておく。
④サルサ・ヴェルデをつくる。イタリアンパセリ、ゆで卵、自家製パン（＊）の白い身、赤ワインヴィネガー、アンチョビ、ケイパー、E.V.オリーブ油をすべてミキサーにかけてピュレにする。
⑤トリッパとヒヨコ豆を和えて器に盛り、イタリアンパセリを飾る。周りにサルサ・ヴェルデとトマトの小角切りを添える。

＊自家製パン：中力粉250ｇ、水150ｇ、生イースト6ｇ、塩6ｇ、グラニュー糖6ｇの配合でつくったもの。

Primo Piatto

#108
カラバッチャ
Carabaccia

カラバッチャ

歴史の古いタマネギのスープで、別名が「フィレンツェ風タマネギのズッパ Zuppa di cipolla alla fiorentina」。フィレンツェ出身のカテリーナ・デ・メディチがこのスープをフランスに伝え、オニオン・グラタンスープになったといわれている。フラタッキオーネソース（193頁）と同様、現地では赤タマネギでつくる。タマネギ主体でつくることもあれば、豆と一緒に煮込むこともあるが、私は豆が入っていてこそおいしさが発揮されるスープと考え、グリーンピースとソラ豆の2種類を入れている。ただし、豆のフレッシュ感を出すためにスープとともに煮込まず、別に塩ゆでして最後に合わせるだけにした。仕上げにとき卵でとじて、とろみとコクを加える。

09
TOSCANA

辻　大輔（コンヴィーヴィオ）

ricetta

①鍋にパンチェッタの細切りとオリーブ油を入れて炒め、脂分が溶けてきたらセロリとニンジンの薄切りを加えて炒める。次に赤タマネギの薄切りを加えて炒め、しんなりしたら鶏のブロードを入れて塩で調味し、1時間ほど煮る。粗熱を取っておく。
②別鍋で、グリーンピースとソラ豆をそれぞれ塩ゆでし、水気をきる。
③①のスープを温めてグリーンピースを入れ、ときほぐした卵黄を混ぜ入れて器に盛る。取りおいた少量のグリーンピースを散らす。
④自家製パン（190頁参照）の薄切りをオーブンで焼いてニンニクの切り口をすりこみ、ソラ豆を盛ってスープの中央におく。ソラ豆に細く削ったペコリーノ・トスカーノをのせ、スープにはグラーナ・パダーノをふる。

Primo Piatto

#109
リボッリータ
Ribollita
リボッリータ

09
TOSCANA

リボッリータは「煮返したもの」という意味で、もとは前日の野菜のスープの残りに固くなったパンを加え、煮なおして、もう一度おいしく食べられるように工夫したものである。トスカーナ特産の黒キャベツを入れて煮るところも特徴だ。シンプルなトマトソースにも家庭ごとのレシピがあるように、この料理も家ごと、店ごとの味がある。私にとっては特に思い出深い料理で、修業先の店の一つはリボッリータの味に惚れて決めたほどである。この料理はスープに分類されるが、液体分は少なく、もったりした濃厚感がある。いろいろな野菜の甘み、うまみがバランスよく含まれているところにおいしさがあり、水分の煮つめ加減がポイントになる。また、パンを入れていながら、その存在がわからないくらいにスープになじませることも重要だ。

辻　大輔（コンヴィーヴィオ）

ricetta

①重曹を入れた水に白インゲン豆（カンネッリーニ種）を入れ、一晩浸けてもどす。
②香味野菜（タマネギ、セロリ、ニンジン）のざく切りをオリーブ油でとろとろになるまでよく炒め、塩をふる。細切りにした黒キャベツとキャベツ、イチョウ切りのジャガイモ、トマトのざく切り、斜め切りにしたモロッコインゲンを入れ、蓋をして弱火で静かに1時間煮込む。
③野菜の味がよく出たら、①の白インゲン豆と、オーブンでカリッと焼いた自家製パン（190頁参照）の薄切りを入れ、水分を補う程度に鶏のブロードとトマトソースを少量ずつ加えて15分間ほど煮る。一晩休ませて味をなじませる。
④温めなおして常温で皿に盛り、赤タマネギの薄切りとさっとゆでた黒キャベツを飾る。

Primo Piatto

#110
スパゲッティ　コン　サルサ　ディ　フラタッキヨーネ
Spaghetti con salsa di fratacchione
自家製スパゲッティ フラタッキオーネソース

シエナの1200年代の料理「リゾット・フラタッキオーネ」のアレンジで、赤タマネギとサルシッチャをオリーブ油で炒めたソースを、米ではなくスパゲッティにからめた。ロングパスタに限らず、ショートにも合う味の柔軟性のあるソースだと思う。トスカーナの赤タマネギは生のままでも食べやすい辛みの少ない品種で、古いレシピを見てもよく使われており、私の修業していた地域ではタマネギといえば赤タマネギだった。これをゆっくりと炒め煮にして甘みを十分に引き出すことが、おいしさの決め手になる。なお、ここではスパゲッティもサルシッチャも手づくりにしてオリジナリティを高めている。

09
TOSCANA

辻　大輔（コンヴィーヴィオ）

ricetta

①スパゲッティをつくる。中力粉800g、セモリナ粉200g、全卵5個、卵黄8個分、塩、オリーブ油、水各適量で生地をこね、パスタマシンでのばしてスパゲッティ状に切る。
②サルシッチャのたねをつくる。豚肩ロース肉と背脂をフードプロセッサーにかけ、粘りが出て肉片の粒が少し残る程度にかくはんする。ボウルに取り出して生クリーム、卵白、塩、フェンネルパウダーを加え混ぜる。
③赤タマネギの薄切りをオリーブ油でよく炒めて甘みを出し、②のサルシッチャのたねを加えて、ほぐしながら炒めてフラタッキオーネソースとする。
④①のスパゲッティを塩湯でアルデンテにゆで、③のソースに入れて和える。グラーナ・パダーノをふってさらに和える。皿に盛り、イタリアンパセリのみじん切りとフェンネルシードを散らす。

Primo Piatto

#111
ピンチ アル ラグー ディ チンギヤーレ
Pinci al ragù di cinghiale
ピンチ イノシシの
赤ワイン煮込み

うどん状のパスタ、ピーチ（pici）はシエナのものとして有名だが、南のモンテプルチャーノではピッチ（picci）といい、モンタルチーノではなまってピンチ（pinci）といっていた。うどんのようにゆったりした素直な味で、飽きがこないのが魅力だ。ウサギ肉などとも合わせるが、やはりコクのある猪の煮込みがマッチすると思う。ピンチと猪という大枠は現地で知った料理にならっているが、リ・ド・ヴォーやキノコを加え、味や食感をより複雑な構成にしている。

09 TOSCANA

今井雅博（アルチェッポ）

ricetta

①イノシシのスネ肉、首後方など、端肉的な部位を使用。これらとリ・ド・ヴォーをさいの目に切り、赤ワイン、ローズマリー、セージ、マジョラムで1日マリネする。
②タマネギ、ニンジン、セロリ、ニンニクのみじん切りをオリーブ油で炒める。ここへイノシシ肉とリ・ド・ヴォーを入れて炒め、プラムの赤ワイン煮のみじん切り、ハチミツ、赤ワイン（サンジョヴェーゼ種）を加えて煮て、トマトソース少量を足し、味をととのえてソースとする。
③ピンチをつくる。小麦粉、卵、オリーブ油、水、塩を練り、生地をつくる。細長く切り、1本ずつ手で転がしてのばし、適当な長さに切る。
④鍋にバター、②のソース、キノコ類（ヤナギマツタケなどをさいの目に切る）を入れて軽く炒める。ゆで上げたピンチを入れて和える。砕いたペコリーノ・トスカーノと黒粒コショウを散らす。

Primo Piatto

#112
パッパルデッレ　コン　ファラオーナ
Pappardelle con faraona
エ　ヴェルドゥーレ　プリマヴェリーリ
e verdure primaverili

ホロホロ鳥と春野菜のパッパルデッレ

パッパルデッレはトスカーナ地方でよく食べられている幅広の手打ちパスタ。現地では、イノシシを筆頭に、野生のウサギや鴨、ホロホロ鳥などを使ったこってりした煮込みソースに合わせるのが定番だ。そうした現地の味そのままの一品も、おすすめメニューとしてはよいが、店のグランドメニューに載せるにはもう少しサラッと仕上げたい。そんな思いから、春のメニューとして考えた一皿。パスタ生地に生のルーコラをきざんで打ち込み、グリーンのきれいな模様入りのパッパルデッレをつくってみた。ピュレ状にしたものや、乾燥させたものを打ち込むのと比べ、香りや風味が新鮮でやさしく、春野菜のフレッシュ感ともよく合うと思う。

09
TOSCANA

今井雅博（アルチェッポ）

ricetta

①パッパルデッレをつくる。強力粉、薄力粉、セモリナ粉、卵、塩、コショウ、オリーブ油を練って生地をつくる。約4mmの厚さにのばし、中央部分にみじん切りにしたルーコラを散らす。生地を三つ折りにしてさらにマシンでのばす。もう一度三つ折りにして生地をのばし、最終的に0.5mm程度の厚さにのばす。ルーコラの水分によってのばせる厚さは変わってくるが、皿の中での具やソースとの一体感を大事にしたいので、できるだけ薄くのばすようにしている。これを波刃のカッターで幅4cm、長さ15cmくらいにカットする。
②ホロホロ鳥のモモ肉は約1cm角に切り、前日にオリーブ油、ローズマリー、セージ、マジョラムでマリネする。

③鍋にオリーブ油を入れ、タマネギ、ニンジン、セロリのみじん切りをよく炒めてソッフリットをつくる。そこにホロホロ鳥を加えてさらに炒める。白ワイン、ホロホロ鳥のブロード、塩、コショウを加えて煮込む。ひと口大に切ったカリフラワー、ブロッコリ、ホワイトアスパラガス、グリーンアスパラガス、それにソラ豆、ホウレン草を加える。
④オーダーが入ったら、ソースをオリーブ油とバターでつなぎ、ゆで上げたパッパルデッレとグリーンピースを入れて和える。ペコリーノ・トスカーノを加えて仕上げる。盛り付けて、ペコリーノ・トスカーノ、黒コショウをふる。

Secondo Piatto

♯113
カッチュッコ
Cacciucco
カッチュッコ

リヴォルノやヴィアレッジョといった、トスカーナの海沿いの地域で食べられている魚介類のスープで、要は魚介類のごった煮である。近海で獲れたものでつくる、いわゆる漁師料理で、現地では煮汁にパンを浸けて食べる。イタリア各地でいろいろなタイプがあるが、リヴォルノ風の古典的なリチェッタによると、もともとの原形は、ウツボやウナギなども入っていて、赤ワインをたっぷり入れて、身がカチカチになるくらいに煮込んでいたようだ。日本人の魚に対する感覚とはとても合わないものなので、店では日本人の好む火入れ、味つけにして、3〜4人分として出すことが多い。

09 TOSCANA

今井雅博（アルチェッポ）

ricetta

①鍋にオリーブ油とニンニクのみじん切りを入れて火にかけ、香りをうつす。アンチョビ、ケイパー、ドライトマト（細くスライス）、タマネギのスライスを入れて炒める。
②トマトソース、ブロード・ディ・ペッシェを加えて煮立て、そこに下処理した1尾丸ごとのヒメジを入れ、時間差をつけて貝類（ムール貝、ホタテ貝、アサリ）を入れる。貝類に火が通ったらでき上がり。
③味をととのえて盛り付け、イタリアンパセリを散らす。

Secondo Piatto

#114
オラータ アル フォルノ　テガマッチョ
Orata al forno "Tegamaccio"
魚のオーブン焼き

イタリア語の料理名にある「テガマッチョ」はトスカーナ州モンテプルチャーノ一帯やウンブリア州など、イタリア中部の山間地に伝わる淡水魚の料理で、テガーメ（鍋）の中で煮込むところに名前の由来がある。この土地特産の赤ワインを使うのも特徴で、その組合せを現代風に表現したのが写真の料理だ。魚介は海の魚の黒鯛を使ってふっくらと焼き上げ、赤ワインはエビミソを加えてうまみの濃いソースに仕立てた。また、テガマッチョの香りづけに必須のミントもソースにして添えている。

09
TOSCANA

辻　大輔（コンヴィーヴィオ）

ricetta

①黒ダイの切り身に塩をふり、オリーブ油で両面を香ばしく焼いてから、オーブンでふっくらと焼き上げる。
②赤ワイン、砂糖、塩、ロブスターのミソを鍋に入れ、とろりとした濃度がつくまで煮つめて赤ワインソースをつくる。
③スペアミント、オリーブ油、自家製パン（190頁参照）の白い身をハンドミキサーでかくはんしてミントソースをつくる。
④ジャガイモを輪切りにして塩ゆでした後、フライパンにオリーブ油をひいて両面に焼き色をつける。
⑤器に④のジャガイモを盛り、①の魚をのせて2種類のソースをかける。120℃のオーブンで1時間強ローストした松の実と、ドライアプリコットの薄切りをアクセントに散らし、スペアミントの葉を飾る。

Secondo Piatto

#115
サルスィッチャ　コン　レグーミ
Salsiccia con legumi
自家製サルシッチャといろいろな豆

09
TOSCANA

イタリア全国、どこへ行っても、その土地土地で少しずつ違ったサラミやサルシッチャがある。トスカーナでは、フィノッキオーナという、フィノッキオの種（フェンネルシード）入りのサラミが有名だが、ここではそれをサルシッチャに仕立てた。付合せは数種の豆。「トスカーナの豆喰い」といわれるほど豆をよく食べるトスカーナ人だが、現地では何種類もの豆を一緒に食べるということはない。ただ、日本の、しかもレストランで出すのなら、1種類の豆というわけにはいかず、数種類の豆を取り合わせている。

今井雅博（アルチェッポ）

ricetta

①豚モモ肉、豚肩肉、背脂を小角切りにし、塩、コショウをしてよくもむ。ミンチにかけ、フェンネルシードを加えて混ぜ合わせ、豚の腸に詰める。丸1日以上、冷蔵庫でねかせてから使う。
②数種類の豆類（黒インゲン豆、赤縞インゲン豆、白インゲン豆など）を一晩水に浸けてもどす。途中、2〜3回水を取り換える。火にかけて、タマネギ、ニンジン、セロリの粗切り、生ハムの皮、パルミジャーノの皮、マジョラム、ローリエを入れて、柔らかくなるまで弱火でコトコトと煮る。
③オーダーが入ったら、鍋にオリーブ油とニンニクを入れて火にかけ、香りを出したところに、ゆでた豆を入れて温める程度にソテーする。
④器に豆を敷き、フライパンでオリーブ油でこんがりと焼いたサルシッチャをのせる。E.V.オリーブ油をかけ、コショウ（白、黒）をふって提供する。

Secondo Piatto

#116
Manzo "peposo"
(マンゾ ペポーゾ)

短角牛のペポーゾ

ペポーゾはペーペ（黒コショウ）に由来する言葉で、文字どおり黒コショウの辛みをきかせた牛肉の煮込み。もとはレンガ職人が作業の間に食べていたもので、辛い料理の少ないトスカーナではめずらしい味つけだ。今でもトラットリーアでよく出されている庶民的な料理である。昔は肉の臭みを消すために黒コショウが使われ、現代ではその意味が薄れたが、コショウをたっぷり使ってこそ意味のある料理である。ここではより鮮烈な香りを立たせるために、盛り付け時にもつぶした黒コショウをふりかけた。また、肉はイタリアの赤身肉の味や食感に近いという理由から短角牛を選んだが、脂のおいしさを味わってもらうためにバラ肉を使っている。

09 TOSCANA

辻　大輔（コンヴィーヴィオ）

ricetta

①ニンジン、赤タマネギ、セロリ、イタリアンパセリをフードプロセッサーにかけて細かいみじん切りにし、オリーブ油で炒める。
②牛バラ肉は1kg大の塊に塩をふり、フライパンにオリーブ油をひいて表面に焼き色をつける。①の香味野菜の鍋に入れ、赤ワイン、黒粒コショウ、ローズマリーを入れて、蓋をして中火で約2時間半煮込む。一晩ねかせてから、上に浮いた脂を取り除く。
③ポレンタをつくる。鍋に水と牛乳を同割で入れて塩をふり、沸かす。ポレンタ粉をふり入れて混ぜ合わせ、弱火で約40分間練る。容器に取り出して冷まし、固める。提供時に切り分け、フライパンで表面を焼いて温める。
④ラディッキオ・ロッソをオリーブ油で焼いて塩をふる。
⑤②のバラ肉をひと口大に切り分けて煮汁とともに温め、器に盛る。ポレンタとラディッキオ・ロッソを添え、つぶした黒粒コショウをふってローズマリーを飾る。

※ラディッキオ・ロッソは、ヴェネト州特産の赤チコリだが、アレンジで入れている。ここで使ったのはラディッキオ・ロッソ・ディ・トレヴィーゾ・プレコーチェ。プレコーチェは早生タイプ（晩生タイプはタルディーヴォ）。

Dolce

#117
ペコリーノ　トスカーノ　アイ フェッリ
Pecorino toscano ai ferri
ペコリーノ・トスカーノの鉄板焼きデザート

熟成の若いペコリーノ・トスカーノの鉄板焼きに、栗のハチミツと甘口ワインでつくったソースをかけ、黒コショウのアクセントをきかせたドルチェ。ペコリーノとハチミツという取合せは現地でもよく見かけるもので、ペコリーノはフレッシュだけでなく、鉄板焼きにしたり、ピッツァの窯で焼いたりもする。チーズの塩味とソースの甘みのバランスが絶妙でおいしいものだが、ドルチェとしてグランドメニューには載せていない。というのも、日本ではこの皿を食べたあとでも、ケーキなどのドルチェを希望される方が多く、一皿としてのボリュームのつけ方がむずかしいからだ。店では好みをよくわかった方におすすめして、喜ばれている一品である。

09 TOSCANA

今井雅博（アルチェッポ）

ricetta

①モスカートソースをつくる。クリのハチミツ、モスカデッロ・ディ・モンタルチーノ（シエナ県モンタルチーノで、モスカート・ビアンコ種を主に造られる甘口白ワイン）に、ほんのひとつまみの塩を加えて煮つめ、バターでとろみをつけて仕上げる。
②熟成の若い（1〜1.5ヵ月）ペコリーノ・トスカーノを厚めに切り、フライパンでオリーブ油で焼く。片面にこんがりときれいに焼き色をつけ、もう片面はさっと温める。
③これを皿に盛り、モスカートソースをたっぷりとかける。余熱で中までとろっと柔らかくなっている状態がベスト。黒コショウをふり、イチゴ、ミントを添える。

Dolce

#118
カスタンニャッチョ　アッラ　ミッレフォッリエ
Castagnaccio alla millefoglie
ミルフイユ風カスタニャッチョ

栗粉でつくったクレープを、間にマスカルポーネクリームを挟みながらミルフイユ風に重ねたドルチェ。本来のカスタニャッチョは、栗粉とオリーブ油と水、それに松の実やレーズン、ローズマリーなどを入れて焼いた素朴なタルト。ここでは女性客を意識して、栗粉をクレープにし、少し洒落た仕立てにしてみた。

09 TOSCANA

今井雅博（アルチェッポ）

ricetta

①クリの粉のクレープ生地をつくる。卵4個に砂糖75g、塩3gを入れて、泡立てないようによく混ぜる。クリの粉100gを加え、泡立て器でダマができないように混ぜ合わせる。薄力粉100g、牛乳100g、生クリーム100gも加えて、同様にダマにならないように混ぜ合わせる。ブランデー15gで香りづけし、最後に溶かしバター30gを加えてこし器でこし、冷蔵庫で2〜3時間ねかせる。
②バターをひいたフライパンでクレープを焼き、片面にしっかりと焼き色をつける。もう片面は乾かす程度に焼いて、焼き色をつけないように注意する。
③マスカルポーネクリームをつくる。ヘーゼルナッツ、松の実、ゆでたクリを細かくきざみ、砂糖とともに火にかけてカラメル状にする。広げて乾かし、細かくきざんでおく。生クリーム300gに砂糖70gを入れて泡立て、マスカルポーネ250gと合わせる。そこへナッツ類のカラメルを加えて混ぜ合わせ、香りづけにラム酒、サンブーカ（リキュール）を加える。
④マスカルポーネクリームを挟みながらクレープを重ねる。手で押しながら、間に空気が入らないように密着させていくのがポイント。
⑤ヴァニラのジェラートと盛り合わせ、イチゴ、キウイ、ミントを飾り、カスタードソースとカラメルソース（各つくり方省略）をかけ、粉糖をふる。

Dolce

#119
トルタ ディ カスタンニャ
Torta di castagna
栗のタルト

トスカーナは栗の産地で、タルト形の焼き菓子「カスタニャッチョ」やクレープ状の「ネッチ」など、栗の粉でつくる伝統的なドルチェがある。ここで紹介したのはタルトだが、ねっちりとした食感のカスタニャッチョではなく、口の中でホロホロッと崩れる焼き菓子にアレンジしている。この食感も、味も、トスカーナの赤ワインやヴィンサント（甘口ワイン）などの酒とともに楽しめることを前提に考えたもので、バターや卵黄を加えて現代風のリッチな味わいに工夫してある。松の実やローズマリーを入れて焼くのは伝統にのっとったもの。一方、レーズンは原形では生地に混ぜ込むが、ここではラム酒漬けにして別添えし、味のアクセントを明確にした。

09 TOSCANA

辻　大輔（コンヴィーヴィオ）

ricetta

①バターを常温にもどして柔らかくし、グラニュー糖を加えて白くなるまで泡立て器でかき混ぜる。卵黄を加えて混ぜ、生クリーム、クリの粉、ローストした松の実を順に加えながら混ぜる。タルト型に流し、ローズマリーの葉を散らして160℃のオーブンで30分間焼く。型に入れたまま粗熱を取る。
②レーズンはぬるま湯でもどしてからラム酒で１日以上漬ける。
③タルトは型をはずして器に盛り、周りに②のレーズンとローストした松の実を散らしてローズマリーを飾る。

ウンブリア州
UMBRIA

10 UMBRIA

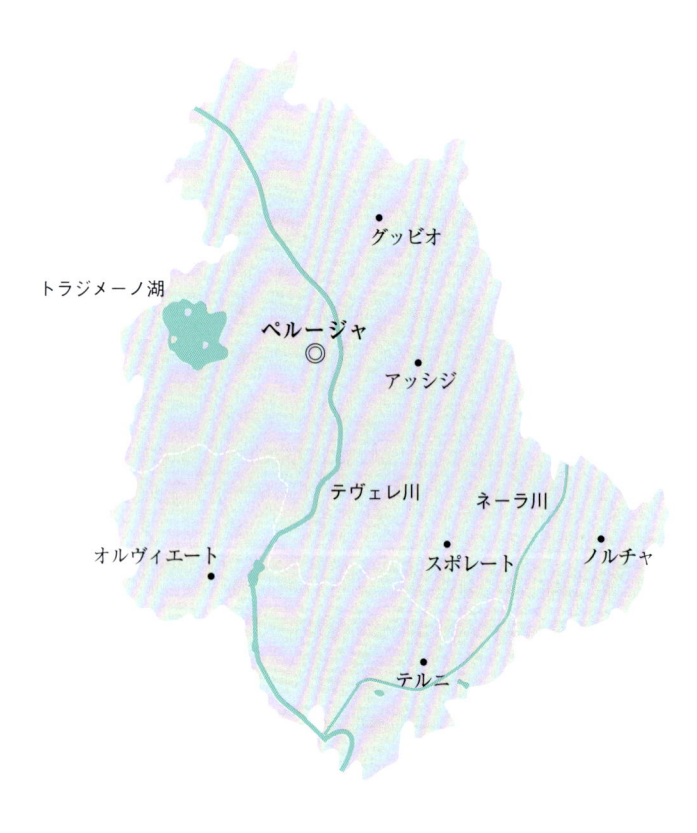

●ウンブリア州の県と県都

テルニ県 …… テルニ
ペルージャ県 …… ペルージャ （州都）

ウンブリア州の特徴

　イタリア中南部では唯一海に面していない小さな州。イタリア半島のほぼ中央に位置し、70％以上が丘陵地帯で残りは山岳地帯という地形から「緑のハート」とも呼ばれている。内陸性気候で寒暖差が激しく、降雨量が少ない。

　エトルスクの遺跡も残る古い歴史を持ち、中世の面影を残す美しい町がそこここの丘の上に見える。一時は教皇府が置かれ、権力を持つ時代もあったが、現在は主要な交通網からはずれ、穏やかに時間が流れる土地柄である。

　海には面していないがトラジメーノ湖やネーラ川、コルノ川、クリトゥンノ川などでウナギや鱒、鯉など豊かな淡水魚が獲れ、さまざまな料理に使われてきた。一方、農家は昔から原生種の黒豚を飼い、精肉だけでなく、すべての部位を余すことなく利用し、保存することに長けている。豚一頭を仕分けして加工する職人をイタリア語でノルチーノと呼ぶが、それも州東部に位置する町、ノルチャに由来する言葉である。実際ノルチャの町には畜肉加工を行なう工房が多い。また今ではイタリア全国で見かけるポルケッタ（豚一頭の丸焼き）も浸透している。

　このように伝統的に豚肉を十二分に活用するほか、北西部のトスカーナ州境では有名なキアーナ種の流れを汲む大きな白い牛が飼われ、上質の肉を生産している。また山岳地帯では山ウズラやキジなどの野鳥が捕獲され、ノルチャ近郊にはその自然を利用した鹿の牧場もあるなど、ジビエを使った料理が多く見られる。

　大きな農耕機械の入れない地形だが、各種の農作物の生産も盛んな農業地帯であり、特に小麦やビーツの生産量が多い。またレンズ豆やグリーンピースなどの豆類、野菜や果樹の栽培も多彩に行なわれている。

　そうした数ある生産物の中で、ウンブリアの二大食材といわれるのが黒トリュフとオリーブ油である。黒トリュフは現在、栽培林がつくられ、ネリーナ渓谷一帯で多く収穫されていて、フレッシュはもとより水煮やペーストなどに加工されて海外にも輸出されている。カナッペにのせたり、パスタ、肉料理、魚料理にと、用途も幅広い。オリーブ油は香り高く、味わい深い良質のものが生産されており、ウンブリア州の全地域がDOP指定を受けている。

　料理の特徴はいたってシンプルなことである。総体的に農家の食卓を思わせる素朴な皿が多く、肉の炭火焼きのように、素材そのものの味わいがストレートに伝わる簡潔な料理が多い。

スバジオ山の斜面に中世の美しい
たたずまいを見せる町、アッシジ。

10 UMBRIA

ウンブリア州の伝統料理

◎ペルージャ県の料理

*黒トリュフのスパゲッティ
*黒トリュフのクロスティーノ Crostino di tartufo nero ……黒トリュフのペーストをぬったカナッペ。
*ウナギのトマト煮
*バッカラのフリッテッレ（衣揚げ）
*鱒のパセリとレモン風味……鱒にイタリアンパセリなどを詰めてソテーしたもの。
*鯉のオーブン焼き
*鯉のポルケッタ風 Carpa in porchetta ……ポルケッタの調理法を活用した鯉料理。炒めた鯉の内臓とフィノッキエット（ウイキョウの葉を使う品種＝フェンネル）やニンニクなどを鯉に詰め、オーブンで焼いたもの。
*ポルケッタ Porchetta ……フィノッキエットやローズマリー、ニンニクの風味をつけた豚の丸焼き。

◎テルニ県の料理

*チリオーレ Ciriole ……卵が入らない手打ちのロングパスタ。形はフェットチーネ状。ストゥランゴッツィ（strangozzi）ともいう。
*カッペッレッティ Cappelletti ……小さな帽子形などの詰めものパスタ。仔牛、豚、七面鳥などの肉を詰めものにするのが定番。
*野草のフリッタータ（卵焼き）
*バッカラとドライプラムの煮込み……クリスマスイヴの料理として有名。
*ホロホロ鳥の白ワイン煮 鶏のレバーと香草風味
*山ウズラのスピエディーニ（串焼き）
*鳩のスピエディーニ（串焼き）
*ウズラのパン包み焼き Quaglie rincartate ……オルヴィエートに伝わる料理。

◎ウンブリア州全体に広がる料理

*グリーンアスパラガス入りトマトソースのスパゲッティ
*ウンブリチ Umbrici ……小麦粉と水でつくる太い手打ちのスパゲッティ。ウンブリチェッリ（umbricelli）、ウンブリケッリ（umbrichelli）ともいう。
*クロスティーニ Crostini ……カナッペ。鶏レバーのペーストのほか、各種の具材をのせる。
*ブルスケッタ Bruschetta ……ガーリックトースト。トマトをはじめ、いろいろな具材をのせる。
*タマネギとセージ入りのフォカッチャ
*ファッロ麦のミネストラ
*生のソラ豆とペコリーノ
*カルドのオーブン焼き……カルド（アザミ科の野菜）をゆでてフリットにした後、オーブン焼きにしたもの。ベシャメルソースやミートソースを加えることもある。
*鱒の黒トリュフ風味……ゆでた鱒の黒トリュフソース添え。
*生ハムやサラミ類の盛合せ
*ミックス・グリル Grigliata mista ……サルシッチャやいろいろな肉の炭火焼きの盛合せ。
*乾燥ソラ豆と豚の皮の煮込み Fave con le cotiche ……ローズマリーを加えたトマト煮込み。
*サルシッチャのブドウ風味……サルシッチャをソテーした後、白ブドウの実を加えて炒め合わせる。
*鶏のカッチャトーラ Pollo alla cacciatora ……鶏肉のトマトソース煮込み。ニンニク、ローズマリーで風味をつける。
*野ウサギのカッチャトーラ Lepre alla cacciatora ……赤ワインでマリネした野ウサギを、ローズマリーやセージなどを加えて赤ワインで煮込んだもの。

ウンブリア州の特産物

◎穀類・豆類
＊小麦（軟質）＜トラジメーノ湖の西側、チッタ・ディ・カステッロ周辺＞
＊ファッロ麦 farro di Monteleone di Spoleto DOP ＜モンテレオーネ・ディ・スポレート＞
＊レンズ豆 lenticchia di Castelluccio di Norcia IGP ＜カステッルッチョ・ディ・ノルチャ＞
＊ソラ豆

◎野菜・果物・キノコ類
＊セロリ＜トレヴィ＞
＊赤い皮のジャガイモ＜コルフィオリート＞
＊カルド……カルチョフィに似たアザミ科の野菜。英語、フランス語ではカルドンという。＜トレヴィ＞
＊グリーンピース＜ベットーナ＞
＊ビーツ（砂糖用）＜トラジメーノ湖の東側＞
＊グリーンアスパラガス
＊桃＜チッタ・ディ・カステッロ、マルシャーノ、ウンベルティデ＞
＊アンズ＜チッタ・ディ・カステッロ＞
＊イチジク＜アメーリア＞
＊黒トリュフ＜ネリーナ渓谷一帯、スポレート、スケッジーノ＞
＊白トリュフ（スコルツォーネ種、ビアンケッティ種）

◎魚介類
＊鱒＜ネーラ川、クリトゥンノ川、コルノ川＞
＊湖の淡水魚（カワカマス、鯉など）
＊ウナギ

◎肉類
＊豚＜ペルージャ県の南部、テルニ県の北部＞
＊牛＜トスカーナ州境のキアーナ渓谷近く＞
＊中央アペニン地域の1歳強の仔牛 vitellone bianco dell' Appennino Centrale IGP
＊ホロホロ鳥・鶏　＊ウサギ
＊野鳥類（ツグミ、キジ、山ウズラ、山鳩など）
＊鹿＜ノルチャ近郊＞
＊各種のジビエ類

◎チーズ
＊ペコリーノ pecorino ＜ノルチャ＞（羊・硬質）
＊カチョッタ・フレスコ caciotta fresco（羊と牛の混乳・半硬質）
＊カチョッタ・アル・タルトゥーフォ caciotta al tartufo（羊と牛の混乳・黒トリュフ入り・半硬質）
＊ラヴァッジョーロ・ウンブロ ravaggiolo umbro（山羊、羊・軟質・フレッシュ）
＊ペコリーノ・トスカーノ pecorino toscano DOP（羊・硬質）

◎畜肉加工品
＊プロッシュット・ディ・ノルチャ prosciutto di Norcia IGP
＊カポコッロ capocollo ……豚の首肉にスパイスをすり込み、巻いて腸詰めにして熟成させたもの。スカルマリータ（scalmarita）ともいう。
＊グワンチャーレ guanciale ……豚のホホ肉の塩漬け、熟成加工品。バルボッツァ（barbozza）ともいう。
＊コッパ・ディ・テスタ coppa di testa ……豚の頭を長時間煮てきざみ、布に包んで頭肉自体のゼラチン質で固めたもの。
＊マッツァフェーガト mazzafegato ……豚のレバーを加えてつくるサラミ。
＊コラッリーナ・ディ・ノルチャ corallina di Norcia ……大きな角切りの脂肪が入った豚肉のサラミ。

10 UMBRIA

＊サラミーニ・イタリアーニ・アッラ・カッチャトーラ salamini italiani alla cacciatora DOP

◎オリーブ油
＊ウンブリア　Umbria　DOP＜コッリ・アメリーニ、コッリ・アッシジ＝スポレート、コッリ・デル・トラジメーノ、コッリ・マルターニ、コッリ・オルヴィエターニ＞

◎パン・菓子
＊トルタ・アル・テスト torta al testo ……円盤状の薄いパン。
＊パーネ・カサレッチョ pane casareccio ……州全体で食べられている長い大形の食事パン。
＊パン・ノチャート pan nociato ……クルミ入りのパン。
＊ピッツァ・ディ・パスクワ pizza di pasqua ……ドーム形のチーズ風味のパン。もともと復活祭でつくられていたが、現在は日常的に販売されている。
＊トルチッリオーネ torciglione ……蛇の形をしたアーモンド粉の焼き菓子。アットルタ（attorta）ともいう。
＊ピノッカーテ pinoccate ……砂糖とグルコースで固めた松の実の菓子。ひし形に切り分け、カラフルな紙で包むのが特徴で、クリスマス時期に食べる。
＊ロッチャータ rocciata ……ナッツ、フルーツの砂糖漬けの入ったタルト。

スローフードのプレシーディオ

＊トラジメーノ湖のインゲン豆　＊アメリーノ産のソラ豆
＊カッシャ産のロヴェイヤ……グリーンピースに似た豆。
＊トレヴィ産の黒セロリ
＊テーヴェレ渓谷の上流域産のマッツァフェーガト……豚レバーの入るサラミ。

Antipasto

#120
ヴェルドゥーレ　リピェーネ　アッルンブラ
Verdure ripiene all'umbra

野菜のウンブリア風詰めものオーブン焼き

イタリアにはパンやパン粉を使った料理が多いが、これもその一つで、パン粉にトマトやオイル、チーズ、野菜などを混ぜ、野菜に詰めて焼いたものである。うまみを含ませたパンやパン粉を味わうのは非常に質素な食べ方だが、こんなところに土地に根づいた庶民の料理の魅力があると思う。店では小ぶりにつくってアミューズ・ブーシュやセコンドの付合せにすることが多いが、時にはペペローニのソースを敷くなど少々お洒落なスタイルで提供している。焼きたてはもちろん、常温に冷めてからでもおいしい。

10 UMBRIA

奥村忠士（リストランテ・アカーチェ）

ricetta

①ズッキーニとナスは縦にやや厚みをもたせて切り、片側の身を薄く削る。削ったものはみじん切りにして取りおく。ナスの薄切りには塩をふってしばらくおいてアク抜きし、出てきた水分をふき取る。トマトを輪切りにし、タネを取る。ペペローニ（赤ピーマン）は縦に6〜8等分にしてガクとタネを除く。
②詰めものをつくる。細かな乾燥パン粉を用意し、ニンニクとイタリアンパセリのみじん切り、ホールトマトを裏ごししたもの、E.V.オリーブ油、パルミジャーノ、取りおいたズッキーニとナスのみじん切り、トマトのタネを合わせて、よく練り合わせる。
③各野菜に詰めものを詰め、鉄板に並べる。付合せの小タマネギの輪切りも一緒に並べ、E.V.オリーブ油をかけ、180℃のオーブンに入れる。途中で、鉄板にたまった油を何回かかけながら、表面がきれいに色づくまで15〜20分間焼く。イタリアンパセリのみじん切りをふる。

Antipasto

#121
トルタ アル テスト コン ファジョーリ エ ビエトラ
Torta al testo con fagioli e bietola

インゲン豆や
ビエトラをサンドした
フォカッチャ

オリーブ油をたっぷり使うリグーリア州のフォカッチャと、薄く焼き上げるエミリア＝ロマーニャ州のピアディーナの、ちょうど中間的なパン。生地はピッツァとほぼ同じ配合でつくる。昔は石の上で焼いていたというが、今ならオーブン、またフライパンで直接焼くのも香ばしくていいと思う。現地では、トラットリーアでよく見かけたし、手でつまんで食べられることから結婚式や宴会などのパーティ料理によく登場していた。フォカッチャの大きさは好みでよく、挟む具もサラミやチーズ、野菜、煮込みなどなんでも合わせられる。

10 UMBRIA

奥村忠士（リストランテ・アカーチェ）

ricetta

①ピッツァと同様に生地をつくる。ぬるま湯350gでドライイースト6g、砂糖少量を溶き、しばらくおいて発酵させる。小麦粉（タイプ00）500gを山形につくり、中央をくぼませてイースト入りのぬるま湯、塩8g、E.V.オリーブ油大さじ2を入れる。混ぜ合わせて練り、丸くまとめて20〜30分間発酵させる。ガス抜きをして分割し、1個を直径約30cm、厚さ1cm弱の円形にのばす。表面にE.V.オリーブ油をぬり、180℃のオーブンで20〜30分間焼くか、フライパンにE.V.オリーブ油をひいて両面を焼く。
②インゲン豆の煮込みをつくる。豆を1日水に浸してもどす。水を換えてゆで、柔らかくなりはじめたころに塩味をつけてさらに柔らかくゆでる。別鍋でパンチェッタとタマネギのみじん切りをE.V.オリーブ油で炒め、色づく前に豆と適量のゆで汁、トマトのざく切りを入れる。味がなじむまで弱火で15分間ほど煮込み、塩、コショウで味をととのえる。
③ビエトラは茎と葉に分け、茎は塩ゆで、葉はほんの少量の水を加えて蓋をし、蒸気でさっと火を通し、水気をきっておく。E.V.オリーブ油でニンニクのみじん切りを炒め、ビエトラの茎と葉をさっと和え、塩、コショウで味をつける。
④生ハムとペコリーノを薄切りにする。
⑤焼いたフォカッチャを横2枚に切り、6等分して扇形にする。具を挟んで器に盛り、オリーブの実を添える。

Primo Piatto

#122
Cipollata
チポッラータ

イタリアではいくつかの土地でタマネギのスープが郷土料理として伝わっている。チポッラータはブロードと水で煮るだけの最もシンプルなタマネギスープで、また水気がほとんどなくなるまで煮るところも特徴。ポイントは白く仕上げることで、炒める時に色づけないよう弱火でゆっくり火を入れる。こうしてタマネギ独特の甘みと、柔らかななかにもシャキッとした歯ごたえの残るスープに仕上げる。本来は卵でとじるが、今回は温度卵を添えるというレストランスタイルにした。卵を崩してタマネギに混ぜ、トロトロにして食べてもらう。

10 UMBRIA

奥村忠士（リストランテ・アカーチェ）

ricetta

①ラルドのみじん切りをE.V.オリーブ油で炒める。タマネギをやや厚めのスライスにして加え、色づけないように弱火でゆっくり炒める。水気がなくなってきたら鶏のブロードと水を同量加え、水分がほぼなくなってとろっとしてくるまで30〜40分間煮込む。塩、コショウで味をととのえる。
②温度卵をつくり、クルミはオーブンでローストして皮をむく。
③器にタマネギのスープを盛り、中心に温度卵を落として、クルミ、ペコリーノを散らす。

Primo Piatto

#123
ミネーストゥラ ディ ファッロ
Minestra di farro
ファッロ麦と野菜のミネストラ

ファッロ麦はウンブリア州、トスカーナ州など中部イタリアを中心に栽培されている地方色の濃い小麦で、粒をそのまま生かしてつくるスープがポピュラーな調理法である。イタリアでは近年、健康食材、あるいはグルメ食材として人気が復活、日本にも輸入されるようになった。粒食の醍醐味はプチプチした食感にあるが、ブロードなどの味を十分に含ませて、そのうまみを味わうところにもあると思う。もとは水だけで煮込む質素な料理だったが、レストランではブロードでしっかりうまみを補うことが大事。生ハムの骨や切れ端を一緒に煮込んでコクを出すのもそのためだ。ここでは味のアクセントに香草のピュレを添えている。

奥村忠士（リストランテ・アカーチェ）

ricetta

①ファッロ麦を水に2時間ほど浸けてもどしておく。
②つぶしたニンニクをE.V.オリーブ油で炒めて香りを出し、タマネギ、セロリ、ニンジンの小さめのざく切りを加えてじっくり炒める。火が通ったら鶏のブロードと水を同量ずつ、もどしておいたファッロ麦ともどし汁、生ハムの端肉を加えて20～30分間煮込む。塩、コショウで味をととのえる。
③グリーンソースをつくる。イタリアンパセリ、バジリコ、ローズマリー、ケイパー、アンチョビ、ニンニク、E.V.オリーブ油をミキサーにかける。
④でき上がったスープを器に盛り、グリーンソースを少量たらす。

Primo Piatto

#124
Tagliatelle al ragù
di prataiolo con tartufo nero

タリアテッレの
マッシュルームのラグー
黒トリュフ風味

ウンブリア州は良質な黒トリュフの産地を抱えていることから、黒トリュフ主体のソースでつくるパスタが有名だが、写真のものはマッシュルームを中心に、少量の黒トリュフで香りを添えた経済的なパスタである。このマッシュルームのラグーは多めのオリーブ油を使い、水分がなくなるまでしっかり煮つめてキノコのうまみを凝縮させることがポイント。調味の方法は白ワイン、ヴィネガー、ケイパー、アンチョビ、トマトなど土地によって使うものはいろいろのようだ。仕上がりはオイルが多いので、パスタにパン粉をふってからラグーと和える。こうするとパン粉がオイルを吸い、パスタとよくからんでおいしく食べられる。庶民の生活の知恵から生まれた方法なのだろう。

10 UMBRIA

奥村忠士（リストランテ・アカーチェ）

ricetta

①タリアテッレの生地をつくる。小麦粉（タイプ00）200g、セモリナ粉100g、卵3個、E.V.オリーブ油、塩各少量を合わせてよく練り、一つにまとめて半日ねかせる。パスタマシンにかけて薄くのばし、包丁でタリアテッレの形に切り分ける。
②ラグーをつくる。マッシュルームと赤トウガラシをミキサーにかけてミンチにする。鍋に多めのE.V.オリーブ油を入れ、ニンニクのみじん切りを炒めて色づける。マッシュルームと赤トウガラシのミンチを加えて炒め、塩をふって20～30分間煮込む。マッシュルームから出てきた水分が蒸発し、全体に黒っぽくなって味が煮つまってくればよい。
③タリアテッレをゆで、水気をきってラグーの鍋に入れ、パン粉を少量ふって和える。
④器に盛り、黒トリュフのスライスをたっぷり散らす。

Primo Piatto

♯125

<small>ウンブリチェッリ</small>
Umbricelli

ウンブリチェッリ
野菜と鶏レバー、
砂肝などの煮込みソース

ウンブリア州の代表的な手打ちパスタで、でこぼこしたいびつな形が特徴。これがソースをからみやすくし、またモチモチした歯ごたえを引き出している。ソースは鶏のレバー、心臓、砂肝と野菜をトマト味で煮込んだものだが、ウンブリア州にはこうした鳥類の内臓をソースに利用したものが多い。ゴロゴロと転がったざっくばらんな盛付けで、味もけっこう重いのだが、店ではかなり以前から提供して好評を得ている。

奥村忠士(リストランテ・アカーチェ)

ricetta

①ウンブリチェッリの生地をつくる。小麦粉(タイプ00)400g、水200g、E.V.オリーブ油、塩各少量を合わせて練り、一つにまとめて半日ねかせる。少量ずつとり、両手でこすりながら細長くのばしていく。太さはいびつにし、長さ約10cmに切り分ける。
②ソースをつくる。つぶしたニンニクをE.V.オリーブ油で炒め、タマネギ、セロリ、ニンジンのざく切りを入れてさらに炒める。別鍋で鶏のレバー、心臓、砂肝をE.V.オリーブ油で炒め、先の野菜に加える。白ワイン、トマトのざく切り、ローズマリー、塩、コショウを加えて煮込む。煮つまりそうになったらそのつど水を適量加え、常にヒタヒタの量で30〜40分間煮込む。
③ウンブリチェッリをゆで、ソースで和えて盛る。ローズマリーを飾る。

Secondo Piatto

#126
Piccione arrosto
(ピッチョーネ アッロスト)
alla salsa ghiotta
(アッラ サルサ ギョッタ)

鳩のロースト ギオッタソース添え

10 UMBRIA

本来は野鳩でつくるウンブリア州の代表的なロースト料理で、ここでは飼育鳩に置き換えてつくっている。ギオッタとは肉をあぶり焼きにする際の脂受けの器の呼び名が語源で、鶏レバーや生ハム、レモンの皮、香草などを赤、白のワインやオリーブ油で炒め煮にしたソース。濃厚な赤身肉によく合うコクのある味である。本来は鳩のローストとソースを別々に調理して盛り付けるが、ここでは下ごしらえしたギオッタソースに下焼きした鳩肉をのせ、オーブンで焼き上げている。ソースの風味と鳩肉から出る焼き汁をお互いに含ませながら焼くことで、うまみを逃がさず一体化した味に仕上げている。

奥村忠士（リストランテ・アカーチェ）

ricetta

①ギオッタソースをつくる。つぶしたニンニクをE.V.オリーブ油で色づくまで炒める。鶏レバー、アンチョビペースト、生ハムの薄切り、白ワイン、赤ワイン、ワインヴィネガー（赤、白どちらでも）、ネズの実、ローズマリー、セージ、黒粒コショウ、レモンの皮の薄切りを一度に加え、ざっと炒める。
②鳩肉を骨付きのまま左右2枚に開く。塩、コショウしてE.V.オリーブ油で両面をソテーする。調理皿にソースを敷き、鳩肉を皮を上にしてのせる。180℃のオーブンで約15分間焼き、皮を香ばしく、またソースの煮汁が3分の1量くらいに煮つまるまでローストする。取り出してソースをフードプロセッサーにかけ、粗いペースト状にする。
③トマトは湯むきしてタネを取り、小角切りにする。E.V.オリーブ油で炒め、塩、コショウする。
④ソースを皿に盛り、上に鳩肉をのせる。周りに③のトマトとレモンのくし形切り、イタリアンパセリのみじん切りを添える。

Secondo Piatto

#127
サルタート ディ マイヤーレ
Saltato di maiale
コン パッサート ディ ファーヴェ エ ブルスケッタ
con passato di fave e bruschetta

豚肉のソテー 乾燥ソラ豆を使ったピュレとブルスケッタ添え

10 UMBRIA

メインは豚肉のソテーだが、添えているブルスケッタと乾燥ソラ豆のピュレがおいしさに厚みを出している。豚肉は厚さの半分が浸るオリーブ油でソテーする「オイル煮」で、これも潤沢にオリーブ油を使う特産地ならではの調理法である。コンフィほどに長時間は煮ないので油のしつこさがなく、しっとり仕上がるのがいい。ウンブリア州のパンはトスカーナパンと同じように塩を入れないのが特徴で、この料理では厚めに切ってトーストし、豚をソテーした後の油に浸してうまみを含ませ、添える。乾燥ソラ豆のピュレもオリーブ油をたくさん使ったオイリーで風味豊かなもの。本来はこしてなめらかにするが、ここでは味に飽きがこないよう粒を残して食感に変化を出した。

奥村忠士（リストランテ・アカーチェ）

ricetta

①厚さ約1cmの豚肩ロースが半分ほど浸かる量のE.V.オリーブ油を鍋に入れ、つぶしたニンニクとローズマリーを炒めて香りを出す。豚肩ロースに塩、コショウして入れ、弱火でソテーする。色づいたら裏返しにして同様にソテーし、油をきる。
②田舎パンを豚肉とほぼ同じ厚さに切り、香ばしくトーストする。これを豚肉を焼いた油に両面浸して、皿に盛る。上に豚肉をのせる。
③ソラ豆のピュレをつくる。乾燥ソラ豆を半日〜1日水に浸してもどし、皮をむく。つぶしたニンニクをE.V.オリーブ油で色づくまで炒め、ソラ豆と少量の水を注いで煮る。塩、コショウで味をつける。別鍋で、つぶしたニンニクとローズマリーをE.V.オリーブ油で色づけないように炒めて香りを出す。先のソラ豆が煮崩れ、味がのってきたらこの香草オイルを混ぜて香りづけする。
④黒オリーブのタネを除き、E.V.オリーブ油とアンチョビペーストとともにミキサーにかけてピュレにする。先の豚肉にソラ豆のピュレをかけ、周りに黒オリーブのピュレをたらす。

Secondo Piatto

#128
ポッロ　アッラ　カッチャトーラ
Pollo alla cacciatora
猟師風鶏肉の煮込み

骨付きの鶏肉のぶつ切りをトマト煮にしたものだが、材料が少なく、鍋一つで簡単につくれるところに「カッチャトーラ＝猟師風」の意味があるのだろう。最初に鶏を炒める時に肉の厚みの半分が浸かるくらいのオリーブ油を使うが、オリーブ油の大産地らしい贅沢な利用法である。たっぷりのオリーブ油で調理することで肉がパサつかず、うまみも抜けにくくなるので、単純な調理法ながらおいしさのインパクトが強い料理である。

10 UMBRIA

奥村忠士（リストランテ・アカーチェ）

ricetta

①鶏肉の厚みの半分くらいが浸かる量のE.V.オリーブ油を鍋に入れ、つぶしたニンニクを炒めて香りを出す。骨付きの鶏のぶつ切りに塩、コショウをして加え、弱火にして、コンフィのように煮る感覚で火を入れる。きつね色に色づいたら裏返しにして、同様に火を入れる。白ワイン、ホールトマトの裏ごし、ローズマリーを加え、かき混ぜながら約30分間煮込む。仕上げにレモン汁をふり、ちょうどよい濃度に煮上げる。
②器に盛り、ルーコラを添える。

Dolce

#129
ロッチャータ ディ アッスィーズィ
Rocciata di Assisi
アッシジ風焼き菓子

薄くのばした粉生地でリンゴやナッツ、乾燥フルーツなどを巻き込んで焼いたもの。北イタリアのストゥルーデルに似た焼き菓子である。私が働いていたウンブリア州のリストランテでは当時、ストゥルーデルの名前で菓子を出していたが、今思えばこのロッチャータを原形にした菓子だったのかもしれない。本場のストゥルーデルはかなり柔らかい粉生地を使うが、これは卵入りのパスタ生地とほぼ同じ配合で、砂糖を少量加えたもの。元はパスタの余り生地でつくるものだったのだろう。

奥村忠士（リストランテ・アカーチェ）

ricetta

①パスタ生地をつくる。小麦粉（タイプ00）200g、グラニュー糖大さじ1、卵2個、E.V.オリーブ油、塩各少量を合わせて練り、一つにまとめて半日ねかせる。
②詰めものをつくる。ボウルにリンゴのざく切り、レモン汁とレモンの皮をすりおろしたもの、グラッパに浸けてもどした干しイチジクの粗みじん切り、ローストしたナッツ（松の実、アーモンド、ヘーゼルナッツ、クルミ）のざく切り、シナモン、グラニュー糖、パッシート（甘口ワイン）を合わせ、よく混ぜる。
③パスタ生地をごく薄くのばして約20cm角の大きさに切る。溶かしバターをぬってパン粉をふり、全体に詰めものをのせ、手前からうずまき状に巻く。
④180℃のオーブンで30分間焼く。2cmほどの厚さに切り分けて盛り、詰めものに使ったナッツを飾る。切り口にハチミツをかけて甘みを補うとおいしい。

マルケ州
MARCHE

11 MARCHE

サン・マリノ
ペーザロ
モンテフェルトロ地方
ウルビーノ
アドリア海
サンタンジェロ・イン・ヴァード
アックワラーニャ
◎ アンコーナ
マチェラータ
フェルモ
サン・ベネデット
アスコリ・ピチェーノ

●マルケ州の県と県都

アスコリ・ピチェーノ県 …… アスコリ・ピチェーノ
アンコーナ県 …… アンコーナ（州都）
フェルモ県 …… フェルモ
ペーザロ・エ・ウルビーノ県 …… ペーザロ
マチェラータ県 …… マチェラータ

マルケ州の特徴

イタリア半島を長靴にたとえると、ちょうどふくらはぎの部分に当たる小さな州。西側にはアペニン山脈を擁し、東にはアドリア海を望む。70%近くを丘陵地帯が占め、あとは山岳部という地形である。山岳部はやや内陸的な気候で寒暖の差が激しく、なだらかな丘陵地帯は海に近づくにつれて温暖な地中海性気候となる。丘陵が海岸線近くまで迫り、ほとんど平野部が見られないが、わずかな平地に軟質小麦やビーツ、ヒマワリ、ところどころに硬質小麦、ファッロ麦、大麦などの畑が広がる。単一作物を広範囲に生産することはむずかしい地形だが、野菜や果物の種類は豊富で、オリーブも近年質が向上し評価されている。

畜産では、うまみのある肉質で知られる原生種、マルケジャーナ牛が中心に飼育され、養豚農家は畜肉加工品づくりを支えている。また丘の牧草地帯には、羊の群れを見ることも多く、さまざまなタイプのペコリーノがつくられている。

また漁業も盛んで海の幸にも恵まれ、鯛やトゥリッリア（ヒメジ）をはじめ、甲殻類、貝類等、多様な魚介類を水揚げし、漁獲量は全国の10%余りを占めるほどだ。新鮮な魚介類はシンプルに香草を使い、グリルやフリットにされることが多いが、伝統的に肉に使われる調理法が応用されることもある。たとえばウサギや仔羊をローズマリー、ニンニク、タマネギ、トマト、白ワインなどで煮込むポタッキオを、ストッカフィッソ（干ダラ）に応用したり、豚を丸ごとフィノッキエット（フェンネル）、ローズマリー、イタリアンパセリ、ニンニクなどを使って焼くポルケッタを、甲殻類や巻き貝の軽い煮込みなどに応用したりする。

そして特筆に値する素材は山の幸、白トリュフである。ペーザロ県南西部のアックワラーニャや、実験栽培研究所のあるサンタンジェロ・イン・ヴァードを中心に収穫量が多い。多くの白トリュフは高級産地であるピエモンテ州アルバの市場に運ばれ取引きされている。そのほか黒トリュフ、多種の自生キノコが豊富に穫れ、秋冬の食卓を彩る。

起伏に富んだ丘陵地帯が広がるウルビーノ。

MARCHE

マルケ州の伝統料理

◎アトリア海沿岸地方の料理

*ブロデット Brodetto ……ブイヤベース風の魚介のスープ。

*ムール貝のズッパ Zuppa di cozze

*ムール貝の詰めもののオーブン焼き Cozze ripiene al forno ……ムール貝に生ハム、イタリアンパセリ、パン粉、トマトの果肉などの詰めものをしてオーブンで焼いたもの。

*トゥリッリアのアンコーナ風 Triglia all'anconetana ……マリネしてパン粉を付けたトゥリッリア（ヒメジ）を、セージ、生ハムと重ねてオーブン焼きにした料理。

*イワシのオーブン焼き

*ストッカフィッソのアンコーナ風 Stoccafisso all'anconetana ……干ダラとジャガイモを、トマトの果肉、白ワインなどで煮込んだもの。

*小エビと小イカのフリット

*イカの詰めもの、白ワイン風味

*巻き貝のポルケッタ Crocette in porchetta ……巻き貝に割れ目を入れ、ポルケッタ（豚の丸焼き）に使う香草、ローズマリー、フィノッキエット（フェンネル）などを加えて、白ワイン、トマトソースで煮込んだもの。

*タコのトマト煮

◎内陸地方の料理

*カンポフィローネのマッケロンチーニ Maccheroncini di Campofilone ……アスコリ・ピチェーノ県にあるカンポフィローネの名物パスタ。卵を使い、水を入れずに練ってつくる平打ちロングパスタで、さまざまなソースと合わせる。

*パッサテッリ Passatelli ……パン粉、チーズ、卵黄、ナツメッグなどを混ぜ合わせて生地にし、専用の押し出し器で太い短めのひも状に成形する。スープに入れることが多いが、ソースと和えることもある。

*カッペッレッティ Cappelletti ……小さな帽子形などの詰めものパスタ。ロマーニャ地方（エミリア＝ロマーニャ州）からの流れで、マルケ州北部のペーザロ県、モンテフェルトロ地方の名物料理となったもの。

*ヴィンチズグラッシ Vincisgrassi ……一種のラザーニャ。鶏の内臓、仔牛の胸腺肉や脳ミソなどを入れたラグーを合わせる。牛や仔牛、豚肉のラグーを使うこともある。

*ヒヨコ豆のミネストラ

*アスコリ風オリーブのフリット Olive all'ascolana ……大粒の緑オリーブの実のタネを取り除き、肉などの詰めものをし、パン粉を付けて揚げたもの。

*ソラ豆のマジョラム風味……ゆでたソラ豆にマジョラムとニンニクの風味をつけたサラダ。

*カリフラワーのフリット

*ズッキーニとグワンチャーレのトマト煮込み

*カタツムリのポルケッタ Lumache in porchetta ……カタツムリを、フィノッキエット（フェンネル）、ニンニク、ローズマリー、トマト、白ワインなどで煮込んだもの。

*鶏のポタッキオ Pollo in potacchio ……鶏肉をニンニク、赤トウガラシ、ローズマリー、パセリ、トマト、白ワインなどで煮込んだもの。ほかにウサギ、仔羊、ストッカフィッソ（干ダラ）なども同じような方法で調理する。

*ウサギのポルケッタ Coniglio in porchetta ……取り出した内臓をフィノッキエット（フェンネル）、ニンニク、パンチェッタなどと炒め、ウサギ肉に詰めてワインをかけながらオーブン焼きにしたもの。

*ウズラのロースト

*仔羊の頭のオーブン焼き

*豚の皮とインゲン豆の煮込み

マルケ州の特産物

◎穀類・豆類
*軟質小麦＜ペーザロからサン・ベネデットにかけての平野＞
*ビーツ（砂糖用）＜アンコーナの南＞
*トウモロコシ　*ファッロ麦　*ソラ豆＜オストラ＞
*レンズ豆 lenticchia di Castelluccio di Norcia IGP ＜カステッルッチョ・ディ・ノルチャ＞

◎野菜・果物・キノコ・ナッツ類
*トマト　*フィノッキオ　*カルド＜マチェラータ＞
*ジャガイモ＜トロント渓谷＞　*ブロッコリ＜ファーノ＞
*カリフラワー＜イェージ＞　*ペペローニ
*カルチョフィ＜イェージ、マチェラータ＞　*ヒマワリ
*グリーンピース＜フォッソンブローネ、グロッタンマーレ、モンテルポーネ＞
*セロリ＜チンゴリ＞　*アンズ＜マチェラータ＞
*洋梨＜ファーノ＞　*桃＜アスコリ・ピチェーノ周辺＞
*リンゴ＜アマンドラ＞　*プラム＜レカナーティ＞
*サクランボウ＜カンティアーノ＞　*イチジク＜レカナーティ＞
*白トリュフ・黒トリュフ＜アックワラーニャ、サンタンジェロ・イン・ヴァード＞
*アスコラーナ種のオリーブの実 oliva ascolana del Piceno DOP……大粒の緑オリーブ。＜アスコリ・ピチェーノ県＞
*ルッソーレ茸、プラタイオーリ茸、ガリナッチ茸、スプニョーレ茸（アミガサダケ）などの自生キノコ

◎魚介類
*シャコ・スカンピ・オマール・伊勢エビ・赤エビ
*スミイカ・ヤリイカ・タコ・イイダコ
*アサリ、テッリーネなどの貝類
*イワシ・ヒシコイワシ・サバ
*トゥリッリア（ヒメジ）・舌ビラメ・ヒラメ・アンコウ・カサゴ

◎肉類
*白色マルケジャーナ種の牛　*豚＜ファーノ周辺＞
*鶏・ウサギ・仔羊・仔山羊＜アックワサンタ・テルメ、アマンドラ、フロントーネ、サン・レオ＞
*中央アペニン地域の1歳強の仔牛 vitellone bianco dell'Appennino Centrale IGP

◎チーズ
*カショッタ・ディ・ウルビーノ casciotta di Urbino DOP（羊、牛の混乳・半硬質）
*ペコリーノ pecorino（羊・硬質）＜モンティ・シビッリーニ＞
*クルミの葉で包んで熟成させたペコリーノ＜ペーザロ県、ウルビーノ県＞（羊・硬質）
*タラメッロ産のアンブラ ambra di Talamello（羊、羊と山羊の混乳・硬質）……一般にフォルマッジョ・ディ・フォッサと呼ばれるチーズ。昔からこの地方ではタラメッロ産のアンブラとして親しまれている。地中の穴で約3カ月間熟成してつくる。

◎畜肉加工品
*チャウスコロ ciauscolo IGP ……豚肉とその脂肪でつくるソフトなサラミで、パンなどにぬって食べるタイプ。
*コッパ・ディ・テスタ coppa di testa ……豚の頭肉のゼリー寄せ。
*ロンツィーノ lonzino ……豚ロース肉の塊の生ハム。
*プロッシュット・ディ・カルペーニャ prosciutto di Carpegna DOP ……モンテフェルトロ地方、カルペーニャ産の豚モモ肉の生ハム。
*スパッラータ spallata ……豚の前足部分の生ハム。
*サルシッチャ・マッタ salsiccia matta ……豚の肺や腎臓、トリッパなどにスパイスを加えて腸詰めにしたもの。
*モルタデッラ・ボローニャ mortadella Bologna IGP

11 MARCHE

＊サラミーニ・イタリアーニ・アッラ・カッチャトーラ salamini italiani alla cacciatora　DOP
＊マッツァフェーガト mazzafegato ……豚のレバーを加えてつくるサラミ。フェガティーノ(fegatino)とも呼ぶ。
＊サラーメ・ラルデッラート salame lardellato ……大きな角切りのラードを入れた豚肉のサラミ。
＊サラーメ・ディ・モンテフェルトロ salame di Montefeltro

◎オリーブ油
＊カルトチェート Cartoceto DOP

◎調味料・飲料
＊アニゼッタ anisetta ……アニス風味のリキュール。食後酒の用途のほか、エスプレッソコーヒーに入れることもある。ミストラ(mistra)ともいう。
＊ヴィンコット vincotto ……ブドウ果汁を煮つめたもの。
＊ヴィーノ・ディ・ヴィッショレ vino di visciole ……野生のサクランボウ(ヴィッショレ)風味の赤ワイン。

◎パン・菓子
＊クロストロ crostolo ……モンテフェルトロ地方でつくられる薄焼きパン。
＊パーネ・ディ・ファッロ pane di farro ……ファッロ麦の粉を混ぜてつくるパン。〈アスコリ・ピチェーノ〉
＊フィローネ・カサレッチョ filone casareccio ……塩が入らない長形パン。
＊カルチョーニ calcioni ……砂糖を加えたフレッシュのペコリーノを練りパイ生地に包み、オーブンで焼いた菓子。ピコーニ(piconi)ともいう。
＊クーポラ cupola ……カスタードクリームやスポンジを、練りパイ生地でドーム形に包んで焼いたもの。セニガッリアの銘菓。

＊スクロッカフージ scroccafusi ……ボール状の粉生地に花びら状に切り込みを入れて揚げた菓子。アルケルメス(赤い色の甘いリキュール)をかける。
＊チチェルキアータ cicerchiata ……小さく丸めた生地をオリーブ油で揚げ、ハチミツをからめたカーニバル菓子。
＊チャンベッラ ciambella ……大きなドーナッツ形の甘い発酵生地菓子。
＊パン・ノチャート pan nociato ……クルミ、モスト・コット、ドライイチジクなどを入れて焼いた発酵生地菓子。
＊フルスティンゴ frustingo ……ドライイチジク、レーズン、松の実、クルミ、アーモンド、ハチミツ、小麦の全粒粉でつくるクリスマス菓子。粉をゆるいポレンタ状に練って材料を混ぜ合わせ、型に薄く流してオーブンで焼く。ねっちりしたういろうのような食感が特徴で、適宜に切り分けて食べる。
＊フラッペ frappe ……生地を薄くのばしてひし形に切り、ひねって揚げ、ハチミツをかける。現在は粉糖とアルケルメスをかけることが多い。

スローフードのプレシーディオ

＊セッラ・デ・コンティ産のチチェルキア豆……グレーから明るい茶色の豆。ヒヨコ豆に似る。
＊モンティ・シビッリーニ産のメーラ・ローザ……古い地元種のリンゴ。甘酸っぱく香り高い。生食も加熱も可。
＊ポルトノーヴォの岩場につく天然のムール貝
＊モンティ・シビッリーニ産のペコリーノ(羊・硬質)
＊ファブリアーノ産のサラミ……上質の豚の肩肉やモモ肉を使い、大きく切ったラードを混ぜ込んだサラミ。
＊イチジクのロンツィーノ……ドライイチジクにナッツやサーパ、リキュールなどを混ぜ合わせ、イチジクの葉で包んでソーセージ状に成形したもの。

Antipasto

#130
Conchiglie miste in porchetta
(コンキッリェ ミステ イン ポルケッタ)
貝のポルケッタ

マルケ州の海沿いのレストランには必ずある定番のアンティパスト。現地ではツブ貝やアサリ、ムール貝でよくつくっていたが、アレンジはいろいろ可能だ。ここでは江戸前の貝類4種を使い、それぞれの持ち味を引き出すように1種類ずつ味を変えてみた。写真右手前がアサリ、右奥が磯ツブ貝、左手前が姫サザエ、左奥がシッタカ。いずれも貝の汁とともに合わせる材料を煮て香りをのせるのがポイントだ。なお、ポルケッタはもともと豚を香草とともに丸焼きにする料理だが、マルケ州ではその時に使う香草（フィノッキエット、ローズマリー、ニンニクなど）と白ワイン、トマトソースなどで煮込んだ料理にもポルケッタの名称を使う。ウサギやカタツムリ、貝類のポルケッタなどが代表例。

石川重幸（クチーナ シゲ）

ricetta

①アサリ、磯ツブ貝、姫サザエ、シッタカはそれぞれ別々に、浸る量の冷水とともに（白ワインを加えることもある）鍋に入れて強火にかけ、沸いたら取り出す。汁はこした後、煮つめる。

②それぞれ貝と以下の材料、①の煮つめた汁を合わせて加熱し、塩、白コショウで味をととのえ、半日ほどおいて味をなじませる。

・アサリ／E.V.オリーブ油、ニンニクのみじん切り、きざんだプチトマト、イタリアンパセリ。→プチトマトの甘みのある仕上がり。

・磯ツブ貝／E.V.オリーブ油、ニンニクのみじん切り、ローズマリーとフィノッキエット（フェンネル）の枝→ローズマリーとウイキョウの香りで。

・姫サザエ／E.V.オリーブ油、ニンニクのみじん切り、こしたトマトソース、たっぷりのフィノッキエットの葉のみじん切り、ローズマリー。→ウイキョウの香りのアクセントをきかせたトマトソース。

・シッタカ／E.V.オリーブ油、ニンニクのみじん切り、レモンタイム、レモンの皮のすりおろし。→シッタカの味を前面に出し、レモン系で爽やかに。

11 MARCHE

Antipasto

#131
フリット　ミスト　ディ　マーレ　エ　オリーヴェ　アッラスコラーナ
Fritto misto di mare e olive all' ascolana
魚介のフリット・ミストと
オリーブのフライ

素材の良さや素材の持つ力は、調理法がシンプルなほど発揮されることをイタリアで学んだ。フリット・ミストはまさにその一品。オリーブはマルケ州の産物の一つで、アスコラーナ種と呼ばれる大粒の緑オリーブが有名。中に詰める素材は何気ないものであっても、時間をかけてていねいにつくり上げていくその過程からうまさがにじみ出てくる。突き出しや前菜として提供されるが、フリットの盛合せとすれば十分にメイン料理にもなる。

11 MARCHE

石川重幸（クチーナ シゲ）

ricetta

オリーブのフライ
①ソッフリットをつくる。タマネギ、ニンジン、セロリのみじん切りをE.V.オリーブ油で炒めておく。
②詰めものをつくる。牛肉、鶏肉、仔牛肉（各同量）は挽き肉にし、塩、コショウ、マスタード、カイエンヌ・ペッパーとともに炒める。焼き色がついたら白ワインを注ぎ、一気に火を入れて水分を飛ばす。①のソッフリット、ホールトマトを加え、肉のブロードを加えながら、20時間（約3日間）煮込む。
③タネを抜いた緑オリーブに詰めものを詰め、小麦粉、とき卵、細かいパン粉の順に付け、180℃のオリーブ油で揚げる。
④パルミジャーノをすりおろし、フライパンに薄く敷いて焼き、籠の形にする。ここにオリーブのフライを盛る。

魚介のフリット・ミスト
⑤スミイカ、シラウオ、シャコはそれぞれ薄力粉をまぶして、180℃のオリーブ油で揚げる。スミイカにはカリカリに焼いたパンチェッタとゆでたズッキーニの細切りを敷き、シラウオの下にはトマトとバジリコの粗みじん切り、E.V.オリーブ油、塩、コショウを混ぜたものを敷いてシブレットを飾る。シャコには、湯通しして塩、コショウをふったオカヒジキとソバの芽を敷く。レモンを添える。

Antipasto

#132
コーダ ディ ロスポ
Coda di rospo
アッラ マルキジャーナ
alla marchigiana

アンコウの マルケ風トマト煮

マルケ州のスペシャリテ料理の一つ。本来、アンコウはトマトで煮込むのだが、アンコウの繊細な味を引き出したいので、塩でマリネしてから60℃のナタネ油でゆっくりと火を入れ、適度な柔らかさを残して仕上げ、別に仕立てたソースを流すスタイルとした。ソースは野菜をゆでてからトマトとともにミキサーでまわし、こしてなめらかにして、アンコウの味わいを消さないようにする。また、アンコウを生ハムで巻き、生ハムの持つほどよい塩味と脂身をのせることでいっそう深い味わいをつくりあげる。

11 MARCHE

石川重幸（クチーナ シゲ）

ricetta

①アンコウの切り身に塩、砂糖、白コショウをふり、約40分間マリネする。
②鍋にナタネ油とニンニクのスライスを入れ、弱火でゆっくり火を入れていく。60℃になったらアンコウを入れ、そのまま60℃の温度を保って火を通す。油をよくきり、パルマ産の生ハムで巻く。
③ソースをつくる。湯むきしたトマトの果肉と、タマネギ、ニンジン、セロリ、ジャガイモ（いずれもゆでたもの）、塩、コショウ、E.V.オリーブ油、魚のブロードを合わせ、ミキサーにかけた後、こす。濃度は魚のブロードで調整する。
④黒オリーブのペーストをつくる。鍋にアンチョビ、E.V.オリーブ油、タネを除いた黒オリーブを入れ、約1時間じっくりと煮て、フードプロセッサーにかける。
⑤器に③のソースを流し、生ハム巻きのアンコウを盛る。ソースに黒オリーブのペーストでさっと線を描き、E.V.オリーブ油をたらして、イタリアンパセリを飾る。

Primo Piatto

#133
チャヴァッロ
Ciavarro

チャヴァッロ

チャヴァッロはトマト味の豆のミネストラで、数種の豆をゴロゴロと煮込んだ、こってりとしたスープ。州内全域のトラットリーアや家庭料理としてよく食べられている一品だ。伝統料理としてぜひ食べてもらいたいが、重くお腹にたまりやすいので、自分なりのアレンジをして軽やかに仕上げている。まず、スープのベースはレンズ豆だけでつくり、仕上げに食感を残して下ゆでしたインゲン豆、ヒヨコ豆、夏ならトウモロコシや枝豆を加えてフレッシュ感を出して仕上げる。また、本来は生ハムやイノシシ肉の皮を入れて濃度のあるブロードをとり、その動物質の味わいを豆に浸透させるのだが、これはパンチェッタを巻いてソテーしたポレンタを添えることによって表現し、一皿の中にメリハリをつけ、飽きがこないように工夫した。

石川重幸（クチーナ シゲ）

ricetta

①白インゲン豆とヒヨコ豆は一晩水に浸してもどす。これらとレンズ豆、トウモロコシ、枝豆をそれぞれ少し歯ごたえが残る程度に下ゆでする。
②きざんだタマネギ、ニンジン、セロリ、パンチェッタをE.V.オリーブ油で炒め、湯むきしたトマト、プチトマト、トマトソース、下ゆでしたレンズ豆を加え、塩、黒コショウをして、野菜がクタクタになるまで約40分間煮込む。ミキサーにかけてペースト状にし、これをベースとする。
③②を鶏のブロードでのばして沸かし、①の残り4種類の豆を加えてなじませる程度に煮る。
④水に塩を入れて沸かし、ポレンタ粉をふり入れて練りながら煮る。薄めに流して固めた後、3cm角にカットし、パンチェッタを巻いてソテーする。
⑤器に③のスープを注ぎ、ポレンタをおき、アサツキの小口切りを散らす。

Primo Piatto

#134
ペンネ アッラ ペザレーセ
Penne alla pesarese

ペーザロ風ペンネの
オーブン焼き

ボリューム感たっぷりで、黒トリュフが贅沢に香り立つ一品。穴あきの乾麺に詰めものをしてオーブン焼きにするのがめずらしく、印象に残っている料理の一つだ。マルケ州は、ペーザロ県ウルビーノ周辺地域をはじめとして、白トリュフ、黒トリュフの産地として知られており、この料理にも、たっぷりと黒トリュフが使われている。現地ではトゥッフォリ（tuffoli）という小さいカネロニ状の乾燥ショートパスタでつくっているのをよく見かけたが、ここではペンネ・リガーテで代用した。詰めものは豚ホホ肉、七面鳥、鶏レバー、プロシュット・コットなどが一般的だが、私は鶏肉、仔牛、モルタデッラ、生ハムでよりデリケートな味わいにアレンジしている。

11 MARCHE

石川重幸（クチーナ シゲ）

ricetta

①タマネギのスライス、細切りにした鶏モモ肉と仔牛ロース肉をE.V.オリーブ油で炒め、白ワイン、鶏のブロードを加えてほとんど汁気がなくなるまで30分間煮る。適宜に切ったモルタデッラ、生ハムを加えてなじませる程度に煮る。
②①の煮汁は鍋に残し、具をフードプロセッサーにかける。細かく挽いたら、生クリーム、パルミジャーノ、塩、黒コショウを加えてさらに回してなめらかなペースト状にする。細い丸口金をつけた絞り袋に入れる。
③固めにゆで上げたペンネ・リガーテに②を絞り入れる。
④②で鍋に残した煮汁にスーゴ・ディ・カルネを加えて煮つめ、生クリームを加えてソースとする。ここに③のペンネ・リガーテ、小さめにカットした黒トリュフを加えて和える。
⑤セルクルに④を詰め、パルミジャーノをふり、オーブンでこんがりと色がつくまで15〜20分間焼く。皿の上でセルクルをはずして盛り付け、ソースをかける。

Secondo Piatto

♯135
<small>グワッツェット ディ クロスターチェイ エ モッルスキ コン タッリャテッレ</small>
Guazzetto di crostacei e molluschi con tagliatelle
タリアテッレ入り魚介の煮込み

11 MARCHE

グアッゼットは広くトマト煮込みを指す。マルケ州の海沿いの町では、いろいろな魚介類をトマトで煮込んだ料理は定番中の定番で、パスタを一緒に煮込むことも多い。ここで紹介したのはレストラン仕様のリチェッタで、一見豪快な料理に見えるが、魚介のごった煮ではなく、理にかなった調理法から生まれる繊細な一皿である。鍋にオリーブ油をひき、まず甲殻類と貝類を敷き詰め、その上に白身の魚をのせ、白ワインをふり注いで蓋をして火を入れていく。こうすることで、甲殻類の香りがオリーブ油にうつって風味あるソースのベースとなり、白身魚はふっくらした蒸し焼きになる。そこにタリアテッレをからめ、味をなじませて仕上げている。

石川重幸（クチーナ シゲ）

ricetta

①タリアテッレをつくる。小麦粉150g、セモリナ粉100g、卵3個、E.V.オリーブ油10gを混ぜ合わせてこねる。一つにまとめてラップ紙に包み、一晩ねかせる。パスタマシンで1.2～1.5mmの厚さにのばし、0.6～0.8cmの幅に切る。
②鍋にE.V.オリーブ油、エシャロットのみじん切り、赤トウガラシ（タネを取って輪切り）、タイムを入れ、弱火でエシャロットに火を通す。白ワインヴィネガー、フレッシュのチェリートマトの小角切りを加え、40分間煮込む（A）。
③別鍋にニンニクのみじん切り、たっぷりのE.V.オリーブ油を入れ、アカザエビ、オマール、シャコ、殻付きのアサリとムール貝をおく。この上に白身の魚（ホウボウ、カサゴ）、イカをのせ、ゆっくり火にかける。ニンニクが色づいてきたら白ワインを注ぎ、蓋をして蒸し煮にする。
④魚に火が通ったらAを入れてひと煮立ちさせ、ゆでたタリアテッレと、グリーンアスパラガス（E.V.オリーブ油、ニンニク、ローズマリー、パンチェッタで炒めたもの）を加え、火にかけながら和える。

Secondo Piatto

#136
フルッティ ディ マーレ アッラ グリッリャ
Frutti di mare alla griglia
魚介のグリル・ミスト

マルケ州では、パン粉の中に細かくきざんだイタリアンパセリやローズマリー、ニンニクなどを混ぜて香りをつけたいろいろな香草パン粉をよく使う。これを魚につけて焼く方法もごく一般的だ。今回は修業先の「マドンニーナ・デル・ペスカトーレ」で習い覚えた、プレッツェモラータと呼ばれる緑のパン粉を使用した。イタリアンパセリの風味ときめの細かいパン粉により、デリケートなグリル・ミストとなったと思う。見た目にも鮮やかな緑色が食欲をそそる一品である。

石川重幸（クチーナ シゲ）

ricetta

①イタリアンパセリ120ｇ、トースト（耳を取った食パンを色づけないようにカリカリに乾燥させたもの）300ｇ、ニンニク１片、E.V.オリーブ油60〜70ｇ、塩をフードプロセッサーにかけ、緑色のパン粉をつくる。
②ホタテ貝柱は４〜６等分に切る。レモン汁、ニンニクの香りをつけたE.V.オリーブ油、塩、コショウを合わせた中でマリネした後、緑色のパン粉を付けて、グリルにする。
③串に刺したヤリイカ、車エビ、黒ダイの切り身、ホウボウの切り身のそれぞれに緑色のパン粉を付け、グリルする。
④カリフラワー、ブロッコリ、サヤインゲン、プチトマトにそれぞれ塩、コショウ、バター、パルミジャーノをふり、オーブンで焼いて添える。

Secondo Piatto

#137

<small>クワッリャ フリッタ アロマーティカ コン リゾット アル フォルノ</small>
Quaglia fritta aromatica con risotto al forno

ウズラの香草揚げ
黒トリュフの焼きリゾット
ポートワインソース

11 MARCHE

マルケ州の内陸部に思いを馳せ、山や土の香りにあふれるウズラと、やはりマルケ州の代表的な産物である黒トリュフをリゾットにして食べてもらうことをテーマにした一皿。ウズラは、私自身がその持ち味を最も堪能できると考える、ハーブを使った香り揚げとした。これに黒トリュフのリゾットを合わせるにあたって思い浮かんだのが、リゾットの表面を焼き固めてブロードを注ぎ、お茶漬け感覚でさらりと食べるイメージ。ボリュームのあるピアット・ウニコ(肉や魚料理とパスタやリゾットなどを一皿盛りにしたもの)を、日本人でも軽く食べてもらえるようにするアイデアだ。ブロードにはドライトマトやレモンタイムの香りをきかせ、意外性を演出するとともに、皿全体を軽く爽やかな印象にする。

石川重幸(クチーナ シゲ)

ricetta

①ウズラは開き、下処理をする。オレガノ、ディル、セルフイユ、タラゴン、レモンバームのみじん切りを合わせたものをお腹に詰め、ルビーポート(ポートワインの1種)とE.V.オリーブ油でマリネする。マリネ液をきり、コーンスターチをまぶし、オリーブ油で揚げる。

②焼きリゾットをつくる。エシャロットのみじん切りをE.V.オリーブ油とバターで炒め、カルナローリ種の米を加えて炒める。鶏のブロードを数回に分けて加えながら火を入れてリゾットをつくり、仕上げに黒トリュフのみじん切りを加える。バットにあけ、冷蔵庫に入れて冷やし固める。

③②をセルクルでぬき、E.V.オリーブ油で表面をカリッと焼く。

④鶏のブロードとドライプチトマト、レモンタイムを合わせて一度沸かす。

⑤ルビーポートとスーゴ・ディ・カルネを煮つめてソースとする。

⑥器に③の焼きリゾットをおき、上にウズラの香り揚げをのせる。黒トリュフのスライスを添え、ソースをかける。ポットに入れた④のブロードを添えて提供する。

Secondo Piatto

#138

コニッリョ イン ポタッキヨ
Coniglio in potacchio
ウサギのポタッキオ

ウサギのポタッキオはマルケ州を代表するセコンド・ピアットの一つで、骨付きぶつ切り肉とジャガイモをトマト、ローズマリー、白ワインなどで煮込んだ料理。七面鳥や鶏肉、バッカラ（塩漬けの干ダラ）などでもつくる。郷土色が強い素朴な料理だが、ここで試みたのはリストランテとしての料理の分解と再構築。いわばポタッキオ風の一皿である。ウサギは白く柔らかい肉質とデリケートな味わいを最大限に生かすために詰めものをして蒸し、別につくったローズマリー風味のトマトソースでなじませる程度に煮て仕上げている。ジャガイモはソースには加えずにピュレとして添え、トマトのエスプーマを絞ってフレッシュ感を膨らませた。

石川重幸（クチーナ シゲ）

ricetta

①ウサギを開いて下処理し、モモ肉は肉挽き機で二度挽きする。この挽き肉と卵白、牛乳、マスタード、セージ、塩、黒コショウ、ナッツメッグを練り混ぜて詰めものをつくる。

②ウサギの背肉に詰めものをのせ、セージを芯にして巻き、真空パックにして、スチームコンベクションオーブンで加熱する。冷ましてから、厚さ1cmほどに切り分ける。

③タマネギのスライスをE.V.オリーブ油で炒め、白ワイン、こしたトマトソース、ローズマリー、緑オリーブを加えてひと煮立ちさせ、②のウサギ肉を加えてなじむ程度に煮て仕上げる。

④皿にジャガイモのピュレ（ジャガイモを蒸して裏ごしし、生クリーム、バター、ナッツメッグ、塩、黒コショウを加えたもの）を敷き、③をソースごと盛りつける。5mm角にカットしてゆでたジャガイモを散らし、タプナード（黒オリーブ、アンチョビ、ケイパー、オリーブ油などでつくるペースト）、E.V.オリーブ油を落とす。

⑤湯むきしたフルーツトマトとE.V.オリーブ油をミキサーにかけ、生クリームと混ぜる。これをこし、塩、黒コショウをする。エスプーマ用のサイフォンに入れ、ガスを注入して絞り出し、バジリコを添える。

11 MARCHE

Dolce

#139
チャンベッローネ
Ciambellone
チャンベッローネ

ドーナツ状の型で焼いたケーキ。小さいものはチャンベッリーネと呼ばれる。レーズン、松の実といったシンプルな材料が入っており、家庭で日常的につくられているものだ。ここではリストランテのデザートとして完成度を高めるため、中に入れるイチジクにはブランデーで風味をつけ、粗めに削ったチョコレート、オレンジの皮も加えて、少しリッチな味わいに仕立てている。

11 MARCHE

石川重幸（クチーナ シゲ）

ricetta

①薄力粉200g、ベーキングパウダー2gをふるっておく。
②砂糖100g、卵3個をよくかき混ぜ、ふるった粉を加える。さらにドライイースト4g、少し温めた牛乳100gを加えて混ぜ合わせ、すりおろしたオレンジの皮2個分を入れ、タルト型に流し込む。流し込みながら、乾燥イチジク（水でもどした後、一晩ブランデーに漬け込んだもの）8個と削ったチョコレーを手早く入れる。
③180℃のオーブンで約40分間焼く。
④粉糖をふり、半割りにした黒イチジク（一つは切り口にきざんだピスタチオをまぶす）を添える。

ラツィオ州
LAZIO

12 LAZIO

- ボルセーナ湖
- アマトリーチェ
- マレンマ湿地帯
- ヴィテルボ
- リエティ
- チヴィタヴェッキア
- ブラッチャーノ湖
- テヴェレ川
- ローマ平野
- ◎ ローマ
- ティレニア海
- フロジノーネ
- ポンツァ平野
- ラティーナ
- ガリリアーノ川
- ポンツァ島

● ラツィオ州の県と県都

ヴィテルボ県 …… ヴィテルボ
フロジノーネ県 …… フロジノーネ
ラティーナ県 …… ラティーナ
リエティ県 …… リエティ
ローマ県 …… ローマ（州都）

ラツィオ州の特徴

　東にはアペニン山脈が控え、西はティレニア海に向かって開けたラツィオ州。しかし、その半分以上は丘陵地帯で占められ、さらに残りの約半分は山岳地帯で、平野部は全体の4分の1弱ほどの面積である。海岸沿いの平野部は、北からマレンマ（マレンマ湿地帯）、アグロ・ロマーノ（ローマ平野）、アグロ・ポンティーノ（ポンツァ平野）と呼ばれ、マレンマはトスカーナ州まで続いている。アグロ・ロマーノにはテヴェレ川が、アグロ・ポンティーノにはアストゥーラ川やガリリアーノ川が流れ、それぞれ耕地を潤している。総体的に温暖な地中海性気候に恵まれているが、山岳地方では雪が降り、冬に雨が多い。

　山の産物としては栗が知られている。キノコは黒トリュフが少量採れる程度だが、丘陵地帯ではヘーゼルナッツが栽培され、全国生産量の約3分の1を担っている。羊の放牧を中心に畜産も盛んで、羊の数はサルデーニャ州、トスカーナ州に次いで20州中3番目。精肉としての仔羊はもとより、そのミルクでつくるペコリーノ・ロマーノ、リコッタ・ロマーナの生産量も多い。一方、海寄りのアグロ・ロマーノでは野菜や果物の栽培が盛んで、それらは都市部に供給される。また海岸線に沿ってチヴィタヴェッキア、アンツィオ、テッラチーナ、ガエータ、あるいはポンツァ島などの良い漁港があり、さまざまな魚介類を水揚げしている。

　首都ローマがあるため人口が多い州だが、半数以上が大都市に集中し、郊外は比較的人口が少ない。大都市には各地から移入する人々が多く、それぞれに持ち込まれた味が食文化にも影響を与えがちだが、ローマはその固有の伝統を頑なに守っている数少ない都市である。ローマには、農民や羊飼いたちの料理、土着の庶民の料理が今なお色濃く反映され、伝承されている。そのため現在でもローマ料理といえば塩味が強く、たくさんの量をテーブルに並べるのがご馳走とされる。また、もともと屠畜場のあったテスタッチョ市場で、売りものにならない部位を利用して生まれたといわれる数々の内臓料理も忘れてはならない。コーダ・アッラ・ヴァッチナーラ（牛尾の煮込み）、パイヤータ（乳飲み仔牛の腸の煮込み）などは、極め付きのローマ料理である。

　さらに、ローマでは昔から「木曜日はニョッキ、金曜日はバッカラ、土曜日はトリッパの日」という習慣がある。これは、キリスト教では金曜日には肉食をしないためで、そのぶん木曜日にはどっしりとお腹にたまるものを食べ、明けて土曜日にはしっかりと栄養を摂る、ということである。こうした習慣はいまだに守られていて、木曜日にはニョッキをメニューに登場させる店が多い。これも伝統的な食習慣が脈々と受け継がれている証であろう。

　とはいえ、ローマに代表されるラツィオ州の料理にも、まったく変化がないわけではない。州の北部、トスカーナ州と接する一帯などでは良質なオリーブ油が生産されてきており、以前は動物性油脂のストゥルット（精製ラード）が多くの料理のベースに使われていたが、近年はオリーブ油が使われることも多い。これは食生活の変化で、より軽いものを求めるようになったことと同時に、昔は農家が普通に1、2頭の豚を飼っていたのが、その習慣がなくなり、豚が手近にいなくなったことも理由の一つであろう。今では豚は専門の養豚会社が扱うようになってきている。

12 LAZIO

ラツィオ州の伝統料理

◎ローマ周辺の料理

* ブカティーニ・アッラマトリチャーナ Bucatini all'amatriciana ……グワンチャーレ、ペペロンチーノをトマトソースで煮込み、ブカティーニ（穴あきのロングパスタ）を和えてペコリーノをふったもの。ソースにはニンニクやタマネギを入れることも多い。料理名の由来の町、アマトリーチェはかつてはアブルッツォ州に属していたが、現在はラツィオ州。アマトリーチェ周辺ではスパゲッティを使うのが一般的である。
* スップリ・アル・テレーフォノ Supplì al telefono ……単にスップリとも呼ぶ。モッツァレッラ入りの俵型のライスコロッケ。半分に割った時の糸を引く様子をテレーフォノ（電話）にたとえた名前。
* ジャガイモのニョッキ Gnocchi di patate ……伝統的な習慣としてローマでは、木曜日はニョッキを食べる日。ミートソースか、バジリコ風味のトマトソースと和える。
* ローマ風ニョッキ Gnocchi alla romana ……セモリナ粉と牛乳を練った生地を小さな円盤形にぬいてつくる。これにすりおろしたパルミジャーノとバターをのせ、オーブンで焼くのが定番。
* ストラッチャテッラ Stracciatella ……すりおろしたチーズが入ったかき卵のスープ。
* エイとブロッコリのパスタ Pasta e broccoli col brodo di arzilla ……ブロッコリ・ロマネスキとエイのトマトスープに、ストロッツァプレーティ（小麦粉と水を練った生地を両手でこよりのようによってつくる手打ちのショートパスタ）を加えたスープ。
* パイヤータ Pajata ……乳飲み仔牛の腸のトマト煮。リガトーニなどのパスタと和えるのが定番。
* 魚介のズッパ
* グリーンピースと生ハムの炒め煮
* カルチョフィ・アッラ・ジュディーア Carciofi alla giudia ……アッラ・ジュディーアはユダヤ風のこと。カルチョフィを丸ごとフリットにしたもの。
* カルチョフィのオイル漬け
* ローマ風カルチョフィ Carciofi alla romana ……メントゥッチャ（ミントの一種）、ニンニク、イタリアンパセリをカルチョフィの花托に詰めて蒸し煮にしたもの。
* プンタレッラのサラダ ニンニクとアンチョビのソース Puntarelle alle acciughe ……ローマの冬野菜、プンタレッラを生で食べるサラダ。アンチョビソースが定番。
* 生のソラ豆とペコリーノ……5月1日、ローマやその周辺の町では伝統的に、みずみずしい旬の生ソラ豆とペコリーノを食べる習慣がある。
* バッカラのトラステーヴェレ風 Baccalà alla trasteverina ……バッカラ（塩漬け干ダラ）に粉をつけて揚げ、タマネギ、ニンニク、アンチョビ、ケイパー、松の実、レーズンなどを加えてオーブンで焼いたもの。レモン汁をかけ、ゆでたジャガイモを添える。トラステーヴェレはローマの下町で、テヴェレ川の右岸地区。
* 鯛の白ワイン蒸し
* サルティンボッカ・アッラ・ロマーナ Saltimbocca alla romana ……薄切りの仔牛肉に生ハムとセージを挟み、バターで焼いて白ワインをふったもの。
* トリッパ・アッラ・トラステヴェリーナ Trippa alla trasteverina ……トリッパのトマト煮込み。メントゥッチャ（ミントの一種）を加えるのが特徴。
* 鶏とペペローネのトマトソース煮
* コーダ・アッラ・ヴァッチナーラ Coda alla vaccinara ……牛テールの煮込み。トマト、シナモン、クローヴ、チョコレート、松の実、レーズンなどを加える。大きく切ったセロリを入れることもある。
* アッバッキオのオーブン焼き Abbacchio arrosto ……乳飲み仔羊の骨付きロース肉のオーブン焼き。アッバッ

キオはローマとその周辺での独特の呼び名で、季節になるとオーブン焼きはどこのトラットリーアでも見ることができる。

*アッバッキオのカッチャトーラ　Abbacchio alla cacciatora ……乳飲み仔羊の骨付き肩ロース肉に香草とワインヴィネガーを加えて炒め煮にしたもの。

◎ラツィオ州全体に広がる料理

*スパゲッティ・アッラ・グリーチャ　Spaghetti alla gricia ……グワンチャーレとペコリーノで和えたスパゲッティ。ニンニクやタマネギを入れることもある。スパゲッティ・アッラマトリチャーナのトマトソースが入らないもの。

*スパゲッティ・アッラ・カルボナーラ　Spaghetti alla carbonara ……炒めたグワンチャーレとスパゲッティを和え、とき卵とすりおろしたチーズをからめ、黒コショウをふったパスタ料理。

*スパゲッティ・ア・カチョ・エ・ペーペ　Spaghetti a cacio e pepe ……ペコリーノと黒コショウで和えたスパゲッティ。

*スパゲッティ・アッラ・プッタネスカ　Spaghetti alla puttanesca ……黒オリーブ、ケイパー、アンチョビ、ニンニク入りのトマトソースで和えたスパゲッティ。

*スパゲッティ・アッレ・ヴォンゴレ　Spaghetti alle vongole ……アサリのワイン蒸しで和えたスパゲッティ。赤トウガラシ、トマトを加えることもある。

*フェットチーネ・アッラ・パパリーナ　Fettuccine alla papalina ……ハムとグリーンピースを炒め、フェットチーネ（卵入りの手打ちの平打ち麺）を加え、とき卵とパルミジャーノで仕上げたパスタ料理。

*ペンネ・アッラッラッビアータ　Penne all'arrabbiata ……赤トウガラシの辛味をきかせたトマトソースで和えたペンネ。

*リコッタ入りのラヴィオリ

*魚介のリゾット

*ファッロ麦のズッパ

*ブルスケッタ　Bruschetta ……ガーリック・トースト。トーストした薄切りパンにニンニクをこすり付け、塩をしてオリーブ油をかけたもの。

*トマトの詰めもの……香草と米を詰めたトマトのオーブン焼き。

*カルチョフィとグリーンピースの炒め煮

*カワカマスのオーブン焼き

*カワスズキのロースト

*ポルケッタ　Porchetta ……豚の丸焼き。頭を残し、骨を抜いて開いた豚に詰めものをし、巻き込んで縛り、串に刺してあぶり焼きにしたもの。詰めものは豚の内臓、フィノッキエット（フェンネル）、ローズマリー、ニンニクなど。

*スコッタディート　Scottadito ……乳飲み仔羊の骨付きロース肉の炭火焼き。

*牛肉のガロフォラート　Garofolato di manzo ……牛モモ肉のトマト煮込み。ニンニク、マジョラム、イタリアンパセリ、生ハムの脂肪、クローヴ、ナツメグなどが入る。

*イノシシのアグロドルチェ　Cinghiale in agrodolce ……イノシシのモモ肉を赤ワインとヴィネガーでマリネし、柑橘類の皮、プラム、砂糖などを加えて煮込んだもの。

*インゲン豆と豚の皮のトマト煮込み

12 LAZIO

ラツィオ州の特産物

◎穀類・豆類
*小麦＜タルクイニャ周辺、ラティーナ周辺＞
*トウモロコシ
*インゲン豆 fagiolo cannellino di Atina DOP＜アックーモリ、アティーナ＞
*グリーンピース＜フロジノーネ、オルテ＞
*レンズ豆＜オナーノ＞

◎野菜・果物・キノコ・ナッツ類
*カルチョフォ・ロマネスコ carciofo romanesco del Lazio IGP ……葉の先にとげのないタイプのアーティチョーク。別名マンモラ。＜チェルヴェテリ、タルクイニャ＞
*ラットゥーガ・ロマーナ……生食用の葉もの野菜。名前はローマ風レタスの意で、コスレタスともいう。
*白セロリ sedano bianco di Sperlonga IGP＜スペルロンガ＞
*カヴォル・ブロッコリ……カリフラワーに似た薄緑色の野菜。ブロッコリ・ロマネスキともいう。
*ペペローニ peperone di Pontecorvo DOP＜ポンテコルヴォ＞
*ドジョウインゲン＜ブラッチャーノ湖周辺＞
*プンタレッラ……チコリの仲間であるカタローニャの一種で、花茎を生で食べる野菜。シャキシャキした歯ごたえと爽やかな苦みが特徴。
*白タマネギ＜マリーノ＞
*黒オリーブの実＜ガエータ＞
*キウイ kiwi Latina IGP＜ラティーナ＞
*桃＜カステル・ガンドルフォ＞
*サクランボ＜モリコーネ、アックワペンデンテ＞
*ブドウ＜タルクイニャ＞
*洋梨＜カステル・マダーマ＞ *イチゴ＜ネーミ＞
*栗 castagna di Vallerano DOP＜リエティ、ヴィテルヴォ、バッシアーノ、ヴァッレラーノ＞
*クルミ＜カーヴェ＞
*ヘーゼルナッツ＜ヴィニャネッロ周辺＞
*ヘーゼルナッツ nocciola romana DOP＜ローマ近郊＞

◎魚介類
*鯛・メルルーサ・トゥリッリア（ヒメジ）・エイ・スズキ
*ヤリイカ　*エビ
*カワカマス、ウナギ、鯉、鱒、ボラなどの湖や川の淡水魚

◎肉類
*中央アペニン地域の1歳強の仔牛 vitellone bianco dell'Appennino Centrale IGP
*羊＜ヴィテルヴォ、レカナーティ、フロジノーネの各周辺など＞
*乳飲み仔羊 abbacchio romano IGP＜ローマ近郊＞
*豚＜アルピーノ周辺＞　*牛
*水牛＜チルチェオ周辺＞

◎チーズ
*ペコリーノ・ロマーノ pecorino romano DOP（羊・硬質）
*ペコリーノ・トスカーノ pecorino toscano DOP（羊・半硬質）
*リコッタ・ロマーナ ricotta romana DOP（羊・フレッシュ）
*水牛のリコッタ ricotta di bufala campana DOP（水牛・フレッシュ）
*リコッタ・サラータ ricotta salata（羊・硬質）……リコッタ・セッカ（乾燥したリコッタの意）とも呼ばれ、塩をして、10〜30日間熟成する。
*カチョッタ・ロマーナ caciotta romana（羊・半硬質）
*マルツォリーナ marzolina（山羊・硬質）……山羊乳

が主体だが、牛や羊のミルク、あるいはそれらの混乳でつくられることもある。
*プロヴォラ・アッフミカータ provola affumicata……スモークをかけた糸状に裂けるタイプのチーズ。(牛・半硬質)
*カチョカヴァッロ caciocavallo(牛・硬質)……糸状に裂けるタイプのチーズ。
*モッツァレッラ・ディ・ブファラ・カンパーナ mozzarella di bufala campana DOP(水牛・フレッシュ)……糸状に割けるタイプ。

◎畜肉加工品
*プロシュット・ディ・バッシアーノ prosciutto di Bassiano＜バッシアーノ＞
*コッピエッテ・チョチャーレ coppiette ciociare……肉を細切りにして塩、コショウ、スパイスで調味し、オーブンで焼いて乾燥した干し肉。馬、ロバ肉でつくるのがオリジナルだが、現在は豚、牛肉でもつくられている。
*モルタデッラ・ボローニャ mortadella Bologna IGP
*サラミーニ・イタリアーニ・アッラ・カッチャトーラ salamini italiani alla cacciatora DOP
*サルシッチャ・ディ・モンテ・サン・ビアジョ salsiccia di Monte San Biagio……コリアンダー風味のサラミ。

◎オリーブ油
*カニーノ Canino DOP
*コッリーネ・ポンティーネ Colline Pontine DOP
*サビーナ Sabina DOP
*トゥッシャ Tuscia DOP

◎パン・菓子
*チリオラ・ロマーナ ciriola romana……全州に広まっているカリッと焼き色のついた小形パン。
*パーネ・カサレッチョ・ディ・ジェンツァーノ pane casereccio di Genzano IGP……天然酵母で発酵させた大形のパン。
*パーネ・サリザネーゼ pane salisanese……長形でクラスト(表面の皮)が厚く、焼き色の濃いパン。
*ピッツァ・ビアンカ pizza bianca……楕円形に焼いた、クリスピーな薄形フォカッチャ。
*トッツェッティ tozzetti……ナッツを入れたビスコッティ(二度焼きした固いビスケット)。
*パンジャッロ pangiallo……サフラン風味の大形の甘いパン菓子。ヘーゼルナッツ、アーモンド、松の実、柑橘類のピール、レーズンなどが入る。クリスマスの時期に食べる。
*プパッツァ・フラスカターナ pupazza di frascatana……乳房の3つ付いた人形の形をしたクッキー。
*マリトッツィ maritozzi……松の実、レーズン、オレンジピールなどの入った、円形の甘いパン。そのまま、あるいはカスタードクリームやホイップクリームを挟んで食べる。

スローフードのプレシーディオ

*オナーノ産のレンズ豆
*ローマ沿岸のテッリーナ貝(二枚貝)
*ボルセーナ湖とブラッチャーノ湖のウナギ
*ローマ近郊のカチョフィオーレ・チーズ(羊・半硬質)
*マルツォリーナ(山羊・半硬質あるいは硬質)……放牧した山羊のミルクで、3〜5月につくるチーズ。熟成させるタイプは8月まで生産可。
*ヴィテルボ産のスッシアネッラ……粗挽きにした豚の心臓、肝臓、膵臓、バラ肉、ホホ肉を豚腸に詰め、馬蹄型にして熟成させたサラミ。

12 LAZIO

ガエタ湾に浮かぶ小島ポンツァ。色とりどりの箱形
の家に囲まれた港の風景はこの地ならでは。

Antipasto

#140
プンタレッレ　アッレ　アッチューゲ
Puntarelle alle acciughe
プンタレッラのサラダ アンチョビ風味の ヴィネグレット

イタリアには各地にいろいろな種類のチコリア（チコリ）があるが、チコリア・カタローニャと呼ばれる葉野菜のグループの一つに「プンタレッラ」がある。この名前はローマ方言で、全国的にもこの通り名で知られているようにローマを代表する冬野菜だが、実際には、ラツィオ州以外ではめったに登場しない。アンチョビ風味のヴィネグレットで和えるこのサラダ仕立ての食べ方は、ローマっ子にとって基本であり、王道であり、それ以上ない最高の食べ方でもあるといえる。私も毎年、時季になると、ローマを感じる大切な存在としてローマそのままのスタイルで提供している。

12 LAZIO

小池教之（オステリア デッロ スクード）

ricetta

①プンタレッラの花茎を1本ずつはずし、汚れや固い部分を切り取って掃除する。縦に二等分し、包丁またはピーラーで繊維を断たないよう縦にそぎ切りにする。葉は長さ5〜10cmに切る。これらを冷水にしばらくさらして適度にアクを抜く。
②アンチョビ風味のヴィネグレットをつくる。塩漬けアンチョビのフィレ、ニンニクのみじん切り、白ワインヴィネガー、E.V.オリーブ油を混ぜ合わせ、塩分が足りなければ塩でととのえる。
③提供直前に①のプンタレッラの水気をよくきり、ヴィネグレットでさっと和えて器に盛る。薄切りのペコリーノ・ロマーノをかける。

Antipasto

#141

アッロスト　ディ　アングウィッラ　コン　フェーガト　グロッソ
Arrosto di anguilla con fegato grosso

フォワグラを詰めたウナギのロースト
おかひじきのソテー添え

ローマ近郊のボルセーナ湖やブラッチャーノ湖などで獲れるウナギは、古代ローマ時代から食べられてきた素材。当時の食べ方をイメージし、ウナギ料理に使われたであろうハチミツや酒をベースにした甘いタレをソースとして添えた。ウナギは蒸して柔らかくし、添えたオカヒジキのシャクシャクとした食感との対比を楽しめるように配慮した。また、極めて日本的な、ウナギを"開く"技術を用い、フォワグラを巻き込んで贅沢な印象に仕上げた。

12 LAZIO

京　大輔（コルニーチェ）

ricetta

①ウナギを背開きにして内臓と骨を取り除き、流水で血とぬめりを洗い流しておく。水気をふき取り、長さを4等分に切ってから観音開きにし、塩、コショウをふる。
②キャベツの葉を熱湯にくぐらせ、氷水に落とす。粗熱が取れたら水気をきっておく。
③フォワグラをウナギの長さに合わせて円筒形に整え、塩、コショウをふってまずキャベツで巻く。
④ウナギの皮面を下にしておき、キャベツで巻いたフォワグラをのせて巻く。一つずつラップ紙に包み、約8分間蒸し器で蒸す。ラップ紙をはがし、よく熱したフライパンでハチミツ、ガルム（魚醤）、黒コショウを混ぜ合わせたソースをぬりながら焼く。
⑤別のフライパンに皮をむいてつぶしたニンニク、赤トウガラシ、オリーブ油を入れて火にかける。ニンニクが薄く色づいてきたらニンニク、赤トウガラシを取り出し、塩湯でゆでたオカヒジキを入れて炒める。塩で味をととのえる。
⑥皿に炒めたオカヒジキを敷き、ウナギのローストをのせる。

Primo Piatto

#142

リガトーニ　デッラ　カーサ　コン　パイヤータ
Rigatoni della casa con pajata

自家製リガトーニ 小腸の煮込みのソース

ローマにおける庶民の味を代表する料理といえば、内臓料理。実際、テスタッチョ地区には内臓料理店がたくさんある。そのエリアでポピュラーな小腸の煮込み（パイヤータ）をリストランテ風に仕上げた一品。ここでは和牛の小腸を使い、和牛らしく脂のうまみを生かすことを意識した。また、野暮ったい印象にならないよう、煮込みのベースには野菜のブロードを使って腸の強い個性をやわらげている。パスタは、形状が小腸に似ているリガトーニを自家製にして合わせた。なお、パイヤータ（pajata、paiata）はローマ地方の言い方で、パッリヤータ（pagliata）ともいわれる。

12 LAZIO

京　大輔（コルニーチェ）

ricetta

①リガトーニをつくる。強力粉150g、セモリナ粉150g、卵3個、オリーブ油適量を混ぜ合わせてつやが出るまでよく練る。ラップ紙で包んで一晩ねかせ、リガトーニに成形する。
②小腸の煮込みをつくる。和牛の小腸の中を流水で洗って下処理する。鍋にオリーブ油を入れ、食べやすい大きさに切り分けた小腸を加え、弱火で炒める。白ワインをふり、ソッフリット（＊1）、ホールトマト、赤トウガラシ、ローリエを入れて蓋をし、1時間半くらい煮込む。塩で味をととのえる。
③フライパンに皮をむいてつぶしたニンニク、赤トウガラシ、オリーブ油を入れて火にかけ、ニンニクが薄く色づいたら取り出し、小腸の煮込みを加える。野菜のブロード（＊2）を入れて全体を温める。
④塩湯でゆでたリガトーニを加え、パルミジャーノとペコリーノ・ロマーノをからめる。

＊1 ソッフリット
　タマネギ、ニンジン、セロリ、ニンニクのみじん切りをオリーブ油で1〜2時間炒めたもの。
＊2 野菜のブロード
　タマネギ、ニンジン、ポロネギ、フィノッキオ（ウイキョウ）、ローリエ、クローヴ、トマトを水から20分間ほど煮出したもの。

Primo Piatto

#143
Gnocchi di semolino
（ニョッキ ディ セモリーノ）

セモリナ粉のニョッキ オーブン焼き

ジャガイモと小麦粉でつくる通常のニョッキから少しはずれた特殊なニョッキで、セモリナ粉を牛乳で練ってつくる。ローマ以外の土地ではこれを「ローマ風ニョッキ」と呼ぶが、ご当地ローマではニョッキといえばジャガイモのものが定番なため、ローマっ子には「ローマ風」の名前がしっくりこないところが興味深い。このニョッキやポレンタは、豆や穀類の粉を煮る古代ローマ時代の「プルス」の流れを汲むもので、その背景を踏まえると、広義では「ローマ風」ととらえることができるのではないかと思う。店ではコースで食べるお客さまが多く、次にセコンド・ピアットが控えているため、胃に負担がかからないように食感をオリジナルよりも軽く仕上げることを心がけ、ベシャメルソースに近い柔らかさに炊いて口溶けのよいものにしている。

12 LAZIO

小池教之（オステリア デッロ スクード）

ricetta

①鍋に牛乳を沸かしてファリーナ・ディ・セーモラ（一番挽きの細かい硬質小麦粉）を加え、ポレンタを炊く要領でダマにならないよう木べらで混ぜながら、粉っぽさがなくなるまで約20分間かけて炊く。仕上げにナッツメッグとパルミジャーノを加え、塩で味をととのえる。
②バットに移して平らにならし、よく冷やす。直径4～5cmの丸型や花型でくりぬき、耐熱容器に並べる。パルミジャーノとちぎったバターをのせて、180℃のオーブンで香ばしさと焼き色がつくまで焼く。
③フライパンにバターとセージを入れて溶かし、セージの香りのついたバターソースをつくる。焼き上がったニョッキを皿に盛ってソースをかける。

Primo Piatto

#144
トンナレッリ　ア　カーチョ　エ　ペーペ
Tonnarelli a cacio e pepe

トンナレッリの
カーチョ・エ・ペーペ

手元にある少ない材料でごくシンプルに仕上げるローマの典型的なパスタ料理。カルボナーラやアマトリチャーナの原形という説もある。現地で出合ったものは、かなりペコリーノの塩気のきいた"男らしい"味つけが印象的だったが、店では角の立った塩気を少量のバターとE.V.オリーブ油でまろやかに、かつ香りをのせるようにしている。構成がシンプルこの上ないものだけに、その風味のバランスが重要で、塩気に注意しつつペコリーノと黒コショウの香りを十分に生かすことが大事だ。

12 LAZIO

小池教之（オステリア デッロ スクード）

ricetta

①トンナレッリをつくる。ファリーナ・ディ・セーモラ（一番挽きの細かい硬質小麦粉）、卵、塩を混ぜ合わせてよくこね、休ませてから麺棒かパスタマシンで平らにのばす。キタッラと同じように断面が一辺1～2mmの正方形になるように切り分ける。塩湯でアルデンテにゆでる。

②フライパンにバターとトンナレッリのゆで汁を入れて沸かし、ゆで上がったトンナレッリを入れ、よくあおりながらペコリーノ・ロマーノをたっぷりと入れてからませ、ラツィオ州産E.V.オリーブ油で軽くつなぐ。

③器に盛り、黒コショウをかける。

Primo Piatto

#145

<ruby>Spaghetti alla carbonara<rt>スパゲッティ アッラ カルボナーラ</rt></ruby>

スパゲッティ・アッラ・カルボナーラ

12 LAZIO

今や世界的に名を知られたパスタ料理だが、もとはローマの伝統料理である。由来には諸説あるが、最も有力とされるのは炭焼き職人（カルボナーロ）が食べていたという説で、炭の粉のイメージででき上がりに黒コショウをたっぷりとふりかけるのが重要だ。店で提供する際はローマの伝統手法にのっとって、パンチェッタではなくグワンチャーレ、全卵ではなく卵黄のみ、チーズはパルミジャーノではなくペコリーノと、それ以上でも以下でもない王道の組合せにしている。合わせるパスタは太めのスパゲッティが基本だが、手打ちではトンナレッリ（247頁参照）が定番。現在のローマのトラットリーア、オステリーアなどでは、ペンネやローマのパスタであるリガトーニで提供する店も増えている。いずれにせよ、ソースの厚みをしっかりと受けとめる太めのパスタが必須だ。

小池教之（オステリア デッロ スクード）

ricetta

①スパゲッティを塩湯でアルデンテにゆでる。
②ゆでている間に、グワンチャーレ（豚ホホ肉の塩漬け）の細切りを香ばしくソテーし、しみ出た脂はきり、ゆで汁少量を加えて軽く味をなじませておく。ボウルに卵黄、ペコリーノ・ロマーノ、黒コショウを合わせてよくときほぐしておく。
③ゆで上がったスパゲッティをグワンチャーレのフライパンに入れて火にかけたまま合わせ、適度な水分を残したまま火を止める。用意した卵液を加え、余熱で手早くからませて濃度をつける。
④器に盛り、ペコリーノ・ロマーノと黒コショウをふる。

Primo Piatto

#146

パスタ エ ブロッコリ イン ブロード ディ アルヅィッラ
Pasta e broccoli in brodo di arzilla

コンキリエッテと
ブロッコリの入ったエイのスープ

ローマの下町でよく食べられている「パスタとブロッコリの入ったエイのスープ」からのアレンジ。エイ特有のアンモニア臭を感じさせないように、なるべく新鮮なエイを使用。エイの下ゆでに使うレモンやヴィネガーの量を極力抑えて余分な酸味を際立たせないようにし、仕上げにクリアな魚のコンソメと合わせて個性的なエイの風味を引き出している。また、塩ではなくガルムを加えることで全体をまろやかな塩味にまとめている。

12 LAZIO

京　大輔（コルニーチェ）

ricetta

①魚のコンソメをとる。ボウルに卵白を入れて軽く泡立てる。マダイのアラ、アサリ、タマネギ、ニンジン、セロリ、ポロネギ、フィノッキオ、タイム、ローリエ、白粒コショウを入れて鍋に移し、塩と水を入れて火にかける。鍋底が焦げないように木べらで混ぜ合わせる。表面に卵白が浮いてきたら弱火にし、真ん中に穴をあけてそのまま1時間くらい煮る。布でこして冷ましておく。
②別鍋にエイのヒレ、タマネギ、ニンジン、セロリ、レモンをそれぞれ適宜に切って入れ、水、白ワイン、塩を加える。沸騰させてから弱火にしてゆで、エイに火が通ったら水気をきり、粗熱が取れたら身をほぐしておく。
③ブロッコリ・ロマネスキを適宜に切って塩湯でゆで、粗くきざんでおく。
④魚のコンソメを鍋に入れて火にかけ、沸いたら塩湯でゆでたパスタ（コンキリエッテ・ピッコレ）を入れる。8割ほど火が入ったらエイとブロッコリ・ロマネスキを入れ、トマト（湯むきしてタネを取り、小角切り）を加えて、ガルム（魚醤）で味をととのえる。
⑤皿に盛り、E.V.オリーブ油をかける。

Secondo Piatto

#147

(バッカラ　エ　カルチョーフィ　フリッティ)
Baccalà e carciofi fritti
バッカラとカルチョフィのフリット

ユダヤ人はイタリア各地に居住しているが、ローマでは古代ローマ時代以来と、特に歴史が古く、現在でも町中にあるユダヤ教の礼拝堂シナゴーガの周辺にはユダヤ料理を提供する店が多数集まっている。ユダヤ料理には仔羊や鶏のオーブン焼き、牛肉のシチュー、魚とパスタのスープ、ズッキーニのマリネなどさまざまあるが、バッカラやカルチョフィもよく使われる素材。ここで紹介したのは衣揚げのフリットで、今日では気軽につまめるスナックとしてローマっ子にも人気である。衣のつくり方は人によりいろいろだが、今回は炭酸水やベーキングパウダーを使って、軽くさっくりとした味わいにしている。

12 LAZIO

小池教之（オステリア デッロ スクード）

ricetta

①自家製のバッカラ（344頁ricetta①参照）を4〜5日間水に浸して塩抜きし、その間何回も水を取り換える。水気をふき取り、ひと口大に切る。
②カルチョフィ（アーティチョーク）をレモン汁入りの水に浸してアク止めをしながら掃除し、くし形に切る。
③強力粉、ベーキングパウダー、卵、炭酸水、塩、コショウを混ぜ合わせて衣を作り、バッカラとカルチョフィに付けて適温のサラダ油でカラッと揚げる。
④器に盛り、カルチョフィには塩をふり、バッカラは塩気に応じてふる。イタリアンパセリを散らし、レモンのくし形切りを添える。

※カルチョフィは、撮影時はプーリア産のマモーレタイプ（＝トゲのない丸形）を使用。

Secondo Piatto

#148
ルッチョ　ブロデッタート　アッラ　ロマーナ
Luccio brodettato alla romana
カワカマスのブロデッタート ローマ風

大きな湖をいくつか持つラツィオ州らしい淡水魚の料理。卵黄とレモン汁をかき立ててつくるマヨネーズの原形のようなブロデッタートは、とてもクラシックなソースの一つ。レモンの酸味とたっぷり加えたフレッシュのマジョラムの香りが、淡水魚の風味によく合う。香味野菜はたんなる香りづけとして使うのではなく、大きめに切ってダイナミックに添えて。こうして野菜の存在感を強く出すことで、ヘルシーで華やかなイメージが加わる。

12 LAZIO

京　大輔（コルニーチェ）

ricetta

①カワカマスのフィレに少しきつめに塩をし、20分間おく。鍋に入れ、厚さ1cmの輪切りにしたタマネギ、くし形に切ったフィノッキオ（ウイキョウ）、半割りにしたアンディーヴ、丸のトマト（サンマルツァーノ種タイプ）を加えて水をヒタヒタに加える。白ワインを注ぎ、沸いたら蓋をして15分間ほど蒸し煮する。
②ソースをつくる。①の煮汁少量をボウルにとり、卵黄、レモン汁、E.V.オリーブ油を加えて湯せんにかけながら泡立てる。塩で味をととのえ、マジョラムのみじん切りを加える。
③皿に①のカワカマス（皮を取り除く）、タマネギ、フィノッキオ、アンディーヴ、トマトを盛り、カワカマスに②のソースをかける。イタリアンパセリを飾る。

Secondo Piatto

#149
トゥリッパ　アッラ　トゥラステヴェリーナ
Trippa alla trasteverina
トリッパの煮込み
トラステーヴェレ風

12 LAZIO

ローマやラツィオ州はもとより、イタリア各地にさまざまなトリッパ料理があるが、ローマの下町の名を冠したトラステーヴェレ風は、たっぷりのトマトと、ミントに似たハーブ「メントゥッチャ」で仕上げるのが特徴。文献では同じローマのものでも、たとえばガロフォラート（クローヴ風味の牛肉の煮込み）のスーゴを加えたり、トマトソース、あるいはホールトマトで煮込んだりと、つくる人によって少しずつ仕立てが違う。裏を返せば、それだけ庶民の間に広まり、親しまれてきた証拠だろう。「土曜日はトリッパを食べる日」という伝統的な風習があるほどの、ローマを代表する一皿だ。メントゥッチャは日本では手に入らないので、普通なら香りが似ているペパーミントを使うところだが、私はより爽やかな香りで仕上げるためにスペアミントを使っている。

小池教之（オステリア デッロ スクード）

ricetta

①トリッパを数回ゆでこぼした後、香味野菜と白ワイン、レモン汁を入れた湯で柔らかくなるまでゆでる。
②水気をふき取って食べやすい大きさの拍子木切りにし、タマネギ、ニンジン、セロリのソッフリット（＊）とともに鍋に入れ、白ワインを注いでアルコール分を飛ばす。こしたホールトマトを加えて味がしみ込むまでよく煮込み、仕上がり直前に塩で味をととのえ、スペアミントをちぎり入れてさっと煮上げる。
③器に盛って好みでパルミジャーノをかけ、スペアミントを添える。

＊ソッフリットのつくり方
①タマネギ、ニンジン、セロリを2：1：1の比率で、やや粗めのみじん切りにする。
②オリーブ油でつぶしたニンニクを熱して香りをうつし、ニンニクを取り出す。
③3種の野菜を入れて蓋をし、弱〜中火で約1時間、しっかりと水分を引き出しながらじっくりと蒸し焼きにする。十分に甘みが出たら、蓋をはずして色をつけないように注意しながら火にかけたまま水分を飛ばして仕上げる。調味はしない。

Secondo Piatto

#150
ファジョーリ エ コーティケ
Fagioli e cotiche
豚の皮とインゲン豆の煮込み

豚よりも羊のイメージの強いラツィオ州だが、古代ローマ時代にはすでに豚を屠畜して食べていたようで、州北部の町リエティなどでは豚肉加工職人「ノルチーノ」の文化が色濃く残り、ローマでもポルケッタ(豚の丸焼き)の屋台が名物だ。この豚皮の煮込みもラツィオ州の豚食文化の代表的な一皿で、正肉を取ったあとに残る皮も無駄なく、おいしく食べてしまう庶民の知恵の賜物である。調理法はシンプルだが、皮独特の獣臭さをしっかり取り除くことが大切で、酢水に浸ける、ゆでこぼしをする、下ゆでするなどの下処理に手間をかけてていねいに行なうことが、仕上がりの味を大きく左右する。良質なゼラチン質のうまみをうまく引き出すことが大事である。なお、豚皮は半頭単位で仕入れれば付いてくるし、あらかじめ業者に依頼すれば皮だけでも入手できる。

12 LAZIO

小池教之 (オステリア デッロ スクード)

ricetta

①豚の皮の残った毛をバーナーであぶったりカミソリでそったりして取り除き、塩、クローヴ、シナモン棒などのスパイスを加えた酢水に2～3日間浸して臭みを抜く(水を取り換える必要はない)。よく水洗いし、数回ゆでこぼしをして余分な脂とアクを取り除いた後、柔らかくなるまで約30分間、塩ゆでする。ゆで上がったら拍子木切りにする。
②白インゲン豆は水に一晩浸してもどし、塩、ニンニク、セージ、ローリエを入れた水で柔らかくゆでる。
③豚皮と水気をきった白インゲン豆を鍋に合わせて火にかけ、白ワインを入れてアルコール分を飛ばした後、こしたホールトマトとローリエを入れて煮込む。煮つまってきたら皮や豆のゆで汁でのばして濃度を調整し、煮汁全体にゼラチン質のとろみと照りが出るまで煮込む。最後に塩で味をととのえる。
④器に盛ってペコリーノ・ロマーノをふる。

Secondo Piatto

#151
アンニェッロ　アッラ　カッチャトーラ
Agnello alla cacciatora
仔羊の猟師風

12 LAZIO

ラムチョップでつくるカッチャトーラは、「スコッタディート（炭火焼き）」と並ぶローマの看板的仔羊料理といっていいと思う。各地にある仔羊料理の中でもとくに高名で、私にとっても修業の最初に出合い、長くつくり続けてきた、また食べてきたなじみ深い料理である。本来はソテーした肉に調味料を加えて一つの鍋の中で完成させるピアット・エスプレッソ（短時間でつくる料理）的なものだが、店ではリストランテのスタイルに合わせて大きな塊肉でロゼに焼き、別に仕込んだスーゴでソースをつくって皿の上で合わせている。ただ、原形のシルエットを残すべく、仕上げに肉を再度焼いて香ばしさを出し、肉とソースの味の一体感を出すような工夫をしている。ローマでは乳飲み仔羊のアッバッキオが好まれるが、味やボリュームのバランスからもう少し成長した赤身の強い仔羊肉を使っている。

小池教之（オステリア デッロ スクード）

ricetta

①仔羊背肉のブロックを掃除して背骨や余分な脂を取り除き、ろっ骨の先端の端肉をはずして骨出しをする。骨3本単位で切り分け、塩をふってしばらくおいて内側までよくしみ込ませる。
②肉から出た水分をふき取り、熱したフライパンで脂の面から焼きはじめて、溶け出た脂を何回もかけながら全体に香ばしい焼き色をつける。230℃のオーブンで3～4分間焼き、温かいところに取り出して10～20分間休ませる工程を3～4回繰り返し、計40分～1時間かけて芯までゆっくりと火を入れる。
③ジャガイモの皮をむいてくし形切りにし、肉を焼いたあとのフライパンに入れて、230℃のオーブンで柔らかくなるまでローストする。
④ソースをつくる。別鍋でニンニク、ローズマリー、セージの各みじん切りをオリーブ油で軽くソテーし、叩いたアンチョビを加えて白ワインヴィネガー、白ワイン、仔羊のスーゴを注ぎ、軽く煮つめる。調味料はいずれも主張の強いものが多いので、味のバランスに気をつける。
⑤②の仔羊肉の脂の面を再びフライパンで香ばしくパリッと焼き、取り出して2枚に切り分け、真ん中の骨をはずす。同じフライパンに④のソースを入れて仔羊の脂の香りをうつし、味の一体感を出す。
⑥器に肉を盛り、ソースとジャガイモを添えてローズマリーを飾る。

Secondo Piatto

#152
コッショット　ディ　アンニェッロ　アッロスト
Cosciotto di agnello arrosto
コン　ツッパ　ディ　カルチョーフィ
con zuppa di carciofi
アッラ　メンタ
alla menta

仔羊モモ肉のローストとミント風味のカルチョフィのスープ

仔羊肉はラツィオ州の人たちにとってハレの日の料理。特にバチカンのあるローマは宗教的な意味もあり、仔羊をよく食べる。本来はアッバッキオと呼ばれる乳飲み仔羊を使いたいところだが手に入りにくいので、ここではもう少し成長した仔羊のモモ肉を用いた。仔羊肉の付合せにはジャガイモ、タマネギ、カルチョフィがよく合うが、このうちのカルチョフィはローマらしさを感じさせる野菜なので、印象深くするためにスープとし、ローマの代表的なハーブの一つ、ミントをピュレにして添え、香り豊かに仕上げてある。

12 LAZIO

京　大輔（コルニーチェ）

ricetta

①骨付きの仔羊モモ肉に塩、コショウをよくもみ込み、ニンニク、ローズマリー、オリーブ油をふって一晩おく。骨を抜き、内側に粒マスタードをぬってたこ糸で縛っておく。
②スープをつくる。鍋にバターを入れ、ポロネギを加えて炒め、薄く切ったカルチョフィ（アーティチョーク）とジャガイモを加えてさらに炒める。鶏のブロード（＊）とローリエを加え、約30分間煮る。ローリエを取り出してミキサーにかけ、再び鍋に戻して牛乳と生クリームを加える。塩、コショウで味をととのえる。
③ペパーミント、E.V.オリーブ油をミキサーにかけてピュレにしておく。
④天板にオリーブ油をぬり、ひと口大に切ったジャガイモ、丸の小タマネギ、皮付きのニンニク、ローズマリーを散らす。仔羊モモ肉をのせて180℃のオーブンで約45分間焼く。
⑤皿に、オーブンから取り出してたこ糸をはずした仔羊をのせ、ジャガイモ、小タマネギ、ニンニク、ローズマリーを添える。
⑥カルチョフィのスープをカップに入れ、ペパーミントのピュレを浮かせて添える。

＊鶏のブロード：鶏のガラを、焼いたタマネギ、ニンジン、セロリ、トマト、パセリの軸、タイム、ローリエ、クローヴとともに約2時間煮出し、こしたもの。

Secondo Piatto

#153
コーダ ディ ブーエ アッラ ヴァッチナーラ
Coda di bue alla vaccinara
牛テールの煮込み ローマ風

イタリア語料理名のヴァッチナーラは「皮なめし人風」の意味で、牛を解体した時に残る皮を仕入れ、なめして売る人々にちなんでつけられたもの。皮に尾（テール）が付いていたことからの名前という。イタリアでは、モツ以外のテール、ホホ、タンなども内臓として扱われ、ローマでは「肉1頭を4分割した後の5番目の肉」という意味で、「5/4（クイント・クワルト）」と呼ばれる内臓料理が盛んだ。このローマ風テールの煮込みは、セロリやレーズン、松の実を入れ、シナモンなどで風味づけするところが特徴。通常は白ワインだけで煮込むことが多いが、一緒に味わうであろう赤ワインとのバランスをとるため、私は赤ワインも加えて煮込み、より厚みのある味わいにしている。

12 LAZIO

小池教之（オステリア デッロ スクード）

ricetta

①牛テールを掃除して余分な脂を除き、関節ごとに切り分ける。塩、シナモン、クローヴ、カカオの各パウダーをふりかけ、よくもみ込んで一晩おき、香りづけしながら臭みを抜く。

②①の牛テールに小麦粉を軽くはたき、オリーブ油をひいたフライパンで表面にしっかり焼き色をつける。鍋に移し、タマネギ、ニンジン、セロリでつくったソッフリット（252頁参照）を入れ、地元産の白ワイン（フラスカーティやカステッリ・ロマーニなど）と赤ワイン（チェザネーゼなど）を加えてアルコール分を飛ばし、こしたホールトマトを加えて煮込む。別鍋で、セロリの皮をむいて縦にざっくりと切ったものをオリーブ油で軽く炒め、レーズン、松の実とともに牛テールの鍋に移し、肉が骨からはがれるくらいまで計2～3時間煮込む。

③器に盛り、カカオパウダーを香りづけにふる。

Dolce

#154
ピッツァ ドルチェ デル ヴィテルボ
Pizza dolce del Viterbo
ヴィテルボ風ピッツァ

ローマ北西の町、ヴィテルボに伝わるクラシカルなケーキで、バターではなくラードを使用するのが特徴。ヴィテルボは栗の名産地なので、栗の甘煮や栗のクリームを添えて郷土色をアピール。さらに、古代ローマ時代から甘味料として使われていた黒イチジクやトマトのジャムを添え、古典的な雰囲気の一皿になるように仕上げた。

12 LAZIO

京　大輔（コルニーチェ）

ricetta

①薄力粉100gに少量のぬるま湯で溶かしておいた生イースト14gを加える。よく混ぜ、耳たぶくらいの柔らかさになったら球状にまとめ、ボウルに入れてラップ紙をかける。約2倍になるまで温かいところにおいて発酵させる。
②①に薄力粉250g、グラニュー糖100g、塩をひとつまみ加えてよく混ぜる。溶かしておいたラード25gとシナモン5gをペースト状になるまで混ぜ合わせたものを加える。弾力が出るまで強くこね、バターをぬった型に入れて、表面を平らにする。ラップ紙をして温かいところにおき、約2倍に膨らんだら表面に卵をぬり、170℃のオーブンで約20分間焼く（分量は直径19cmの型2台分）。
③冷めたら型からはずし、黒イチジクのジャム、トマトのジャム、クリの甘煮、クリのクリームを添える。

Dolce

♯155
マリトッツォ
Maritozzo
マリトッツォ

12 LAZIO

ローマの甘いパン菓子で、昔は復活祭前の四旬節に食べられていた。宗教的な意味合いから、もとはとても素朴なものだったようだが、今ではバターや卵がふんだんに使われてブリオッシュ的になり、一年中見かけるようになった。マリトッツォは「くっついた」という意味で、焼き上がった時に隣の生地とくっついて一つの固まりになるくらいに、わざわざ狭い間隔で並べて焼くのが特徴だ。くっついたところを無造作に離して供するわけだが、ここではリストランテでの提供を前提に、生地と生地を離してきれいな形に焼き上げた。また、食事の最後の利用を考え、バターを控えめにして水分量を多くし、ふわりとした軽い口当たりに工夫している。イタリア菓子に多いレーズンや柑橘類のピールの混ざった生地の、シンプルでニュートラルなやさしい味わいが気に入っている。

小池教之（オステリア デッロ スクード）

ricetta

①薄力粉、水、少量のイーストを混ぜ合わせてたね生地をつくり、一晩発酵させる。ミキサーにたね生地と薄力粉、牛乳、グラニュー糖、卵を入れて全体がまとまるまで低速で練り、バターを少しずつ加えながらしっかり生地に練り込ませていく。すべて混ざったら、レーズンときざんだオレンジとレモンの皮を加え、まんべんなく混ぜ合わせる。
②①の生地を一次発酵させた後、ガス抜きをして直径7～8cm大に分割し、球状、またはラグビーボール形に成形する。二次発酵させて約2倍の大きさに膨らませる。とき卵にグラニュー糖を加えたものを表面にぬり、170℃のオーブンに並べて約20分間焼く。
③生クリームにグラニュー糖を加えて八分立てにする。焼き上がったマリトッツォに切り目を入れて泡立てたクリームを詰め、粉糖をふってミントを飾る。

※焼きたてでも、冷めてもおいしい。カスタードクリームを挟んでケーキ風にも、またシロップをたっぷりしみ込ませてズッパ・イングレーゼ風につくることもできる。

アブルッツォ州
ABRUZZO

13　ABRUZZO

グラン・サッソ山系
◎ ラクイラ
テーラモ
アドリア海
ペスカーラ
キエーティ
マイエッラ山系
ヴァスト
ファラ・サン・マルティーノ

●アブルッツォ州の県と県都

キエーティ県 …… キエーティ
テーラモ県 …… テーラモ
ペスカーラ県 …… ペスカーラ
ラクイラ県 …… ラクイラ（州都）

アブルッツォ州の特徴

アドリア海に面した海岸線からすぐに丘陵地帯が続き、丘陵地帯からアペニン山脈の高い山並みが連なるアブルッツォ州。険しい地形で平野部がなく、山岳部は過疎化が進んで人口密度はいたって低い。海岸付近は温暖な気候だが、内陸に入ると積雪量が多く、寒さが厳しい。

イタリアの小麦栽培は、北部が軟質小麦、南部が硬質小麦だが、中部のマルケ州からアブルッツォ州にかけてはちょうどその境目にあたる。このあたりから南が硬質小麦主体となり、乾燥パスタとして製品化されてきた。山間の町、ファラ・サン・マルティーノにはパスタ工場が集まっており、ほとんどの住民が何らかの形で乾燥パスタ生産に関わっているという。

海沿いでは新鮮な魚介を豊富に使った魚介スープやパスタ料理が見られるが、一歩内陸に足を踏み入れると、肉と野菜の料理に一変する。

いずれの料理にも共通して使われ、アブルッツォの食を特徴づけているのは、ディアヴォリッロ（diavolillo）。アブルッツォ方言でペペロンチーノ（トウガラシ）のことである。ディアヴォロ（悪魔）に由来する言葉で、この火のような辛みをさまざまな料理に利用する。アブルッツォ人はドルチェとフルーツ以外のすべてにペペロンチーノを使うとまで言われるほどである。

プリモ・ピアットでは、硬質小麦粉を卵で練り、ギターの線を張ったような専用の道具「キタッラ」で切り分けるロングパスタ、マッケローニ・アッラ・キタッラと、具だくさんのスープ、ヴィルトゥが特色ある料理としてあげられる。

そして、アブルッツォの産物でとりわけ異彩を放つのはサフランだ。グラン・サッソ山系のアルトピアーノ・ディ・ナヴェッリが主要産地で、栽培法が親から子へと代々伝えられている。ただし、高価で貴重な商品として取引されてきたからか、生産地の料理にはあまり活用されていない。

また丘陵地帯、山岳地帯では牛、羊、山羊が放牧され、そのミルクから独特なチーズが生産されている。

アブルッツォ山塊の中心部に位置する国立公園。

13 ABRUZZO

アブルッツォ州の伝統料理

◎アトリア海沿岸地方の料理

*スパゲッティ・アッレ・ヴォンゴレ Spaghetti alle vongole
*リゾット・アッラ・マリナーラ Risotto alla marinara ……魚介のリゾット。
*ミネストラ・マリナーラ Minestra marinara ……舌ビラメ、トゥリッリエ（ヒメジ）、イカ、アサリなどを入れたリッチな魚介スープ。
*ブロデット・ペスカレーゼ Brodetto pescarese ……ペスカーラ周辺のブイヤベース風魚介のスープ。伝統的には、カサゴ、エイ、タコ、伊勢エビを使い、トマトを加えずにタマネギとペペローニを加える。
*生の貝類の盛合せ レモン添え
*魚介のサラダ
*ヴァスト風スカペーチェ Scapece alla vastese ……エイなどの海底魚の切り身を揚げ、サフランを加えたワインヴィネガーに漬け込んだもの。
*アゴスティネッレのフリット Agostinelle fritte ……小さなヒメジ（アゴスティネッレ）のフリット。
*小イカのマリネ……生の小イカをマリネにしたもの。マリネ液にはオリーブ油、ワインヴィネガー、タマネギ、ペペロンチーノなどが入る。
*ゆでたエビのサラダ レモンとパセリの風味
*スカンピの詰めものをしたヤリイカ 白ワイン風味……スカンピ、パン粉、イタリアンパセリ、ニンニクなどを詰め、オリーブ油で焼いた後、白ワインで蒸し焼きにする。
*アンコウのローズマリー風味 Coda di rospo al rosmarino ……筒切りアンコウのオイル焼き。ローズマリー、ニンニク、ペペロンチーノなどで風味をつける。
*タコのイン・プルガトーリオ Polipi in purgatorio ……ペペロンチーノをきかせたタコのトマト煮込み。
*トゥリッリアの詰めもの Triglie ripiene ……ニンニクとローズマリーを混ぜたパン粉を詰めたトゥリッリア（ヒメジ）のフライパン焼き。
*舌ビラメのジュリアノーヴァ風 Sogliole alla giuliese ……舌ビラメをニンニク、イタリアンパセリ、レモン汁で蒸し焼きにし、レモン汁と黒オリーブで仕上げたもの。ジュリアノーヴァの名物料理。

◎山岳・丘陵地帯の料理

*マッケローニ・アッラ・キタッラ Maccheroni alla chitarra ……ギターの弦を張ったような専用の道具「キタッラ」で切り分けた、断面が四角い手打ちロングパスタ。仔羊とペペローニのソースで和えるのが定番。
*スパゲッティ・アッラマトリチャーナ Spaghetti all'amatriciana ……グワンチャーレ、ペペロンチーノをトマトソースで煮込み、スパゲッティを和えてペコリーノをふる。ソースにはニンニクやタマネギを入れることも多い。料理名の由来の町、アマトリーチェはかつてアブルッツォ州に属していた（現在はラツィオ州）。
*ニョッケッティ・ア・カーチョ・エ・ウォーヴァ Gnocchetti a cacio e uova ……硬質小麦粉でつくる小さなニョッキに、卵とペコリーノをからめた一種のカルボナーラ。フライパンで炒めた細切りのパンチェッタを加える。
*ポレンタ・スッラ・スピアナトーラ Polenta sulla spianatora ……スピアナトーラと呼ばれる木製あるいは大理石の専用テーブルにのせたポレンタ。これを数人で囲んで食べる。トマトソースで煮込んだサルシッチャを添える。
*イラクサのズッパ Zuppa di ortiche
*カルドのズッパ *ミートボールとカルドのズッパ
*コンディータ Condita …ブロードにとき卵とすりおろしたペコリーノを入れてかき混ぜたスープ。
*スクリッペル・ンブッセ Scrippelle 'mbusse …小麦粉と水、卵の生地を薄いクレープ状に焼いて巻き、鶏のスープに入れたもの。テーラモ県の名物料理。

アブルッツォ州の特産物

◎穀類・豆類

*小麦（硬質・軟質）＜ペスカーラ南部＞
*レンズ豆＜オクレ、ロッカ・ディ・メッツォ＞
*ヒヨコ豆＜ゴリアーノ・シコリ＞
*インゲン豆＜プラートラ・ペリニャ＞
*ソラ豆＜ポッルトゥリ＞

◎野菜・果物・ナッツ類

*セロリ　*ニンニク＜スルモーナ＞
*ビーツ（砂糖用）
*カルド…アザミ科の野菜。形はセロリに似て、ほんのり苦みのあるカルチョフィの仲間。
*ジャガイモ＜アヴェッツァーノ＞
*タマネギ＜ファラ・フィリオルム・ペトゥリ＞
*ペペロンチーノ＜ランチャーノ＞
*トマト
*カルチョフィ＜プレッツァ、クペッロ＞
*ニンジン carota dell' Altopiano del Fucino IGP ＜アルトピアーノ・デル・フチーノ＞
*アスコラーナ種のオリーブの実 oliva ascolana del Piceno DOP＜テーラモ県＞
*栗＜カニストロ＞
*桃＜アテッサ＞
*アンズ＜コルフィニオ＞
*ブドウ（レジーナ種）＜オルトーナ＞
*サクランボウ
*リンゴ
*洋梨＜ペスカッセーロリ＞
*イチジク
*アーモンド＜チェルキオ、コッラルメーレ＞
*クルミ＜ブリッシャーノ＞

*サーニェとウズラ豆 Sagne e fagioli …小麦粉と水を練ってつくる短いタリアテッレ状のパスタとウズラ豆のトマトスープ。
*ヴィルトゥ Virtù ……豚肉、皮、足、耳、生ハム、ソラ豆、グリーンピース、インゲン豆、レンズ豆、ヒヨコ豆、チコリ、ビエトラ、セロリ、ニンジン、タマネギなどの野菜類、乾燥パスタ、手打ちパスタなど、多種の材料を煮込んだスープ。
*フレニャッチェ Fregnacce ……鶏肉やレバー、チーズなどを巻いたクレープのオーブン焼き。
*スカモルツァ・チーズの串焼き
*グリーンピースとグワンチャーレの炒め煮
*バッカラとセロリの炒め煮　*鱒のオーブン焼き
*ロスティチーニ Rosticini ……羊肉の串焼き。
*仔羊のカチョ・エ・ウォーヴァ Agnello a cacio e uova ……ぶつ切り仔羊肉を、ニンニク、ローズマリーとともにオリーブ油で焼き、卵とチーズをからめた料理。
*豚足の炭火焼き　*豚肉とペペローニの煮込み
*トルチネッリ Torcinelli ……山羊や仔羊の内臓を適宜に切り分け、腸を巻き付けてソーセージ状に成形したもの。これをオリーブ油とラードで焼き、白ワイン、トマトソースを加えて煮込む。もともとは羊飼いの料理。
*仔羊とペペローニの炒め煮　*山羊のロースト
*インゲン豆と豚の皮の煮込み
*鶏のフランチェスコ風 Pollo alla franceschiello ……鶏のぶつ切りを白ワインで炒め煮にし、野菜のピクルスと緑オリーブを加えて仕上げたもの。フランチェスコ2世（両シチリア国王）が狩りの時に食べた料理とされる。
*ウサギのカッチャトーラ Coniglio alla cacciatora ……ウサギ肉のトマトソース煮込み。ワインヴィネガーの酸味をきかせる。
*ウサギのオーブン焼き　ローズマリーとフィノッキエットの風味

13 ABRUZZO

◎香草・香辛料
*ラクイラ県産のサフラン Zafferano dell'Aquila DOP
＜アルトピアーノ・ディ・ナヴェッリ＞
*甘草＜アートゥリ、ペスカーラ＞

◎魚介類
*イワシ・ヒシコイワシ・サバ
*アンコウ・エイ・カサゴ
*タコ
*トゥリッリア（ヒメジ）・メルルーサ

◎肉類
*豚　*羊・山羊
*ウサギ　*鶏
*中央アペニン地域の1歳強の仔牛 vitellone bianco dell'Appennino Centrale IGP

◎チーズ
*ペコリーノ・アブルツェーゼ pecorino abruzzese（羊・半硬質）
*スカモルツァ scamorza（牛・軟質）……糸状に裂けるタイプのチーズ。スモークをかけたものもある。
*リコッタ・アル・フーモ・ディ・ジネープロ ricotta al fumo di ginepro（羊・半硬質）……ネズの木の薪でスモークした羊乳のリコッタ。
*マルチェット marcetto（羊・軟質）
*ペコリーノ・ディ・ファリンドラ pecorino di Farindola（羊・硬質）
*ペコリーノ・デル・パルコ pecorino del Parco（羊・硬質）
*パンパネッラ pampanella（山羊・軟質）

◎畜肉加工品
*ヴェントゥリチーナ ventricina ……やや大きめに切った豚肉を使った太めのサラミ。フィノッキオの花、ペペロンチーノなどを混ぜ入れる。
*サルシッチャ・ディ・フェーガト salsiccia di fegato ……豚レバー、肺、心臓などを挽いて豚肉に混ぜ、乾燥、熟成させてつくるサラミ。そのまま薄切りにして食べる。フェガタッツォ（fegatazzo）ともいう。
*モルタデッラ・ディ・カンポトースト mortadella di Campotosto ……中央に棒状に切った背脂を入れた豚肉のサラミ。約1カ月間熟成する。
*サラーメ・ディ・ペーコラ salame di pecora ……羊肉と豚の脂肪を混ぜ合わせてつくるサラミ。
*ロンツァ・アクイラーナ lonza aquilana ……豚の首肉の生ハム。
*グワンチャーレ・アマトリチャーノ guanciale amatriciano ……豚のホホ肉の塩漬け。ペペロンチーノをきかせる。
*サルシッチョット・デル・ヴァステーゼ salsicciotto del vastese ……粗く切った豚肉でつくる扁平形のサラミ。
*サラミーニ・イタリアーニ・アッラ・カッチャトーラ salamini italiani alla cacciatora DOP

◎オリーブ油
*アプルティーノ・ペスカレーゼ Aprutino Pescarese DOP
*コッリーネ・テアティーネ Colline Teatine DOP
*プレトゥツイアーノ・デッル・コッリーネ・テラマーネ Pretuziano delle Colline Teramane DOP

◎パン・菓子
*パーネ・スピーガ pane spiga ……先回使用したパン生地の一部を混ぜ込んでつくる（中種法）パン。スピー

ガとは穂の意味で、表面に麦の穂の模様をつけて焼くことから名前がついた。
*パーネ・ディ・カッペッラ pane di cappella ……硬質小麦の品種セナトーレ・カッペッリを使って焼いたパン。
*パーネ・ディ・マイス pane di mais ……トウモロコシの粉を混ぜて焼いたパン。
*カッサータ・アブルッツェーゼ cassata abruzzese ……いずれも砕いたトッローネ、チョコレート、クロッカンテ（ナッツの飴がけ）をそれぞれバタークリームに混ぜ、スポンジ生地の間に挟んだケーキ。チェンテルバ（薬草のリキュール）でスポンジ生地を湿らせるのが特徴で、スルモーナでつくられるものが有名。
*コンフェッティ confetti ……糖衣に包んだアーモンド菓子。フランスのドラジェにあたる。＜スルモーナ＞
*トッローネ torrone ……ヘーゼルナッツ入りのソフトなヌガー。
*パロッツォ parozzo ……アーモンド粉入りのスポンジ生地を半球形に焼き、チョコレートでコーティングしたケーキ。
*ボッコノッティ bocconotti ……砕いたアーモンド、フルーツの砂糖漬け、スパイスなどを練りパイ生地で包んで焼いた柔らかいビスケット。

スローフードのプレシーディオ

*サント・ステーファノ・ディ・セッサーニオ産のレンズ豆
*カステル・デル・モンテ産のカネストラート・チーズ（羊・硬質）
*ファリンドラ産のペコリーノ……凝乳酵素剤に豚の胃を使うめずらしい羊乳のチーズ。
*カンポトースト産のモルタデッラ
*マイエッラ山麓の東部丘陵地帯でつくられるサルシッチョット・フレンターノ……地元で飼育された豚肉でつくるサラミ。重しをして2〜3カ月間熟成させる。フレンターノ地域が主産地。

Antipasto

#156
コッツェ アッロ ヅァッフェラーノ
Cozze allo zafferano

コッツェのスープ仕立て サフラン風味

サフランの名産地を象徴する香り高いムール貝のスープ。ただ、アブルッツォ州のサフランは良質なことから国内大都市や海外に出荷されることが多く、州内ではさほど贅沢に使われていない。このスープは現地でつくられているリチェッタとほとんど同じにつくっている。サフランは風味が強いので、ムール貝が負けないよう大粒のものを使うことが一番のポイント。ベースのだしも魚介のブロードではなく、野菜のブロードを使ってムール貝の風味を引き立てるようにする。

鮎田淳治（ラ・コメータ）

ricetta

①タマネギのみじん切りをE.V.オリーブ油で炒め、殻付きのムール貝を入れる。蓋をして蒸し煮にし、殻が開いたらシノワでこして貝と汁に分ける。貝の汁に野菜のブロードとサフランを加え、煮つめる。貝は殻をはずし、スープに入れる。
②器に盛り、イタリアンパセリを散らす。

Antipasto

#157
(パッロッテ カッシェ オーヴァ)
Pallotte casce ova

チーズボールのフリット

イタリア語名の「パッロッテ・カッシェ・オーヴァ」は、順に「ボール、チーズ、卵」を意味する方言。チーズと卵、それにパン粉などを混ぜ、小さなボール状に丸めて揚げたおつまみ感覚の前菜である。この地方では羊の飼育が盛んなことから、料理用のチーズは羊乳製のペコリーノを使うことが多く、この料理も本来はペコリーノだけでつくるものだった。だが、最近はペコリーノの香りの強さを敬遠して、パルミジャーノと半々にして使うことが多くなっている。私の店ではパルミジャーノの代わりに、その親類であるロディジャーノ（ロンバルディア州ローディ産のグラーナチーズ）を気に入って使っているので、リチェッタもそのようにしている。

13 ABRUZZO

鮎田淳治（ラ・コメータ）

ricetta

①ペコリーノとロディジャーノ・チーズをすりおろしたものを同量で合わせ、卵、パン粉、ニンニクとイタリアンパセリのみじん切りを加えてよく混ぜる。

②スプーンなどで紡錘形に整えて、中温のサラダ油で色よく揚げる。油をきって器に盛る。

Primo Piatto

#158
キタッラ　アッラマトゥリチャーナ
Chitarra all'amatriciana
キタッラのアマトリチャーナ

"キタッラ"というパスタ道具でつくるこのパスタは、全国的に名前を知られたアブルッツォ州の名物料理である。断面が四角形をしたかなりコシのあるパスタなので、ソースも同様にパンチのあるものが向いている。一般にはトマトソース系を組み合わせることが多く、仔羊の肉を煮込んだスーゴなどもよく使われる。ここでつくったのはアマトリチャーナ。パンチェッタやグワンチャーレ入りのトマトソース和えで、アマトリーチェ出身の料理人がつくった料理といわれる。この町は現在ラツィオ州だが、1900年代初頭まではアブルッツォ州に属していた。

13 ABRUZZO

鮎田淳治（ラ・コメータ）

ricetta

①キタッラをつくる。中力粉120ｇ、卵1個、E.V.オリーブ油、塩各少量を混ぜてこねる。一つにまとめてラップ紙で包み、30分間ねかせる。約5㎜の厚さにのばして、キタッラ（ギターにように弦を張った専用の道具）で細く切り分ける。
②ソースをつくる。パンチェッタかグワンチャーレ（豚ホホ肉の塩漬け）の細切りをE.V.オリーブ油で炒め、脂がほどよく出てきたらニンニク、タマネギ、セロリの各みじん切りを加えてさらに炒める。赤トウガラシを細かくきざんだものとトマトソースを入れて煮る。
③キタッラを塩湯でゆで、水気をきってソースに入れて和える。器に盛り、ペコリーノをかける。

※キタッラの生地は卵入りにしているが、卵を入れずにぬるま湯だけで練ってつくるリチェッタもある。

Primo Piatto

#159
Sagne a pezzi
(サンニェ ア ペッツィ)

ひし形パスタの仔羊ソース和え

サーニェは標準語のラザーニェに相当する平たいパスタ。1辺4cmくらいのひし形に切って、仔羊肉の小片の煮込みと組み合わせた料理である。調理の特徴は、下ゆでしたパスタ生地をトマトスープくらいの濃度の薄いソースに入れ、煮つめながらソースの味をなじませていくところにある。時間をかけて煮込むため、パスタ生地は厚さ2mmくらいにやや厚めにつくっておく。煮ていくうちにとろみがついてくるが、通常のソースの濃度よりややゆるめで止め、パスタにたっぷりからめて食べてもらう。

13 ABRUZZO

鮎田淳治（ラ・コメータ）

ricetta

①サーニェをつくる。中力粉120g、卵1個、E.V.オリーブ油、塩各少量を混ぜてこねる。一つにまとめてラップ紙で包み、30分間ねかせる。2mmの厚さにのばし、1辺が4cmのひし形に切る。以下のソースを仕込みながら、同時に固めに塩湯で下ゆでする。
②ソースをつくる。タマネギ、ニンジン、セロリ、ペペローニ（赤ピーマン）の各みじん切りを炒め、仔羊の半端肉と水を加え、蓋をして煮込む。煮汁が少なくなり、仔羊から出てくるミルクのような香りがしてきたら、ホールトマトのざく切りを加える。ここに下ゆでしたサーニェとゆで汁を入れ、とろみが出てくるまで弱火で5分間ほど煮込む。
③器にソースごと盛り、ペコリーノをふる。

Secondo Piatto

#160
ブロデット ディ ペッシェ アッラ ヴァステーセ
Brodetto di pesce alla vastese
ヴァスト風ブロデット

13
ABRUZZO

アドリア海沿岸の地域ではズッパ・ディ・ペッシェをブロデットと呼んでいる。そのブロデットも土地によってわずかに違いがあり、アブルッツォ州ではペペローニ（赤ピーマン）を入れて甘い香りをつけるところに特徴がある。本来はタマネギもセロリも入れず、ペペローニを炒めて香りを出し、そこにブロードやトマトソースを加えて魚介を煮るが、ここではペペローニの香りを邪魔しない範囲で味出しのためにタマネギ等も加え、さらに効果的に香りをつけるためにペペローニのピュレを煮上がりに加えている。ブロードも味の強い魚介ではなく、野菜のものを使うことでペペローニの香りをよりいっそう際立たせている。同じ意味でトマトソースも薄めのものを使うほうがよい。

鮎田淳治（ラ・コメータ）

ricetta

①タマネギとセロリのみじん切りをE.V.オリーブ油で炒め、蓋をして蒸し焼きにする。ペペローニ（赤ピーマン）の細切りを加え、弱火で時間をかけてソテーする。野菜のブロードとトマトソースを加えて温め、魚介（1尾のままのカサゴとタカベ、アンコウの切り身、殻付きアカザエビ、殻付きアサリ、新イカ）を入れる。アクを取りながら30〜40分間煮込む。

②アサリと新イカは火が通ったら取り出しておく。ムール貝は別鍋で蓋をして蒸し煮にし、殻を開ける。煮上がる直前にムール貝、アサリ、新イカを鍋に戻して温める。ペペローニのピュレ（丸ごとローストして皮をむき、果肉を裏ごしする）も混ぜて香りをつける。

③器に盛り、イタリアンパセリをふる。

Secondo Piatto

#161
トゥルチェネッレ
Turcenelle
内臓の網脂巻き

アブルッツォ州の内臓料理を他州と比べると、いろいろな内臓を一緒に混ぜて使うことが多く、調理法が極めてシンプルなところが特徴としてあげられる。ここで紹介しているのも、ソテーした肺、心臓、レバーの3種をゆで卵とチーズとともに網脂で巻き、蒸し焼きにしたものである。本来は仔羊の内臓でつくる料理だが、日本では入手がむずかしく、沖縄産の豚の内臓で代用したが、この料理のおいしさを十分に表現できたと思う。

13
ABRUZZO

鮎田淳治（ラ・コメータ）

ricetta

①仔羊の内臓の代わりに豚の肺、心臓、レバーを使う。それぞれ5〜6cmの長さの棒状に切り、塩（強めに）、コショウをふる。E.V.オリーブ油でさっと表面だけをソテーする。白ワインをふりかけてアルコール分を飛ばし、取り出して冷ましておく。
②詰めもの用にゆで卵をつくり、殻をむいて三日月形に切る。プロヴォローネ・チーズは細長く切る。
③掃除した網脂を四角形に切って広げ、内臓、ゆで卵、プロヴォローネ・チーズを均等に散らしながら細長く並べる。ロディジャーノ・チーズ（ロンバルディア州ロディ産のグラーナ・チーズ）をすりおろしたものとイタリアンパセリのみんじん切りをふり、ロール状にきつめに巻く。豚の小腸（縦に2本に切り分け、1本を使う）でロールの片方の端を縛り、網脂の上にらせん状に巻き付けて反対側の端で縛る。
④フライパンにE.V.オリーブ油をひき、弱火でゆっくりと焼いて中心まで火を入れる。切り分けて器に盛る。

Primo Piatto

#162

(ポレンタ　アッラ　スピヤナトーラ)
Polenta alla spianatora

柔らかいポレンタと琉球島豚軟骨トマトソースのオーブン焼き

ポレンタは北イタリア料理として知られるが、アブルッツォ州でもよく食べられる。北部ではつくりたてのアツアツを肉料理に添えたり、冷めて固まったものを焼いたり揚げたりするのが一般的だが、アブルッツォ州では大きな器にトマトソースとともに盛り、オーブン焼きにするのが昔ながらの調理法。ポレンタとソースが一体となった味を楽しむ食べ方である。ここでは豚のスペアリブをソースに入れ、少々リッチな、セコンド・ピアットとしても通用する一皿に。また、ポレンタ自体も野菜のブロードで練ってうまみを補った。

13 ABRUZZO

鮎田淳治（ラ・コメータ）

ricetta

①ポレンタをつくる。野菜のブロードを沸かしてE.V.オリーブ油と塩を入れ、ポレンタ粉をふり入れる。弱火でかき混ぜながら練り上げる。
②ソースをつくる。豚のスペアリブに塩、コショウ、小麦粉をまぶしてE.Vオリーブ油でソテーしておく。別鍋でタマネギ、ニンジン、セロリの各みじん切りをE.Vオリーブ油で炒め、先のスペアリブを入れる。赤ワイン少量を入れ、煮つめてアルコール分を飛ばしてから、湯むきにしたトマトのざく切りを加える。さらにトマトソース、野菜のブロードを加えて1時間以上煮込む。
③耐熱皿にソースを流し、ポレンタをスプーンですくい取って一面に並べる。スペアリブをポレンタの上に並べる。ペコリーノをかけ、220℃のスチームコンベクションオーブンで10分間焼く。

Secondo Piatto

#163
アンニェッロ アッルストゥ
Agnello arrust
仔羊の
骨付きロース網焼き

アブルッツォ州では「アッロスト（英語のロースト）」がなまって「アッルスト」という言葉が生まれたが、その後使い方が変わって、アッルストは「網焼き」を意味するようになった（ローストは標準語どおりにアッロストと呼ぶ）。この料理のおもしろさは、焼き上がりにワインヴィネガーとオリーブ油と塩を混ぜたものをローズマリーの葉先につけて、パタパタと肉に叩きつけながら仕上げるところにある。酢の酸味で肉や脂のしつこさをやわらげ、同時にローズマリーの香りをつけながら羊の臭みを抑えるというものである。素朴ではあるが、理にかなった調理法だと思う。

13
ABRUZZO

鮎田淳治（ラ・コメータ）

ricetta

①仔羊の骨付きロース肉を1本ごとに切り分ける。E.V.オリーブ油、ローズマリー、タイム、セージ、ローリエをまぶして1日マリネする。
②肉に塩、コショウして両面を網焼きにする。仕上がりの直前に、白ワインヴィネガー、E.V.オリーブ油、塩を合わせ、これに枝付きローズマリーの葉を浸しながら繰り返し仔羊肉を叩き、まぶしながら焼き上げる。

Dolce

#164

Cassata abruzzese
(カッサータ　アブルッツェーセ)

アブルッツォ風カッサータ

日本ではカッサータといえばシチリア州のものがよく知られているが、アブルッツォ州のカッサータもまた歴史の長い伝統菓子である。だが、2つのカッサータはまったくつくりが違う。リコッタがベースのシチリア風に対し、こちらはパン・ディ・スパーニャ（スポンジ生地）とバタークリームを層に重ねたもの。パン・ディ・スパーニャにはアブルッツォ産のリキュール「チェンテルベ」をしみ込ませ、バタークリームには同じく特産のトッローネ（ヌガー）やアーモンドのクロッカンテを混ぜており、そこにこの土地の個性が表現されている。チェンテルベはアルコール度が72度と非常に高く、「100の香草」という意味の名前のごとく、たくさんのハーブが使われている。

鮎田淳治（ラ・コメータ）

ricetta

① 小麦粉（タイプ00）130g、卵5個、砂糖160gの配合でパン・ディ・スパーニャ（スポンジ）の生地をつくり、丸型で焼く。横に4枚に切り分ける。
② 3種類のバタークリームをつくる。バターを柔らかく泡立て、卵黄と粉糖を加えてクリーム状にする。飾り用に少量を別に取りおき、残りを3等分する。トッローネ、チョコレート、アーモンドのクロッカンテ（砂糖がけしたもの）をそれぞれきざみ、1種類ずつバタークリームに混ぜて3つの風味をつくる。
③ チェンテルベ（香草風味のリキュール）に約1割の水を加えて薄め、ハケで4枚のパン・ディ・スパーニャにぬる。
④ ケーキ台に1枚目をおき、1種類ずつバタークリームをぬりながら交互に重ねて3層にし、一番上にもパン・ディ・スパーニャをおく。
⑤ 残った3種類のバタークリームを混ぜてケーキ全体にぬる。側面にパン・ディ・スパーニャの粉（切りくずをふるいにかけて細かくしたもの）をまぶし、上面にフルーツの砂糖漬けやアーモンドのクロッカンテ、ベースのバタークリームを絞る。

モリーゼ州
MOLISE

14 MOLISE

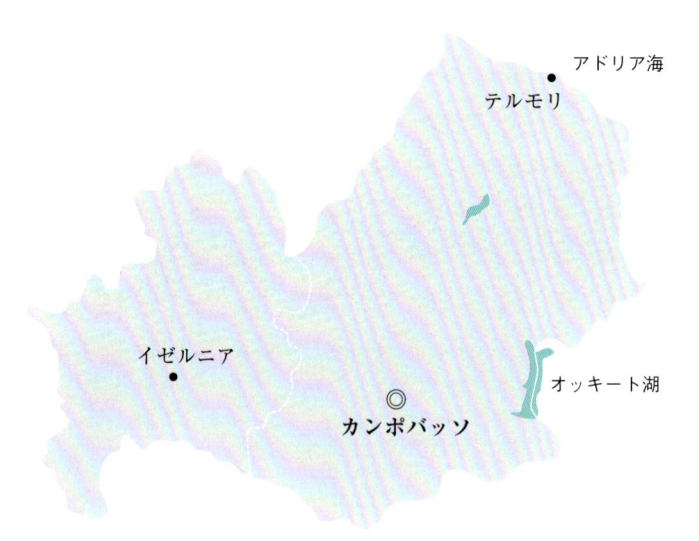

●モリーゼ州の県と県都

カンポバッソ県 …… カンポバッソ（州都）
イゼルニア県 …… イゼルニア

モリーゼ州の特徴

　モリーゼは州はアブルッツォ州と分離して生まれたイタリアの中で一番新しい州。北東側はアドリア海に面し、北西側のアブルッツォ州、南東側のプーリア州に挟まれて、ちょうどクッション的な存在となっている。半分以上が美しい自然の残る山岳部、あとは丘陵地帯で、ほとんど平野がない。高度のある山岳地帯の冬は長く雪に覆われ、寒さもことのほか厳しいが、海に近づくにつれて寒さはやわらぎ、温暖な気候となる。

　小麦やトウモロコシ、さまざまな野菜が栽培されているが、厳しい自然環境のため、いまだに小規模な農家が多い。また、海に面しているものの魚介類の水揚げ量はそう多くはなく、丘陵地帯で放牧される羊や山羊からつくられる特色あるチーズや畜肉加工品（スモークをかけた山岳地方の生ハムや、ペペロンチーノをきかせたサラミなど）が主な産物である。

　モリーゼ州では春になると、どのトラットリーアでも野原に自生するオルティーカ（イラクサ）のズッパが用意される。パンチェッタとタマネギをベースに、摘んできたイラクサの葉をきざみ、茎をつぶしてズッパに仕立てるもので、こうした野や山のひなびた料理が伝統的につくり続けられている。

　アブルッツォ州のマッケローニ・アッラ・キタッラや、プーリア州の揚げ菓子、カルテッラーテがモリーゼ州でも定着しているように、近隣の州の影響が色濃く見られる。ペペロンチーノ使いなど、特にアブルッツォ州の食文化が深く根をおろしている。

州都、カンポバッソの風景。

14 MOLISE

モリーゼ州の伝統料理

◎アドリア海沿岸地方の料理

*アサリのスパゲッティ……伝統的にはトマトが入らない。
*ムール貝のズッパ
*ズッパ・ディ・ペッシェ・テルモレーゼ……テルモリ風の魚介のスープ。鮮魚と緑のペペローニ(ピーマン)をトマトで煮込む。
*ブロデット Brodetto ……魚介のスープ。
*ヒシコイワシのマリネ　*タコの煮込み
*アンコウの詰めもののトマトソース煮

◎山岳・丘陵地帯の料理

*マッケローニ・アッラ・キタッラ Maccheroni alla chitarra ……キタッラはギターの弦を張ったような専用の器具で切った、断面が四角形の手打ちロングパスタ。アブルッツォ州の影響を受け、モリーゼ州でも定着しているもの。モリーゼ州で一般的なのは仔羊肉とペペローニのソース、あるいはペペロンチーノ(トウガラシ)をきかせたトマトソース和え。
*カヴァテッリの仔羊のラグー Cavatelli con ragù di agnello ……硬質小麦粉と水を練ってつくる小さなニョッキ形パスタを、トマトで煮込んだ仔羊肉のラグーで和えたもの。
*モリーゼ風のフジッリ Fusilli alla molisana ……フジッリ(スクリュー形パスタ)をペペロンチーノ入りのトマトソースで和えたもの。
*リコッタのカルチョーニ Calcioni di ricotta ……リコッタ、プロヴォローネ・チーズ、生ハムなどを詰めた円形のラヴィオリ。フリットにするか、オーブンで焼いて食べるのが一般的。
*ファッロ麦とヒヨコ豆のズッパ　サフラン風味
*イラクサのズッパ Zuppa di ortiche ……トマト、パンチェッタの入ったイラクサのスープ。

*パスタ・エ・ファジョーリ Pasta e fagioli ……パスタとインゲン豆のスープ。
*ズッパ・サンテ Zuppa santè ……仔牛肉の小さなミートボール入りのズッパ。薄切りパンとチーズが入る。伝統的にクリスマスに食べられていたもの。
*スクリッペッレ Scrippelle ……巻いたクレープにスープをかけたもの。
*ポレンタと豚肉のラグー
*ファスカディエッレ Fascadielle ……ポレンタにパンチェッタでつくるソースとチーズをかけたもの。
*鱒のオーブン焼き
*ニエルヴェ・エ・ムッセ Nierve e musse ……仔牛の頭をゆで、ほぐしたスジ肉を自身のゼラチン質で固めたテリーヌとセロリのサラダ。
*トルチネッリのオーブン焼き Torcinelli arrostiti ……トルチネッリは、仔羊の内臓を適宜に切り分け、腸を巻き付けてソーセージ状に成形したもの。これをオーブンでローストする。アブルッツォ州とともにモリーゼ州でも定着している料理。
*仔羊のグリル
*仔羊あるいは仔山羊の頭のオーブン焼き
*ウサギのカッチャトーラ Coniglio alla cacciatora ……ウサギ肉を、ワインヴィネガーの酸味をきかせて、トマトソースで煮込んだ料理。
*ウサギの串焼き　セージとローズマリーの風味
*豚肉とペペローニの炒め煮
*仔羊のカチョ・エ・ウォーヴァ Agnello a cacio e uova ……ニンニクとローズマリー風味のオリーブ油でぶつ切りの仔羊肉をソテーし、仕上げにとき卵とすりおろしたペコリーノを加えてからめたもの。

モリーゼ州の特産物

◎穀類・豆類
*小麦（硬質・軟質）＜テルモリ周辺＞
*トウモロコシ　*レンズ豆＜カプラコッタ＞
*インゲン豆　*ヒヨコ豆

◎野菜・果物類
*フィノッキオ　*ビエトラ（フダン草）
*セロリ＜カステルマウロ＞　*キャベツ＜カルピノーネ＞
*ペペローニ＜ボイアーノ、モンテファルコーネ・ネル・サンニオ、モンテロドゥーニ＞
*イチジク＜アックワヴィーヴァ・コッレクローチェ＞

◎魚介類
*ヒシコイワシ　*スカンピ　*タコ

◎肉類
*羊・山羊　*豚　*ウサギ　*鶏
*中央アペニン地域の1歳強の仔牛　vitellone bianco dell'Appennino Centrale IGP

◎チーズ
*カチョカヴァッロ・ディ・アニョーネ　caciocavallo di Agnone（牛・半硬質）……グリルにして挽きたての黒コショウをかける食べ方が一般的。
*カチョカヴァッロ・シラーノ　caciocavallo silano DOP
*ストラッチャータ　stracciata（牛・フレッシュ）
*カンパーニアの水牛のリコッタ　ricotta di bufala campana DOP
*ペコリーノ・ディ・カプラコッタ　pecorino di Capracotta（羊・硬質）
*ペコリーノ・デル・サンニオ　pecorino del Sannio（羊・硬質）
*カプリーノ・デル・モリーゼ　caprino del Molise（山羊・硬質）
*フォルマッジョ・ディ・ピエトラカテッラ　formaggio di Pietracatella（牛、羊、山羊の混乳・硬質）
*スカモルツァ　scamorza（牛・軟質）

◎畜肉加工品
*ヴェントゥリチーナ　ventricina……豚肉にフィノッキオの花、ペペロンチーノなどを混ぜ入れた太めのサラミ。
*サルシッチャ・ディ・フェーガト　salsiccia di fegato……レバー、肺、心臓などを挽いて混ぜてつくる豚肉のサラミ。フェガタッツォ（fegatazzo）ともいう。
*ソップレッサータ・モリザーナ　soppressata molisana
*プロッシュット・アッフミカート　prosciutto affumicato……スモークをかけた生ハム。＜リオネロ・サンニーティコ＞
*サラミーニ・イタリアーニ・アッラ・カッチャトーラ　salamini italiani alla cacciatora DOP

◎オリーブ油
*モリーゼ　Molise DOP

◎調味料
*ルニジャーナのハチミツ　miele della Lunigiana DOP

◎パン・菓子
*パーネ・カサレッチョ　pane casareccio……先回使用したパン生地の一部を混ぜ込んでつくる（中種法）パン。
*カルジュニッティ　calgiunitti……ナッツ、スパイス、ヒヨコ豆や栗のピュレなどを合わせた詰めものを、練りパイ生地で半月形に包み、揚げたり焼いたりした菓子。
*カルテッラーテ　cartellate……バラの花形の揚げ菓子。ハチミツやモストコット（ブドウ果汁を煮つめたもの）をからめて食べる。
*チェッペッリアーテ　ceppelliate……ビスケット生地でアマレーナのジャムを円形に包み、オーブンで焼いた菓子。

スローフードのプレシーディオ

*コンカ・カサーレ産のシニョーラ……ペペロンチーノをきかせたスパイシーなサラミ。

Antipasto

#165
Tiella（ティエッラ）

ナスと野菜の重ねオーブン焼き

ティエッラは標準語のテガーメ（浅鍋）に当たる方言で、浅鍋でつくる料理を表わす。普通はオバール型のような大きな容器でボリュームいっぱいにつくるが、ここでは直径8cmほどの小さなセルクルを使って品のよいレストランスタイルに仕上げた。大きな型で大量につくる場合は野菜からけっこう水分が出てくるので、オーブンで焼く時にスチームをきかせないほうがいい。焼きたての熱い状態を食べるのもよし、時間がたって冷めてからでも十分おいしい。イタリアでは伝統的に野菜を生で食べる習慣がなく、つくりおきのきくこうした野菜料理が多い。

14 MOLISE

鮎田淳治（ラ・コメータ）

ricetta

①米ナスを厚さ8mmのスライスにし、塩をしてしばらくおく。出てきた水分をふき取る。タマネギ、ジャガイモ、トマトも同様のスライスにする。
②ニンニク、セロリ、イタリアンパセリを一緒にみじん切りにし、ドライのオレガノと塩、コショウで味をつける（A）。
③調理皿に直径約8cmのセルクルをおく。底に米ナスを敷いてE.V.オリーブ油をかけ、タマネギ、ジャガイモ、トマト、Aの香味野菜の順に重ねる。これをあと2回繰り返して3層にする。一番上にもE.V.オリーブ油をかけ、170℃のオーブンで20分間焼く。
④フレッシュトマトのピュレとトマトソース、E.V.オリーブ油を混ぜ、皿に薄く流す。野菜の重ね焼きをセルクルからはずして盛る。

Primo Piatto

#166
Zuppa molisana
(ツッパ モリザーナ)

ヒヨコ豆と
スカモルツァのスープ

料理名にモリザーナ（モリーゼ風）とあるように、この土地のズッパの中で一番代表的なものである。ヒヨコ豆（チェーチ）、スカモルツァ、パンでつくるシンプルな構成だが、豆をいっぱいに使っているので十分お腹にたまる。スカモルツァはモッツァレラと同じように湯で練ってつくる南イタリアのポピュラーなチーズ。モリーゼでも生産が盛んで、料理に使うだけでなく、簡単に薄切りをパリパリに焼いて食べたりもする。

14 MOLISE

鮎田淳治（ラ・コメータ）

ricetta

①ヒヨコ豆を一晩水に浸してもどす。翌日、タマネギ、セロリのざく切りとローリエとともに柔らかくなるまで塩ゆでする。
②タマネギの薄切りをE.V.オリーブ油で炒める。弱火にして時々蓋をしながら蒸し焼きにし、時間をかけて甘みと香りを出す。ヒヨコ豆とゆで汁を加え、しばらく煮る。
③田舎パンを厚さ約8mmのスライスにし（1人分3枚を用意）、とき卵にくぐらせる。耐熱皿にE.V.オリーブ油をぬり、底にパンを1枚敷く。②の豆のスープを入れ、スカモルツァ・チーズの薄切りとロディジャーノ・チーズ（ロンバルディア州ローディ産のグラーナ・チーズ）をすりおろしたものをかける。もう一度パン、豆のスープ、チーズの順に重ね、一番上にもパンをおいてチーズをふる。200℃のオーブンで約10分間火を入れる。

Primo Piatto

#167
Laganelle ai gamberi di fiume
ラガネッレのザリガニソース

ラガネッレはパスタ名で、タリアテッレと同じ形状のもの。材料に卵黄を使わず、卵白とオリーブ油で練る淡白な味のパスタである。この料理はザリガニのソースを組み合わせているので、臭みを消すためにローズマリー、セージ、マジョラムを練り込んで香草風味にしてある。ザリガニはモリーゼ州やアブルッツォ州では豊富に獲れ、魚介の中では高級品の部類。日本では阿寒湖のザリガニが味として一番似ており、今回もそれを使って調理した。

鮎田淳治（ラ・コメータ）

ricetta

①フレッシュのローズマリー、マジョラム、セージを一緒にみじん切りにする。
②ラガネッレの生地をつくる。中力粉400g、卵白3個分、①の香草4g、E.V.オリーブ油、塩少量を混ぜ合わせ、こねる。約1時間ねかせた後、薄くのばして、タリアテッレと同じ幅に切る。
③ソースをつくる。殻付きのザリガニはエラと背ワタを除いておく。ニンニクのみじん切りをE.V.オリーブ油で炒め、少し色づいてきたらザリガニを入れる。薄力粉をまぶしてソテーし、色が変わってきたら白ワインと野菜のブロードを加えて煮つめる。
④ラガネッレを塩湯でゆでて水をきり、ソースの鍋に入れる。E.V.オリーブ油、イタリアンパセリのみじん切り、ナッツメッグ、塩、コショウをふって全体をよく混ぜ合わせる。

#168

コニッリョ　リピエーノ　アッラ　モリザーナ
Coniglio ripieno alla molisana

ウサギの詰めもの モリーゼ風

イタリアの他の地方と同様、モリーゼ州にもウサギを飼い、それを食用とする食習慣は古くからあった。肉の中では羊に次いで多く食べられているという。この料理は豚挽き肉（現地では仔牛肉が一般的）とペコリーノ、パン粉、卵を混ぜたものを詰めてローストしたものだが、詰めものに風味の強いペコリーノを使うリチェッタはめずらしい。ほかにポルチーニ茸やサルシッチャを入れることも多い。焼き方は最初と仕上げの段階で表面を香ばしく焼き、プロセスの中ほどでブロードを少量入れ、蓋をして蒸し焼きにしている。こうするとウサギ肉をパサつかせることなく、詰めものにしっかり火を入れることができる。

鮎田淳治（ラ・コメータ）

ricetta

①詰めものをつくる。豚挽き肉、パン粉、ペコリーノ、イタリアンパセリのみじん切り、卵、塩、コショウを合わせて練る。
②1羽のウサギから頭とモモ肉を除き、胸から背にかけての肉から骨を除いて1枚に開く。これに①の詰めものをぬり、筒状に巻いてたこ糸で縛る。
③深鍋にE.V.オリーブ油をひき、②のウサギ肉、厚めのスライスにしたタマネギ、ローズマリー、セージを散らして150℃のオーブンに入れる。タマネギがしんなりし、ウサギ肉に焼き色がついてきたら野菜のブロードを少量入れる。蓋をしてオーブンを170℃に上げ、30〜40分間蒸し焼きにする。
④煮汁が煮つまってきたら蓋をはずし、鍋底にたまっている煮汁とオイルを時々ウサギ肉にかけながら、色づくまでオーブンで焼き上げる。
⑤切り分けて煮汁とともに供する。

Dolce

#169
スカルペッレ
Scarpelle
ふわふわポテトフライデザート

発酵させた粉生地でつくる揚げ菓子はイタリア各地にいろいろなバリエーションがあるが、モリーゼのそれはジャガイモのピュレを混ぜ込むところに特徴がある。肉屋やパン屋はたくさんあっても、野菜を売る店の少ないこの土地では、保存のきくジャガイモが重宝され、ドルチェにまで使われたというわけである。素朴だが、柔らかな食感とあいまってしみじみとしたおいしさがある。粉糖はたっぷりふったほうがおいしい。応用として、生地にシナモンやヴァニラの風味をつけるのもよいだろう。

14
MOLISE

鮎田淳治（ラ・コメータ）

ricetta

①ジャガイモを柔らかく塩ゆでし、裏ごしにかけてピュレにする。
②ボウルに薄力粉250gを入れ、ジャガイモのピュレ250gをのせる。ドライイースト10gをぬるま湯20ccで溶いたものと、砂糖50gものせ、少しずつ薄力粉と混ぜていく。どろっとして粘りが出るまで混ぜたら、ラップ紙をかけて温かいところに40分間おいて発酵させる。
③サラダ油とE.V.オリーブ油を7：3の比率で合わせ、中温に熱する。②の生地を大きなスプーンですくって揚げる。
④油をきって器に盛り、粉糖をたっぷりまぶす。

15

カンパーニア州
CAMPANIA

15 CAMPANIA

●カンパーニア州の県と県都

アヴェッリーノ県 …… アヴェッリーノ
カゼルタ県 …… カゼルタ
サレルノ県 …… サレルノ
ナポリ県 …… ナポリ（州都）
ベネヴェント県 …… ベネヴェント

カンパーニア州の特徴

　肥沃なカンパーニア平野の前にティレニア海が広がるカンパーニア州。州都ナポリは、ローマ、ミラノに次いでイタリアで3番目に人口が多い都市である。背後に険しいアペニン山脈が迫るものの、おおむね温暖な気候に恵まれ、古代ローマ時代から首都ローマに野菜などの食材を供給してきた長い農耕の歴史を持つ。

　なかでもトマトの栽培が盛んで、生鮮用、加工用ともに生産量が多い。加工工場も多数集まり、隣接するプーリア州で収穫されたトマトも運ばれてくる。加工用トマトとして有名な純正サン・マルツァーノ種も栽培されているが、この種は気候状況の変化や病害に弱く、生産量は激減している。近年スローフード協会が生産拡大を推進しているが、生産者はごくわずかとなっているのが現状である。現在生産されている加工用の長形トマトは病害に強いハイブリッド種で、長形トマトでもサン・マルツァーノ種とは別物だ。その他のトマトとしては、ヴェスヴィオ火山の麓で栽培される小さなトマト、ポモドリーノがある。方言でピエンノロと呼ばれ、茎を束ねて吊るし、夏に収穫したものを春まで保存して使用する。

　トマトと相性の良い香草のバジリコは、保存食としてつくられる家庭用のトマトソースにも必ず加えられる。リグーリア州のペスト・アッラ・ジェノヴェーゼに使われるタイプとは違い、ナポリのバジリコは葉が大きく、少し縮れていて、香りも一段と強い。このほか、野菜、果物とも多様な種類が栽培されている。

　また、グラニャーノやトッレ・デル・グレーコでは、伝統的に硬質小麦粉を少量の水で練る上質な乾燥パスタが生産されてきた。イタリアの中でも、軟質小麦粉と卵でつくるエミリア=ロマーニャ州の手打ちパスタと並ぶパスタの双璧である。

　畜産業としては、牛、豚のほか、かつて湿地帯だった名残りで水牛の飼育が盛んなことが特徴である。そのミルクを使って生産するモッツァレラは、牛乳製のものより味わい深い。近年ではダイエット指向に応え、脂肪が少ない水牛の精肉も出回り始めている。

　内陸の山岳部では、栗やキノコ、黒トリュフと山の幸にも恵まれている。もちろん海岸線では漁業も盛んで、鮮魚として消費するだけではなく、チェターラではヒシコイワシの塩漬けから上がってくる液体で魚醤（コラトゥーラ・ディ・アリーチ）がつくられる。

　ローマ時代から豊かで柔軟性に富む独自の食文化を有していたナポリの町は、後にナポリ王国とシチリア王国が統合された両シチリア王国として栄えた時期もあって、活発な交易が行なわれたため、料理や菓子にスペイン、アラブ、フランスなどの影響が見受けられる。多様な食材を使い、手間をかける上流階級の食卓の流れを汲む一方で、ピッツァに代表されるファスト・フードも非常に充実している。そうした多面的な要素を持つことが、この地の食の大きな特色であろう。またナポリの菓子屋に並ぶスフォリアテッレ、パスティエーラ、ババなどは、イタリアを代表するドルチェとして広く定着している。

15 CAMPANIA

カンパーニア州の伝統料理

◎ナポリ県、サレルノ県の料理

*トマトの細切りのスパゲッティ バジリコ風味 Spaghetti con filetti di pomodoro

*フジッリ・アッラ・ヴェズヴィアーナ Fusilli alla vesuviana ……トマトソース、モッツァレッラ、ペコリーノ、オレガノで和えたフジッリ（スクリュー形パスタ）。

*マッケローニのティンバッロ Timballo di maccheroni ……ソースで和えて調味したマカロニを練りパイ生地で包んでオーブン焼きにしたもの。

*サルトゥ Sartù ……ミートボール、サルシッチャ、モッツァレッラ、鶏の内臓、キノコ、グリーンピースなどを入れ、タンバル型などに詰めてオーブンで焼いた米料理。

*ピッツァ・ナポレターナ Pizza napoletana ……ナポリ風ピッツァ。小麦粉と水、酵母、塩を加えてつくる生地を発酵させ、手作業で円盤状にのばし、その上に具材をのせて高温の窯で短時間焼く。円周の縁が膨らむのでコルニチョーネ（額縁）とも呼ばれ、ソフトな食感と同時に焼き目がついた部分がカリッと仕上がっているのが特徴。特に有名なのが、ピッツァ・マルゲリータ（Pizza Margherita）とピッツァ・マリナーラ（Pizza marinara）の2種類。マルゲリータは生地の上にトマト、オリーブ油、モッツァレッラあるいはフィオール・ディ・ラッテ（牛乳製のモッツァレッラ）、バジリコをのせ、マリナーラはトマト、オリーブ油、オレガノ、ニンニクをのせる。ピッツァ・ナポレターナは2010年2月にEUから正式にSTG、すなわち保証付き伝統的スペシャリテ（specialità tradizionale garantita）として認定されている。

*ピッツァ・フリッタ Pizza fritta ……半月形にしたピッツァ生地を揚げたもの。プレーンのほか、トマトソースとモッツァレッラ、リコッタとスカローラなどを詰めたものもある。ナポリ人の朝食やおやつの定番。

*カルツォーネ Calzone ……ハム、モッツァレッラ、リコッタ、パルミジャーノをピッツァ生地で半月形に包み、オーブンで焼いたもの。

*スカローラのピッツァ Pizza di scarola ……スカローラ、黒オリーブの実、レーズン、松の実、ケイパー、アンチョビをパン生地で包み、タルト形に焼いたもの。

*ドジョウインゲンのズッパ

*トマトのパン粉詰めオーブン焼き

*詰めものをしたカルチョフィ

*ジャガイモのガトー Gattò di patate ……マッシュポテトにハム、モッツァレッラ、その他のチーズを加えてオーブンで焼いたもの。

*タコのルチア風 Polpo alla luciana ……タコをニンニクとペペロンチーノの入ったトマトソースで煮込んだもの。

*バッカラとペペローニのナポリ風……バッカラ（塩漬けの干ダラ）とペペローニのトマト煮。

*ヒシコイワシのパン粉焼き

*ムール貝のコショウ風味……ムール貝を蒸し煮にして、イタリアンパセリとレモン汁をかけ、挽きたてのコショウをふる。

*ナポリ風のラグー Ragù alla napoletana ……挽いた肉ではなく、牛、豚、仔牛などのあらゆる部位の塊肉を長時間かけてトマトソースで煮込んだもの。

*ジェノヴェーゼ Genovese ……牛塊肉のトマト煮込み。

*ウサギのイスキア風 Coniglio all'ischitana ……ウサギのトマト煮込み。ぶつ切りにしたウサギの骨付きの各部位をニンニク、オリーブ油でソテーし、白ワイン、トマト、バジリコ、ローズマリーなどを加えて蒸し煮にしたもの。

◎アヴェッリーノ県、ベネヴェント県の料理

*オレッキエッテ Orecchiette ……耳たぶ形パスタ。硬質小麦粉と水を練ってつくる。トマトソースや野菜と和えて仕上げる。

＊パッケリ Paccheri ……穴あきの大形マカロニ。トマトソースやラグーと和える。
＊山羊肉とジャガイモのオーブン焼き
＊仔羊や鶏のロースト

◎カンパーニア州全体に広がる料理
＊スパゲッティ・アッラ・カッレッティエーラ Spaghetti alla carrettiera ……パン粉、イタリアンパセリ、ニンニク、オレガノ、オリーブ油で和えたスパゲッティ。すりおろしたチーズを加えることもある。
＊スパゲッティ・アッラ・プッタネスカ Spaghetti alla puttanesca ……ニンニク、アンチョビ、黒オリーブ、ケイパー入りのトマトソースで和えたスパゲッティ。
＊スパゲッティ・アッレ・ヴォンゴレ Spaghetti alle vongole ……アサリを蒸し煮にしたソースと和えたスパゲッティ。トマトを入れる場合もある。
＊ジーテ Zite ……穴あきのロングパスタ。適宜の長さに折ってゆで、トマトソースや各種のラグーなどと和える。ジーティともいう。
＊ラガネッレとヒヨコ豆 Laganelle e ceci ……硬質小麦粉を水で練った幅広のロングパスタ、ラガネッレと、ヒヨコ豆を和えたもの。
＊アサリのズッパ
＊モッツァレッラ・イン・カッロッツァ Mozzarella in carrozza ……薄切りのパンでモッツァレッラを挟み、とき卵を付けてフリットにしたもの。カッロッツァは四輪馬車の意。
＊インサラータ・カプレーゼ Insalata caprese ……トマトとモッツァレッラ、バジリコの葉を交互に重ねたサラダ。
＊ナスのパルミジャーナ Parmigiana di melanzane ……揚げた（またはグリルにした）ナス、モッツァレッラの薄切り、トマトソースを層にして重ね、パルミジャーノをふってオーブンで焼いたもの。

＊ペペローニの詰めもののオーブン焼き
＊ズッキーニのマリネ　＊ヒシコイワシのマリネ
＊アックワ・パッツァ Acqua pazza ……オリーブ油、ニンニク、ペペロンチーノ、トマトなどを入れた平鍋に、丸ごとの魚を入れ、少量の水を加えてオーブン焼きにした料理。
＊牛肉のピッツァイオーラソース Manzo alla pizzaiola ……牛肉をピッツァイオーラソースで煮込んだもの。ピッツァイオーラソースはオレガノ、イタリアンパセリ、ニンニクなどを加えたトマトソースで、ピッツァイオーロとはピッツァ職人の意。

ナポリ湾最大の島、イスキア島。

15 CAMPANIA

カンパーニア州の特産物

◎穀類・豆類
*小麦＜ベネヴェント周辺、サレルノの南部＞
*インゲン豆＜アチェッラ＞
*グリーンピース＜オッタヴィアーノ＞

◎野菜・果物・ナッツ類
*ポモドリーノ・デル・ピエンノロ pomodorino del piennolo del Vesuvio DOP……綿糸で結びつけて大きな房状にし、吊るして乾燥させる小粒のトマト。ヴェズヴィオ火山の山麓で栽培される。＜ポンテカニャーノ・ファイアーノ、サレルノ周辺、トッレ・デル・グレーコ＞
*サン・マルツァーノ種のトマト pomodoro San Marzano dell'Agro Sarnese-Nocerino DOP……加工用品種の長形トマト。＜サルネーゼ＝ノチェリーノ農耕地区＞
*カルチョフィ carciofo di Paestum IGP＜ペストゥム、カステッランマーレ・ディ・スタビア＞
*ジャガイモ＜ベネヴェント＞
*カリフラワー
*葉タマネギ cipollotto Nocerino DOP＜ノチェリーノ＞
*ペペローニ＜カプア、ノチェーラ・インフェリオーレ＞
*タマネギ＜アヴェッラ＞
*グリーンアスパラガス＜アチェッラ、カイヴァーノ＞
*スカローラ scarola……チコリに似た、ゆるく縮れた葉を持つ野菜。
*フリアレッリ friarelli……菜の花に似た葉野菜。
*ズッキーニ
*桃＜ジュリアーノ・イン・カンパーニャ、マラーノ・ディ・ナポリ＞
*アンズ・プラム　*サクランボウ
*リンゴ melannurca campana IGP（アンヌルカ種）
*オレンジ＜カステッラマーレ・ディ・スタビア＞
*レモン limone Costa d'Amalfi IGP, limone di Sorrento IGP＜アマルフィ海岸、ソレント＞
*イチゴ＜カルディート＞
*ブドウ＜パルマ・カンパーニア＞
*ドッタート種のイチジク fico bianco del Cilento DOP……表皮が薄緑色のイチジク。＜チレント＞
*栗 castagna di Montella IGP＜モンテッラ、イルピニア一帯＞
*栗 marrone di Roccadaspide IGP＜ロッカダスピデ＞
*クルミ＜ソレント＞
*ヘーゼルナッツ nocciola di Giffoni IGP＜ジッフォーニ、ベネヴェント、アヴェッリーノ＞

◎魚介類
*鯛・トゥリッリア（ヒメジ）・その他のタイ科の魚
*イワシ、ヒシコイワシ、サバなどの背の青い魚
*ヤリイカ・スミイカ　*エビ類

◎肉類
*豚　　*水牛
*仔牛（クバンテ種）＜ベネヴェント周辺＞
*羊・山羊　*ウサギ
*中央アペニン地域の1歳強の仔牛 vitellone bianco dell'Appennino Centrale IGP

◎チーズ
*カチョカヴァッロ・ポドーリコ caciocavallo podolico（牛・硬質）
*カチョカヴァッロ・シラーノ caciocavallo silano DOP（牛・硬質）
*モッツァレッラ・ディ・ブファラ・カンパーナ mozzarella di bufala campana DOP（水牛・軟質・フレッシュ）……特にカゼルタ県のアヴェルサとカプアの間のマッツォーニ地区と呼ばれるところが伝統的な産地。ボッコンチーニ（小

さくちぎって丸めたもの)、トゥレッチャ(三つ編みにしたもの)などもある。
*フィオール・ディ・ラッテ fior di latte(牛・軟質)……水牛ではなく牛のミルクでつくるモッツァレラで、小さくちぎったボッコンチーニ、三つ編みにしたトゥレッチャなどいろいろな形状のものがある。水牛製のものと区別してモッツァレラ・ディ・ヴァッカ(mozzarella di vacca)と呼ばれることもある。
*モッツァレラ・ネッラ・モルテッラ mozzarella nella mortella(牛・軟質)……ミルト(香草。和名は銀梅花)の香りをつけたモッツァレラ。
*プロヴォローネ・デル・モナコ provolone del Monaco DOP(牛・硬質)
*スカモルツァ scamorza(牛・軟質)
*ブッリーノ・イン・コルテッチャ burrino in corteccia(牛・半硬質)……バターを中に詰め、スカモルツァのような糸状に裂ける生地で包み込んだチーズ。
*カルマッシャーノ carmasciano(羊・硬質)
*水牛のリコッタ ricotta di bufala campana DOP(水牛・フレッシュ)

◎畜肉加工品
*サラーメ・ナポリ salame Napoli ……スモークをかけた豚肉のサラミ。30日間以上熟成させる。
*プロッシュット・ディ・ピエトラロイヤ prosciutto di Pietraroja ……ピエトラロイヤの山岳地帯でつくられる生ハム。
*ソップレッサータ soppressata ……豚肉でつくる扁平な形のサラミ。

◎オリーブ油
*チレント Cilento DOP
*コッリーネ・サレルニターネ Colline Salernitane DOP
*イルピーニア＝コッリーネ・デルフィタ Irpinia - Colline dell'Ufita DOP
*ペニーゾラ・ソッレンティーナ Penisola Sorrentina DOP

◎調味料・飲料
*コラトゥーラ・ディ・アリーチ colatura di alici ……ヒシコイワシの塩漬けからつくる魚醤。＜チェターラ＞
*リモンチェッロ limoncello ……レモンの果皮を入れてつくるリキュール。
*ストレーガ strega ……ベネヴェント産の香草のミックスからつくるリキュール。

◎パン・菓子
*タラッリ taralli ……ドーナッツ状の小ぶりの乾パン。フェネルシードを入れた生地でつくることもある。発酵途中で一度湯に通すのが特徴。
*パーネ・カフォーネ pane cafone ……軟質小麦粉で焼く大形パン。
*パーネ・デル・ペスカトーレ pane del pescatore ……アンチョビと黒オリーブの実を混ぜ込んだ硬質小麦粉でつくるパン。以前はチレントの海岸線一帯に広がっていたが現在はサプリのみ。
*ストゥルッフォリ struffoli ……小麦粉、卵、砂糖、白ワインを練った生地をひと口大に丸めてフリットにし、ハチミツをかけたもの。
*スフォリアテッレ sfogliatelle ……硬質小麦粉とストゥルット(精製ラード)でつくる生地を、何重にも巻いて貝殻形に成形し、リコッタクリームを詰めて焼いた菓子。
*ゼッポレ zeppole ……カスタードクリームの入った揚げシュー。最近は揚げずにオーブンで焼いたものもある。
*トッローネ torrone ……ヘーゼルナッツ入りのヌガー。ベネヴェント、アヴェッリーノが有名。

15 CAMPANIA

＊トルタ・カプレーゼ torta caprese ……アーモンド粉でつくるチョコレートケーキ。
＊パスティエーラ pastiera ……プチプチした麦粒が入ったリコッタクリームのタルト。
＊ババ babà ……発酵生地をキノコ形に焼いて、たっぷりのシロップをしみ込ませたもの。

スローフードのプレシーディオ

＊コントローネ産のインゲン豆
＊パパッチェッラ・ナポレターナ……小さいペペローニの品種で、オイル漬けや酢漬け用。
＊ポモドリーノ・デル・ピエンノロ……ヴェズヴィオ火山の山麓で栽培される小さなトマト。房状にして吊り下げ、乾燥させて春まで保存する。
＊サン・マルツァーノ種のトマト……長形トマト。加工用品種で、赤い色が濃い。高く支柱を立てて栽培するのが特徴で、収穫期間が長い。
＊ペルトーザ産のカルチョフォ・ビアンコ……薄緑色で味がデリケートなカルチョフィ。
＊カステッラマーレ産の紫のカルチョフォ
＊メナイカ漁法で獲るヒシコイワシ……メナイカ漁法とは、小さなイワシが逃げられるような目の網をイワシの群れの行く手に投げ入れて引き上げる漁法。3月から8月にかけて行なわれる。ヒシコイワシは引き上げたらすぐに1尾1尾、頭と内臓を取り除き、塩水で洗って冷蔵せずに港に持ち帰り、塩漬けにする。
＊イスキア島の穴ウサギ
＊伝統的な製法でつくられたチェターラ産のヒシコイワシの魚醤
＊チレント産の山羊のミルクからつくるカチョリコッタ・チーズ
＊コンチャート・ロマーノ・チーズ（羊、山羊、牛・硬質）……1～2kgのチーズで、パスタをゆでた湯で表面を洗い、オリーブ油、ヴィネガー、ペペロンチーノで表面をふき、テラコッタ製の容器の中で最低6カ月間熟成させる。
＊カステルポート産の赤いサルシッチャ……ペペロンチーノ入りの豚肉のサルシッチャ。3週間熟成させる。そのまま薄切りにして、またはグリルにして食べる。
＊ジョイ産のソップレッサータ……四角い棒状の大きな豚の背脂を中心に入れた扁平な形の豚肉のサラミ。

Antipasto

#170
トータニ　パターテ　エ　カルチョーフィ
Totani, patate e carciofi
スルメイカとジャガイモ、カルチョフィの蒸し煮

このような野菜たっぷりの料理をカンパーニア州ではセコンド・ピアットとして食べることも多い。日本のレストランでもセコンドとして通じる料理だが、店ではポーションを少なくし、温かいアンティパストとして提供している。いわゆる日本のおふくろの味にも通じるような素朴な味わいだが、スルメイカ自体が持っている水分を十分に出して蒸し煮にするため、うまみが濃い。初めてこの料理を食べた時、うまいと感じる料理は世界共通だと感じた。カルチョフィはレストランらしくリッチな印象に仕上げるために加えているアレンジ。

15
CAMPANIA

杉原一禎（オステリア オ ジラソーレ）

ricetta

①スルメイカは内臓や骨を抜き、輪切りにする。足は食べやすい大きさに切り分ける。
②オリーブ油とニンニクを火にかけ、ニンニクに軽く色がつきはじめたら、厚さ5mmの薄切りにしたジャガイモを加えて炒める。ジャガイモが油を吸ってきたら、スルメイカと下処理して小さめにカットしたカルチョフィ（アーティチョーク）、きざんだイタリアンパセリを加え、最終的な仕上げの6割ほどの塩をして炒め合わせる。
③すぐに蓋をして火を止め、2、3分間おく。余熱でイカに火が通って茶色く濁った水分が出てくるので、この水分を蒸発させないよう、弱火にかけてさらに水分を引き出す。その水分がイカや野菜に吸収され、はじめの1割ほどになるまでこのまま火を入れ、仕上げに塩をする。ジャガイモが煮崩れてしまうので、水を加えるのは厳禁。すぐに提供してもよいが、1日おくと味がしみてより味わい深くなる。

Antipasto

#171

Antipasto misto
アンティパスト　ミスト

前菜盛合せ

ペペロナータ Peperonata　（左手前から時計回りに）
ズッキーニのエスカベッシュ Scabece di zucchine
ナポリサラミ Salame napoletano
ナスの詰めものグラタン Barchetta di melanzane
タコのサラダ Insalata di polpo
ゼッポリーネ Zeppoline

カンパーニア州の前菜は、地元の野菜や魚をフリットやマリネにしたもの、モッツァレッラなどが定番。高級レストランではそれらを一皿に盛り合わせ、カジュアルな店では小皿で1種類ずつ提供するのが一般的だ。ここで盛り合わせた6種の料理はどれもナポリでポピュラーなもの。ほとんどアレンジせずに出し、オリーブなどは現地から仕入れ、料理によって使い分ける。ただゼッポリーネは、ナポリでは身近な海草を使うが、日本ではおいしい岩ノリが手に入るのでそれを使う。異国でつくる以上、おいしさ本位のアレンジならもちろん必要だと考えている。

15　CAMPANIA

ricetta

ペペロナータ Peperonata
オリーブ油でつぶしたニンニクを炒め、赤と黄のペペローニ（ピーマン）のざく切りを加え、うっすら色づいたら蓋をして弱火で蒸し焼きにする。しんなりしたらケイパー、黒オリーブ（ガエータ地方産）を加え、塩で調味する。

ズッキーニのエスカベッシュ Scabece di zucchine
ズッキーニの輪切りをオリーブ油で素揚げにし、油をきる。白ワインヴィネガー、ニンニクの薄切り、叩いたミントの葉、塩を合わせたものでさっと和える。ミントの葉を添える。

ナポリサラミ Salame napoletano
解説省略。

ナスの詰めものグラタン Barchetta di melanzane
ナスを半分に切り、中身をくりぬいてバルケッタ（小舟）形にする。中身は角切りにし、半切りにしたものはオリーブ油で素揚げにする。つぶしたニンニクをオリーブ油でソテーし、ナスの角切り、ケイパー、黒オリーブ、チェリートマトを加えて炒め、塩で調味する。味がなじんだら半切りのナスに詰めて、パルミジャーノをふり、オーブンで焼く。バジリコの葉をのせる。

タコのサラダ Insalata di polpo
タコを柔らかくゆで、ぶつ切りにする。ニンニク、レモン汁、E.V.オリーブ油で和える。塩で調味し、セロリのスライス、緑オリーブ（プーリア産の大粒種）も一緒に和える。

ゼッポリーネ Zeppoline
小麦粉、水、生イースト、塩を練って水分の多めのピッツァ生地をつくり、岩ノリを加えて混ぜ、丸めてオリーブ油で揚げる。

渡辺陽一（パルテノペ）

Primo Piatto

#172
パッケリ　アル　スーゴ　ディ　ガッリネッラ
Paccheri al sugo di gallinella
パッケリ ホウボウの
アクアパッツァソース和え

アクアパッツァ（魚の水煮）は漁師の素朴な料理。ナポリの料理店ではパスタと一緒に出し、魚の煮汁の味をしっかりしみ込ませていた。まずはお客さまにパスタを食べてもらい、その間に魚を切り分けてセコンドとして提供する。ナポリはセモリナ粉100％の乾燥パスタの歴史が古く、バリエーションも多い。ここで合わせたパッケリは短く、大きな穴があいているのが特徴。しっかりした歯ごたえがあり、ソースをたっぷりと吸わせることができる。

15 CAMPANIA

渡辺陽一（パルテノペ）

ricetta

①ホウボウを掃除し、塩をして、フライパンに入れる。つぶしたニンニクとチェリートマト数粒を入れ、魚が半分浸るくらいに水を注ぎ、オリーブ油少量を加えて煮込む。

②パッケリを塩湯でゆで、魚の煮汁で和える。
③ホウボウのアクアパッツァを煮汁ごと皿に移し、パッケリを盛り合わせ、イタリアンパセリを散らす。

#173
ヅィーティ アッラ ジェノヴェーゼ
Ziti alla genovese

ズィーティの
ジェノヴェーゼソース

ズィーティは50cmほどの長さの穴あきパスタで、これを手で折って短くして食べる。乾燥パスタの中でも歯ごたえがしっかりとしていて、ナポリの人々に好まれているものだ。今回合わせたのはジェノヴェーゼソース。「ジェノヴァ風」というと、バジリコ、松の実、ペコリーノでつくるペスト・ジェノヴェーゼが有名だが、ナポリでいうジェノヴァ風は牛肉とタマネギをじっくりと煮込んだもの。ズィーティやリガトーニなど短いパスタと合わせることが多い。セコンド・ピアットの肉料理として出すこともあり、その場合はもっと大きな塊を煮込む。

Primo Piatto

15 CAMPANIA

渡辺陽一（パルテノペ）

ricetta

①牛の肩肉、バラ肉、スネ肉などの部位を適宜の大きさに切る。鍋にオリーブ油をひき、牛肉を炒め、タマネギの薄切りを大量に加えて半日間煮込む。チェリートマト、バジリコ各少量を加えてさらに煮込み、塩で味をととのえる。

②ズィーティを手で折り、食べやすい長さにする。たっぷりの塩湯でゆでる。①の牛の煮込みとからめ、パルミジャーノをかけ、バジリコの葉を散らす。好みで黒粒コショウをふって食べてもらう。

Primo Piatto

#174

フェットゥッチェ コン オリーヴェ カッペリ エ ノーチ
Fettucce con olive, capperi e noci

フェットゥッチェ
黒オリーブ、ケイパー、クルミ和え

フェットゥッチェは幅1.5cmほどの太い平打ちの乾燥パスタ。セモリナ粉と小麦粉、水をこねて1mほどの長さにのばし、棒にぶら下げて乾燥させるため、二つ折りの状態で販売されている。ナポリ郊外の小規模の工房から個人で輸入しているもので、小麦粉の風味や香り、歯ごたえが非常に力強く、これだけ「パスタを食べる」ことを実感できるパスタも少ないだろう。黒オリーブとケイパーのパスタもナポリらしい組合せで、動物性食品をいっさい使わないため、最も罪のない（殺生をしていない）食べ物ともいわれる。

15 CAMPANIA

杉原一禎（オステリア オ ジラソーレ）

ricetta

①フェットゥッチェを約15分間ゆでる。
②オリーブ油とニンニクを火にかけてゆっくりと香りを出し、タネを抜いた黒オリーブ、塩を洗い流したケイパー、パスタのゆで汁を入れ、蓋をしてしばらく煮てオリーブやケイパーの香りを出す。
③ゆで上げたフェットゥッチェ、クルミペースト（＊）を加える。パルミジャーノとペコリーノを加えて和え、きざんだイタリアンパセリとペコリーノをふる。

＊クルミペースト
オーブンでローストしたクルミをすり鉢で粗いものと細かいものができるようにすり、半分にカットしたニンニクとともに瓶に入れてヒタヒタにオリーブ油を注いでなじませたもの。よく混ぜ合わせて使う。

Primo Piatto

#175

ミネストゥラ　ディ　カヴォルフィヨーレ　エ　パスタ
Minestra di cavolfiore e pasta

カリフラワーとパスタの
ミネストラ・アッシュッタ

野菜をクタクタに、ひとまとまりになるまで煮て、いろいろな種類のパスタをその中で一体化するように煮たプリモ・ピアット。野菜にはあらゆる豆やブロッコリ、チーメ・ディ・ラーパ、カボチャ、ジャガイモなどのさまざまなバリエーションがある。ミネストラといえば、スープ皿に盛りつけ、スプーンで食べるのが決まりだが、これはいわば汁気のないミネストラである。イタリアで修業中に最も衝撃を受けた一品で、水分のない状態を指す"アッシュッタ"という語をメニュー名につけ加え、よりニュアンスを伝えたいと考えた。ナポリ人は「マカロニ喰い」とも呼ばれるが、ひと昔前は「葉っぱ喰い」と呼ばれたほど大量に野菜を食べる。葉野菜などの使い方にもカンパニア料理の特徴が表われている。

15 CAMPANIA

杉原一禎（オステリア オ ジラソーレ）

ricetta

①オリーブ油とニンニク、赤トウガラシを火にかけ、ニンニクに茶色く色がつく前に、きざんだラルドとパンチェッタを加えてさらに炒めて脂を出す。
②カリフラワーを小房に分けて洗い、水をほとんどきらずに鍋に入れてすぐに蓋をし、カリフラワーから出る水分で煮崩れてピュレ状になるまで煮る。味がぼやけるので、けっしてブロードではなく水だけで煮る。そのほうが野菜のミネラルが十分に出て複雑味を帯びた味わいになる。ここまで仕込んでおく。
③オーダーが入ったら、カリフラワーに湯を足して沸かし、ブカティーニ、スパゲッティ、リングイーネ、ペンネ、マファルディーネなどのパスタを入れてアルデンテになるまで煮る。湯の量はパスタがアルデンテになった時にほとんどなくなる量が最適。また、スプーンですくって食べられるように、ロングパスタは適当な長さに折ってから加える。きざんだイタリアンパセリをふる。

※カンパーニア州では北イタリアに比べてバターを使う量は少ないが、代わりに油脂分としてラルドやパンチェッタを多用する。これらは肉ではなく、油脂分として使う素材であり、料理のはじめの段階（①）でしっかりと脂を出すことがポイント。

Primo Piatto

#176
シャラティエッリ　コン　フルッティ　ディ　マーレ　エ　ツッキーネ
Scialatielli con frutti di mare e zucchine

アサリ、ムール貝、ズッキーニのシャラティエッリ

フェットゥチーネ程度の太さで5〜6cm長さのシャラティエッリは、アマルフィ地方の手打ちパスタ。小麦粉、牛乳、バジリコ、ペコリーノをこね合わせ、休ませずにすぐに成形してゆで、オリーブ油をからめておく。ニョッキに近い柔らかさで、ふわりとした食感が特徴だ。そのため現地ではとにかく練らず、コシをつけずにと教えられた。店では意識的に少しコシを出してアレンジしているが、それでもソフトな口触りだ。ソースもアサリとムール貝を使ったアマルフィ風で仕上げた。

杉原一禎（オステリア オ ジラソーレ）

ricetta

①シャラティエッリをつくる。小麦粉（タイプ00）300g強、卵1個、牛乳100g、すりおろしたペコリーノ、大きめにちぎったバジリコ（水分が出るので大きめにちぎる）をなめらかになるまでこねる。現地ではミキサーにかけてざっとまとまる程度にしかこねないが、ここではあえてコシを出すために、なめらかになるまでこねている。厚さ3mmほどで5〜6cmの長さになるように、麺棒でそれ以上コシを出さないよう手数を少なくのばす。ナイフで3〜5mm幅にカットする。すぐに塩を入れた湯で浮き上がってくるまでゆで、湯をよくきり、オリーブ油をからめる。ここまで準備しておく。
②オリーブ油とニンニクを火にかけて香りを出し、アサリとムール貝を加えて蓋をして口を開かせる。
③別の鍋にオリーブ油とニンニク、縦半分にカットして薄切りにしたズッキーニ、ちぎったバジリコを入れて蓋をして火にかけ、ズッキーニから出る水分で柔らかくなるまで蒸し煮にする。ここに貝類を蒸した汁をこして入れ、煮立ったら、すぐにシャラティエッリと貝類を加えて和える。シャラティエッリは一気に水分を吸うので、20〜30秒で和える。イタリアンパセリをふる。

Primo Piatto

#177
サルトゥ ディ リーゾ
Sartù di riso

サルトゥ・ディ・リーゾ

ナポリのラグーは塊の肉を使うのが特徴。ラルドや生ハムの皮なども入れ、トマトに肉の風味をうつしていく感覚で、肉がパサパサになるまで煮込む。つまり、肉をトマト味で煮るのではなく、トマトを肉の味で煮るのがナポリのラグーである。普通は肉は取り出してセコンド・ピアットに、ソースはプリモ・ピアットとして使うが、店では肉は供さずにソースだけを使う。ここではこのラグーを、やはりカンパーニア料理として欠かせないサルトゥに使った。サルトゥはトマト味に炊いた米とミートボール、鶏レバー、グリーンピースなどをタンバル形（＝太鼓形）に重ね焼きした料理で、具のバリエーションはさまざま。味は見た目よりも濃くなく、米の味もトマトの味も豊か。

15 CAMPANIA

杉原一禎（オステリア オ ジラソーレ）

ricetta

①ラグーをつくる。オリーブ油とニンニク、ローリエを火にかけて香りを出し、ラルドの皮と生ハムの皮を炒めて脂を出す。たこ糸で縛った豚の前スネ肉を加え、ジュクジュクと火を入れる。タマネギのみじん切りを加え、肉を蒸すように火を入れる。赤ワインとトマトの裏ごしを加え、途中で水を足しながら7〜8時間煮る。でき上がる30〜40分前に自家製サルシッチャを加える。豚肉とサルシッチャは取り出してきざんでおく。
②米を炊く。ラグーに水を足して沸騰させ、米を入れてアルデンテに炊く。水の量は炊き上がった時にほとんどなくなっているのが最適。卵とすりおろしたパルミジャーノ、塩、コショウを加えて混ぜる。
③具をつくる。牛肉の割合が多い合挽き肉と卵、パルミジャーノを練り合わせて小さなミートボールをつくり、素揚げにする。鶏レバーとグリーンピース、タマネギのみじん切り、もどしてきざんだ乾燥ポルチーニ茸をオリーブ油でさっと炒める。これに先のミートボール、きざんだゆで卵、モッツァレッラとスカモルツァ・チーズ、①の豚肉とサルシッチャを混ぜ合わせる。
④直径18cmの丸型にラードまたはバターをぬり、パン粉をたっぷりとまぶす。ラグーを少量敷き、米、具、米の順に入れる。中央をへこませてから、上に薄切りにしたモッツァレッラを並べ、パン粉を多めにふり、バターの薄切りを一面にのせる。180℃のオーブンで約30分間焼く。途中、焼き色がついたらアルミ箔をかぶせる。しっかりと焼かないと、型からぬいた時に崩れてしまう。
⑤型からぬき、中央のくぼみに具をたっぷりと入れる。ラグーとバジリコを添える。

Secondo Piatto

#178
ポルペッタ　ディ　トゥリッパ　エ　モルタデッラ
Polpetta di trippa e mortadella
アッラ　サンニータ
alla sannita

トリッパとナス、サラミ類のポルペッタ　サンニオ風

下ゆでしたトリッパとサラミをミンチ状にし、揚げたナスを加えて大きなミートボールをつくり、パン粉を付けて揚げ焼きにする。昔の文献から見つけたリチェッタの一つで、手間がかかるため、現在はメジャーといえる料理ではなくなったもの。修業時代からずっと料理に関するものなどの文献を数多く読み続けているが、それらから名品を掘り起こす作業はとてもおもしろい。この料理のトリッパは大きめにカットしてアレンジし、店で提供したところ人気メニューの一つになった。外側は揚げ焼きにしたパン粉がカリッと軽く、内側はトリッパのゼラチン質が溶けて煮込みのようにとろりとしている。

15 CAMPANIA

杉原一禎（オステリア オ ジラソーレ）

ricetta

①トリッパは香味野菜とともに柔らかくなるまでゆで、ひと口大にカットする。
②オリーブ油でニンニク、タマネギ、ニンジン、セロリ（各みじん切り）を炒め、きざんだサラミとサラミ・ピッカンテ、モルタデッラを加えてさらに炒める。野菜の水分が5割ほど抜けたらトリッパを加えて炒める。白ワインを加えてアルコール分を飛ばし、トマトの裏ごしとチェリートマト水煮（缶詰）を加え、水分がほぼなくなってトリッパがほんのりピンクに染まるくらいまで煮る。
③粗熱が取れたら、2cm角に切って素揚げにしたナス、卵、すりおろしたパルミジャーノと混ぜ、さらに冷ます。
④直径5～7cmのセルクルに詰めて成形する。粉をまぶして、といた卵にくぐらせ、パン粉を付ける。多めのオリーブ油と少量のバターを熱し、オイルをかけながら表面を焼き固め、あとは時間をかけてゆっくりと揚げ焼きにする。表面を焼き固めるのは、火が入るとトリッパのゼラチン質が溶け出して崩れやすくなるため。鉄串をさすと熱くなるまでしっかりと火を入れる。
⑤サルサ・ヴェルデ（＊）、ゆで卵、ルーコラを添え、パルミジャーノとE.V.オリーブ油をふる。

＊サルサ・ヴェルデ
ピクルスとイタリアンパセリ、アンチョビ、酢漬けケイパー、パンの白い部分、E.V.オリーブ油をフードプロセッサーにかけてペースト状にし、丸ごとのニンニクとともに瓶に入れて漬け込んだもの。

Secondo Piatto

#179
Coniglio all'ischitana
(コニッリョ　アッリスキターナ)
ウサギのイスキア風

イスキア島はカンパーニア州最大の島で、温泉が湧き出し、美しい自然が残る。私はそこで3年間を過ごしたので、思い入れがある。この島では結婚式やコムニオーネ（聖体拝領）などキリスト教の行事にウサギを食べるのが習わしで、ウサギ料理が有名だ。ここで紹介したのは白ワインとトマトで軽く煮込んだ、その名も「イスキア風」。骨付きのままで調理することで、だしを使わずに味を凝縮させる。ウサギ肉に火が入るのと、煮汁の煮つまり具合とが同時にジャストの状態に仕上がるようにするのがポイントだ。

15 CAMPANIA

渡辺陽一（パルテノペ）

ricetta

①ウサギ1羽を掃除して、骨付き肉にさばく。レバー、腎臓なども使用。各部位に塩をしておく。
②鍋にオリーブ油を熱し、つぶしたニンニクを入れて炒め、ウサギの各部位を火の通りにくい順に入れて炒める。ほどよく色づいたら、少量の白ワインを入れ、チェリートマト4個、バジリコの葉2、3枚、水少量を加え、蓋をして蒸し煮にする。
③皿に盛り、煮汁を流し、バジリコの葉をあしらう。

Dolce

#180
デリッツィヤ アル リモーネ
Delizia al limone
ソレント風レモンのケーキ

ソレントはレモンのリキュール「リモンチェッロ」が特産品で、これを使ったレモンのケーキも有名である。ただし、ゼッポレ（サン・ジュゼッペ祭の揚げシュー）やパスティエーラ（復活祭の焼き菓子）、トッローネ（ヌガー）などのナポリ菓子と比べると、比較的最近のもののようだ。スポンジ生地をレモン形に成形し、中にレモン風味のカスタードクリームを挟み、さらにレモンの皮を散らすという、遊び心いっぱいの一品。

15
CAMPANIA

渡辺陽一（パルテノペ）

ricetta

①卵黄、砂糖をすり混ぜ、泡立てた卵白を加え、薄力粉を加え混ぜる。この生地を絞り袋に入れ、レモン形に成形してオーブンで焼く。
②レモンのケーキを横半分にカットし、リモンチェッロをしみ込ませ、レモン風味のカスタードクリーム（つくり方省略）を挟む。
③生クリームを五分立てにし、レモンのケーキの上からかけて覆う。器に盛り、おろしたレモンの皮を散らし、ミントの葉、ラズベリーをあしらい、粉糖をふる。

Dolce

#181
メランツァーネ　アル　チョッコラート
Melanzane al cioccolato

ナスの
チョコレート風味

揚げたナスとカスタードクリームを重ね、チョコレートでコーティングしたドルチェ。アマルフィ地方でフェッラゴスト（お盆）に食べる伝統菓子のアレンジで、ナスは揚げるリチェッタとシロップ煮にするリチェッタがある。高級品だったカカオをふんだんに使っているあたりに、アマルフィがその昔、海洋都市として名を馳せた時代の空気が感じられる。味はといえば、つい物めずらしさが先行するが、揚げたナスはとろけるほどに柔らかく、みずみずしく、おそらくナスとは気づかないであろう絶妙なハーモニーを醸し出している。このみずみずしさは野菜ならではといえる。原形はナスとチョコレートのみだが、ここではオレンジピールやナッツを加えたカスタードクリームを挟んで、変化をつけて仕上げた。

15
CAMPANIA

杉原一禎（オステリア　オ　ジラソーレ）

ricetta

①ナスは皮をむいて縦に厚さ約1cmにスライスし、小麦粉をまぶして、卵にくぐらせ、オリーブ油で揚げる。ペーパータオルにとって油をよくきる。
②カスタードクリームを炊き、きざんだオレンジピール、軽くつぶしたアーモンド、松の実を混ぜる。
③カスタードクリームが熱いうちに、深めのバットに揚げたナス、カスタードクリームの順番に3段ほど重ね、一番上をナスにする。
④ココアとグラニュー糖、薄力粉を混ぜ合わせ、牛乳を少しずつ加えてダマが残らないように混ぜる。これを火にかけ、ベシャメルソース程度の濃度になるまで炊く。熱いうちにナスの上全面にかける。冷蔵庫に入れ、最低2日間ねかせる。
⑤食べやすい大きさにカットして提供する。3、4日目がナスとカスタードクリームがなじんで一番良い状態。

Dolce

#182
（コーデ　ディ　アラゴスタ）
Code di aragosta

コーダ・ディ・アラゴスタ

カンパーニア州のドルチェの代表といえば、ババ、レモンのトルタ、そしてスフォリアテッラ・リッチャ（貝殻形に成形したパイ菓子の一種）などがあがるだろう。このコーダ・ディ・アラゴスタはスフォリアテッラと同系列のお菓子で、まさにその形状から「伊勢海老の尾」の意味の名前がつけられている。強力粉と水をこねた固い生地を円錐形に成形し、中にシュー生地を詰めて焼くと、シュー生地が膨らむにつれて生地がのび、この形になる。生地は薄い見かけに反して固く、口の中が切れそうなほどにバリッバリッとした噛みごたえがある。ナポリでの修業時代、このリチェッタをマスターするためにパスティッチェリーアでも半年間働いた。それほど奥の深いドルチェだ。

15　CAMPANIA

杉原一禎（オステリア　オ　ジラソーレ）

ricetta

①強力粉と水を合わせてこねる。練れないほど固い生地を、１時間以上かけて、上から体重をのせて押しながらこねる。一晩ねかせると、消しゴムくらいの固さになる。
②この固い生地を麺棒で時間をかけて少しずつ、下が透けるほどの薄さになるまでのばし、長さ2.5mほどにする。
③縦長において端をこよりのようにしっかり巻いて細く固い芯をつくり、さらにエンピツくらいの太さまでごくきつく巻いてから、全体に薄くラードをぬり、最後まで巻く。巻き終わりの直径は約４cmになる。

④小口から厚さ１cm強にカットする。中心を親指で押して生地を少しずつずらして円錐形にする。ここにシュー生地を絞り入れる。200℃のオーブンで約20分間焼き、少し温度を下げてさらにしばらく焼く。中に絞り入れたシューが膨らんで生地がのび、円錐形がのびて伊勢エビのような格好になればよい。
⑤冷めたら指を入れて穴をあけ、カスタードクリーム（つくり方省略）を絞り入れる。口の部分に泡立てた生クリームを絞って飾り、粉糖をふる。

プーリア州
PUGLIA

16　PUGLIA

アドリア海
ガルガーノ地方
タヴォリエーレ平野
フォッジャ
バルレッタ
トラーニ
アンドリア
ビトント
◎バーリ
ムルジャ地域
アルタムーラ
ラテルツァ
ブリンディジ
ターラント
レッチェ
サレント平野
イオニア海

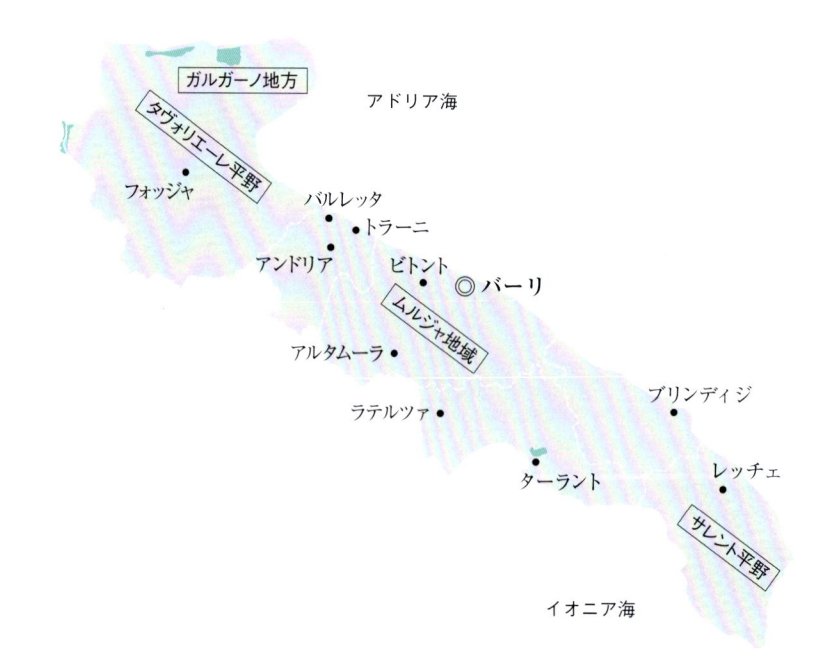

● プーリア州の県と県都

ターラント県 …… ターラント
バーリ県 … バーリ（州都）
バルレッタ＝アンドリア＝トラーニ県 …… バルレッタ、アンドリア、トラーニ
フォッジャ県 …… フォッジャ
ブリンディジ県 …… ブリンディジ
レッチェ県 …… レッチェ

プーリア州の特徴

　長靴形をしたイタリア半島のかかとの部分にあたり、南北に400km以上ある細長い州である。アドリア海、イオニア海の二つの海に挟まれ、北西側のモリーゼ州と西側のカンパニア州に接する境にわずかにアペニン山脈が迫るが、ほぼ平らな地形で、フォッジャを中心にイタリア中南部随一の面積を持つタヴォリエーレ平野が広がる。昔は湿地帯だったが整地され、現在は重要な農耕地帯として知られているところだ。その南東にあるのが、やや高度が高く、野草の生い茂るムルジャ地域。そして南東端にはサレント平野が続く。

　温暖な地中海性気候に恵まれ、冬の寒さも穏やかだが、夏の日差しは強い。降雨量が少ない上、川の水量も少なく、水が不足しがちなため、灌漑用水路が張り巡らされている。そうした平地を利用して農耕が盛んに行なわれ、硬質小麦とオリーブが主要な産物である。硬質小麦はタヴォリエーレ平野一帯で良質のものが栽培されている。

　オリーブはいたるところで見られるが、バーリ県のビトントを中心にした広大な畑や、ブリンディジ県では樹齢100年以上のオリーブの樹が並んで実をつける。オリーブ油の生産量は毎年全国一、二を争い、イタリア国内の30%以上を占めている。

　また多彩な野菜や果物の生産量も多く、イタリア北部の都市に供給するだけではなく、ヨーロッパ諸国にも輸出している。チーメ・ディ・ラーパや各種のチコリア（カタローニャやチコリア・セルヴァーティカなど）、ランパッショーニ（小タマネギに似る野菜）、ココーメロやカロセッロ（いずれも小ぶりのウリ）などの独特な野菜も栽培され、地元の食卓を彩る。また二つの海から揚がる魚介類も豊富で、市場には活気があり、暖かくなると海岸線に沿って獲れたてのウニや貝類を生で食べさせる屋台が登場する。もちろんレストランでも前菜として、新鮮な貝類や小さなイカにレモンをかけて生で食べることもあり、ほかの州に比べて、魚介類の生食に対して馴染みがある。

　このように野や海から新鮮な素材が豊富に集まるプーリア州の料理は、オリーブ油をベースに、シンプルに調理して、素材のパワフルな味わいを伝えるのが身上だ。また、地中海沿岸諸国の影響が感じられることも特色の一つである。たとえばピュレ状にした乾燥ソラ豆にゆでたチコリアを合わせる料理はエジプトでも食べられているし、ヒヨコ豆を使った料理や野菜のオーブン焼き、テラコッタ製の鍋で煮込んだ料理などにも、アラブ諸国の料理の影響が見える。そしてプーリア州では、野菜は単なる付合せではなく、一つの料理としての力強い存在感を持っている。

　パスタでは硬質小麦粉と水でつくる耳たぶ形のオレッキエッテが有名で、特産の野菜、チーメ・ディ・ラーパと一緒にゆでたものはプーリアを代表する一品だ。肉料理は仔羊や仔山羊などが主で、その内臓も活用して個性ある味わいをつくり出す。乳製品もよく使われ、ブッラータやストラッチャテッラなどのチーズは鮮度が重要で、レストランではこぞってつくりたてを用意している。

　さらにもう一つ、プーリア州の食を語るのに欠かせないものはパンである。パン工房の多いアルタムーラをはじめ、ラテルツァなどでは硬質小麦の粉を練り、薪で焼いた大形パンが今でもパン屋の店頭に並んでいる。また食卓のパン籠には薄切りにした大形パンのほか、小さなドーナツ状の乾パン、タラッリが必ず用意されている。

16　PUGLIA

プーリア州の伝統料理

◎バーリ県の料理

*ムール貝とジャガイモのティエッラ　Tiella di riso e cozze　……バーリの名物料理。オーブン容器にムール貝、ジャガイモ、米、トマト、ペコリーノなどを層にして入れ、ムール貝の汁、オリーブ油、水などを加えてオーブン焼きにした料理。

*チャッレッダ　Cialledda　……固くなったパンの薄切りを入れ、オレガノで風味をつけた野菜のスープ。

*インゲン豆とヒヨコ豆、チチェルキア豆のスープ……チチェルキア豆はヒヨコ豆に似た豆。

*魚介のズッパ

*トゥリッリア（ヒメジ）のフリット

*ヒシコイワシのマリネ

*ニュンメリエッディ　Gnummerieddi　……仔羊のレバー、肺、腎臓などをそれぞれ仔羊や山羊の腸でぐるぐると巻きつけ、ローリエと交互に串に刺して炭火で焼いたもの。

*仔羊とランパッショーニの紙包み焼き　Agnello e lampascioni al cartoccio　……仔羊の骨付きロース肉をランパッショーニ、緑オリーブなどとともに紙で包み、オーブン焼きにした料理。

*仔羊の串焼き

*仔羊のカッチャトーラ　Agnello alla cacciatora　……仔羊のモモ肉を切り分け、トマト、ジャガイモとともに、オレガノ風味でオーブンで蒸し煮込みにした料理。

*仔羊とグリーンピースのオーブン焼き

◎フォッジャ県の料理

*トロッコリ　Troccoli　……硬質小麦粉と水で練った生地を薄くのばし、専用の道具、トロッコラトゥーロ（麺棒に等間隔に溝が彫られ、刃のようになっている）をころがして切り分けたロングパスタ。断面は紡錘形。トマトソースや魚介、野菜などさまざまなソースと合わせる。

*カヴァテッリ　Cavatelli　……オレッキエッテを細長くくるっと巻いたような形のパスタ。トマトソース、ラグーなどで和える。カヴァティエッディ（cavatieddi）ともいう。

*パンコット　Pancotto　……ジャガイモ、ルーコラなどの野菜のスープ煮に薄切りパンを入れたもの。

*カルチョフィのフリット

◎レッチェ県、サレント地方の料理

*チーチェリ・エ・トゥリア　Ciceri e tria　……ヒヨコ豆とパスタを水で煮込んだ料理。伝統的には硬質小麦粉と水で練った手打ちのパスタでつくる。タリアテッレを短く切ったような形状で、一部を揚げて混ぜるのが特徴。

*パンツェロッティ　Panzerotti　……パン生地にトマトとモッツァレラを入れた半月形のフリット。

*ピットゥレ　Pittule　……小さなボール状の揚げパン。黒オリーブ、ケイパー、プチトマト、ゆでたバッカラやカリフラワーなどを中に入れることもある。ペットレ（pettole）ともいう。ハチミツやヴィンコットをかけてドルチェとして食べることもある。

*プッディカ　Puddica　……トマトをのせて焼いた厚めのフォカッチャ。

*ペペロナータ　Peperonata　……赤、黄、緑のペペローニを、タマネギ、トマトなどと煮込んだもの。

*ナスのグリル

*ジャガイモのピッタ　Pitta di patate　……ジャガイモのピュレの間に炒めたトマトとチポッロット（葉タマネギ）を挟み、オーブン焼きにした料理。

*ムール貝のレッチェ風　Cozze alla leccese　……ムール貝を蒸し煮にして、パセリ、レモン、オリーブ油を混ぜ合わせたソースをかけたもの。

*ヤリイカの詰めもの　Calamari ripieni　……パン粉、

ニンニク、イタリアンパセリ、ペコリーノなどを詰めたヤリイカのトマト煮。
* 仔羊のオーブン焼き
* 仔山羊のモモ肉のオーブン焼き

◎海岸地帯の料理
* 魚介のズッパ
* ヒシコイワシのオーブン焼き Alici arracanate ……ヒシコイワシ（カタクチイワシ）にニンニク、ミント、ケイパー、オレガノ、パン粉、オリーブ油をかけてオーブン焼きにしたもの。
* 小魚のフリット
* 魚介のサラダ
* トゥリッリアの紙包み焼き Triglie al cartoccio ……トゥリッリア（ヒメジ）を黒オリーブ、オレガノ、イタリアンパセリなどとともに紙で包み、オーブン焼きにしたもの。
* ムール貝のパン粉焼き
* 生の貝類の盛合せ……レモン汁を搾って食べる。
* タコのグリル
* タコのピニャートゥ Polpo a pignatu ……タコとジャガイモの白ワイン煮。ピニャートゥはテラコッタ製の浅鍋。

◎プーリア州全体に広がる料理
* オレッキエッテ Orecchiette ……硬質小麦粉、ぬるま湯、塩で生地を練り、耳たぶのようにくぼみをつけた小さな円形に成形したパスタ。レッキエ（recchie）、レッキエテッレ（recchietelle）ともいう。さらに小さいものはキヤンキヤレッレ（chianchiarelle）、大きいものはポチャッケ（pociacche）と呼ぶ。野菜のチーメ・ディ・ラーパと一緒にゆでたものはプーリア州を代表するパスタ料理。このほか、トマトソースとカチョリコッタ、ブラチョーレ（インヴォルティーニのトマト煮）のソース、ポルペッテ（ミートボール）のトマト煮のソース、仔羊のラグーなどさまざまなものと合わせる。
* ストラッシナーティ Strascinati ……大ぶりの平たいオレッキエッテ形パスタ。トマトソース、各種ラグーなどで和える。
* ランパッショーニのオーブン焼き……ランパッショーニをジャガイモ、キノコなどとともにオーブンで焼いた料理。
* ランパッショーニのフリット
* ランパッショーニのフリッタータ……とき卵にゆでたランパッショーニを加え、オーブン焼きしたソフトなフリッタータ（卵焼き）。
* ランパッショーニの白ワイン煮
* ナスとチーズのオーブン焼き
* ナスの詰めもののオーブン焼き
* ソラ豆のピュレとチコリ Purè di fave e cicoria ……乾燥ソラ豆をピュレにし、ゆでたチコリ（チコリア・セルヴァーティカやカタローニャ）を添えたもの。ンカプリアータ（'ncapriata）とも呼ばれる古いルーツを持つ料理。
* ブラチョーレ Braciole ……インヴォルティーニのこと。馬肉、ロバ肉、牛肉等の薄切り肉で、チーズ、豚の背脂、イタリアンパセリ、ニンニク等の詰めものを巻き、トマトソースで長時間煮込んだもの。このソースでパスタを和えることもある。

16 PUGLIA

プーリア州の特産物

◎穀類・豆類
*硬質小麦＜フォッジャを中心とするタヴォリエーレ平野＞……イタリア国内最大の生産量を誇る。
*カラス麦　*ヒヨコ豆＜ナルド＞
*ソラ豆　*レンズ豆＜アルタムーラ＞

◎野菜・果物・キノコ・ナッツ類
*トマト　*ビーツ（砂糖用）
*チーメ・ディ・ラーパ cime di rapa ……ナバナの一種で、つぼみ、茎、葉を食べる。＜トラーニ＞
*カルチョフィ＜メサーニェ、サン・フェルディナンド・ディ・プーリア＞
*カリフラワー＜アンドリア＞
*フィノッキオ＜ルチェーラ＞
*セロリ＜モンテ・サンタンジェロ＞
*ジャガイモ
*タマネギ＜アックワヴィーヴァ・デッレ・フォンティ、ザポネータ＞
*ズッキーニ
*ココーメロ cocomero ……表皮が薄緑色の小ぶりの丸ウリ。
*カロセッロ carosello ……キュウリ形をした小ぶりのウリ。表皮はやや濃い緑色から薄緑色。
*ナス　*ペペローニ
*野生のチコリ cicoria selvatica ……苦みのある葉野菜で、数十種類、あるいはそれ以上が自生しているといわれる。
*カタローニャ catalogna ……チコリの仲間で、苦みのある葉野菜。白い茎が細く、形状としては水菜に似ている。＜アンドリア＞
*ランパッショーニ lampascioni ……小タマネギに似たユリ科の植物の鱗茎で、強い苦みを持つ。＜コペルティーノ＞

*サクランボウ＜コンヴェルサーノ、トゥーリ＞
*アンズ＜マンフレドーニア、オートラント＞
*スイカ＜ブリンディジ＞
*メロン＜カニャーノ・ヴァラーノ＞
*ブドウ＜カノーサ・ディ・プーリア＞
*レモン、オレンジ、マンダリンなどの柑橘類＜ルーディ・ガルガニコ、ジノーサ＞
*クレメンティーネ crementine del Golfo di Taranto IGP……ミカン科の柑橘類。＜ターラント湾に沿う地域＞
*フェンミネッロ種のレモン limone femminello del Gargano IGP＜ガルガーノ＞
*オレンジ arancia del Gargano IGP＜ガルガーノ＞
*ベッラ・デッラ・ダウニア種のオリーブの実（緑・黒）La bella della daunia DOP＜チェリニョーラ＞
*カルドンチェッリ……エリンギに似たキノコ。
*クルミ＜ノーチ＞
*アーモンド＜ノーチ＞

◎魚介類
*ムール貝・ミル貝
*伊勢エビ・エビ
*マイワシ・ヒシコイワシ・サバ
*ウニ
*鯛・マトダイ・スズキ・トゥリッリア（ヒメジ）・アンコウ
*タコ・ヤリイカ・スミイカ

◎肉類
*豚　*仔羊・仔山羊　*馬

◎チーズ
*カネストラート・プリエーゼ canestrato pugliese DOP
……フォッジャを中心に生産される羊乳でつくる半硬質

タイプのチーズ。3～11カ月間熟成される。熟成の若いタイプはテーブルチーズとして、熟成タイプはすりおろして使う。
*カチョフィオーレ caciofiore（羊・半硬質）
*カチョリコッタ cacioricotta ……羊または山羊の乳、あるいは2種の混乳でつくるリコッタを乾燥熟成させたもの。熟成の若いタイプはそのままテーブルチーズとして、熟成の進んだものはすりおろして使う。典型的な南部のチーズの一種。〈プーリア全体〉
*ブッラータ burrata（牛・フレッシュ）……アンドリアを中心に生産。生クリームと糸状に裂いたモッツァレッラの生地を、塊のモッツァレッラで巾着のように包んだフレッシュチーズ。
*ストラッチャテッラ・ディ・ブファラ stracciatella di bufala（水牛・フレッシュ）……糸状に裂いた水牛乳のモッツァレッラに生クリームを混ぜ合わせたもの。
*カチョカヴァッロ・ポドーリコ・デル・ガルガーノ caciocavallo podolico del Gargano（牛・硬質）……牛のミルクでつくる糸状に裂けるタイプのカチョカヴァッロ・チーズ。ガルガーノ地方が産地で、特に長く熟成したものが評価されている。
*カチョカヴァッロ・シラーノ caciocavallo silano DOP（牛・硬質）
*水牛のリコッタ ricotta di bufala campana DOP（水牛・フレッシュ）

◎畜肉加工品
*カポコッロ capocollo ……豚の首の下の部位でつくる生ハムで、エミリア＝ロマーニャ州でコッパと呼んでいるものと同じ。プーリア州全土でつくられるが、特にマルティーナ・フランカ産が有名。
*ソップレッサータ soppressata ……挽いた豚の赤身とダイスに切った背脂でつくるサラミ。軽くスモークをかける。
*サルシッチャ・レッチェーゼ salsiccia leccese ……仔牛肉と豚肉にシナモン、クローヴ、すりおろしたレモンの皮を加えたサルシッチャ。豚の脂に漬け込んで保存。
*ムッシスカ muscisca ……羊、山羊、牛、馬などの赤身肉を幅3～4cm、長さ20～30cmの細切りにして塩、赤トウガラシ、フィノッキエット（フェンネル）、ニンニクなどで調味し乾燥させたもの。野生の香草でスモークをかけることもある。

◎オリーブ油
*コッリーナ・ディ・ブリンディジ Collina di Brindisi DOP〈ブリンディジ周辺〉
*ダウノ Dauno DOP〈タヴォリエーレ地方〉
*テッラ・ディ・バーリ Terra di Bari DOP〈ビトント、カステル・デル・モンテ、ムルジャ地域〉
*テッラ・ドートラント Terra d'Otranto DOP〈オートラント周辺〉
*テッレ・タレンティーネ Terre tarentine DOP

◎調味料
*塩田の塩 sale di salina ……イタリアで最大の塩田の塩。〈マルゲリータ・ディ・サヴォイア〉
*ヴィンコット vincotto ……甘いタイプのブドウ果汁を加熱して濃縮したもの。ほかに完熟した甘いイチジクを加熱してこし、さらに加熱して濃縮したものもある。甘味料としてハチミツの代わりに使用したり、カルテッラーテ（菓子の項参照）などの菓子にかける。

◎パン・菓子
*アルタムーラのパン pane di Altamura DOP ……ムッジャ地域で穫れる硬質小麦の粉を使い、薪釜で焼く

16 PUGLIA

16 PUGLIA

パン。クラスト（皮）が厚くて固く、クラム（中身）は淡いクリーム色で、緻密でしっとりとした大形パン。
*タラッリ taralli ……小さなドーナッツ状のパン。熱湯に通してから焼くのが特徴で、乾パンのように固い。
*パーネ・プリエーゼ pane pugliese ……硬質小麦粉の大形パン。気泡が大きく発酵しているのが特徴。
*プッチャ puccia ……黒オリーブ入りの丸形パン。
*フリセッレ friselle ……ドーナッツ状に焼いて薄切りにし、カラカラに乾くまで焼いたパン。現代では食べる時に水で湿らせ、アンチョビやトマトをのせ、オリーブ油をかけて食べるのが一般的。
*カルテッラーテ cartellate ……生地を巻いてバラの花形に成形し、オリーブ油で揚げた菓子。ハチミツかヴィンコットをかけて食べる。
*コトニャータ cotognata ……メーラ・コトーニャ（mela cotogna＝カリン）を煮つめたゼリー状の菓子。＜レッチェ＞
*ディータ・デッリ・アポストリ dita degli apostoli ……クレープでリコッタクリーム（チョコレートやフルーツの砂糖漬けなどを加える）を巻いたもの。料理名は12使徒の指、の意。復活祭の時期に食べられていた。
*パスティッチーニ・ディ・マンドルレ pasticcini di mandorle ……アーモンド粉、砂糖、卵白などを練って焼いたクッキー。粉糖、フルーツの砂糖漬け、チョコレートソースなどをかける。
*モスタッチョーリ mostaccioli ……アーモンド粉にヴィンコットを加えて練り、ひし形などにして焼いたクッキー。

スローフードのプレシーディオ

*トッレ・グワチェート産のトマト……トマトソース用。
*ファザーノとオストゥーニ産のレジーナ種のトマト……ブドウの房のように吊るして保存し、翌年まで使う。
*アックワヴィーヴァ・デッレ・フォンティ産の赤タマネギ
*カルピーノ産のソラ豆　*ポリニャーノ産のニンジン
*ガルガーノ地方産の柑橘類
*トリット産のアーモンド
*ガルガーノ地方産のポドーリコ種の雌牛
*ガルガーノ種の山羊
*ガルガーノ地方産のカチョカヴァッロ・ポドーリコ・チーズ（牛・硬質）
*マルティーナ・フランカ産のカポコッロ……豚の首下の肉を塩漬けし、ヴィンコットとスパイスで調味して腸詰めした後、軽くスモークをかけて熟成した生ハム。
*薪釜で焼いたアルタムーラの伝統的なパン
*チェリエ・メッサピーカ産のアーモンドのビスコッティ

アドリア海沿いの古い町、トラーニ。

Antipasto

#183
Friselline miste
（フリセッリーネ　ミステ）
フリセリーネ

フリセリーネは、真ん中に穴のあいた乾パンで、横に半割りにした形で売られている。これを水にさっと浸し、すぐに引き上げて、上にいろいろな具材をのせた2皿。1皿目は塩味が中心の前菜的な3種盛り（A）、2皿目は甘いものをのせたデザート的な2種盛り（B）。プーリアにはこのフリセリーネのほか、カナッペやフィンガースナックとして食べられる乾パンあるいはビスケットのような粉製品がたくさんある。サクッ、パリッとした食感を味わうのではなく、どちらかというと少し水分を含んでクチャッとした、微妙なニュアンスを味わうのがプーリア流だ。

16 PUGLIA

江部敏史（コルテジーア）

ricetta

フリセリーネはさっと水に浸し、すぐに引き上げて、具材をのせる。

フレッシュトマトとオレガノ（A）
完熟のトマトの皮をむいてさいの目に切り、塩とE.V.オリーブ油をかけ、オレガノ（乾燥）と赤タマネギのスライス（水にさらす）をのせる。フルーツトマトなら皮付きでよい。

プーリア産サラミとカチョカヴァッロ（A）
カチョカヴァッロ・チーズの上にプーリア産のサラミをのせ、さらに黄ピーマンのローストをのせて、イタリアンパセリを散らす。

カチョリコッタとトマトソース（A）
ピリ辛のトマトソース（ニンニクと赤トウガラシをオリーブ油で炒め、ホールトマトを加えて軽く煮る）の上に、プーリア産のカチョリコッタ（羊と山羊のホエーからつくるリコッタ。ここでは熟成の若めのものを使用）を格子状にのせ、ゆでたブロッコリを飾る。

マスカルポーネクリームと乾燥イチジク（B）
卵黄にシロップを加えながら泡立器でかき立て、クリーム状になったところへ、マスカルポーネ、六分立てくらいにした生クリーム、煮溶かしたゼラチン液を加えて混ぜ合わせ、マスカルポーネクリームをつくる。その上に、プーリア名産の乾燥イチジクのスライスをのせる。

サボテンのジャムとイチゴ（B）
サボテンのジャムの上に、自家製のイチゴのジャムとコンポートをのせる。ミントを飾る。

Antipasto

#184
フォカッチャ　アッラ　プッリェーセ
Focaccia alla pugliese
プーリア風フォカッチャ

ゆでたジャガイモの裏ごしを生地に混ぜ込んだ、プーリア風のフォカッチャ。現地で日常的によく食べられているもので、モチッとした食感が特徴である。前菜的に食べてもよいし、スナック的にバールなどで軽くつまむのもよい。特産のオリーブ油のおいしさも十分に味わうことができる。店では自家製プーリアパンとともに提供している。

16
PUGLIA

江部敏史（コルテジーア）

ricetta

①生地をつくる。小麦粉（タイプ00）に、ゆでたジャガイモの裏ごしを加え、水、イースト、塩、オリーブ油を加えて練る。小麦粉500gに対してジャガイモは200gくらいが目安。1時間ほど発酵させる。
②約1.5cmの厚さにのばした生地を2つ用意して、それぞれ別の具をのせる。1つはタマネギ（塩をして水分を絞る）、オレガノ、ケイパー。もう1つはプチトマト、オレガノ、ケイパー、ニンニク。どちらも上から軽く塩をふり、オリーブ油をかけて、オーブンで焼く（200℃で15～20分間程度）。

Antipasto

#185
Antipasto dello chef
アンティパスト　デッロ　シェフ
おまかせアンティパスト

ヒシコイワシのフリット Alici fritte　（手前から奥へ）
バーリ風生ハム Prosciutto barese
タコのアッフォガート Polpo affogato
ナスのバジリコマリネ Melanzane al basilico
ムール貝のパン粉焼き Cozze al gratin
ズッキーニのグラタン Parmigiana di zucchine

アンティパストを料理ごとに小皿に盛って提供するのがプーリアでは一般的。冷たいもの、熱いもののいずれも、できたてをどんどん提供して、おいしいうちに味わってもらうというスタイルだ。いかにもプーリアらしいこのアンティパストは、現地の体験の中でも非常に思い出深いもの。

江部敏史（コルテジーア）
ricetta 330頁

16
PUGLIA

Primo Piatto

#186
プレ　ディ ファーヴェ エ チコーリヤ
Purè di fave e cicoria
プレ・ディ・ファーヴェ

乾燥ソラ豆のピュレと、チコリアという苦味のある野菜を組み合わせた、プーリア州の代表的な料理。チコリアは、ナバナ系の苦みのある葉野菜で、現地ではストゥファートといって、油でクタクタになるまで煮るか、あるいはゆでて食べるのが一般的。今回使ったものは、群馬県の農家で有機栽培でつくってもらっているもの。このほろ苦さが、ソラ豆のピュレのほっこりとした甘みと絶妙のハーモニーを醸す。店では、ひと口でわかりやすいように、また分量的にも無理のないように、ソラ豆とチコリアを混ぜ込んで、アンティパストとしてフリセリーネ（315頁参照）にのせて出すなどの工夫をしている。

16 PUGLIA

江部敏史（コルテジーア）

ricetta

①乾燥ソラ豆を一晩水に浸けた後、ジャガイモとともに土鍋に入れ、沸騰したら塩を加えて、柔らかくなるまでゆでる。これを野菜こし器でこし、ソラ豆のピュレをつくる。プーリア産E.V.オリーブ油で味つけする。
②チコリアは塩ゆでして、プーリア産のE.V.オリーブ油をまわしかける。ソラ豆のピュレと一緒に盛り付ける。

Primo Piatto

#187
チェーチ エトゥリエ
Ceci e trie

チェーチ・エ・トゥリエ

プーリア州レッチェの女性シェフに教わった料理。チーチェリ・エ・トゥリエ（Ciceri e trie）ともいう。柔らかくゆでたヒヨコ豆と、トゥリエというタリアテッレを短くしたような手打ちパスタを合わせた素朴な料理。ただ、同じパスタを焼いたものとゆでたもの、二通りにして一皿に盛り込むところがおもしろい。焼いたパスタの香ばしさが味わいに変化をもたらすのだが、こうした知恵が、いわゆるクチーナ・ポーヴェラ（貧しい料理）のおいしさの最たるものではないかと思う。また、ヒヨコ豆はテラコッタ製の土鍋で煮るのが基本で、やさしい火加減で3～4時間かけてじっくり煮ると、豆のおいしさが全然違ってくるから不思議だ。

16 PUGLIA

江部敏史（コルテジーア）

ricetta

①トゥリエをつくる。小麦粉（タイプ00）、セモリナ粉少量、水、塩を合わせて練る。厚めにのばし、人差し指くらいの幅、長さに切り揃える。
②ヒヨコ豆（プーリア産）は一昼夜水に浸けてもどし、セロリ、ニンジン、皮付きのニンニク、塩を入れて柔らかくゆでる。
③テラコッタ製の土鍋にE.V.オリーブ油を熱し、全体の約3分の1量のパスタを生のまま入れ、香ばしく焼く。ヒヨコ豆とそのゆで汁を加え、別に残り3分の2のパスタを塩湯でゆでて加える。
④味をなじませて器に盛り、黒コショウとE.V.オリーブ油をかける。

Primo Piatto

#188

オレッキエッテ　コン　チーメ　ディ　ラーパ
Orecchiette con cime di rapa

オレッキエッテ・コン・チーメ・ディ・ラーパ

小さな耳という意味のパスタ、オレッキエッテにチーマ・ディ・ラーパ（ナバナの一種）の組合せは、プーリア州では定番中の定番だが、現地でも店によってその仕上がりはさまざまである。野菜のあとかたもないくらいとろとろに煮てしまっているものから、自然に野菜のエキスが溶け出るくらいのもの、そして最後に和えただけという感じでオレッキエッテが真っ白に残っているものなど。私自身は、パスタのモチモチ感に、緑の葉のクチャッとしたものがからんでいて、花蕾の部分も少し煮崩れるくらいになっているところに、この料理のおいしさがあると思っている。ここに赤トウガラシやプチトマト、乾燥トマトなどを加えることもある。

16 PUGLIA

江部敏史（コルテジーア）

ricetta

①塩湯を沸かし、チーメ・ディ・ラーパの葉とオレッキエッテ（ここではプーリア州産の手づくりの乾麺）を入れてゆでる。
②別鍋にオリーブ油とつぶしたニンニクを入れ、火にかけて香りをうつす。軽く色づいたらニンニクを取り出し、アンチョビを入れて溶かす。そこへゆで上がったチーメ・ディ・ラーパとオレッキエッテを入れてからませ、軽くなじませるように仕上げる。好みでE.V.オリーブ油や塩、コショウをかけてもよい。

Primo Piatto

#189
ティエッラ ディ リーゾ　パターテ エ コッツェ
Tiella di riso, patate e cozze

お米、ジャガイモ、ムール貝のティエッラ

ティエッラは天板、浅鍋を意味するテリア（teglia）の方言で、ティエッダ（tiedda）ともいい、浅鍋を使ったオーブン焼きを指す。イタリア各地でつくられている料理で、土地によっていろいろなバリエーションがあり、ここで紹介する米とジャガイモ、ムール貝のティエッラはバーリ風。素材を重ねて焼くだけのシンプルな料理だが、シンプルな料理ほど郷土料理のおいしさを感じるものだ。私は下からタマネギ、米、ムール貝の順番に入れ、米に上下の素材からにじみ出るうまみをふんだんに吸わせる。ムール貝の殻と、さらに上に重ねるジャガイモのスライスは蓋の役目も兼ねていて、香りとうまみを閉じ込めて炊き上げることができる。素朴ながらも、先人の知恵と現地の温もりを感じさせる一皿だ。

江部敏史（コルテジーア）

16
PUGLIA

ricetta

①E.V.オリーブ油でタマネギのスライスを炒めて香りをうつし、タマネギは取り出す。ここにカルナローリ種の米を入れて炒め、ひとつまみの塩を入れた湯を加え、蓋をしてオーブンで半炊きの状態にする。
②浅めの耐熱容器に生のタマネギのスライス、①の米、ムール貝（生のまま開いて片側の殻を取り除いた貝と、中から出た汁も加える）、トマト、イタリアンパセリ、ニンニクのみじん切り、ジャガイモのスライス、すりおろしたペコリーノとパルミジャーノ、黒コショウ、E.V.オリーブ油を順に重ね入れ、水を入れる。ムール貝は身を下にして入れる。
③230℃のオーブンで表面がきつね色になるまで15〜20分間焼く。イタリアンパセリを散らす。

※このリチェッタは店で1人分ずつ短時間で炊き上げられるようにアレンジしたオリジナル。通常は大きな浅鍋を使い、何人分かをまとめて、生米から30〜40分間ほどかけてじっくりとオーブン焼きにする。

Secondo Piatto

#190
Seppie ripiene al pomodoro
（セッピェ　リピェーネ　アル　ポモドーロ）

甲イカの詰めものの
トマト煮込み

プーリア州は5県すべてがアドリア海やイオニア海に面している。海辺のレストランでは魚介類を使った料理のバリエーションが豊富で、魚のウロコはオーダー後に引くのが当たり前だった。この一品はやはり海に面した町、ターラントで教わったものが原形で、地元で揚がる甲イカに詰めものをし、トマトソースをかけてオーブン焼きにするもの。私は甲イカとトマトソースをより一体化させるためにひと工夫を加え、タマネギをアメ色になる手前まで炒めてから甲イカを加え、甲イカにもごく軽い焼き色をつけてからトマトで煮込むようにしている。炒めることで主役の素材と香味野菜の間で互いに香りがうつり、煮込むうちにそれらの風味が凝縮し、一体感が生まれるからだ。また、煮えてからしばらくおいたほうが味はよりまろやかにまとまる。

16 PUGLIA

江部敏史（コルテジーア）

ricetta

①甲イカの足を抜き、目、口、内臓を取り除いて掃除する。胴は皮をむく。
②パン粉、卵、すりおろしたペコリーノ、黒オリーブ、塩漬けケイパー（塩抜きしたもの）、ニンニク（みじん切り）、アンチョビのオイル漬け、オレガノ、塩、黒コショウを混ぜ合わせて詰めものとする。
③甲イカの胴に詰めものを詰め、形を整えてたこ糸で縛る。ごく軽く塩をする。
④E.V.オリーブ油でタマネギのスライスをアメ色になる直前まで炒める。イタリアンパセリの粗みじん切り、詰めものをした胴と足を加えて数分間炒め、イカにも軽く焼き色をつける。ホールトマトの裏ごしを加え、強火で沸騰させる。塩を加え、蓋をして弱火で約30分間煮る。

Primo Piatto

#191
トゥロッコリ コン スーゴ ディ セッピエ
Troccoli con sugo di seppie

トロッコリ
甲イカのソース

トロッコリはプーリア州北部でよく食べられる手打ちのロングパスタ。やはりプーリアで有名なオレッキエッテやカヴァテッリ（カヴァティエッディ）などのショートパスタと同様、セモリナ粉を使い、卵は入れずにつくる。麺棒に溝が彫り込まれた形状の専用の道具でカットするのが特徴で、表面は平らではなく丸みのある形に仕上がる。非常に弾力があり、噛みごたえも十分。一般にトマトソースや魚介類と組み合わせることが多い。煮込み料理のソースをパスタに利用するのはイタリアの家庭ではごく当たり前のことだが、ここでも「甲イカの詰めもののトマト煮込み」（322頁）の、イカのうまみがしっかりと出たソースでトロッコリを和えた。

江部敏史（コルテジーア）

16
PUGLIA

ricetta

①トロッコリをつくる。小麦粉（タイプ00）2対セモリナ粉1、塩、水を練り混ぜて耳たぶほどの固さの生地をつくる。最低45分間休ませる。
②①を麺棒で厚めにのばす。厚さはトロッコリ用の麺棒の溝の深さに合わせる。
③生地にトロッコリ用の麺棒を押しつけながら転がして細長くカットし、手で1本ずつにさばく。
④トロッコリを塩湯でゆで、「甲イカの詰めもののトマト煮込み」（322頁参照）のソースで和える。

Antipasto

#192

カルドンチェッリ　アッラ　ブラーチェ
Cardoncelli alla brace

カルドンチェッリの炭火焼き

カルドンチェッリはプーリア州特産のキノコ。エリンギの仲間で、日本にも9月〜4月くらいまで、フレッシュが空輸で届くようになった。食感はちょうど日本のシイタケとエリンギの中間くらいで、香りや風味の個性はそれほど強くはないが、イタリアのキノコ独特の味わいがある。価格的にはポルチーニ茸より安価なので使いやすく、何より現地のものなので、プーリアならではの味を提供できることがうれしい。コントルノとして提供することも多く、グリルやパン粉焼きにするほか、状態が良ければ生食も可能なのでサラダとしてもよい。今回は赤トウガラシの辛みをきかせたグリルとした。

16 PUGLIA

江部敏史（コルテジーア）

ricetta

①カルドンチェッリは石突きを取って掃除し、炭火で網焼きにする。

②E.V.オリーブ油、塩、イタリアンパセリ、細かくきざんだ赤トウガラシで和え、少しおいて味をなじませる。

Secondo Piatto

#193
スピーゴラ　アッラ　マリナーラ
Spigola alla marinara
フッコのマリナーラ

魚のおいしさをストレートに味わう一皿で、私自身、非常に好きな調理法である。ふっくらと仕上がったフッコの味はもちろんだが、自家製プーリアパンのトーストをこの汁に浸して食べるとこれがまたおいしく、欠かせない取合せだ。シンプルこの上ない料理なだけに、ちょっとした火加減やタイミングなどがポイントとなるのはいうまでもない。

江部敏史（コルテジーア）

ricetta

①フッコはウロコをかき、エラを除き、腹を開いて内臓を取り出す。
②鍋に水、プチトマト、イタリアンパセリ、ニンニク、E.V.オリーブ油、塩、コショウを入れて5分間ほど火にかけ、材料をなじませる。
③ここにフッコを入れて蓋をし、火を通す。
④大皿に移し、トーストした自家製プーリアパン（つくり方省略）を添える。

Secondo Piatto

#194
ブラチョーレ ディ カヴァッロ
Braciole di cavallo
馬肉のブラチョーレ

ブラチョーレはインヴォルティーニ（薄切り肉などで巻き込んだもの）のことで、イタリア南部での言い方。トマト煮込みなどにして、ソースはオレッキエッテをはじめとするパスタに合わせるのが定番だ。馬肉はプーリア州の内陸部ではポピュラーな素材で、カルパッチョ、ビステッカ、煮込み、サルシッチャなどにして食べていた。ブラチョーレにも、仔牛肉や牛肉のほか、馬肉がよく使われる。馬肉は噛むほどに味が出てくるうまみのある肉だが、一般に煮込みに使われる部位は若干固い。それを薄切りにして時間をかけて煮込むことで、ほどよく柔らかくする。タマネギ、赤ワインとプーリア産のホールトマトだけで煮込んだものだが、馬肉のうまみが引き出されて、ソースは非常に豊かな味わいとなる。

16
PUGLIA

江部敏史（コルテジーア）

ricetta

①馬モモ肉は薄切りにし、肉叩きで軽くのばす。黒コショウを多めにふり、塩漬けケイパー（塩抜きしたもの）、ニンニクとパセリの粗みじん切り、5mm角に切ったペコリーノをのせて巻き、たこ糸で縛る。表面に塩を軽くすり込む。

②鍋にE.V.オリーブ油を熱し、タマネギのスライスとともに①の馬肉をソテーして焼き色をつける。
③赤ワインを加えてアルコール分を飛ばし、ホールトマトの裏ごしを加えて強火で沸かし、塩を加える。蓋をしてとろ火で1時間半〜2時間煮込む。

#195

アンニェッロ　コン　パターテ　アッラ　コンタディーナ
Agnello con patate alla contadina

仔羊とジャガイモの
オーブン焼き　農家風

仔羊肉をジャガイモをはじめとする野菜とともにオーブン焼きにした素朴な一品で、野菜が多いことから「農家風」と呼ぶ。肉も野菜も生の状態からすべて一緒にじっくりと蒸し焼きにしていくのが特徴で、たっぷりの野菜とともに火を入れると仔羊は柔らかくなり、野菜は仔羊のうまみを吸収して味わいを増す。赤ワインは水で割って使い、できるだけ素材の味を大切にするよう心がけた。最後にすりおろすチーズは、プーリア産のカチョリコッタの熟成タイプ。パスタの仕上げなどにすりおろすチーズとして欠かせない食材だ。日本ではあまり出回っていないが、プーリアらしさを表現するためになるべく入手するようにしている。

江部敏史（コルテジーア）

ricetta

①ジャガイモ、タマネギ、ニンジン、グリーンアスパラガス、マッシュルーム、ニンニクは適当な大きさにカットする。
②耐熱容器に骨付き仔羊ロース肉、①の野菜、プチトマト、黒オリーブ、塩漬けケイパー（塩抜きしたもの）、赤トウガラシ、ローズマリー、オレガノ、パセリ、ローリエ、水、赤ワイン（水の1/3量）、E.V.オリーブ油、塩、黒コショウを入れ、最後にカチョリコッタ（羊と山羊のホエーからつくるリコッタ。ここでは熟成タイプを使用）をすりおろす。水分量は材料の3分の2が浸るくらい（骨付きロース肉8本で約1ℓ）が目安。
③200℃のオーブンで表面に焼き色がつくまで焼く。

Secondo Piatto

16
PUGLIA

Dolce

#196
ペットレ コン ミェーレ エ ヴィンコット
Pettole con miele e vincotto
ペットレ ハチミツとヴィンコット

イタリア各地にはさまざまな揚げ菓子のバリエーションがあるが、ここで紹介したペットレはプーリア州で食べられているもの。発酵生地を使った揚げパン菓子ともいえるもので、モチモチとした食感が特徴。他の地方では一般にツェッポレ、ゼッポレ（zeppole）などと呼ばれる揚げ菓子に近いものだ。他の多くの揚げ菓子と同様、聖人の日や祭事との関わりが深く、ペットレもクリスマスシーズンに欠かせないもの。現地では、甘いドルチェとしてだけでなく、塩味のスナックとしてもよく見かけたので、私も生地にアンチョビやトマト、ケイパーを混ぜ込むなどのアレンジをして、アンティパストとしても提供している。コツはなんといっても、オリーブ油で揚げること。生地自体はごくシンプルだが、オリーブ油のコクや風味をまとって味わい深いものとなる。仕上げはプーリア州特産のヴィンコットと、ハチミツ、グラニュー糖で3通りに。

16
PUGLIA

江部敏史（コルテジーア）

ricetta

①予備発酵をした生イースト5g、小麦粉（タイプ00）250g、塩1g、ぬるま湯250gを手で混ぜて柔らかめの生地をつくる。室温に1時間以上おいて発酵させる。
②オリーブ油を熱し、①をスプーンですくい落としてきつね色に揚げる。
③ハチミツ、ヴィンコット（ブドウ果汁を煮つめて熟成させた甘味料）はそれぞれペットレにからめ、グラニュー糖はまぶし付ける。

Dolce

#197
ディータ ディ アポストリ
Dita di apostoli
ディータ・ディ・アポストリ

プーリア州の伝統的なドルチェの一つで、直訳すると「十二使徒の指」。卵白だけで薄焼き卵をつくり、これをクレープ生地のようにしてリコッタの詰めものを巻くという一風変わったドルチェだが、不思議に懐かしいようなおいしさがある。コツは卵白を三分立てくらいにし、気泡を入れて生地の食感を軽くすること。また、リコッタにはリキュールを加え、そのキレと香りによって詰めものの輪郭をはっきりとさせることもポイントだ。ここではコワントローを使い、オレンジの香りを添えた。

16
PUGLIA

江部敏史（コルテジーア）

ricetta

①詰めものをつくる。リコッタ、ココアパウダー、グラニュー糖、コワントローを混ぜ合わせる。
②生地をつくる。卵白に塩を加え、泡立て器でコシを切るようによくかき混ぜる。ちょうど「混ぜる」と「泡立てる」の中間くらいの手の動きで、少し空気を含ませ、流動性が出るくらいまでを目安に。
③フライパンにバターとサラダ油を熱し、②の生地を薄くクレープ状に焼く。
④焼いた生地に詰めものをのせて巻く。
⑤粉糖、シナモンをふる。

ricetta

＃185　Antipasto
おまかせアンティパスト
Antipasto dello chef

カラー317頁

江部敏史（コルテジーア）

ヒシコイワシのフリット　Alici fritte

ヒシコイワシ（カタクチイワシ）の頭を取り、腹を開いて内臓を取り除く。小麦粉（タイプ00）を付けて揚げる。プーリア産の海水塩（粒の細かいもの）を全体に軽くかけ、葉野菜、レモンを添える。

バーリ風生ハム　Prosciutto barese

生ハムをサイコロ状に切る。E.V.オリーブ油とコショウをかけて混ぜ合わせ、緑オリーブを添える（すぐに提供しても、一晩おいて味をなじませてから提供してもよい）。

タコのアッフォガート　Polpo affogato

鍋にオリーブ油を入れて熱し、タマネギのみじん切りを加えてさっと炒める。ひと口大に切った生のタコを入れてなじませ、小麦粉を少量加えて軽く混ぜ合わせる。ホールトマトと赤トウガラシ、コショウを加えて蓋をし、タコが柔らかくなるまで煮込む。きざんだイタリアンパセリを散らす。

ナスのバジリコマリネ　Melanzane al basilico

米ナスの皮をむき、厚めの輪切りにしてグリルする。皿に並べ、塩、コショウ、E.V.オリーブ油をかけ、みじん切りのニンニクを散らす。薄く切ったトマトをのせ、粗く切ったバジリコの葉をたっぷりとのせる。

ムール貝のパン粉焼き　Cozze al gratin

生のムール貝の殻を開け、片方の殻をはずす。パルミジャーノ、ペコリーノ、イタリアンパセリのみじん切りを合わせたパン粉で身を覆い、E.V.オリーブ油をまわしかけ、オーブンで焼き上げる。

ズッキーニのグラタン　Parmigiana di zucchine

ズッキーニを輪切りにし、塩をかけて余分な水分を取る。小麦粉を付け、パルミジャーノ、ペコリーノ、コショウを入れた卵液にくぐらせて揚げる。グラタン皿に入れ、モッツァレラ、薄切りにしたプロッシュット・コット（イタリアの加熱ハム）、パルミジャーノ、トマトソースの順に重ね、オーブンで焼き上げる。

バジリカータ州
BASILICATA

17 BASILICATA

- ムーロ・ルカーノ
- ポテンツァ ◎
- マテーラ
- マラテーア

イオニア海

ティレニア海

● バジリカータ州の県と県都

ポテンツァ県 …… ポテンツァ（州都）
マテーラ県 …… マテーラ

バジリカータ州の特徴

　カンパーニア州、プーリア州に挟まれ、南はカラブリア州と接し、わずかながらティレニア海、イオニオ海に面している小さな州。平地が少なくほとんどが丘陵、山岳地帯で占められ、人口密度は低い。小さいながら気候は各地域で異なり、海に近い場所では夏暑く冬は温暖である。一方内陸の山岳地帯は夏涼しく、冬は寒さが厳しく、降雪量も多い。イタリア南部に位置しているが、州都ポテンツァでは国内最低気温を記録することも稀ではない。

　多くは林を切り開いて耕作地にし、硬質小麦、カラス麦、大麦などの穀物、レンズ豆、インゲン豆などの豆類を栽培している。また、高度のある険しい地形から、羊や山羊の放牧が盛んで、各村でその土地独特のチーズを生産している。羊乳だけのもの、山羊のミルクだけのもの、あるいはミックスしてつくるもの、スモークをかけたり、天然の洞窟で熟成させるチーズもある。原種のポドーリコ種の牛のミルクでつくるカチョカヴァッロは長期間熟成させた個性あるチーズだ。

　さらに、バジリカータ州は、サルシッチャづくりにも古くからの伝統が息づいており、サルシッチャの発祥地ともいわれる。イタリア北部でも細いサルシッチャをルカーニカ、ルガーネガと呼ぶが、これはバジリカータ州の昔の名称「ルカーニア」からきたものだ。

　漁業はそれほど盛んではないが、二つの海に面していることから、ヒシコイワシのマリネや魚介のスープなどが食卓にのぼり、内陸部では、長期保存が可能なバッカラ（塩漬けの干ダラ）が利用されてきた。

　全体の傾向としては、近隣の州の影響を強く受け、昔からの簡素な料理が今なお伝承されていることだろう。ソラ豆のピュレとチコリアの組合せなどはプーリア州やシチリア州に見られるし、オレッキエッテ、ストラッシナーティといったパスタもプーリア州と共通するもの、フジッリはナポリでも食べられているものである。また上質のペペロンチーノ（トウガラシ）が収穫されるため、さまざまな料理にその辛みが多用されることも大きな特色である。

山の斜面に広がるマラテーアの町。

17 BASILICATA

バジリカータ州の伝統料理

◎バジリカータ州全体に広がる料理

*オレッキエッテ Orecchiette……硬質小麦粉と水を練ってつくる耳たぶ形のパスタ。各種のラグー、あるいはトマトソースで和える。そのほか、ストラッシナーティ(strascinati＝大ぶりで平たいオレッキエッテ)、マッケロンチーニ(maccheroncini)、フジッリ(fusilli)、フェッリチェッリ(ferricelli＝編み棒を芯にして巻いた細長い穴あきパスタ)などのパスタも同様に使われる。

*カヴァテッリ Cavatelli……硬質小麦粉と水で練った生地でつくる小さなニョッキ。

*ラガーネ Lagane……硬質小麦粉でつくる幅広のロングパスタ。ゆでたインゲン豆やレンズ豆、ヒヨコ豆とともにラードで炒め合わせたものが代表的。

*カウツーニ Cauzuni……半月形のラヴィオリ。リコッタのほか、米、卵、イタリアンパセリ、フレッシュチーズなどを詰める。

*カルツォーネ Calzone……パン生地に詰めものをして半月形に包み、オーブンで焼いたもの。詰めものは、ゆでたビエトラあるいはチコリアを炒め、レーズンと黒オリーブ、ペペロンチーノを加えたものや、仔羊のラグーなど。

*カルツォンチーニ Calzoncini……半月形の詰めものパスタ。リコッタ、砂糖、シナモン、ナッツメッグの詰めものをし、羊のミートソースで和えるマテーラ料理。ウ・カツィーニ('u cazini)ともいう。

*ゆでた硬質小麦のラグー……豚肉、牛肉、ソップレッサータ、赤ワイン、香味野菜、トマトペーストを煮込んだラグーで、ゆでた硬質小麦を和えたもの。

*米とカルドンチェッリ茸のミネストラ。

*アックワサーレ Acquasale……タマネギとニンニクを炒め、イタリアンパセリ、トマト、水を加えて煮て塩味をつけたスープを、薄切りパン(固くなったもの)の上にかけたズッパ。

*ソラ豆のピュレとビエトラ Fave e bietra……乾燥ソラ豆でつくるピュレとゆでたビエトラ(ふだん草)。

*カルドンチェッリ茸のトマト煮

*カルドンチェッリ茸のグリル

*ナスとチーズのオーブン焼き

*ペペローニのトマト煮 アーモンド風味……きざんだ生のアーモンドを加えたペペローニのトマト煮込み。

*チャウデッダ Ciaudedda……ソラ豆、ジャガイモ、カルチョフィ、タマネギをオリーブ油と塩で煮込んだもの。

*チャンモッタ Ciammotta……揚げたジャガイモ、ナス、ペペローニなどをトマトで煮込んだもの。チャンボッタ(ciambotta)ともいう。

*バッカラとクルスキの炒め煮 Baccala e cruschi……クルスキは乾燥させたペペローニ(赤ピーマン)。これとバッカラを炒め煮にしたもの。

*バッカラのトマトソース煮 黒オリーブとレーズン入り

*エスカルゴのオレガノ風味

*仔山羊のルカーニア風 Capretto alla lucana……仔山羊のぶつ切りを炒め煮にし、とき卵とペコリーノを混ぜ合わせて仕上げたもの。

*クットゥリッディ Cutturiddi……仔羊のカッセルオーラ(Agnello in casseruola)のこと。仔羊の肩肉やバラ肉をセロリ、タマネギ、ローズマリーなどとテラコッタ製の鍋で煮込んだもの。クットゥリエッデ(Cutturiedde)ともいう。

*仔羊とカルドンチェッリ茸のオーブン焼き

*コテキナータ Cotechinata……ニンニク、イタリアンパセリ、ラルドをみじん切りにしたものを豚の皮で巻いてトマト煮にしたもの。

*ヤマシギのサルミ(煮込み)

バジリカータ州の特産物

◎穀類・豆類
*硬質小麦　*カラス麦　*大麦
*インゲン豆 fagiolo di Sarconi IGP＜サルコーニ＞
*レンズ豆＜アヴィリアーノ、ラウリア＞
*ソラ豆＜ラヴェッロ＞

◎野菜・果物・キノコ・ナッツ類
*ビーツ（砂糖用）　*トマト
*ペペローニ peperone di Senise IGP ……コルノ・ディ・ブーエ種（牛の角形）のペペローニ（赤ピーマン）。果肉が薄く、水分が少ないため乾燥に向き、天日に干したものをクルスキ（cruschi）という。＜セニーゼ＞
*ペペロンチーノ＜セニーゼ＞　*フィノッキオ＜メルフィ＞
*赤いナス melanzana rossa di Rotonda DOP＜ロトンダ＞
*桃＜サンタルカンジェロ＞　*イチゴ
*シトロン、オレンジなどの柑橘類＜モンタルバーノ・イオニコ、トゥルシ＞
*イチジク＜キャラモンテ＞　*栗＜アテッラ、ラゴネーグロ＞
*カルドンチェッリ茸（エリンギ）＜モンティッキオ周辺＞
*アーモンド＜モンテミリオーネ＞
*クルミ＜モンテミリオーネ＞

◎魚介類
*ヒシコイワシ　*カサゴ

◎肉類
*仔羊・仔山羊

◎チーズ
*ブッリーノ burrino ……糸状に裂けるタイプのチーズでバターを包んだもの。
*カチョカヴァッロ・ディ・ポドーリコ caciocavallo di podolico（牛・硬質）
*カジエッロ casiello（山羊・硬質）
*カチョット caciotto（羊と牛の混乳・半硬質）
*カネストラート・ディ・モリテルノ canestrato di Moliterno IGP（羊・硬質）
*ペコリーノ・ディ・フィリアーノ pecorino di Filiano DOP（山羊、羊の混乳・硬質）……天然の洞窟で熟成させる。
*リコッタ・ドゥーラ・サラータ ricotta dura salata（羊、山羊の混乳・半硬質）……2カ月から1年の熟成。スモークをかけることもある。
*カチョリコッタ cacioricotta（羊、山羊、または混乳・半硬質）……2〜3カ月の熟成。
*カシエッドゥ casieddu（山羊・フレッシュ）……シダの葉で包んだ山羊乳チーズ。
*リコッタ ricotta（羊・フレッシュ）
*フィオール・ディ・ラッテ fior di latte（牛・フレッシュ）……牛の乳でつくるモッツァレッラ。
*カチョカヴァッロ・シラーノ caciocavallo silano DOP（牛・硬質）

◎畜肉加工品
*カピコッロ・ルカーノ capicollo lucano ……豚の首肉の生ハム。
*パンチェッタ・テーザ pancetta tesa ……豚のバラ肉を塩漬け・熟成したもの。
*ソップレッサータ soppressata ……豚モモ肉のサラミ。断面が楕円形をしている。
*プロッシュット・ルカーノ prosciutto lucano＜ラトゥローニコ＞
*サルシッチャ・ディ・ベッラ＝ムーロ salsiccia di Bella-Muro ……フェンネルシード入りのサルシッチャ。

17 BASILICATA

*ペッツェンタ pezzenta ……ペペロンチーノ入りの太めのサルシッチャ。

○パン・菓子
*チャンベッラ ciambella ……硬質小麦粉でつくる大きなドーナツ形のパン。
*パーネ・ディ・マテーラ pane di Matera IGP ……マテーラ近郊の良質な硬質小麦粉を使って焼いた大形パン。
*チチラータ cicirata ……アーモンド粉、小麦粉、卵を混ぜた生地をヒヨコ豆の大きさに丸めて揚げ、ハチミツをかけた菓子。
*トルタ・デイ・リコッタ torta di ricotta ……練りパイ生地にリコッタを詰めて焼いたタルト。
*パンツェロッティ panzerotti ……ヒヨコ豆をピュレにしてチョコレート、砂糖、シナモンを混ぜ、小麦粉の発酵生地に包んで揚げるかオーブン焼きにした菓子。半月形につくり、砂糖かハチミツをかけて食べる。
*リングエッテ linguette ……ブドウ汁を煮つめたモストコットを生地に混ぜ込んだ大形のビスケット。

スローフードのプレシーディオ

*ロトンダ産の赤い丸ナス……濃いオレンジ色をした丸いナス。オイル漬けや酢漬けにする。
*フェッランディーナ産のオーブンで焼いたオリーブの実
*ポテンツァ県のカチョカヴァッロ・ポドーリコ……ポドーリコ種の牛のミルクでつくる硬質チーズ。
*マテーラ近郊の山で生産されたペッツェンテ……原生種の黒豚の肉を使用してつくるサルシッチャ。

Antipasto

#198
トルタ ディ ラッティチーニ アッラ ルカーナ
Torta di latticini alla lucana

ルカーニア風チーズのトルタ

スカモルツァ、モッツァレッラ、リコッタの3種類のチーズでつくる、ごくシンプルなタルト。流し込むたねには塩を入れず、焼成中にチーズから塩分がにじみ出てちょうどいい味わいになる。これらのフレッシュチーズは、イタリアの田舎では毎日できたてをチーズ店に買いに行く、日本でいえば豆腐に近い感覚の食品。日本では現地のようにフレッシュとはいかないが、チーズのやさしい風味をそのまま味わうには、シンプルな調理法がいい。なお、ルカーニアはバジリカータ州の古代の名で、"アッラ・ルカーナ"は「バジリカータ州の」という意味。

17 BASILICATA

島田 正（オステリア・ボーノ）

ricetta

①タルト生地をつくる。ボウルに薄力粉とドライイースト、水、ラード、塩を入れてこね合わせ、30分間発酵させる。のばして型に敷き込む。
②チーズ生地をつくる。卵と生クリーム、きざんだサラミとイタリアンパセリ、ひと口大にカットしたスカモルツァ・チーズ、リコッタ、すりおろしたパルミジャーノを混ぜ合わせる。
③①の型にチーズ生地を流し入れ、180℃のオーブンで30〜40分間焼く。

Primo Piatto

#199
ピッツァ　アッラ　ルカーナ
Pizza alla lucana
ルカーニア風ピッツァ

バジリカータ州の小さな町ムーロ・ルカーノのトラットリーアでは、ピッツァもアンティパストの一つとして提供している。ここで紹介したものは、生地にジャガイモとベーコン、ローズマリーをのせてパリッと焼き上げたものだが、そもそもは土地にあるごくありふれた素材を使い、ジャガイモはお腹を満たすためにたくさんのせて増量したのだろうと想像できる。しかしジャガイモは素揚げにしてあるのでうまみが強く、貧しい土地ながらも、そこで収穫できるものを最大限においしく食べようという先人のアイデアがうかがえる。

島田　正（オステリア・ボーノ）

ricetta

①ドライイーストと砂糖、水を合わせて予備発酵させる。強力粉にこのイーストと、合わせて温めた牛乳とオリーブ油、塩を加えてこね、1時間発酵させる。
②ジャガイモは5mmほどの厚さにスライスして素揚げにし、軽く塩をふる。
③生地を薄くのばし、②のジャガイモ、厚めにカットしたベーコンをのせ、コショウを軽く挽く。200℃のオーブンで8〜10分間焼き、焼き上がる直前にローズマリーの葉をちぎってのせ、オーブンにもどしてさらに数分間焼いて仕上げる。

Secondo Piatto

#200
ストゥラッシナーティ アル ネーロ ディ セッピャ
Strascinati al nero di seppia
イカ墨のストラッシナーティ

ストラッシナーティはバジリカータ州の代表的な手打ちパスタで、小麦粉とラード、塩、水をこね、1枚ずつ丸く平たくのばしてつくる。耳たぶ形のオレッキエッテに似ており、やや大きめ。食感はつるんとしてのど越しがよく、ラグーやトマトソースと合わせたり、ミネストラにしたりとプリモ・ピアット全般に使われる。イカ墨と合わせたこの一品は、ストラッシナーティで最も気に入っているもので、海辺の町マラテーアにあるトラットリアのスペシャリテ。ストラッシナーティの全面が覆われるほどイカ墨のソースがたっぷりとのっている。

島田　正（オステリア・ボーノ）

17
BASILICATA

ricetta

①ストラッシナーティをつくる。強力粉とラード、塩、水をなめらかになるまでこね、しばらく休ませる。親指の太さくらいの直径になるように細長い棒状にのばし、5mmの厚さにカットする。両手の親指で1枚ずつ中央を薄めに、縁が少し厚めになるように、直径4cm大くらいにのばす。生地が乾燥しやすいので、少しずつとり分けては成形する。

②ソースをつくる。オリーブ油とニンニク、赤トウガラシを火にかけて香りを出し、輪切りにした白イカを加えて炒める。塩、コショウをし、トマトソース（340頁ricetta ②参照）とイカ墨を加えて軽く煮る。

③ストラッシナーティを塩湯で約3分間ゆで、ソースに入れて和え、E.V.オリーブ油で仕上げる。

Primo Piatto

#201

コンキッリエッテ　コン　ラーファノ
Conchigliette con rafano

西洋ワサビを添えた
コンキリエッテのトマトソース

バジリカータ州では生のトウガラシを片手に料理を食べる、という光景をしばしば見かけるが、この料理は辛みは辛みでも西洋ワサビを添えたもの。異色の組合せではあるが、西洋ワサビがトマトソースの爽やかな味わいとうまみを増幅することは、食べてみれば実感できる。これまでにバジリカータで食べた料理の中で一番感動した一品。コンキリエッテはバジリカータ州やプーリア州などでよく食べられる小さな貝殻形の手打ちパスタ。1個ずつ指先で転がして成形するため手間がかかるが、独特の力強い食感を出すために店でも手打ちでつくっている。現地では、近所の女性たちが集まっておしゃべりに興じながらつくっている光景を何度となく目にした。

島田　正（オステリア・ボーノ）

ricetta

①コンキリエッテをつくる。小麦粉（タイプ00）とオリーブ油、塩、ぬるま湯をなめらかになるまでこね、しばらく休ませる。筒状にのばし、これをさらに1cm幅の輪切りにする。1枚ずつ転がして細長くし、小口から1cm幅にカットする。台上で生地の中央に中指をのせて人さし指と薬指を軽く添え、中指に力を入れて生地を手前のほうに引く。これで薄くのびて丸まり、貝殻形になる。

②トマトソースをつくる。タマネギのみじん切りをオリーブ油で炒め、薄力粉を加えて粉気がなくなるまで炒める。ホールトマトを加えて濃度がつくまで煮る。塩で味をととのえる。

③コンキリエッテを塩湯で約3分間ゆで、トマトソースに入れて和える。ペコリーノをふり、すりおろした西洋ワサビを添えて提供する。

Primo Piatto

#202

マナーテ アル ラグー ディ カプレット
Manate al ragù di capretto
コン カルチョーフィ
con carciofi

手延べパスタ「マナーテ」 仔山羊とカルチョフィのラグー

マナーテはつくるのに手間がかかるため、現地でもあまり見かけなくなったが、モチモチとした食感がおいしさを誘う伝統的なパスタである。つくる人によってセモリナ粉だったり、タイプ00の小麦粉だったりと使う粉も違えば、1本ずつ手で転がしてのばす人、そうめんのように空中で輪をつくるようにのばす人、マシンを利用する人とのばし方もさまざま。私は州都ポテンツァ出身の友人に教わったセモリナ粉のみの配合で、1本ずつ転がしながらのばしている。本来、マナータは「手延べ」の意味で、手で一つ一つのばすところに意味があると思うからだ。バジリカータ州は山がちの土地ゆえに、合わせるソースは仔山羊、仔羊、豚肉などの各種肉のラグーや、これらの肉の塊をトマトなどで煮込み、肉の風味のついた煮汁「ポテンツァ風ラグー」だけでシンプルに和えることが多い。

17 BASILICATA

小池教之(オステリア デッロ スクード)

ricetta

①マナーテの生地をつくる。セモリナ粉(挽きの細かいタイプ)にぬるま湯、塩、少量のオリーブ油を加えてこね、柔らかめの生地をつくる。ラップ紙で包んで冷蔵庫で一晩休ませる。生地の固まりを1cm幅に切り分け、それぞれを端から1cm幅に切り分けて、切り口が1cm四方の棒状の生地をつくる。1本ずつ端から手のひらでころがして細長くのばし、スパゲッティくらいの長さで切る。
②仔山羊のラグーをつくる。仔山羊肉の肩肉やモモ肉をこま切れにし、塩をふってよくなじませる。フライパンにオリーブ油をひいて強火にかけ、仔山羊肉を手早く、アクを飛ばしながらソテーする。タマネギ、ニンジン、セロリなどでつくったソッフリット(252頁参照)を入れ、白ワインを加えてアルコール分を飛ばした後、仔山羊の骨でとったブロード、ブーケ・ガルニ(セージ、ローズマリー、タイム、ローリエ、マジョラム。以上すべてフレッシュ)を入れて柔らかくなるまで弱火で煮込む。
③カルチョフィ(プーリア州産のマモーレタイプのアーティチョーク=トゲのない丸形)をレモン汁入りの水に浸してアク止めをしながら掃除し、くし形に切る。
④フライパンにオリーブ油とつぶしたニンニク、タイム、マジョラムを入れて火にかけ、香りが出たら③のカルチョフィを入れてソテーする。②の仔山羊のラグーを加えて軽く煮込み、味をなじませる。
⑤マナーテを塩湯でゆで、④の煮込みに加えてよくからませる。器に盛り、カネストラート・チーズ(プーリア州産の羊乳製セミハード)をふってマジョラムを飾る。

Primo Piatto

#203
オルヅォ アル ラグー
Orzo al ragù
ゆでた大麦のラグー和え

この料理の原形は、硬質・軟質の小麦の粒でつくる「グラーノ・アル・ラグー Grano al ragù」で、今回は日本で手に入りやすい大麦の粒で代用した。バジリカータ州は隣のプーリア州と並んで指折りの小麦や大麦の産地で、このミネストラは特産地ならではのもの。その昔、製粉した上質の小麦粉は売り物や徴税に使われることが多く、貧しい農民は精製度の低い粉や小麦粒を身近にある肉や野菜と組み合わせて日々の糧としていたようだ。見た目もつくり方も素朴なことこの上ないミネストラだが、栄養価が高く、お腹にもたまる理にかなった農民料理である。このような料理を通じてイタリア料理の根幹にある「質実剛健の精神」を感じ取ることができ、大切にしている。

小池教之（オステリア デッロ スクード）

ricetta

①豚の粗挽き肉、塩、コショウ、ニンニクのみじん切り、フェンネルシード、パプリカと赤トウガラシの各粉末を練り合わせてルカーニカ（バジリカータ州のサルシッチャ）の生地をつくり、一晩冷蔵庫でねかせる。
②ペペローニ（赤ピーマン）を二等分してヘタとタネを取り除き、身をオリーブ油で柔らかく蒸し焼きにしたのち、ミキサーにかけてこしてピュレにする。
③ラグーをつくる。フライパンを強火にかけ、①のルカーニカの生地をほぐしながら炒めて焼き色をつけ、余分な脂分をきる。タマネギ、ニンジン、セロリなどでつくったソッフリット（252頁参照）を加え、ホールトマト、②のペペローニのピュレを少量加えて、味がなじむまで軽く煮込む。
④大麦の粒（丸麦）をアルデンテに塩ゆでし、水気をきって器に盛る。③のラグーをかけ、カネストラート・チーズ（プーリア州産の羊乳製セミハード）またはカチョカヴァッロをふってイタリアンパセリを散らす。

Secondo Piatto

#204
<small>ガンベリ アッラ マラテオータ</small>
Gamberi alla marateota
マラテーア風エビのトマト煮

マラテーアは山がちなバジリカータ州では数少ない、ティレニア海に面した海岸沿いの小さな町。カンパーニア州とカラブリア州に挟まれたほんの一部が海に面しており、人々は数時間をかけてこの町に海水浴に訪れる。バジリカータ州は全州的に見れば、たとえばボッタルガの名称さえ通じないほどに魚介料理には縁がない土地だが、このマラテーアだけは例外だ。ここで紹介したのは、そんなマラテーアの町で出合った一品。ごくシンプルなエビのトマト煮だが、ペペローニの風味が非常によくマッチしておいしい。エビは短時間でトマトの味をしみ込ませるため、殻付きのまま背開きにして煮るのがポイント。

17 BASILICATA

島田　正（オステリア・ボーノ）

ricetta

①ペペローニ（赤ピーマン）は直火で焼いて薄皮をむく。
②オリーブ油とニンニクを火にかけて香りを出し、①のペペローニ、殻付きのまま背開きにした有頭エビ、トマトソース（340頁ricetta②参照）、赤トウガラシを加えてエビに火が通るまで軽く煮る。塩で味をととのえ、イタリアンパセリの葉とみじん切りを散らす。

Secondo Piatto

#205

インサラータ ディ バッカラ コン クルスキ
Insalata di baccalà con cruschi

バッカラとクルスキの温かいサラダ

クルスキとは、牛の角の形をした果肉の薄い大形のペペローニ（赤ピーマン）を乾燥させたもので、南部一帯でよく使われている。山あいの農家では、夏に収穫した大量のペペローニを軒先にすだれのように吊るして乾燥させ、一年を通して料理に使う保存食だ。今回の料理で組み合わせたバッカラ（塩漬けの干ダラ）は海のものだが、これも保存食として内陸地で重用されている素材で、保存食のコンビが生んだ必然の味といえる。このような料理を日本でも再現しようと、毎夏、イタリアのペペローニを自宅のベランダなどで栽培し、同じように乾燥させてクルスキに仕上げている。日本は湿度が高いので乾燥は簡単にはいかないが、それでもうまくいけば香りや甘味がひときわ際立ち、現地の料理のイメージにぐっと近づけるので、手間はかかるが大切な仕事として取り組んでいる。

17 BASILICATA

小池教之（オステリア デッロ スクード）

ricetta

①自家製のバッカラをつくる。マダラをカマと皮を付けたままフィレにおろし、原塩をたっぷりとかけて一晩漬け込む。翌日、マダラを水洗いし、水気をふいて網にのせ、ワインセラーなどの涼しいところで一日陰干しする。この工程を3〜4回繰り返して芯まで塩を浸透させる。
②①のバッカラを水に浸し、毎日水を取り換えながら4〜5日間かけて塩抜きする。大きめのぶつ切りにして、弱火で火が通るまでゆでた後、水気をきる。
③クルスキをつくる。果肉の薄いペペローニ（赤ピーマン）に針で数カ所穴をあけ、ヘタの部分に糸を通して縦に十数個つなげる。夏の強い日差しに約1週間あてて内側までしっかり乾燥させる。二等分してタネを取り除く。
④小鍋に多めのE.V.オリーブ油とつぶしたニンニクを入れて熱し、色がついてきたら取り出してクルスキを入れ、香ばしく揚げる。
⑤ボウルにバッカラをざっくりとほぐして入れ、揚げたクルスキを2〜3等分したもの、緑オリーブの果肉をほぐしたもの、イタリアンパセリのみじん切りを入れる。クルスキを揚げたオイルをまわし入れ、レモン汁を搾ってよく混ぜ、温かいうちに器に盛る。

Secondo Piatto

#206

ペッツェッティ ディ カルネ エ ルカーニカ ディ アンニェッロ
Pezzetti di carne e lucanica di agnello
コン パターテ ネッラ ピンニャータ ディ テッラコッタ
con patate nella pignata di terracotta

仔羊とそのサルシッチャ、ジャガイモの土鍋煮込み

イタリア南部で「ピニャータ」と呼ばれる素焼きの土鍋で煮込む肉料理で、調理器具の名がそのまま料理名に使われている。私が現地で体験したのは、骨ごとぶつ切りにした肉を鍋に放り込むラフなイメージのもので、骨ごと煮込むので味もよく出て合理的な調理法だった。店では、リストランテ料理としての食べやすさを考慮して骨をはずして調理しているが、煮込んだあと、別に骨を煮出してとっておいたブロードを加え、煮つめることで味をのせている。また、サルシッチャは一般的な豚肉のものでもよいが、店では半頭の仔羊をさばいて仔羊肉の煮込みをつくっているので、端肉を使いきるためと、味に一体感をもたせるために同じ仔羊肉でサルシッチャをつくっている。

BASILICATA

小池教之（オステリア デッロ スクード）

ricetta

①仔羊肉半頭分をさばき、肩肉とモモ肉をぶつ切りにして塩をふり、よくなじませる。さばいた時に出る端肉は細かく挽いて、塩、コショウ、ニンニクのみじん切り、パプリカ、赤トウガラシ、コリアンダー、スターアニスの各粉末を混ぜ合わせ、豚腸に詰めてサルシッチャをつくる。
②土鍋にオリーブ油をひき、ブーケ・ガルニ（ニンニク、トウガラシ、ローリエ、セージ、ローズマリー。以上すべてフレッシュ）を入れて火にかけ、香りを引き出す。ぶつ切りの仔羊肉とタマネギのくし形切りを入れて軽くソテーした後、かぶる量の水を注いで沸かす。アクを十分に取り、トマトペーストとパプリカを加え、蓋をして150℃のオーブンで1〜2時間、やさしい火で煮込む。
③肉が柔らかくなったら取り出し、煮汁には仔羊の骨でとっておいたブロードを加えて少し煮つめ、味に厚みを出す。肉を戻して一晩ねかせてから、1人分ずつパック詰めして保存する。
④小分けした煮込みを鍋に入れ、サルシッチャと、ひと口大に切ったジャガイモを加えて、それぞれに火が入って柔らかくなるまで煮込む。器に盛ってカネストラード・チーズ（プーリア州産の羊乳製セミハード）をふる。

Secondo Piatto

#207
マイヤーレ　アッラ　ルカーナ
Maiale alla lucana

ルカーニア風豚の内臓の ピリ辛トマト煮込み

イタリアの田舎ではどこもそうであるように、バジリカータ州でも豚肉をよく食べる。この料理は豚の正肉以外の部分、足、舌、耳、胃をトマトと赤トウガラシで煮込み、ピリ辛に仕上げたセコンド・ピアット。トマトは輸出用の缶詰を生産するほどの産地でもあるので料理によく使う。辛い料理が多い土地柄ではないが、赤トウガラシを少しきかせた料理は多い。

島田　正（オステリア・ボーノ）

ricetta

①豚の足、タン、耳、胃は大きめにカットし、パセリの軸とニンニクとともに水からボイルし、少し柔らかくなる程度に下ゆでする。
②オリーブ油と多めの赤トウガラシ、スライスしたタマネギとニンジンを炒め、下ゆでした豚足、舌、耳、胃、ブロード、ホールトマト、タイム、ローリエを加えて柔らかくなるまで煮る。塩で味をととのえる。
③器に盛り、イタリアンパセリとコショウをふる。

Dolce

#208

<small>サングウィナッチョ　アッラ　ルカーナ</small>
Sanguinaccio alla lucana
ルカーニアの豚の血のチョコレートケーキ

豚の血を使ったクリスマスの伝統的なチョコレートケーキ。冬は豚をつぶして翌年分のサルーミ（畜肉加工品）をつくる季節なので、その時に出た血はこのように栄養たっぷりのドルチェとなる。独特のザラッとした舌触りがありつつ、とろりと柔らかい食感。サンブーカのさわやかな香りのあとに、かすかに動物性の風味を感じる程度で食べやすい。日本では豚の血と聞くだけで敬遠されるであろうと考え、現地で食べた味をもとにより食べやすくアレンジしたリチェッタで、生クリームや牛乳の配合を多めにしてしっとりと焼き上げている。

17　BASILICATA

島田　正（オステリア・ボーノ）

ricetta

①チョコレート生地をつくる。ボウルにきざんだスイートチョコレート、豚の血、卵黄、グラニュー糖、ココアパウダー、少量の薄力粉を入れて湯せんにかけ、チョコレートが溶けるまで混ぜる。湯せんからはずし、生クリーム、牛乳、細かくきざんだオレンジピールとレモンピール、シナモン、ヴァニラエッセンス、サンブーカ（アニス系のリキュール）を加えて混ぜる。チョコレート1に対して、豚の血が0.5、生クリームと牛乳を合わせて1の割合を目安に。
②角型に型よりも大きめに切ったパイ生地を敷き、①のチョコレート生地を流し入れる。余っているパイ生地を内側に折りたたむ。160〜180℃のオーブンで約40分間焼き、型のまま冷ます。
③カットし、泡立てた生クリームとミントを添える。

Dolce

♯209
ドルチェ ディ ノーチ
Dolce di noci
クルミの菓子

クルミとアーモンドをアマレット酒風味のメレンゲでつなぎ、ソラ豆大に成形して乾燥焼きした小菓子。外側はカリッと軽く、内側はネチッとした独特の食感。家庭でよくつくる菓子で、現地ではクルミやアーモンドの殻を割るところからつくり方を教わった。店では食後酒とともに供するが、合わせるのはイタリア全土的にも有名なバジリカータ州産のリキュール、アマーロ・ルカーノだ。

17
BASILICATA

島田　正（オステリア・ボーノ）

ricetta

①卵白とグラニュー糖を合わせて泡立て、アマレット酒（アーモンド風味のリキュール）を加えてメレンゲをつくる。
②フードプロセッサーにきざんだクルミとアーモンド、アーモンド粉を入れて挽きながらよく混ぜ合わせる。
③②をボウルにとり、①のメレンゲを加えて全体がつながるまで混ぜる。
④手で丸めてソラ豆大に成形し、80〜100℃のオーブンで約1時間乾燥焼きにする。

18

カラブリア州
CALABRIA

18 CALABRIA

●カラブリア州の県と県都

ヴィボ・ヴァレンティーア県 …… ヴィボ・ヴァレンティーア
カタンザーロ県 …… カタンザーロ（州都）
クロトーネ県 …… クロトーネ
コゼンツァ県 …… コゼンツァ
レッジョ・ディ・カラブリア県 …… レッジョ・ディ・カラブリア

カラブリア州の特徴

　イタリア半島の南端に位置し、ティレニア海、イオニオ海に挟まれた、南北に細長い州である。わずかな平地が海沿いにあるほかは、野性味の残る険しい景観の丘陵と山岳部で占められている。気候は変化に富んでおり、海岸沿いは夏暑く、冬は温暖、山岳部は夏涼しく、冬は寒さが厳しい。降雨量も多く積雪も見られる。

　平地が少ないことから大規模な耕作はむずかしいが、柑橘類の栽培は盛んで、特にマンダリン、クレメンティーネ（ミカン科の柑橘類）は国内生産量第1位である。このほかオレンジ、レモン、シトロンも広く栽培されているが、なかでも特徴的なのはレッジョ・ディ・カラブリア周辺で栽培されているベルガモットである。抽出されるエッセンスオイルは、リキュールやキャンディをはじめ、化粧品の香りにも利用される。また、柑橘類と並んで紀元前から行なわれていたオリーブ栽培も各地で見られ、オリーブ油の生産量はイタリア国内でプーリア州と一、二を争うほど多い。樹齢100年を超すオリーブの木が多いのも特筆すべき点である。野菜の栽培は多種類にわたるが、紡錘形をしたトロペア産の赤タマネギは特に有名で、甘みが強いと内外から評価が高い。

　ぐるりと海に囲まれているため漁業も活発で、背の青い魚（ヒシコイワシ、マイワシなど）がよく料理に登場する。マグロやカジキ漁は、シチリアとの間のメッシーナ海峡で盛んに行なわれており、獲れたマグロは鮮魚として食べるほか、身をオイル漬け、卵巣をボッタルガ（カラスミ）に加工する。

　丘陵、山岳地帯では山羊や羊を飼い、個性豊かなチーズをつくり、精肉としても利用する。豚肉の加工品も伝統的につくられ、カポコッロやソップレッサータなどがDOP指定されている。

　そして、カラブリア州の食で最も特徴的なのは、ペペロンチーノ（赤トウガラシ）を多様に使うことである。料理はもとより、畜肉加工品に入れるのは当たり前、海産物の加工品にも欠かせない存在だ。たとえば「クルーコリ産の赤いキャビア」とも称されるロザマリーナは、ビアンケッティ（イワシの稚魚）に塩、ペペロンチーノを加えてオイル漬けにしたもの。前菜のクロスティーニ（カナッペ）にぬったり、パスタに和えたり、ソースに加えるなどしてさまざまに使われている。

　イタリアでは、スーパーなどに野菜の加工品がずいぶん出回るようになり、購入する消費者が増えているが、カラブリア州では各家庭で野菜のオイル漬けや酢漬けを保存食としてつくる習慣が他州に比べてまだしっかりと残っている。

ティレニア海に面した小さな町、トロペア。

18 CALABRIA

カラブリア州の伝統料理

◎内陸部の料理

*シヴァテッディ Scivateddi ……豚肉のラグーとリコッタ・アッフミカータ（スモークをかけたリコッタ）で和えた手打ちのスパデッティ。

*マッカルーニ Maccaruni ……編み棒を使って成形する穴あきの手打ちロングパスタ。肉のラグーで和えるのが一般的。

*サーニャ・キーネ Sagna chine ……肉のラグーやグリーンピースを入れたラザーニャ。

*パスタ・コン・ラ・モッリーカ Pasta con la mollica ……オリーブ油をベースにパン粉、アンチョビ、オレガノで和えたパスタ。黒オリーブ、ケイパーを入れることもある。

*ピッタ Pitta ……パン生地をのばし、トマトやアンチョビ、マグロのオイル漬けをのせて焼いた一種のピッツァ。

*リクルディア Licurdia ……ジャガイモとタマネギのズッパ。

*マリオーラ Mariola ……パン粉とイタリアンパセリ、すりおろしたペコリーノを混ぜ合わせて焼いたクラッカーを小さく切り、浮き実にしたスープ。

*ミッレコセッデ Millecosedde ……レンズ豆やインゲン豆などの豆類と各種野菜の煮込み。最後にショートパスタを入れる一種のミネストローネ。

*カルチョフィのティエッラ Tiella di carciofi ……オーブン容器にカルチョフィ、ジャガイモ、ペコリーノを交互に重ねて入れ、少量の水を加えてオーブンで焼いたもの。

*詰めものをしたナスのオーブン焼き

*肉を詰めたカルチョフィのオーブン焼き

*ゆでナスのミント風味

*ペペローニとトマトの炒め煮

*ジャガイモとトマトの重ね焼き

*詰めものをしたペペローニのオーブン焼き

*チャンブロッタ Ciambrotta ……ジャガイモ、トマト、ナス、ペペローニの炒め煮。

*ストッカフィッソのマンモラ風 Stocco alla mammolese ……ストッカフィッソ（干ダラ）にタマネギ、トマト、ジャガイモ、緑オリーブ、ペペローニ（赤ピーマン）を加えてテラコッタ製の鍋で煮込んだ料理。マンモラ地区の水でもどされるストッカフィッソは特に上質とされ、農林政策省の伝統食に指定されている。

*ストッカフィッソとジャガイモの炒め煮

*カタツムリのオレガノ風味 Lumache all'origano ……カタツムリをニンニク、オレガノ、ペペロンチーノを加えてトマトソースで煮た料理。焼いたパンを添え、ズッパとすることもある。

*ムルセッドゥ Murseddu ……仔牛、豚のレバー、その他の内臓をトマトソース、ペペロンチーノで煮込み、パン生地に包んで焼いたもの。

*詰めものをした乳飲み仔羊のオーブン焼き

*ポルペットーネのアグロドルチェ Polpettone in agrodolce ……仔牛や豚の挽き肉を丸めた大きめのミートボールを焼き、ヴィンコット（ブドウ果汁を煮つめたもの）を加えて、トマトソースで煮込んだもの。

◎海岸地帯の料理

*小イカのスパゲッティ Spaghetti al ragù di totani ……テラコッタ製の鍋でタマネギ、ニンニクとともに小イカを炒め、トマトソース、バジリコを加えて煮込んだソースで、スパゲッティを和える。

*小魚のエスカベーチェ Pesciolini a scapece ……フリットにした小魚を、ヴィネガーを湿らせたパン粉、ニンニク、ミントを混ぜ合わせたものに漬けて風味をつけたもの。

*イワシとマッカロンチェッリ Maccaroncelli con le sarde ……イワシとパン粉、レーズンで和えたパスタ。マッカロンチェッリは硬質小麦粉と水で練った生地を棒に巻きつ

けてつくるショートパスタ。
カジキのインヴォルティーニ……パン粉、ケイパー、オリーブの実を詰めものにしてカジキの薄切で巻き、トマトソースで煮込んだもの。あるいは中にすりおろしたチーズを入れてグリルにしたもの。
カジキのバニャーラ風 Pesce spada alla bagnarese ……蒸したカジキを、オリーブ油とレモン汁、パセリ、オレガノ、黒オリーブ、ケイパーを加えたトマトソースで煮込んだもの。

◎**カラブリア州全体に広がる保存食**
*ドライトマトのオイル漬け
*キノコのオイル漬け
*ナスのオイル漬け
*ペペローニの酢漬け
*黒オリーブのオーブン焼き
*オリーブのスキヤッチャーテ Olive verdi schiacciate ……緑オリーブを半つぶしにしてニンニク、イタリアンパセリなどの香草を加えたもの。

カラブリア州の特産物

◎**穀類・豆類**
*硬質小麦＜ヴィボ・ヴァレンティーア周辺、クロトーネ周辺＞
*インゲン豆＜ブリアティコ＞

◎**野菜・果物・キノコ類**
*トマト＜パオラ、ベルモンテ＞
*ペペローニ
*ペペロンチーノ
*ジャガイモ patate della Sila IGP ＜州北部のシーラ地区＞
*ナス
*カルチョフィ＜ビアンコ、バルゲリーア＞
*赤タマネギ cipolla rossa di Tropea IGP＜トロペア＞
*ブドウ＜ジェラーチェ＞
*桃＜グリゾリーア＞
*ベルガモット bergamotto di Reggio Calabria DOP ……柑橘類の一種で、果肉は酸っぱく食用に向かない。エッセンスオイルはリキュールなどに、果皮は砂糖漬けに使われる。イタリアが世界一の生産国。＜レッジョ・ディ・カラブリアの周辺＞
*オレンジ＜レッジョ・ディ・カラブリア県＞
*その他の柑橘類……マンダリン、レモン、シトロンなど。果皮が厚く、砂糖漬けなどの加工品にされる。＜ピッツォ、コリリアーノ・カラブロ＞
*クレメンティーネ・ディ・カラブリア clementine di Calabria IGP ……ミカン科の柑橘類。
*スイカ＜クロトーネ＞
*イチジク＜ボッキリエーロ＞
*ポルチーニ茸＜ラ・シーラ、ポッリーノ＞

◎**香草・香辛料**
*甘草

18 CALABRIA

◎魚介類
*ヒシコイワシ・イワシ・サバ　*カサゴ・ハタ
*スミイカ・タコ
*エビ
*カジキ＜バニャーラ・カラブラ＞　*マグロ

◎肉類
*羊・山羊　*豚

◎水産加工品
*ロザマリーナ rosamarina ……イワシの稚魚のペペロンチーノ入りオイル漬け。ムスティカ（mustica）ともいう。＜チロ、クルーコリ、カリアーティ＞
*マグロのオイル漬け
*マグロのボッタルガ＜ピッツォ＞……マグロの卵巣を塩漬け・熟成させたもの。

◎チーズ
*カチョカヴァッロ・シラーノ caciocavallo silano DOP（牛・硬質）
*ブッリーノ burrino（牛・硬質）……芯にバターが入った糸状に裂けるタイプのチーズ。
*ラスコ rasco（牛・硬質）
*スカモルツァ scamorza（牛・半硬質）……糸状に裂けるタイプのチーズで、スモークをかけるものもある。
*リコッタ・アッフミカータ ricotta affumicata（羊、山羊、混乳・半硬質）……リコッタを塩漬けし、スモークをかけた後、乾燥・熟成させたもの。
*ジュンカータ giuncata（山羊と羊の混乳・硬質）
*ペコリーノ・デル・モンテ・ポーロ pecorino del Monte Poro（羊と山羊の混乳・硬質）
*ペコリーノ・ディ・クロトーネ pecorino di Crotone（羊と山羊の混乳・硬質）……カネストラート・ディ・クロトーネ（canestrato di Crotone）ともいう。
*アスプロモンテ産のカプリーノ caprino d'Aspromonte……山羊乳でつくるチーズ。熟成の若いものはテーブルチーズとして、熟成の進んだものはすりおろして料理に使う。

◎畜肉加工品
*カポコッロ・ディ・カラブリア capocollo di Calabria DOP
*ンドゥイヤ 'nduja ……ペペロンチーノが入った非常に辛いパテ状サルシッチャ。パンにぬって食べる。
*パンチェッタ・ディ・カラブリア pancetta di Calabria DOP
*サルシッチャ・ディ・カラブリア salsiccia di Calabria DOP
*ソップレッサータ・ディ・カラブリア soppressata di Calabria DOP

◎オリーブ油
*アルト・クロトネーゼ Alto Crotonese DOP
*ブルッツィオ Bruzio DOP
*ラメティア Lametia DOP

◎パン・菓子
*クッドゥーラ cuddura ……三つ編みにした生地をドーナッツ形に丸くして表面にゴマを付けて焼いたパン。
*パーネ・ディ・カスターニェ pane di castagne ……ゆでたクリをつぶして小麦粉に混ぜ込んで焼いたパン。
*パーネ・ディ・パターテ pane di patate ……マッシュポテトを小麦粉に混ぜ込んで焼いたパン。
*ブッチェッラート buccellato ……大きなドーナッツ形

のパン。

＊フリセッレ friselle ……ドーナツ形に焼いた生地を水平に半分に切り、再び焼いて乾燥させたパン。食べる時に水で湿らせる。

＊キヌリッリ chinulilli ……キヌリッリは詰めもの（ripieno）の意で、発酵生地に詰めものをして揚げるか、オーブンで焼いたもの。形は円盤状か半月形。詰めものはクリのクリーム、チョコレート、トッローネ、あるいはブドウジャム（当地ではモスタルダと呼ぶ）など。

＊クロチェッタ crocetta ……乾燥したイチジクを開き、ローストしたアーモンドを挟みながらクローチェ（十字架）のように重ね、オーブンで焼いてシロップに漬けたもの。

＊ススメッレ susumelle ……ハチミツやレーズンを混ぜ込んで焼いたビスケットに、フォンダンやチョコレートをコーティングしたもの。

＊トッローネ・ジェラート torrone gelato ……シトロン、オレンジ、マンダリンの砂糖漬け、薄切りにしたアーモンドをフォンダンに混ぜ合わせ、円筒形あるいは角柱形に成形してチョコレートをかけたもの。氷菓のジェラートとは関係ない。

＊ピッタンキューザ pittanchiusa ……セモリナ粉とオリーブ油、モスカートワインを練って薄くのばし、レーズン、クルミ、アーモンド、シナモンなどを巻く。これを筒切りにし、切り口を上にしてタルト型に詰めて焼いた菓子。

スローフードのプレシーディオ

＊モルマンノ産のレンズ豆
＊カピコッロ・グレカニコ……フィノッキエット（フェンネル）やペペロンチーノを加えて塩漬けにした生ハム。ギリシャ文明が色濃く残る地域（レッジョ・ディ・カラブリア県の一部）でつくられる。

Antipasto

#210
Antipasto misto
アンティパスト　ミスト

前菜の盛合せ

ナスとヒシコイワシのスフォルマート Sformato di melanzane e alici (左奥)
生シラスの唐辛子漬けブルスケッタ Bruschetta rosamarina (右奥)
自家製ツナを詰めた唐辛子 Peperoncini ripieni al tonno (右手前)
コッパ・ディ・マイヤーレ Coppa di maiale (左手前)

ricetta

ナスとヒシコイワシのスフォルマート
①ナスの生地をつくる。ナスをオーブンで焼き、皮をむいて水気をきり、フードプロセッサーにかける。塩、コショウ、ペコリーノ、卵を加えて混ぜる。
②プリン型の側面に頭と骨を取り除いたヒシコイワシ（カタクチイワシ）を貼り付け、ナスの生地を流し、オーブンで湯せんで蒸し焼きにする。
③型から取り出し、トマトの小角切り（塩、コショウ、バジリコ、E.V.オリーブ油で調味する）の上にのせ、ナスの皮のチップスを散らす。

生シラスの唐辛子漬けブルスケッタ
①生のシラスを粉トウガラシ、塩、コショウに２ヵ月間ほど漬け込み、ロザマリーナをつくる。
②オレガノ風味のブルスケッタ（ガーリックトースト）を焼き、その上にロザマリーナ、ゆでたシラスのオイルとコショウ漬けをのせる。シブレットを飾る。

自家製ツナを詰めた唐辛子
①丸形のトウガラシを焼いて皮をむく。ヘタ周辺を横切りにし、中のタネを取り除く。
②自家製マグロの油漬け、アンチョビ、ケイパー、E.V.オリーブ油をフードプロセッサーにかけ、味をととのえる。
③②の詰めものをトウガラシに詰め、ヘタをのせ、E.V.オリーブ油に半日浸けておく。

コッパ・ディ・マイアーレ
①豚の頭周辺の肉を掃除し、香味野菜、白ワインヴィネガー、水、原塩、コショウとともにゆでる。途中でアクを除きつつ、骨が肉からはずれるくらいの柔らかさになったら取り出す。肉を包丁で叩いてミンチ状にし、塩、コショウで味をととのえ、これをバットに入れ、重しをして一晩冷蔵庫で冷やし固める。
②コッパを切り出し、ゆで玉子の薄切り、ケイパー、オリーブ、赤タマネギ、ピクルスをのせ、サルサ・ヴェルデ（つくり方省略）を添える。

カラブリア州の特産物を盛り込んだ前菜。コッパ・ディ・マイヤーレは豚肉をそれ自体のゼラチン質で固める、同州に古くからある素朴なつくり方。生シラスの唐辛子漬け「ロザマリーナ」は発酵食品らしい複雑な味わい。ツナを詰めた丸形の唐辛子は、唐辛子自体をストレートに味わってもらう。そしてイタリア南部特産のイワシとナスは、ひと手間かけてレストランらしく。いずれも原形を尊重して仕立てたものである。

有水かおり（トラットリア かおり）

#211
アンティパスティ
Antipasti

いろいろな前菜

バッカラやヒシコイワシ、シラス、ナス、ペペローニなど、カラブリアでよく食べられている食材を使った前菜。バッカラは、タラを1尾仕入れ、好みの塩加減、乾燥具合に仕上がるよう自家製にしているもので、特に冬場には欠かせないメニュー。ナスのコロッケは本来、つぶしたナスが主役で、ジャガイモはつなぎ程度に加えるものだが、何度も試す中で、ナスとジャガイモをほぼ同量で合わせる現在のリチェッタに落ち着いた。オリーブのマリネにはオレンジの皮を加え、柑橘類の産地らしいカラブリアの風を感じてもらう。ピクルスはカラブリア特産の辛いサラミ類ともよく合う。店ではこうした季節季節の料理をグランドメニューの他に用意して、こちらからおすすめしたり、前菜の盛合せに加えたりしている。

有水かおり（トラットリア かおり）
ricetta 368頁

ヒシコイワシのマリネ　オレガノ風味
Marinato di alici all'origano

自家製ピクルスとオレンジ風味のオリーブマリネ
Verdure sott'aceto e olive all'arancia

バッカラとポテトとペペローニの田舎風煮込み
Baccalà alla campagnola

生シラスのマリネ
ベルガモットと唐辛子風味
Bianchetti marinati al bergamotto

ヒシコイワシのトルティエーラ
Tortiera di alici

ナスとポテトと
ソップレッサータ・ピッカンテのコロッケ
Palline di melanzane e patate

Primo Piatto

#212

ブカティーニ アル ラグー ピッカンテ エ チェーチ
Bucatini al ragù piccante e ceci

豚肉とンドゥイヤとヒヨコ豆のブカティーニ

カラブリア州のパスタは乾麺がポピュラー。今回は食感がおもしろい穴あきパスタのブカティーニを紹介したが、これより太いとマッケローニ、もっと太いものはズィーテと呼ぶ。合わせるソースはトマト系、肉の煮込み、リコッタが一般的で、トマトソースにリコッタを入れてピンク色になるまで混ぜた庶民的な一品もおつな味だ。ここではカラブリア州らしい食材の豚肉とヒヨコ豆の煮込みを合わせた。豚肉の唐辛子漬けパテ「ンドゥイヤ'nduja」を加えて味に深みを出し、レストランの一品に引き上げている。

有水かおり（トラットリア かおり）

ricetta

①ソッフリットをつくる。鍋にサラダ油とつぶしたニンニクを入れて火にかけ、香りをうつす。黄金色になったらニンニクを取り出し（取りおく）、ニンジン、タマネギ、セロリの粗みじん切りを加えてじっくりと炒める。
②①に豚の肩肉、取りおいたニンニクを加えてさらに炒め、ホールトマト、水、白ワイン、ブロードを加え、肉が柔らかくなるまで煮込む。
③ンドゥイヤ（豚肉の唐辛子漬けパテ）と下ゆでしたヒヨコ豆を加えてさらに煮込み、味をととのえる。
④塩湯でゆでたブカティーニと和え、ペコリーノをふる。

Primo Piatto

#213

フズィッリ　アッラ　ロザマリーナ　エ　チポッラ
Fusilli alla rosamarina e cipolla

自家製シラスの唐辛子漬けとトロペア産赤タマネギのフジッリ

フジッリは、フジッリ・カサレッチなどともいわれるショートパスタで、ブカティーニ、カヴァテッリとともにカラブリア州を代表する乾麺の一つ。丸まった切れ目の部分にソースがよくからむ。現地には炒めた赤タマネギと和えたフジッリや、ロザマリーナ（生シラスの唐辛子漬け）で和えたスパゲッティなどがあり、それだけでも十分においしいものだが、店で出すメニューとして考え、両者を合わせてみたところ、その甘みと辛み、塩味のバランスが非常によく、新たなおいしさが感じられる一皿となった。激辛の一品として店でも人気のメニュー。

18 CALABRIA

有水かおり（トラットリア かおり）

ricetta

①鍋にオリーブ油とつぶしたニンニクを入れて火にかけ、香りをうつす。黄金色になったらニンニクを取り出し（取りおく）、赤タマネギのスライスを入れて炒める。つぶしたホールトマト、ロザマリーナ（生シラスの唐辛子漬け）を加え、ニンニクを戻して軽く煮る。塩、コショウで味をととのえる。
②塩湯でゆで上げたフジッリを合わせ、パン粉とイタリアンパセリをふりかける。

※本来はもっと細かいパン粉をかけるようだが、タマネギ、トマト、ロザマリーナと混じって重くなってしまい、食感もおもしろくないので、自家製で食感のよいものをつくっている（グリッシーニを粗めにミキサーにかけ、少量のオリーブ油でさっと炒める）。

Primo Piatto

#214
リガトーニ　アル　ペコラーロ　ピエートゥロ
Rigatoni al pecoraro Pietro
羊飼いピエトロ風リガトーニ

カラブリア州に古くからあるパスタ料理のようである。生クリームとリコッタ、ソップレッサータ・ピッカンテ、トマトソースでソースをつくり、ペコリーノで仕上げる。もともとクリーム系のパスタを望むお客さまの声に応えて出すようになったものだが、いわゆるトマト・クリームのパスタでは味に飽きがくると考え、トマトの代わりに自家製のセミドライトマトを合わせてみたもの。ところどころに感じるセミドライトマトとソップレッサータの食感や味がアクセントとなって、一皿の中に変化がつけられたと思う。生クリームよりもリコッタをたくさん使うので、見た目ほど重たくない。ここではリガトーニを合わせた。

有水かおり（トラットリア かおり）

ricetta

①ソップレッサータ・ピッカンテ（辛いサラミソーセージ）をきざんで少量のオリーブ油で炒める。自家製のセミドライトマト、生クリームを加え、ナッツメッグ、塩、コショウを加えて軽く煮て、味をととのえる。火を止めてリコッタを加える。
②塩湯でゆで上げたリガトーニを和え、ペコリーノを加えて仕上げる。盛り付けて、ペコリーノ、イタリアンパセリをふる。

Secondo Piatto

#215

ベッシェ スパーダ コン サルサ デイ ペペローニ ロッスィ エ メンタ
Pesce spada con salsa di peperoni rossi e menta

カジキのグリル ペペローニとミントの2色ソース

カラブリア州の魚介料理というと、魚でも貝でもグリルやフライにしてオリーブ油、レモンで食べるといったシンプルなものが多い。ここではカジキを使用し、ギリシャの影響を感じさせるミント仕立てに。日本のカジキは小さいのでこれを2枚組み合わせ、カラブリアの1枚分に見立てている。ソースはペペローニ（赤ピーマン）、ミントの2色で。

有水かおり（トラットリア かおり）

18 CALABRIA

ricetta

①カジキのフィレに塩、コショウしてグリルする。
②赤のソースをつくる。ペペローニ（赤ピーマン）をスライスし、タマネギ少量とともに炒める。水を加えて煮て、ミキサーにかけてこす。E.V.オリーブ油、塩、コショウを加えて味をととのえる。
③緑のソースをつくる。ミント、ペコリーノ、E.V.オリーブ油、塩、コショウをミキサーにかける。
④カジキを皿に盛り、きざんだイタリアンパセリを散らす。赤と緑のソースを交互に流し、レモンの輪切り、イタリアンパセリを添える。

Secondo Piatto

#216
アッロスト　ディ　ポッロ　エ　パタティーネ
Arrosto di pollo e patatine
エ　チポッラ　ロッサ　ディ トゥロペーア
e cipolla rossa di Tropea

トロペア産赤タマネギ、ポテト、地鶏のロースト

ベーシックなイタリア料理である鶏のローストに、カラブリア州から輸入した野菜をたっぷり添えた一品。赤タマネギは同国最大のタマネギ産地トロペアから。味が濃くて甘みも強く、現地ではグリルにしたり、スライスをサラダにしたりする。シーラ山の麓で穫れるパタティーナ（小ジャガイモ。日本には冷凍で輸入されている）は濃密な味で、テクスチャーも独特。いずれも蒸し焼きにしただけで十分においしく、わざわざ取り寄せる価値がある。

有水かおり（トラットリア かおり）

ricetta

①鶏モモ肉をE.V.オリーブ油、白ワイン、ニンニク、レモン（輪切り）でマリネしておく。
②トロペア産赤タマネギのくし形切り、トロペア産の小ジャガイモ（冷凍のまま）とともに、鶏モモ肉を耐熱皿に入れ、ローズマリー、塩、コショウをふってオーブンで焼く。火が入ったものから取り出す。

Secondo Piatto

#217
コスティーネ　ディ　マイヤーレ　エ　カーヴォロ
Costine di maiale e cavolo
骨付き豚バラ肉と
キャベツの柔らか煮込み

カラブリア州で最もよく食べられている肉は豚。それに、やはり頻繁に食卓に登場するキャベツを組み合わせたもので、グランドメニューにも載せている人気の一品。ソッフリットと水、トマト、トウガラシ、ローリエで肉を煮込み、その煮汁でキャベツを煮るといういたってシンプルな料理だが、水で煮込むことで肉もキャベツも煮崩れるほど柔らかくなり、それぞれのエキスが煮汁に十分に出て、非常に味わい深い一品である。一皿全部を食べ終わった時にちょうどいいボリューム感をイメージしており、ブロードを使った煮込みに比べて、すっきりとしてもたれない。

有水かおり（トラットリア かおり）

ricetta

①ソッフリットをつくる。鍋にサラダ油とニンニクを入れて火にかけ、香りをうつす。黄金色になったらニンニクを取り出し（取りおく）、ニンジン、タマネギ、セロリの粗みじん切りを加えてじっくりと炒める。
②スペアリブ（骨付き豚バラ肉）は塩、コショウして、小麦粉をまぶし、サラダ油で表面を焼き固める。脂を捨てて、白ワインをふりかける。
③別鍋にソッフリットと②のスペアリブを入れ、水、ホールトマト、赤トウガラシ（カラブリア産）、ローリエを加え、ニンニクを戻して煮る。味をととのえ、肉が柔らかくなったらスペアリブを取り出す。
④③の鍋に、くし形に切ったキャベツを加え、味を含ませるように煮る。

Dolce

#218
グラニータ アル リモーネ エ ベルガモット
Granita al limone e bergamotto
レモンとベルガモットのグラニータ

カラブリア州特産の柑橘類、ベルガモットのリキュールを使ったグラニータ。グラニータは南イタリア各地で食べられている、いわゆるかき氷だが、そこにベルガモットが加わると、一気にカラブリアの風が吹き抜ける。一緒に添えたメレンゲ菓子は、ベルガモットの香りをつけたアールグレイの茶葉を使ったもの。口の中でベルガモットの香りが増幅する。

18 CALABRIA

有水かおり（トラットリア かおり）

ricetta

①シチリア産のレモンジュース、レモン（国産無農薬）の皮のすりおろしと果汁、ミネラルウォーター、ハチミツ、グラニュー糖を混ぜ合わせる。冷凍庫に入れ、凍ったらかき崩して、ザラッとした状態に凍らせる。仕上がりぎわにベルガモット・リキュールを加える。
②アールグレイの茶葉の粉末と砂糖を加えて焼いたメレンゲを添えて提供する。

Dolce

#219
ドルチ
Dolci
デザートの盛合せ

チチェラータ
オレンジの花の蜂蜜がけ
Cicelata con miele di arancio

ごまとアーモンドのヌガー
Giungiulana

干しイチジクの
ヴィンコット漬け入り
タルトレット
Bucchinotta

カラブリア州の文化を感じられる菓子3品を盛り合わせた。チチェラータはクリスマスの菓子で、揚げ菓子にハチミツをかけ、王冠状に並べて飾る。ごまとアーモンドのヌガーはアラブのイメージ、タルトレットは日常親しまれている菓子だ。素朴な菓子ばかりなのでレストランのデザートにしにくく、普段はお茶菓子として出す。まずは食べてもらうことが先決なので、甘みや食感などは日本向けに調整

有水かおり（トラットリア かおり）

ricetta

チチェラータ　オレンジの花の蜂蜜がけ
薄力粉、砂糖、バター、卵を練り合わせた生地を、ヒヨコ豆ほどの大きさに丸めて油で揚げる。煮つめたオレンジの花のハチミツをからめ、カラースプレーを散らす。

ごまとアーモンドのヌガー
鍋でオレンジの花のハチミツを煮つめ、白ゴマ、ローストしてきざんだアーモンドを加え、さらにすりおろしたレモンの皮を加える。ゴマに火が入り、香りが出てきたら、すぐに火から下ろし、天板に流して固める。小さいひし形に切る。

干しイチジクのヴィンコット漬け入りタルトレット
ヴィンコット（ブドウ果汁を煮つめて熟成させた甘味料）に漬けた干しイチジクをきざむ。アーモンドをローストしてダイス状に切り、イチジクと合わせる。パスタ・フロッラ（クッキーやビスケットに使う生地）を菓子型に敷き、イチジクとアーモンドを詰め、上からもう1枚生地をかぶせる。170℃のオーブンで焼き、粉糖をふりかける。

ricetta

#211　Antipasto
いろいろな前菜　Antipasti

ヒシコイワシのマリネ　オレガノ風味
Marinato di alici all'origano

ヒシコイワシ（カタクチイワシ）の頭と内臓を取って開き、中骨を取り除いて塩をふりかける。しばらくおいてから水気をふき取り、ワインヴィネガーとレモン汁を合わせたものに浸けて、身が白っぽくなるまでおいておく。水気をふき取り、E.V.オリーブ油とオレガノをかけてしばらくなじませる。

自家製ピクルスとオレンジ風味のオリーブマリネ
Verdure sott'aceto e olive all'arancia

塩水漬けのオリーブ（緑と黒）を、乾燥させたオレンジの皮、少量のニンニク、赤トウガラシ（カラブリア州産）、E.V.オリーブ油を合わせたマリネ液に漬け込む。ピクルス（解説省略）とともに盛り付ける。

バッカラとポテトとペペローニの田舎風煮込み
Baccalá alla campagnola

①バッカラは水に浸けてもどし、柔らかくなるまでゆでる。そのままの状態で冷ましてから骨と皮を取り除き、大きめにほぐす。
②ジャガイモは皮をむいて食べやすい大きさに切り分け、下ゆでしておく。ゆで汁はとりおく。
③鍋にオリーブ油、つぶしたニンニクを入れて火にかけ、黄金色に色づいたらニンニクを取り出し、タマネギのスライスを加えて、しんなりするまで炒める。①のバッカラを加えて軽く炒め、白ワインをふりかける。
④さらに②のジャガイモ、食べやすい大きさに切ったペペローニ（赤と黄のピーマン）、ホールトマト、ジャガイモのゆで汁、黒オリーブ、赤トウガラシ（カラブリア州産）、ローリエを加えて、ジャガイモに味がしみ込むまで煮る。塩、コショウで味をととのえ、E.V.オリーブ油をたっぷりと加えて仕上げる。イタリアンパセリをふる。

生シラスのマリネ　ベルガモットと唐辛子風味
Bianchetti marinati al bergamotto

新鮮な生シラスに塩、コショウ、ベルガモット・リキュール、E.V.オリーブ油をふりかけて和え、器に盛り入れて、粉トウガラシ（カラブリア州産）をふる。

ヒシコイワシのトルティエーラ
Tortiera di alici

ヒシコイワシ（カタクチイワシ）の頭と内臓を取って開き、中骨を取り除く。香草パン粉と交互に重ねてキャセロールに入れ、チェリートマトのスライスをのせてオーブンで焼く。香草パン粉は、パン粉にペコリーノ・ロマーノ、イタリアンパセリとレモンの皮、オレガノ、ニンニク、E.V.オリーブ油、塩、コショウを混ぜ合わせたもの。

ナスとポテトとソップレッサータ・ピッカンテのコロッケ
Palline di melanzane e patate

①ナスは小角切りにして塩をふり、アクを抜く。水気をよくふき取って、オリーブ油で炒める。
②ジャガイモは皮ごとゆでてから皮をむいてつぶす。ここに①のナス、きざんだソップレッサータ・ピッカンテ（辛いサラミソーセージ）を加え、塩、コショウ、ペコリーノ・ロマーノ、ナッツメッグを加えて混ぜ合わせる。
③丸めて、小麦粉、卵、パン粉を付けて揚げる。

有水かおり（トラットリア かおり）

19

シチリア州
SICILIA

19 SICILIA

エオリエ諸島
ティレニア海　　　リーパリ島
　　　　　　　◎パレルモ　　　・メッシーナ
トラーパニ・　　　　　　　　　タオルミーナ
　　　　　　コンカ・ドーロ平野
マルサーラ・　　　　　　　ブロンテ
　　　　　　　　ディッターイノ渓谷
　　　　　　　　　　　エンナ　エトナ山
　　　　　　　　　　　　　　　　　　イオニア海
　　　　　　カルタニッセッタ・　　カターニア
　　　　　　　　　　　　　　カターニア平野
　　アグリジェント・
　　　　　　　　　　ジェーラ・　ラグーザ　・シラクーザ
　　　　　　　　　　　　ジェーラ平野
パンテッレリーア島　地中海　　　モディカ

●シチリア州の県と県都

アグリジェント県 …… アグリジェント
エンナ県 …… エンナ
カターニア県 …… カターニア
カルタニッセッタ県 …… カルタニッセッタ
シラクーザ県 …… シラクーザ
トラーパニ県 …… トラーパニ
パレルモ県 …… パレルモ（州都）
メッシーナ県 …… メッシーナ
ラグーザ県 …… ラグーザ

シチリア州の特徴

　イタリア半島を長靴にたとえると、ちょうどつま先にあたる部分と、メッシーナ海峡を挟んで相対する地中海で最大の島である。古代ギリシャの時代からトゥリナクリア（3つの先端）と呼ばれたように、その形はほぼ三角形で、エガディ諸島、エオリエ諸島、パンテッレリーア島など地中海に点在する島々を含め、20州中一番大きな州でもある。州都パレルモがある海岸沿いのコンカ・ドーロ平野や、カターニア平野、ジェーラ平野などがあるものの平地は少ない。内陸部は丘陵が多く、北部は半島から続くアペニン山脈が連なり、カターニア近くには標高3323m、ヨーロッパで最大の活火山エトナが噴煙を上げている。

　気候は典型的な地中海性気候で、冬は温暖で、夏は暑く乾燥している。内陸は高度が上がるにつれて気候が一変し、積雪が見られるようになる。総体的に降雨量は少なく、暑い時期でも風があって過ごしやすいが、時折アフリカのサハラ砂漠からやってくるシロッコと呼ばれる熱風が吹き、その風が海の湿気を含んで雨を降らせることもある。

　シチリア島は地中海の中心にあって、戦略的に重要な拠点となるため、歴史的に幾多の民族の標的にされてきた。フェニキア人に始まり、ギリシャ、ビザンチン、アラブ、ノルマン、フランス、スペインの支配を受け、食文化にもその影響が残されている。今ではイタリア料理に欠かせないオリーブやオレガノ、バジリコ、ワイン造りはギリシャからやってきたものであるし、ビザンチンからは強い塩味、アラブからは多様な食材や加工技術が伝えられた。シチリアを代表する産物の柑橘類やフィノッキオをはじめ、マグロ漁、その加工品のボッタルガづくり、サフラン、シナモンなどの各種スパイスもアラブ人がもたらしたものである。また、西側のトラーパニ県一帯では、北アフリカの「クスクス」を魚介のスープで湿らせるという独特なスタイルが根づいているし、遠くノルマンからはバッカラやストッカフィッソ（干ダラ）が持ち込まれ、フランスの支配はスパイスの活用法や詰めものなどの調理法を残し、大航海時代のスペインからはトマトやナスなど新大陸の産物が次々と伝わって、カポナータなどの名物料理が生まれたのである。

　なかでもアラブの影響を強く受けたのはドルチェであろう。アーモンドの粉でつくるフルッタ・マルトラーナも、ジェラートやグラニータなどの氷菓も、そして今ではイタリア菓子を代表するカッサータも、もとはアラブの菓子である。

　こうした豊かな食文化を核に、島内で栽培される活力あふれる野菜や果物、個性的なチーズ、新鮮な魚介類など素材にも恵まれて、シチリア料理はバラエティにあふれている。

多くの遺跡が残る町、タオルミーナ。

19　SICILIA

シチリア州の伝統料理

◎パレルモ県の料理

*スパゲッティのウスティカ島風……バジリコ、ケイパー、ニンニク、プチトマト、オリーブ油をペースト状にして和えたスパゲッティ。
*イワシのパスタ Pasta con le sarde ……イワシ、レーズン、松の実、フィノッキエット（フェンネル）などを炒め合わせ、パスタと和える。
*リーゾ・アル・フォルノ Riso al forno ……ゆでた米をトマトソースで和え、揚げたナス、チーズ、ラグー、ゆで卵、グリーンピースなどを加えて型に入れ、オーブン焼きにしたもの。切り分けて食べる。
*パネッレ Panelle ……ヒヨコ豆の粉を練った生地を切り分けて揚げたもの。前菜や、パニーノの具として。
*スフィンチョーネ Sfincione ……トマト、アンチョビ、タマネギ、カチョカヴァッロ・チーズなどをのせた柔らかいフォカッチャ。
*ナスとチーズの重ね焼き Melanzane alla siciliana
*稚魚のフリッタータ（卵焼き）Frittata di neonata

◎トラーパニ県の料理

*トラーパニのペースト Pesto alla trapanese ……トマト、アーモンド、ニンニク、バジリコ、ペコリーノなどを乳鉢でつぶしてペースト状にしたもの。
*ブシアーティ Busiati ……硬質小麦粉の生地を棒に巻き付けてスクリュー状にした手打ちのロングパスタ。
*パンテッレリーア風のラヴィオリ Ravioli panteschi ……リコッタとミントの詰めものをしたラヴィオリ。
*カルチョフィの詰めもの
*マグロのボッタルガのパスタ
*マグロのマリネ ケイパーとオレガノ風味
*マグロのポルペッテ Polpette di tonno ……きざんだマグロ、松の実、レーズン、パン、卵、パセリなどを混ぜ合わせてボール状に丸め、トマト煮にしたもの。
*マグロのインヴォルティーニ Braciole di tonno……詰めものをして巻いたマグロ（薄切り）のトマト煮。
*カジキのパンテッレリーア風 Pesce spada alla pantesca ……薄切りにしたカジキに粉を付けてフライパンでソテーし、ケイパー、イタリアンパセリを加えて仕上げたもの。
*魚介のクスクス Cuscus trapanese ……魚介をトマトソースで煮て、そのスープを蒸したクスクスにかけたもの。

◎メッシーナ県の料理

*魚介のズッパ　*アジやヒシコイワシのフリット
*カリフラワーのヴァステッダ Cavolfiore a vastedda ……卵とアンチョビ、小麦粉、水で衣をつくり、ゆでたカリフラワーに付けて揚げる。
*カジキのギオッタ Pesce spada a ghiotta ……カジキのソテーに、ケイパー、松の実、レーズン入りのトマトソースを添えたもの。
*ストッカフィッソのメッシーナ風 Stoccafisso alla messinese ……ストッカフィッソ（干ダラ）とジャガイモのトマト煮。ケイパー、オリーブの実などが入る。
*山羊のオーブン焼き ローズマリー風味

◎カターニア県、シラクーザ県の料理

*ノルマ風パスタ Pasta alla Norma ……トマトソースで和え、フリットにしたナスをのせたパスタ料理。すりおろしたペコリーノをふる。
*スパゲッティのパン粉とヒシコイワシ和え　Spaghetti con mollica e acciughe
*パスタのピスタチオペースト和え
*シラクーザ風パスタ Pasta alla siracusana ……ナス、黄色のペペローニ、黒オリーブ、ケイパー入りのトマトソースで和えたパスタ。

＊イカ墨のリゾット Risotto nero
＊スカッチャータ Scacciata ……チーズ、ハム、アンチョビ、トマト、黒オリーブをパン生地で包み、タルト型に入れてオーブンで焼いたもの。
＊ウサギのアグロドルチェ Coniglio in agrodolce ……赤ワインでマリネしたウサギの炒め煮。砂糖とワインヴィネガーで甘酸っぱい味に仕上げる。セロリ、緑オリーブ、ケイパー、松の実、レーズンを加える。

◎シチリア州全体に広がる料理
＊パスタ・コン・ラ・リコッタ Pasta con la ricotta ……リコッタとすりおろしたペコリーノで和えたパスタ。
＊パスタ・コン・ラ・モッリーカ Pasta con la mollica ……トマトソースで和えたパスタに、モッリーカ（パンの中身を乾燥させ、オリーブ油で炒めたもの）をかけたもの。
＊カリフラワーのパスタ Pasta con cavolfiore ……淡いグリーンのカリフラワーを炒め、サフラン、松の実、レーズンを加えてブカティーニと合わせたもの。
＊アランチーニ Arancini ……球形（オレンジ形）のライスコロッケ。
＊マック Maccu ……乾燥ソラ豆をピュレ状にし、オリーブ油、フィノッキエット（フェンネル）などで風味づけしたもの。マッコ（Macco）ともいう。
＊ナスのカポナータ Caponata di melamzane ……揚げたナスをトマトで煮込み、砂糖と酢で甘酸っぱい味に仕上げたもの。ほかにタマネギ、セロリ、ペペローニ、オリーブなどを加えることもある。
＊ナスとパルミジャーノの重ね焼き
＊ナスの挟み焼き　＊詰めものをしたカルチョフィ
＊ペペローニの詰めもの Peperoni imbottiti ……パン粉、アンチョビ、ケイパー、イタリアンパセリ、トマト、ペコリーノなどをペペローニに詰め、オーブン焼きにしたもの。

＊ペペロナータ Peperonata ……タマネギとペペローニを炒め、トマトを加えて煮込んだもの。
＊ズッキーニのアグロドルチェ Zucchine in agrodolce ……ズッキーニの炒め煮。松の実とレーズンを加える。
＊オレンジのサラダ
＊シトロンのサラダ Insalata di cedro……皮ごと、あるいは外皮だけをむいて白いワタを残したシトロンを薄切りにし、フィノッキエット、塩、オリーブ油で和えるのが一般的。
＊サルモリッリオソース Salsa di salmoriglio ……ニンニク、パセリ、オレガノ、レモン汁、オリーブ油を混ぜ合わせたソース。肉や魚のローストやグリルに添える。
＊カジキのグリル　サルモリッリオソース
＊カジキのインヴォルティーニ Braciole di pesce spada ……薄切りにしたカジキで詰めものを巻き、グリルや串焼き、煮込みなどにしたもの。
＊ヒシコイワシのマリネ
＊イワシのベッカフィーコ Sarde a beccafico ……イワシを開き、パン粉、松の実、レーズンをぐるっと巻き込んでオーブンで焼いたもの。ベッカフィーコという鳥の形に似ていることからの名。シチリア西部を中心に広まっている。
＊イワシの詰めもの Sarde ripiene ……イワシを開き、詰めものをしてそのまま折りたたみ、オーブン焼きやフリットにしたもの。シチリア東部を中心に広まっている。
＊ウサギのアグロドルチェ Coniglio in agrodolce ……ローリエを入れた赤ワインでマリネし、砂糖、ワインヴィネガーなどを加えて炒め煮にしたウサギ。
＊豚肉のソテー　マルサラ風味 Scaloppine di maiale al marsala
＊ファルスマグル Farsumagru ……仔牛肉または牛肉のインヴォルティーニ。詰めものは仔牛や牛の挽き肉とサルシッチャ、生ハム、ペコリーノなど。エストラット（濃縮トマトペースト）を加えたトマトソースで煮込むのが定番。

19 SICILIA

シチリア州の特産物

◎穀類・豆類
*硬質小麦……クスクスには粗挽きにしたセーモラ粉、手打ちのパスタやパンには細かいリマチナート粉を利用。<アグリジェント周辺、エンナからジェーラにかけて>
*軟質小麦<アグリジェント周辺>
*レンズ豆<ウスティカ島>
*ソラ豆<カルタニッセッタ周辺>
*インゲン豆<カルタニッセッタ周辺>
*グリーンピース<フロレスタ>

◎野菜・果物・ナッツ類
*トマト pomodoro di Pachino IGP<パキーノ、ヴィットーリア>
*ナス　*ズッキーニ　*ペペローニ
*フィノッキオ<ビヴォーナ>　*カリフラワー
*カルチョフィ<ジェーラ、カステルヴェトラーノ、カターニア周辺>
*ケイパー cappero di Pantelleria IGP<パンテッレリーア島、サリーナ島>
*赤いオレンジ arancia rossa di Sicilia IGP……赤いオレンジの品種には、タロッコ種、サングイネッロ種、モーロ種などがある。<シチリア全土>
*サボテンの実 fico di India dell'Etna DOP<エトナ>
*ノチェッラーラ・ディ・ベリチェ種のオリーブの実 nocellara di Belice DOP
*レモン<シラクーザ周辺>　*マンダリン<シラクーザ周辺>
*シトロン<ノート>
*リモーネ・インテルドナート limone interdonato di Messina IGP……シトロンとレモンの交配種。<メッシーナ>
*桃 pesca di Leonforte IGP<レオンフォルテ>
*フラゴリーネ(ヘビイチゴ)<リベーラ>
*メロン<パキーノ>　*スイカ<アルカモ>
*ブドウ uva da tavola di Canicattì IGP<カニカッティ>、uva da tavola di Mazzarrone IGP<マッザッローネ>

*ヘーゼルナッツ<ランダッツォ>
*ピスタチオ pistacchio verde di Bronte DOP<ブロンテ>
*アーモンド<アーヴォラ、ノート、カリーニ、カルタニッセッタ>

◎香草・香辛料
*フィノッキエット(フェンネル)　*オレガノ

◎魚介類
*マグロ<ファビニャーナ島>　*カジキ<メッシーナ海峡>
*伊勢エビ・エビ　*タコ・ヤリイカ・スミイカ
*トゥリッリア(ヒメジ)・舌ビラメ
*イワシ・ヒシコイワシ・サバ　*ムール貝・アサリ

◎肉類
*羊・山羊　*豚<アラゴーナ、ビアンカヴィッラ、エンナ>

◎水産加工品
*マグロのボッタルガ bottarga di tonno<ファヴィニャーナ島>
*マグロの心臓、腸の塩蔵乾燥品<ファヴィニャーナ島>
*マグロのオイル漬け<ファヴィニャーナ島>
*ラットゥーメ lattume……マグロの白子の塩漬け熟成。<ファヴィニャーナ島>
*モッシャーメ mosciame……マグロの赤身を塩漬け熟成させた干し肉。<ファヴィニャーナ島、トラーパニ>
*フィカッツァ ficazza……マグロの背の血合い部分の塩蔵熟成。
*アンチョビ alice sotto sale……ヒシコイワシ(カタクチイワシ)あるいはマイワシの塩漬け<シャッカ>

◎チーズ
*羊乳のリコッタ ricotta di pecora(羊・フレッシュ)<トラ

ーパニ県〉
*ペコリーノ・シチリアーノ pecorino siciliano DOP（羊・硬質）……黒粒コショウ入りもある。
*ピアチェンティーノ piacentino（羊・硬質）……サフラン風味をつけた黒粒コショウ入り。
*プローヴォラ provola（牛・硬質）
*カネストラート canestorato（山羊、牛、羊、混乳・硬質）
*プリモサーレ primosale（羊、羊と牛の混乳・半硬質）
*パッドゥーニ padduni（山羊・フレッシュ）
*マイオルキーノ maiorchino（羊・硬質）
*リコッタ・インフォルナータ ricotta infornata（羊、山羊、牛の混乳・軟質）……リコッタをオーブンで焼いたもの。
*ラグザーノ ragusano DOP（牛・硬質）
*ヴァステッダ・デッラ・ヴァッレ・デル・ベリチェ vastedda della valle del Belice DOP（牛・軟質）

◎畜肉加工品
*プロッシュット・シチリアーノ prosciutto siciliano
*プロッシュット・ディ・モンティ・ネブロディ prosciutto dei Monti Nebrodi
*サラーメ・ディ・キヤラモンテ・グルフィ salame di Chiaramonte Gulfi
*サラーメ・サンタンジェロ salame Sant'Angelo IGP
*ジェラティーナ・ディ・マイアーレ gelatina di maiale ……豚の足、皮、耳、頭をゆで、塩、ペペロンチーノ、ローリエ、レモンで調味し、ガラスびんに入れたもの。
*フェッラータ fellata ……粗く切った豚肉の太めのサラミ。ネブロディ山脈地方の黒豚とラージ・ホワイト種、ランドロック種をかけ合わせた豚の肉を使用。
*サルシッチャ・ディ・ニコジーア salsiccia di Nicosia ……豚肉とウサギ肉のサルシッチャ。
*パンチェッタ・アッロトラータ・デイ・モンティ・ネブロディ pancetta arrotolata dei Monti Nebrodi ……豚のバラ肉を巻き込んで熟成させたもの。オレガノ、ペペロンチーノ、塩、コショウで調味する。〈ネブロディ山脈地方〉
*スップリッサート・ディ・ニコジーア supprissato di Nicosia ……豚肉でつくるサラミ。灰の中で熟成させる。
*ブデッロ・オリガナート budello origanato ……豚の腸をオレガノで風味づけして乾燥熟成させたもの。ソラ豆と煮込むなどして食べる。

◎オリーブ油
*モンテ・エトナ Monte Etna DOP
*モンティ・イブレイ Monti Iblei DOP
*ヴァル・ディ・マザーラ Val di Mazara DOP
*ヴァルデモーネ Valdemone DOP
*ヴァッレ・デル・ベリチェ Valle del Belice DOP
*ヴァッリ・トラパネージ Valli trapanesi DOP

◎調味料
*塩田製の塩〈トラーパニ県〉

◎パン・菓子
*ゴマ付きパン……硬質小麦粉でつくる緻密な生地のパン。表面にゴマをびっしり付けて焼き上げる。シチリア州では形状によりフィローネ（filone）、パニョッタ（pagnotta）などと呼ばれる。その他の地域ではパーネ・シチリアーノ（pane siciliano）と呼ばれる。
*パニョッタ・デル・ディッターイノ pagnotta del Dittaino DOP ……エンナ県、カターニア県のディッターイノ渓谷でつくられる丸い大形パン。地元在来種の硬質小麦粉を使い、天然酵母でつくる。
*マファルダ pane mafalda ……独特な形状のゴマ付きパン。ひも状の生地をすき間なく蛇行させ（S字を3つく

19 SICILIA

らい縦に並べた形)、その中央にも1本生地を渡した形に成形し、ゴマを付けて焼く。
＊リアナータ……硬質小麦粉でつくるぶ厚いフォカッチャ。トマト、オレガノ、アンチョビ、プリモサーレ・チーズをのせる。＜トラーパニ周辺、特にエリチェ＞
＊カッサータ・シチリアーナ cassata siciliana ……スポンジ生地の中にリコッタクリームを詰め、側面にピスタチオ風味のグリーンのマジパンを巻き、フォンダンで表面を覆ってフルーツの砂糖漬けでデコレーションした菓子。
＊カンノーリ・シチリアーニ cannoli siciliani ……筒状にして揚げたパイ生地にリコッタクリームを詰めた菓子。
＊クッバイタ cubbaita ……ゴマをベースにナッツ類を入れ、ハチミツと卵白で固めたトッローネ(ヌガー)。
＊グラニータ granita ……レモンやコーヒー、アーモンドミルク、ミントなどの風味をつけた氷菓。かき氷。
＊コトニャータ cotognata ……マルメロを砂糖で煮たゼリー状の菓子。
＊パスティッチーニ・ディ・マンドルレ pasticcini di mandorle ……シトロン、オレンジで風味をつけたり、ドレンチェリーをのせたりしたアーモンド粉の生地でつくるネチッとした食感のクッキー。
＊ビアンコマンジャーレ biancomangiare ……アーモンドを煮出して風味をつけた牛乳に、コーンスターチを加えて練り、冷やし固めた菓子。ブランマンジェ。
＊ピパレッリ piparelli ……ホールアーモンド、ハチミツ、卵、シナモン、クローヴを混ぜ込んだ生地を二度焼いてつくるビスコットタイプの焼き菓子。
＊フルッタ・マルトラーナ frutta Martorana ……砂糖とアーモンド粉を練った生地を色づけし、各種のフルーツに似せて形づくった菓子。いわゆるマジパンで、パスタ・レアーレともいう。マルトラーナは修道院の名。
＊モディカのチョコレート……古典的な製法でつくる口溶けがザラッとしたチョコレート。＜ラグーザ県モディカ＞

スローフードのプレシーディオ

＊ポリッツィ産のバッダ豆……インゲン豆の一種。
＊ウスティカ島のレンズ豆
＊ヌビア産の赤いニンニク
＊ジャッラターナ産の大形タマネギ
＊アルカモ産の冬のメロン　＊モンレアーレ産の白スモモ
＊リモーネ・インテルドナート……シトロンと在来レモンの交配種。
＊チャクッリ産の晩生マンダリン
＊ミヌータ種のオリーブ　＊サリーナ島産のケイパー
＊ノート産のアーモンド　＊ブロンテ産のピスタチオ
＊カターニア湾の伝統的な漁法で獲ったヒシコイワシ……魚の頭を編み目に入れて捕獲するマッギア漁で獲る。
＊ジルジェンタ種の山羊　＊ラグーザ産のロバ
＊モディカ種の牛　＊ネブロディ産の黒豚
＊マイオルキーノ・チーズ(羊・硬質)
＊ベリーチェ産の羊乳でつくる糸状に裂けるタイプのヴァステッダ・チーズ
＊ネブロディ産のプローヴォラ・チーズ(牛・硬質)
＊マドニーエ産のプローヴォラ・チーズ(牛・硬質)
＊トラーパニ産の塩田製の塩
＊シクラ種の黒ミツバチのハチミツ
＊マドニーエ産のマンナ……樹液でつくる甘味料。
＊カステルヴェトラーノ産のパーネ・ネーロ……地元の古い品種、ティミリア種の硬質小麦の全粒粉を使った丸形の黒パン(約1kg)。
＊レンティーニ産のS字形をした伝統的なパン
＊デーリア産の揚げ菓子クッドゥリレッドゥラ

Antipasto

#220

カポナータ　アッラ　パレルミターナ
Caponata alla palermitana
パレルモ風ナスのカポナータ

カポナータは、揚げたナスをトマトで煮込んで甘酸っぱい味に仕上げたシチリアの代表的な伝統料理の一つで、シチリアの中でも土地によって内容が異なる。ここで紹介したのはパレルモ風のカポナータ。カターニアへ行くと、ズッキーニやペペローニを加えるのが一般的で、また別の土地に行けば、おそらく違った内容のカポナータがあると思う。店では、パレルモ風とカターニア風の2種類のカポナータを基本的に用意している。ナスを食べる料理なので、ナスが煮崩れないように注意すること。また、水分が出るので、ちょうどよい濃度に仕上がるようソースを煮つめることが大切である。

石川　勉（トラットリア　シチリアーナ・ドンチッチョ）

19
SICILIA

ricetta

①米ナスはひと口大に切り、塩をふってアクを抜く。水洗いして水気をふき取り、高温の油でこんがりと色づくように揚げる。
②タマネギ、セロリを小角切りにして、湯通しする。ケイパー（塩抜きしたもの）、緑オリーブ（半割りにしてタネを除く）にもさっと湯通しする。
③鍋にオリーブ油とつぶしたニンニクを入れて火にかけ、香りをうつす。タマネギのみじん切りを加えて炒め、透明になったら、湯通ししたタマネギ、セロリを加える。続いてケイパー、緑オリーブを順に加え、さらにトマトペースト、砂糖、赤ワインヴィネガー、適量の水を加えて40〜50分間煮る。
④冷ました後、揚げたナスと合わせて、冷蔵庫で冷やす。

Antipasto

#221
アンティパスティ スィチリヤーニ
Antipasti siciliani
シチリア風アンティパスト

ケイパーやマグロのボッタルガなどシチリア州を代表する特産物を使った前菜に、オレンジ形のライスコロッケ「アランチーニ」、ヒヨコ豆の粉を揚げた「パネッレ」といったシチリア名物を盛り合わせたアンティパスト・ミスト。

カッペリ　マリナーティ
Capperi marinati
ケイパーのマリネ　（左奥）
シチリア島の北東に浮かぶエオリエ諸島はケイパーの大産地で、至るところに野生のケイパーが見られる。紹介したリチェッタは、この地域の料理書に載っていたもので、調味料的な使い方ではなくケイパーのおいしさを丸ごと味わうもの。大粒の塩漬け品でつくるのが最もおいしい。下処理で塩分を抜きすぎないことが大事だ。

パネッレ
Panelle
パネッレ　（右奥）
ヒヨコ豆は豆のまま煮込むことも多いが、粉末を水で溶いて揚げるパネッレも人気のスナック。メルカート（市場）などの屋台でもおなじみで、駄菓子的な親しみやすさがある食べもの。写真はバトン状だが、円盤形や四角形など形は自由。ここでは、リストランテの前菜にふさわしいものにすべく、粉を溶く水の量を多くして柔らかくて上品な味わいにしている。

クロスティーニ　コン　ボッタルガ　ディ　トンノ
Crostini con bottarga di tonno　（右手前）
マグロとマグロのカラスミのクロスティーニ
シチリアでは、ボラよりもマグロの卵巣でつくるボッタルガ（カラスミ）がポピュラー。乾燥の強いものはすりおろして使うが、しっとりしたなめらかさのあるものは薄切りにして、オリーブ油をかけたり、料理のトッピングにしたりすると持ち味が出る。写真は宮城・気仙沼産のマグロのボッタルガで、カポナータ風の野菜の炒め煮に生のマグロを混ぜたものの上にのせてクロスティーニにしている。

アランチーニ
Arancini
アランチーニ　（左手前）
球状につくることから「アランチーニ（小さいオレンジの意）」と呼ばれるライスコロッケは、シチリアを代表する総菜。実際には野球ボール大の大きなサイズも多いが、リストランテの前菜として出すなら小ぶりのほうが食べやすく、ボリューム的にも日本人の胃袋に合っていると思う。中身のリゾットにはサルサ・ボロニェーゼを混ぜているが、ほかにもチーズやハムなどを合わせて白く仕上げるなど自由につくることができる。

ricetta

ケイパーのマリネ
①ケイパー（シチリア産の塩漬け品）を軽く水に浸して塩抜きし、水気を絞る。
②フライパンにE.V.オリーブ油とニンニクのみじん切り、赤トウガラシを入れて炒め、香りを出す。
③ケイパーを加えて全体を和えながら炒め、イタリアンパセリのみじん切りを混ぜて塩で味をととのえる。

パネッレ
①鍋に湯500㎖を沸かし、ヒヨコ豆の粉100gを入れる。ハンドミキサーでかくはんして練りながら、約15分間火を入れてなめらかな生地にする。塩、コショウで味をととのえ、バットに流して冷やし固める。
②バットから取り出して1cm四方×長さ5cmの棒状に切り、170〜180℃のサラダ油で揚げる。

マグロとマグロのカラスミのクロスティーニ
①刺身用のマグロの赤身を細かく叩く。
②タマネギ、ナス、湯むきしたトマトをそれぞれ1cm角に切る。
③フライパンにオリーブ油をひき、弱火で②のタマネギをゆっくりと炒め、しんなりしたらナスを加えて炒める。火が通ったらトマト、オレガノ、塩、コショウを加えて強火で炒め合わせ、火からはずして冷ます。
④③に①のマグロと松の実、レーズンを加える。
⑤バゲットを厚さ1cmの斜め切りにし、熱した焼き網で両面を香ばしくあぶる。④を盛り、マグロのボッタルガの薄切りをのせる。

日髙良実（アクアパッツァ）

アランチーニ
①鍋にオリーブ油をひき、タマネギのみじん切りを弱火で炒め、米（カルナローリ種）を加えて中火で炒める。全体に油が回ったら白ワインをふり、アルコール分を飛ばす。温かい鶏のブロード（＊1）をヒタヒタまで入れて静かに混ぜながら煮る。水分が少なくなったらブロードを少量足して煮る工程を繰り返し、計12〜13分間煮る。
②サルサ・ボロニェーゼ（＊2）を加え、パルミジャーノ、塩、コショウで味をととのえ、バットに移して冷ます。
③1cm角に切ったモッツァレッラを加え混ぜ、1個15gのボール状に丸めて衣（小麦粉、とき卵、パン粉）を付ける。
④170〜180℃のサラダ油で香ばしく揚げ、ローズマリーの小枝を刺す。

＊1 鶏のブロード
　丸鶏を、タマネギ、ニンジン、セロリ、ローリエ、パセリ、黒粒コショウなどとともに水で3時間煮出し、こしたもの。

＊2 サルサ・ボロニェーゼ
　合挽き肉、ソッフリット、赤ワイン、こしたホールトマト、ローリエの材料で、約2時間煮込んだもの。

Antipasto

#222
アリーチ　アッラランチャ
Alici all' arancia

ヒシコイワシのオーブン焼き

ヒシコイワシ、オレンジ、レモン、松の実など、この地の特産物づくしの一品。特にヒシコイワシはシチリアでよく見かけるポピュラーな素材で、オーブン焼きのほか、詰めものをしたり、巻き込んだり、生をマリネにしたりと、さまざまな調理法で変化をつけて食べる。青魚と柑橘類の組合せは、日本のお客さまも素直に入っていける味だと思う。

石川　勉（トラットリア　シチリアーナ・ドンチッチョ）

ricetta

①耐熱容器の内側にオリーブ油をぬり、パン粉をまぶす。レモンの輪切りを敷き詰め、掃除したヒシコイワシ（カタクチイワシ）をのせ、オリーブの実、松の実、イタリアンパセリ、ニンニク、ケイパー（各粗きざみ）を散らす。オレンジの輪切りを並べ、もう一度ヒシコイワシ、オリーブの実などの粗きざみを順にのせる。
②パン粉とペコリーノを上面にふりかけ、白ワイン、オリーブ油をかけ、180℃のオーブンで15～20分間焼く。途中でオレンジ果汁をふりかける。

Primo Piatto

#223
スパゲッティ アッレ ヴォンゴレ エ ボッタルガ ディ トンノ
Spaghetti alle vongole e bottarga di tonno

アサリとマグロのカラスミのスパゲッティ

シチリア州では、アサリだけ、あるいはボッタルガだけをパスタと和えたもののほうが多いが、日本ではそれだけパワーのあるボッタルガがなかなか入手できないので、アサリと合わせて使っている。仕上げの時、粉末状のボッタルガは思ったよりも水分を吸ってしまうので、パスタのゆで汁での加減が必要。パスタはしっかりと噛んで味わえる、シチリア産のスパゲッティを選んでいる。

石川 勉（トラットリア シチリアーナ・ドンチッチョ）

ricetta

①フライパンにオリーブ油とつぶしたニンニク、赤トウガラシを入れて火にかけ、香りをうつす。ニンニクが色づいたら取り出し、アサリを入れる。イタリアンパセリ、白ワインを加え、蓋をして弱火で蒸し煮にする。
②殻が開いたら、塩湯でアルデンテにゆでたスパゲッティを入れ、水分の加減を見て必要ならゆで汁を加え、少量のバジリコを加えてからめる。
③上がりに、ボッタルガ（マグロのカラスミ）の粉末をふりかける。盛り付けて、イタリアンパセリをふる。

Primo Piatto

#224

(パスタ コン レ サルデ)
Pasta con le sarde

イワシとウイキョウのパスタ

ともにシチリア州一帯で豊富に獲れるマイワシとウイキョウの葉を組み合わせた定番のパスタ料理。パスタの種類は1種類に限定しておらず、ブカティーニ、リガトーニ、カサレッチなど長短さまざまなタイプが使われる。ソースの水気をやや残して仕上げるため、穴や溝のある複雑な形状ほうがからみやすく向いている。写真では、よりをかけたような形状のカサレッチを使った。また本来、ウイキョウの葉は茎を肥大化した野菜用のフィノッキオではなく、葉や種子を香辛料として利用するフィノッキエット（フェンネル）を使う。葉が固いので、下ゆでしてからイワシと炒め合わせるが、不思議なことにゆでると海藻のような香りが立ち、その点でもイワシと好相性である。葉のゆで汁はソースのほかパスタのゆで汁にも利用することで、香りを十分に生かす。

日髙良実（アクアパッツァ）

ricetta

①マイワシのウロコと内臓を取り除き、三枚におろす。腹骨も取り除いて身を細かくきざむ。
②ウイキョウ（フィノッキエット）の葉をたっぷりの湯に入れて柔らかく塩ゆでし（塩分1%）、水気をきって細かくきざむ。ゆで汁も取りおく。
③フライパンにオリーブ油を熱し、タマネギのみじん切りをしんなりするまで炒める。①のマイワシと、サフラン、松の実を加え、よく混ぜながら炒める。
④トマトは湯むきして小さな角切りにし、②のウイキョウの葉とともに③に加え、ウイキョウのゆで汁をヒタヒタよりもやや多めに入れる。約5分間煮て、塩で味をととのえる。
⑤別鍋に残りのウイキョウのゆで汁を沸かし、カサレッチをゆでる。ゆで上がったら④を熱したところに入れてよく和え、E.V.オリーブ油をからめる。

#225
スパゲッティ コン カッペリ
Spaghetti con capperi
ケイパーのパスタ

ケイパーを使ったパスタ料理といえば少量をつぼみのまま和えたものが多いが、これはピュレにしてソースとしているため、ケイパーの豊かな風味が味わえる。ケイパーの大産地、エオリエ諸島のサリーナ島にあるレストランで教わったレシピだが、現地ではこのソースを「エオリア風ペースト」と呼び、野菜、肉、魚などの各種料理にも利用している。このピュレはケイパー、トマトソース、バジリコなどをミキサーにかけてつくるが、おいしさのポイントはアーモンドを入れることにある。シチリアのアーモンドは風味が高く、コクのあるピュレになる。

日髙良実（アクアパッツァ）

ricetta

①皮がむける程度にアーモンド（シチリア産の生）をゆで、水気をふき取ってから表面をこすって皮をむく。ケイパー（シチリア産の塩漬け品）を軽く水に浸して塩抜きし、水気を絞る。
②①のアーモンド12粒、ケイパー45gと赤トウガラシの小口切り小1本分、バジリコ20枚、トマトソース120mℓ、E.V.オリーブ油60mℓ、塩、コショウをミキサーにかけてピュレにする（2人分の分量）。鍋に移して温める。
③スパゲッティを塩湯でアルデンテにゆで、水気をきって②のピュレと和える。器に盛り、塩抜きしたケイパーを散らしてバジリコを飾る。

Primo Piatto

♯226
クスクス　トゥラパネーセ
Couscous trapanese
魚介のクスクス

クスクスはアラブからシチリア州に伝わった料理で、地中海に面した西端の町、トラーパニの名物料理として知られている。肉ではなく魚介の煮込みでつくるのが一般的で、しかも煮込みをそのままクスクスにかけるのではなく、こしたり、つぶしたりしてとったスープのみをかけるのが特徴だ。特につぶす方法は魚介のエキスが凝縮されて一段と濃厚な味わいになる。イタリアでも魚介をそのまま出す店もあるようだが、私が最初にシチリアで食べたクスクスはやはりスープのみで、これが本来の姿だろう。魚介はうまみの強いオニカサゴのような岩礁の魚と甲殻類を使うのがよい。一方、クスクスは、私独自の方法としてサフランを加えて風味を高め、蒸らしたあとに軽く炒ってベタつきを抑えている。表面が乾く分、スープもよくしみ込んでおいしく食べられる。

日髙良実（アクアパッツァ）

ricetta

①魚介のスープをつくる。オニカサゴ、ホウボウなどの岩礁の魚を用意し、ウロコと内臓を取り除いて骨ごとぶつ切りにする。芝エビなどの甲殻類は頭と殻を付けたままにし、背ワタを除く。
②鍋にオリーブ油をひき、タマネギのみじん切りとニンニクをつぶしたものを弱火でじっくりと炒める。①の魚とエビを入れてさっと焼き色をつける。小口切りの赤トウガラシ、トマトペースト、水を加えて強火でひと煮立ちさせ、アクを取り除いて弱火で1時間～1時間半煮る。途中で煮つまったら水を適宜に足す。
③シノワに通し、魚とエビは麺棒などでつぶしてエキスを完全にこし取る。
④クスクス粒と少量のサフランを熱湯で湿らせ、ラップ紙をかぶせて10分間ほど蒸らす。フライパンにバターまたはオリーブ油を熱してさっと煎る。
⑤スープ皿に④を盛り、別の容器に③のスープを入れて提供し、直前にスープをかけて食べてもらう。

※ここで使ったクスクス粒は、粗挽きの硬質小麦に水を含ませて粒にし、加熱乾燥加工した市販品。

Secondo Piatto

#227
インヴォルティーニ ディ ペッシェ スパーダ
Involtini di pesce spada

カジキの
インヴォルティーニ

カジキのインヴォルティーニは、カポナータ同様、シチリア各地で、また各店によって、少しずつリチェッタが異なる伝統料理。ここで紹介したのはパレルモ風で、詰めものにオレンジ果汁を入れるところが特徴。オレンジ果汁を入れない土地もあるし、パン粉を付けずに香草オイルをくぐらせるだけで焼く方法や、間にチーズを挟むなど、バリエーションはいろいろだ。中は温まる程度に、そして外はこんがりと香ばしく焼く。焼きすぎるとパサついて、ジューシーさが失われるので注意する。

石川 勉（トラットリア　シチリアーナ・ドンチッチョ）

19 SICILIA

ricetta

①カジキをひと口大（30g程度）にカットし、これにビニールをかぶせ、肉叩きで叩いて薄くのばす。下に手をおくと、うっすらと透けて見えるくらいが目安。破れないように注意する。
②詰めものをつくる。オリーブ油でタマネギのみじん切りを炒める。茶色く色づく少し手前で、アンチョビ、レーズン、松の実を加えてさらに炒める。タマネギが茶色く色づいたら火から下ろす。冷めたところに、オレンジの果汁、パン粉、パルミジャーノ、黒コショウを加える。
③詰めものをひと握りとってカジキで包む。包み方は、手前、右、左と折って、くるっと巻く。これを4個、間に赤タマネギのくし形切りとローリエを挟みながら、竹串に刺す。
④パン粉を付け、オリーブ油をふり、グリルで焼く。
⑤葉野菜とレモン、オレンジを添えて提供する。

Secondo Piatto

#228
Farsumagru（ファルスマグル）
仔牛のファルスマグル

仔牛のモモ肉を薄くのばして、ゆで卵、挽き肉、サラミなどの詰めものをして巻き込み、蒸し煮にした一品。ファルソマグロともいわれる、シチリアの有名な料理である。パレルモ近辺では仔牛を使うが、カターニアのほうに行くと成牛を使うなど、土地によって違いがある。具材も、基本的には豚加工品や端肉がベースだが、これもつくる人や地域によってバリエーションはさまざま。シチリアにはグリルする、ゆでるといった、素材を生かしたシンプルな調理法が多いが、この料理はめずらしく、複数の素材を使った複雑な仕立てが特徴である。

石川　勉（トラットリア　シチリアーナ・ドンチッチョ）

ricetta

①詰めものをつくる。サルシッチャ、サラミ、牛挽き肉、パン粉、グリーンピース、イタリアンパセリとチポッロット（葉タマネギ）のみじん切りを混ぜ合わせる。
②仔牛のモモ肉を薄く四角くのばす。パルマ産プロシュート・コット（加熱したハム）、パンチェッタを上に敷き、ゆで卵の輪切りを並べる。さらに①の詰めものをのせて巻き込み、たこ糸で縛って形を整える。
③これに小麦粉をまぶし、フライパンで表面を焼く。鍋に移し換え、白ワインとホールトマトをつぶしたものを仔牛肉が少し浸かる程度に加え、蓋をして1時間ほど蒸し煮にする。
④仔牛肉を輪切りにして皿に盛り、煮汁の味をととのえて添え、ジャガイモのフリットと葉野菜を添える。

Secondo Piatto

#229

Polpettine di vitello all'agrodolce
(ポルペッティーネ ディ ヴィテッロ アッラグロドルチェ)

甘酸っぱい仔牛のポルペッティーネ

シチリア州の名物料理の一つで、仔牛肉でつくったポルペッティーネ（小さなミートボール）を、アグロドルチェ（甘酸っぱい味）に仕上げた炒め煮。シチリア州にはアグロドルチェの料理が数々あり、柑橘類やレーズンなどを使うことが多いが、ここでは砂糖と白ワインヴィネガーで甘酸っぱさを出している。

石川　勉（トラットリア　シチリアーナ・ドンチッチョ）

19 SICILIA

ricetta

①ポルペッティーネをつくる。仔牛のモモ肉をミンチにする。卵、パン粉、少量の牛乳、パルミジャーノ、砕いたアーモンド、塩、コショウとともによく練り合わせ、小さく丸める。小麦粉をまぶし、オリーブ油で焼く。
②つぶしたニンニクとタマネギの薄切りをオリーブ油で炒め、ニンニクは取り出す。砂糖、白ワインヴィネガー、ローリエを加える。①のポルペッティーネも加え、仔牛と野菜でとったブロードを注ぎ、軽く煮つめて仕上げる。
③盛り付けて、砕いたアーモンドを散らし、葉野菜を添える。

Secondo Piatto

#230
アンニェッロ　アッグラッサート
Agnello aggrassato
仔羊のアッグラッサート

パレルモで出していた料理。ラードを使って炒めたタマネギの甘みが味のベース。そこへ仔羊と小タマネギも加えて炒め、白ワインとブロードで煮込んで、ペコリーノ・シチリアーノでとろみをつけたもの。ラードを使うことでコクが増す。

石川　勉（トラットリア　シチリアーナ・ドンチッチョ）

ricetta

①仔羊の半身を骨付きのままひと口大にカットする。
②タマネギのスライスを、ラードでしんなりするまで炒める。セージ、ローズマリーを加え、仔羊を入れてさらに炒める。
③白ワイン、ブロードを加え、弱火で1時間ほど煮込み、味をととのえる。途中で小タマネギを加える。
④仕上げにペコリーノ・シチリアーノを加えて手早く混ぜ、風味をつける。

Dolce

#231
ビヤンコマンジャーレ
Biancomangiare
ビアンコマンジャーレ

ビアンコマンジャーレとは、すなわちブランマンジェ。その名の通り、アーモンドと牛乳でつくった「真っ白なドルチェ」だ。シチリア全土で食べられているが、固さも甘さも、店によってまちまち。いずれにしてもしっかりとアーモンドの風味が感じられることが大切で、牛乳でアーモンドを煮て粗熱を取る時に、十分に味が出るようにするのがポイント。私自身は、プルンプルンとした、ぎりぎり形を保って立っているくらいの固さが好み。さわやかなオレンジの香りも欠かせない。

石川　勉（トラットリア　シチリアーナ・ドンチッチョ）

ricetta

①板ゼラチンを水に浸けてもどしておく。
②鍋にシチリア産の皮なしのアーモンドと牛乳を入れて火にかけ、約5分間煮る。そこにグラニュー糖、少量のサワークリームを加えてさらに煮て、アーモンドの味が出たら火から下ろし、そのままおいて粗熱を取る。
③これをこして、牛乳、水を加え、①のゼラチンを加えて溶かし、冷やして8割がた固まったところで、三〜四分立てにした生クリームを混ぜ合わせる。アーモンドエッセンスを入れ、プリン型に入れて冷やし固める。
④型からはずして盛り付け、すりおろしたオレンジの皮をふる。

Dolce

#232
Cannoli e semifreddo di mandorle
（カンノーリ エ セミフレッド ディ マンドルレ）
カンノーリとセミフレッド

シチリアの代表的な菓子、カンノーリは、サクサクッとした軽い食感のパイと、口に入れるとスーッと溶けるようななめらかなリコッタの詰めものの対比が、おいしさの鍵。リコッタの味ができばえを大きく左右する。現地のカンノーリは1個が大きく、甘さも強烈なので、店ではやや甘さを抑え、大きさも半分くらいにしたものを出している。なお、飾りにはきざんだピスタチオもよく用いられる。一方のセミフレッドは、ジェラートとムースの中間のような氷菓で、いろいろなバリエーションが楽しめるもの。ここで添えたのはアーモンドとヘーゼルナッツのセミフレッド。カラメルでコーティングしたナッツの、サクサクした食感や香ばしさがアクセントとなっている。

19 SICILIA

石川 勉（トラットリア シチリアーナ・ドンチッチョ）

ricetta

カンノーリ
①パイ生地をつくる。小麦粉（タイプ00）、グラニュー糖、塩をふるいにかけてサラサラの状態にする。ラードを加えてさっくりと混ぜ合わせ、卵、マルサラ酒を加え混ぜる。適宜の量をとり、直径10cm程度の円形にのばす。金属の筒に巻き付けて、冷蔵庫で休ませた後、ラードで揚げる。揚げた後、金属の型をはずし、常温でおいておく。
②詰めものをつくる。リコッタ・ディ・ペーコラ（羊乳のリコッタ）を使用。水気をよくきって、裏ごしする。チョコチップ、粉糖を混ぜ合わせてよく冷やしておく。
③食べる直前に、パイの空洞にリコッタの詰めものを入れ、オレンジの皮の砂糖漬けを飾り、粉糖をふる。

セミフレッド
①皮付きのアーモンドとヘーゼルナッツを半分に割り、グラニュー糖をカラメル状にしたところに入れてからめ、広げて冷ましておく。
②生クリームを八分立てにし、卵白とシロップを泡立てたイタリアンメレンゲと混ぜ合わせ、オレンジのハチミツ、グラニュー糖を加えてさっくりと混ぜ合わせる。
③①のナッツのカラメルを適宜にカットして②に加え、さっくりと混ぜる。容器に入れて、冷凍庫で固める。
④オレンジのハチミツを添えて供する。

Dolce

#233
カッサータ　スィチリヤーナ
Cassata siciliana

リコッタチーズの
カッサータ

カッサータにはバタークリームを使うアブルッツォ風や、生クリームを主体に冷凍してつくるセミフレッドタイプもあるが、シチリアを代表するのがこの「シチリア風カッサータ」。羊乳のリコッタと多様なフルッタ・カンディータ（フルーツを砂糖漬けして乾燥したもの）を使うところが特徴で、この二つの材料の質がカッサータの出来を左右する。特にフルッタ・カンディータは日本では選択肢が少なく、良いものが入手しにくいが、現在はタイ、台湾、国産の製品で、甘み、うまみ、固さの加減のほどよいものを選んで使っている。また、現地のカッサータは相当に甘く、日本人には受け入れにくい。そこで、リコッタに加える砂糖をかなり控え、本来は周りに貼り付ける薄緑色のピスタチオ風味の甘いペーストも使わずに、ローストしたピスタチオを散らして香りを立たせるだけにしている。

日髙良実（アクアパッツァ）

ricetta

①小麦粉、卵黄、卵白、グラニュー糖、牛乳で直径18cmのパン・ディ・スパーニャ（スポンジ生地）を焼く。型をはずして冷まし、約1cmの厚さに切り分ける。
②羊乳のリコッタとグラニュー糖を混ぜ合わせる。
③ピスタチオ（皮をむいたもの）を170℃のオーブンで約6分間ローストする。
④皿に①のパン・ディ・スパーニャ1枚をおいて直径18cmのセルクルをかぶせ、②のリコッタを詰める。もう1枚のパン・ディ・スパーニャをのせる。セルクルをはずして上面をリコッタで覆う。
⑤上面にドライフルーツ（キンカン、ミカン、イチゴ、キウイ、メロン、リンゴ、マンゴーなど）の薄切りを彩りよく並べ、③のピスタチオを飾る。よく冷やして提供する。

Dolce

#234
ブリオッシェ コン ジェラート
Brioche con gelato

ブリオッシュ・コン・ジェラート

ジェラートをブリオッシュで挟む食べ方は、シチリア独特のもの。ジェラート専門店やバールではおなじみのスタイルだ。現地ではハンバーガーのバンズ風のパンで挟み、「パニーノ・コン・ジェラート」と呼んでいるところもあった。手づかみで食べるのでレストランでは提供できないが、二つの要素を皿の上で組み合わせてシチリアを演出することはできるだろう。ソルベット（シャーベット）を挟んでもよいが、ブリオッシュには、やはり乳製品の入ったジェラートのほうが合う。ヴァニラ、チョコレート、ピスタチオ、ヘーゼルナッツがイタリアの代表的ジェラートだが、私の経営するジェラテリアではチーズケーキ、ティラミス、マロングラッセ風味が人気だ。

日髙良実（アクアパッツァ）

ricetta

①ブリオッシュを焼く。強力粉、薄力粉、塩、グラニュー糖、インスタントドライイーストをボウルに入れ、よく混ぜる。卵と水を加え、ボウルに生地がつかなくなるまでさらによく混ぜる。
②バターをラップ紙などで包み、麺棒などで叩いて柔らかくする。①の生地に加え、全体につやが出るまで混ぜ合わせる。
③ラップ紙をかぶせ、冷蔵庫で6～8時間おいて一次発酵させる。生地が約2倍に膨らんだら、50gずつに分けて丸く成形し、バットなどに並べる。ラップ紙をかぶせ、常温で20分間ほどおいて、生地が約2倍に膨らむまで二次発酵させる。
④190℃のオーブンで約13分間、香ばしい焼き色がつくように焼き上げる。取り出して網の上で冷ます。
⑤ブリオッシュに横に切り目を入れ、ジェラート（写真はレモンクリーム。つくり方省略）を挟む。

20

サルデーニャ州
SARDEGNA

20 SARDEGNA

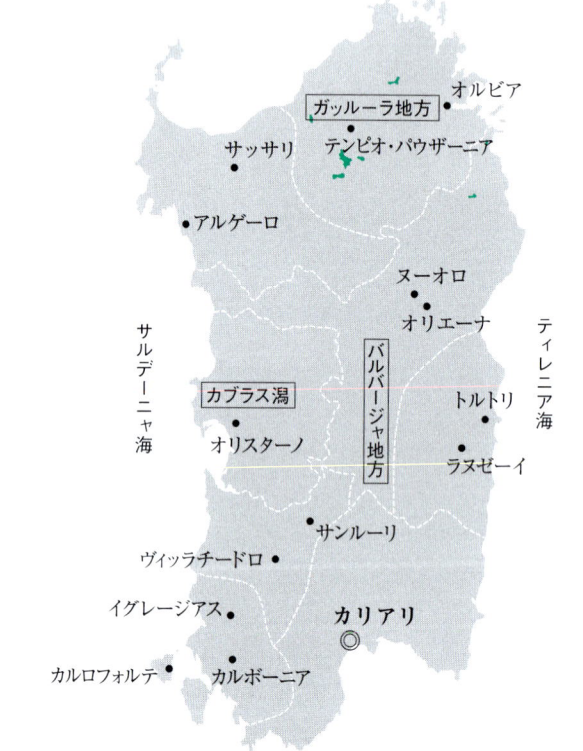

●サルデーニャ州の県と県都

オリアストラ県 …… ラヌゼーイ、トルトリ
オリスターノ県 …… オリスターノ
オルビア=テンピオ県 …… オルビア、テンピオ・パウザーニア
カリアリ県 …… カリアリ（州都）
カルボーニア=イグレージアス県 …… カルボーニア、イグレージアス
サッサリ県 …… サッサリ
ヌーオロ県 …… ヌーオロ
メディオ・カンピダーノ県 …… サンルーリ、ヴィッラチードロ

サルデーニャ州の特徴

　地中海の中でシチリアに次ぐ大きさを持つ長方形の島である。イタリア半島トスカーナ州のオルベテッロから西に180kmに位置し、羊飼いの島とも呼ばれる。南に州都カリアリ、島の東北には高級リゾート地として知られるエメラルド海岸、内陸は険しい丘が続くバルバージャ地方、そして西側のオリスターノにはカブラス潟があり、荒々しい自然が残る独特な美しい景観を誇る。海から遠い一部の内陸を除いて温暖な地中海性気候で、夏の暑さも冬の寒さも穏やかで過ごしやすい。また雨は比較的少なく、早春と晩秋に降る程度である。

　サルデーニャは、四方を海に囲まれているのにもかかわらず、漁師の島ではない。アルゲーロの伊勢エビ料理や、マグロ漁基地のあるカルロフォルテの名は知られているものの、伝統的には海よりも野の幸を使った料理が多く伝承されてきた。なかでもサルデーニャを代表するくらいに有名なのは、険しい地形で知られるバルバージャ地方で受け継がれてきた羊飼いの料理であろう。その基本となるのはパスタやミネストラで、料理名にも独特なサルデーニャ語が使われる。しかも、地域によってそれぞれ異なる方言を持っているから、理解するのはなかなか困難だ。たとえばフレッシュのペコリーノを詰めたラヴィオリを、オリエーナで「アンジュロットゥス」と呼ぶが、ほんの少し離れたヌーオロでは「クルルゾネス」と呼び、さらに他の地域では「クリンジョネス」と呼ぶ。こうしたことからも、それぞれの伝統を守る習慣が今も息づいていることがうかがえる。

　使われる肉は、仔羊や仔山羊、仔豚である。これらをスピエードと呼ばれる串に刺して豪快に焼くのがサルデーニャ流。薪には島内に豊富に自生する香りのあるミルトやジネープロ（ネズ）の木を使う。また野ウサギなどは、野原に穴を掘り、熱くした石を敷いたところに調味してのせ、再び熱くした石を重ねて焼くという野趣あふれる方法も用いる。

　特産物として象徴的なのは、羊乳でつくるチーズ、ペコリーノである。いずれも搾りたてのミルクを使い、ヨーグルトに似たフレッシュタイプ「ジョッドゥ」から、熟成が浅くデリケートな風味の「ボナッサイ」、熟成の進んだいわゆる「ペコリーノ・サルド」、スモークをかけた「フィオーレ・サルド」など、形状も含めてさまざまなタイプがつくられている。また、羊と並んでオリーブも重要な産物で、オリーブ油は島全体がDOP指定を受けている。ワイン用のブドウ栽培でも知られるが、びん詰めの栓にするコルクがサルデーニャの特産であることはあまり知られていない。

　さらに特色のある食材としては、マグロとボラの卵巣を塩漬けにして熟成させるボッタルガ（カラスミ）があり、魚介料理やパスタ料理にふんだんに使われる。

20 SARDEGNA

サルデーニャ州の伝統料理

◎カリアリ県の料理

*カスカ Casca ……野菜と挽き肉のソースで調味したクスクス。

*ブッリーダ Burrida ……ゆでたトラザメを、イタリアンパセリとニンニク風味のクルミソースで和えたもの。

*エスカルゴのトマトソース煮 オレガノ風味

*伊勢エビのボイル……オリーブ油とレモン汁で調味。

◎オリスターノ県の料理

*ボッタルガのパスタ

*メルカ Merca ……ゆでたボラに塩をし、サリコルニア、ジーバなど、沼地の野草で包んで2日間おいてマリネする。3〜5日間は保存可能。

*伊勢エビのサラダ仕立て

◎ヌーオロ県の料理

*フィリンデウ Filindeu ……硬質小麦粉でつくる極細のロングパスタ。羊のブロードに入れて食べるのが定番。

*仔羊の蒸し焼き フィノキエット風味

*肉のスピエード……スピエード(spiedo)は串焼きの意。仔羊や山羊、豚などいろいろな肉が使われる。

*仔山羊や仔羊のロースト

◎サルデーニャ州全体に広がる料理

*インパナダス Impanadas ……硬質小麦粉を練った生地をのばし、肉を中に包んでオーブンで焼いたもの。ほかにカルチョフィやグリーンピースなどの野菜を入れることもある。パナダス(panadas)ともいう。

*アンジュロットゥス Angiulottus ……フレッシュタイプのペコリーノとビエトラを詰めたラビオリ。クルルゾネス(culurzones)、クリンジョネス(culingiones)など、呼び方は多数。詰めものも地域で変化する。

*フレーグラ Fregula ……硬質小麦の粉でつくる米粒状のパスタ。ゆでてペコリーノをふってオーブン焼きにしたり、あるいはアサリ入りのトマトソースで煮込んだりして食べる。フレーゴラ(fregola)ともいう。

*パーネ・フラッタウ Pane frattau ……肉のブロード、卵、ペコリーノ、トマトソース、ヴィネガーでつくるズッパ。割ったパーネ・カラザウ(特産物の項参照)を入れる。パーネ・フラタウともいう。

*マッロレッドゥス Malloreddus ……硬質小麦粉と水を練って小さなニョッキ形に成形したもの。カイドス(caidos)、ニョッケッティ・サルディ(gnocchetti sardi)ともいう。

*マッカローネス・デ・ブーザ Maccarrones de busa ……編み棒状の細長い棒に、硬質小麦粉を練った生地を巻き付けてつくる中程度の長さの手打ちパスタ。

* カルチョフィとジャガイモの炒め煮

*カッソーラ Cassola ……魚介のズッパ。

*トゥリッリア(ヒメジ)のソテー ヴェルナッチャワイン風味

*乳飲み仔豚のスピエード Porchetto allo spiedo ……乳飲み仔豚の串焼き。使用する薪はミルトやジネープロ(ネズ)のように香りのあるもの。仔羊や仔山羊でもつくる。ポルチェット(porcetto)ともいう。

*仔羊のスペッツァティーノ Spezzatino di agnello ……ぶつ切りにした仔羊肉の軽い煮込み。トマト、フィノッキエット(フェンネル)などを加える。

*ファヴァータ Favata ……乾燥ソラ豆とラルド、豚の皮、サルシッチャ、骨付きの豚肉などの煮込み。

*コルダ corda ……仔羊の腸のトマトソース煮込み。コルドゥーラ(cordula)ともいう。

*鶏肉のミルト風味……丸ゆでしたアツアツの鶏をミルトで覆い、完全に冷めるまで(翌日まで)おいて風味をつけたもの。

サルデーニャ州の特産物

◎穀類・豆類
*硬質小麦
*インゲン豆＜アリッツォ＞　*ソラ豆

◎野菜・果物
*トマト　*ナス
*カルチョフィ＜ボーザ＞
*ズッキーニ＜ヴィッラチードロ＞
*カルディ＜ムラヴェーラ＞
*グリーンアスパラガス
*フィノッキオ＜テッラルバ＞
*オレンジ＜ミリス＞　*マンダリン＜ミリス＞
*ブドウ＜クワルトゥ・サンテレナ＞

◎香草・香辛料
*サフラン zafferano di Sardegna DOP＜サン・ガヴィーノ・モンレアーレ＞
*ミルト

◎魚介類
*ウナギ・ボラ＜カブラス潟＞
*伊勢エビ＜アルゲーロ＞
*マグロ＜カルロフォルテ＞
*イワシ
*カサゴ・鯛
*ヤリイカ
*貝類

◎肉類
*羊・仔山羊　*豚
*仔羊 agnello di Sardegna IGP

◎水産加工品
*ボッタルガ・ディ・ムッジネ bottarga di muggine ……ボラのボッタルガ。＜カブラス＞
*ボッタルガ・ディ・トンノ bottarga di tonno ……マグロのボッタルガ。＜カルロフォルテ、サンタンティオコ、ポルトスクーゾ＞
*モシャーメ mosciame ……マグロの赤身を塩漬け・熟成させた干し肉。昔はイルカでつくっていたが、現在はマグロでつくる。＜カルロフォルテ＞

◎チーズ
*フィオーレ・サルド fiore sardo DOP（羊・硬質）
*ペコリーノ・サルド pecorino sardo DOP（羊・硬質）
*ペコリーノ・ロマーノ pecorino romano DOP（羊・硬質）
*ボナッサイ bonassai（羊・熟成の浅い半硬質）……バターのような長方形をしている。
*リコッタ・ジェンティーレ ricotta gentile（羊・フレッシュ）
*イルカーノ ircano（山羊・半硬質）
*フレーザ fresa（牛・半硬質あるいは硬質）
*ジョッドゥ gioddu（羊・ゆるいクリーム状）

◎畜肉加工品
*サラーメ・ディ・テルグ salame di Tergu ……放牧された黒豚のモモ肉でつくるサラミ。大きめの脂肪が入り、馬蹄形をしている。
*ムステーラ mustela……豚ロースの塊肉を塩漬け、熟成した生ハム。ムステーバ(musteba)ともいう。
*プロッシュット・ディ・デズロ prosciutto di Desulo ……森林で放牧された豚のモモ肉でつくる生ハム。＜デズロ＞
*イノシシの生ハム prosciutto di cinghiale

20 SARDEGNA

◎オリーブ油
＊サルデーニャ Sardegna DOP

◎パン・菓子
＊チヴラージュ civraxiu ……硬質小麦粉でつくるパン。キヴァルズ（chivalzu）ともいう。
＊パーネ・カラザウ pane carasau ……硬質小麦粉でつくる大きな円盤状の極薄パン。カルタ・ダ・ムージカ（carta da musica＝楽譜）ともいう。
＊アマレッティ amaretti ……アーモンド粉、卵白、砂糖を混ぜ合わせ、半球形に焼いたクッキー。
＊セアダス seadas ……熟成の若いチーズを詰めたラヴィオリの揚げ菓子。ヤマモモのハチミツをかける。もともとセコンド・ピアットの代わりに食べられていたもの。チーズは山羊か羊乳のフォルマッジョ・アチド＝カズ・アジェードゥ（formaggio acido ＝ casu axedu）などを使う。
＊トッローネ torrone ……卵白とハチミツでつくるアーモンド入りのヌガー。
＊パパッシーナス papassinas ……硬質小麦粉、ストゥルット（精製ラード）、卵、レーズン、松の実、クルミ、アーモンド、フルーツの砂糖漬け、サーパ（ブドウ果汁を煮つめたもの）を生地にし、ひし形にして焼いたクッキー。
＊パルドゥラス pardulas ……硬質小麦の粉で練った生地に羊乳のリコッタあるいは熟成の若いチーズを詰めて、オーブンで焼いたワンポーションのチーズケーキ。復活祭に食べられる。ほかに塩味バージョンもあり、アンティパストとして食べられることもある。カサディナス（casadinas）、フォルマッジェッレ（formaggelle）ともいう。

スローフードのプレシーディオ

＊サン・ガヴィーノ・モンレアーレ産のサフラン
＊ポムピア……自生の柑橘類の一種。果肉は苦いので、果皮をハチミツで甘く煮て使用する。
＊サルド・モディカ種の牛
＊カジゾル casizolu ……放牧されたサルド・モディカ種、ブルーノ・サルデ種の牛のミルクでつくる糸状に裂けるタイプのチーズ。
＊羊飼いのつくるフィオーレ・サルド・チーズ（羊・硬質）
＊オージロ産のペコリーノ（羊・半硬質）

山がちで、起伏に富んだサルデーニャの海岸線。

ricetta

カラー411頁

#245　Dolce
サルデーニャの焼き菓子
Dolci sardi

セアダス　Seadas

サルデーニャを代表する菓子で、ヨーロッパ最古の菓子という説があるほど歴史は古い。フレッシュタイプのペコリーノを粉生地で包んで揚げ、苦みのあるヤマコケモモ（コルベッツォロ）のハチミツをかけるのが原形。このチーズは火を入れるとのびるので、日本でならモッツァレラで代用してもよいと思う。ハチミツもヤマコケモモのものは入手しにくいので、オレンジのものなどを使ってもよいだろう。

①小麦粉（薄力粉と強力粉）、ラード、水を合わせてこね、生地をつくる。約30分間休ませてから薄くのばし、直径10cmの円形にぬく。
②フレッシュタイプのペコリーノ・サルドを直径約8cmの円盤状に切り、湯で柔らかくなるまでゆでて中の水分を抜く。取り出してしっかり水気をふき取る。①の生地2枚の縁に卵黄をといたものをぬり、ゆでたペコリーノを間に挟んで縁を貼り付ける。
③サラダ油でカリッとなるまで揚げ、ヤマコケモモのハチミツをかける。

カスケッタス　Caschettas

結婚式などの祝祭用菓子として使われることが多い。フリル状の生地が華やかな雰囲気を醸し出すからだろう。このフリルはサルデーニャ産の独特のパスタカッターを使ってつくるが、いろいろな刃の形があり、使い分けるとおもしろい。私はサルデーニャに出かけて新しい形状のものを見つけるたびに購入している。

①強力粉、ラード、水を合わせてこね、生地をつくる。約30分間休ませてから薄くのばし、パスタカッターで適宜の大きさのフリル状の帯に切る（写真は幅3cm、長さ50cm）。
②ローストしたアーモンドを粗く砕き、ハチミツとサバ（ブドウ果汁を煮つめた甘いシロップ状のもの）をからめる。
③①の生地の中心線に沿って②の詰めものをおき、二つ折にする。端からS字状に連続して束ね、最後は全体を囲むように一周して円柱形に整える（写真は直径10cm大）。160〜170℃のオーブンで、生地が色づかないように注意して10分間焼く。

パルドゥラス　Pardulas

羊乳のリコッタを使ったチーズケーキで、日本人に最もなじみやすい味だと思う。私自身も一番好みの菓子で、よく食べていた。現地ではフォルマッジョ（チーズ）に関連した言葉でフォルマッジェッレ(formaggelle)とも呼んでいた。

①薄力粉、ラード、水を合わせてこね、皮生地をつくる。約30分間休ませてから薄くのばし、適宜の大きさの六角形に切る（写真は直径10cm大）。
②卵をといて砂糖を混ぜ、サフランと羊乳のリコッタを加えてさらによく混ぜ、詰めものの生地をつくる。
③①の皮生地に②の詰めものをのせて縁を内側に折り、辺と辺のつなぎ目を指でつまんで貼り合わせる。180℃のオーブンで10〜15分間焼く。

パパッシーナス　Papassinas

ひと口サイズのクッキーで、ナッツを混ぜたもの、濃縮ブドウ汁のサーバ入りの黒っぽいものなど、地方によって混ぜる材料はさまざま。今回のものはレーズンを入れている。

①ラードと砂糖を混ぜ合わせ、卵、薄力粉を順に入れ混ぜる。レーズンを加え、厚さ約1cmの直方体に整えて湿らせた布で包み、冷蔵庫で約30分間休ませる。
②①の生地をひと口大のひし形に切り、170℃のオーブンで15分間焼く。卵白に粉糖を加えてよくかき混ぜ、焼き上がったパパッシーナスの上面にぬって室温で乾かした後、カラースプレーをまぶす。

Antipasto

#235
(インサラータ アッラ サルダ)
Insalata alla sarda
セロリ、からすみ、ペコリーノのサラダ

ボッタルガ（カラスミ）はサルデーニャ州の特産物として知られているが、生産の本拠地は西海岸のオリスターノ。当地ではパスタにからめて食べるほか、ここで紹介しているようなサラダに仕立てることも多い。日本ではカラスミを生の大根などと組み合わせるが、サルデーニャではセロリがよく使われる。ボッタルガの濃密な味と、セロリの爽やかでみずみずしい風味は非常に相性が良い。今回はサルデーニャ特産のペコリーノ・サルドも加え、オリーブ油とレモン汁のみのシンプルな味つけで和えている。風味の個性の強いものの組合せだが、味のバランスは良く、サルデーニャらしさに富んでいると思う。

馬場圭太郎（タロス）

20 SARDEGNA

ricetta

①セロリは筋をむいて斜めの薄切りにする。ボッタルガとペコリーノ・サルド（熟成6カ月以上）も、ごく薄切りにする。

②①の材料をボウルに合わせ、E.V.オリーブ油、レモン汁、塩、コショウをふって和え、器に盛る。オリーブ油は、サルデーニャ産を使うとよりよい。

Antipasto

#236
ブッリーダ
Burrida
ブッリーダ

ゆでたホシザメの身を、ヴィネガーの酸味をきかせたクルミソースでマリネしたもので、州都カリアリ一帯の名物料理。ホシザメは身がとろりと柔らかく味もよい魚で、サルデーニャではよく食べられているが、日本近海でも漁獲があるのでつくりやすいと思う。ヴィネガーをきかせるのはサメ特有のアンモニア臭を抑えるためだが、私はさらに少量の砂糖を加えて酸味の角を取り、味に丸みを出している。つくった当日ではなく、1日おいて味をよくなじませてから提供する料理である。

馬場圭太郎（タロス）

ricetta

①クルミソースをつくる。クルミ、赤タマネギ、ニンニク、イタリアンパセリ、白ワインヴィネガー、E.V.オリーブ油をフードプロセッサーでかくはんしてペーストにする。鍋に移して火にかけ、塩と少量の砂糖を入れてさっと火を通し、冷ましておく。
②骨付きのホシザメの切り身を、白ワインヴィネガー、塩、ローリエを入れた湯で火が通るまでゆで、取り出して粗熱を取る。
③クルミソースの中にホシザメを入れて冷蔵庫で1日おいてなじませる。提供する際はホシザメの骨をはずして食べやすい大きさに切り、ソースとともに器に盛る。イタリアンパセリとクルミを飾る。

Primo Piatto

#237
Suppa cuata（スッパ　クワータ）

ガッルーラ風ズッパ

ズッパといっても液体の多いスープではなく、ズッパ本来の意味である「湿らせたパン」でできた料理。州東北部にあるガッルーラ地方に伝わるもので、余ったパンを再利用しておいしく食べる、日本でいう「おじや」的なものだろう。サルデーニャでの修業先で、レストランの親父さんがまかないにつくってくれたのが最初の出合い。パンをたっぷりのブロードで湿らせて、チーズとハーブで調味してオーブン焼きするだけの素朴な料理だが、想像するものよりずっとおいしい味になるのが驚きで、またお腹にたまるところもよい。紹介しているのは基本のつくり方だが、ほかにフィノッキオ、オレガノ、タイムの風味をつけることもあるし、応用としてミートソースを中に入れてうまみを濃くするなど、工夫の余地がある料理だ。

馬場圭太郎（タロス）

20 SARDEGNA

ricetta

①固くなったパン（チャバッタや田舎パンタイプのもの）を厚さ1cmに切る。鶏のブロードに塩味をつけて温め、パンを浸して十分に水分を吸わせてオーブン皿に並べていく。ペコリーノ・サルド、イタリアンパセリ、バジリコの各みじん切りをふり、これをもう一度繰り返して二段重ねにする。

②180℃のオーブンで、表面に焼き色がつくまで10〜15分間焼く。

Primo Piatto

#238
マッロレッドゥス ア サ カンピダネーサ
Malloreddus a sa campidanesa

カンピダーノ風マッロレッドゥス

マッロレッドゥスは筋の入った小さな貝殻形パスタで、島の南西部にあるカンピダーノ平野一帯での名称。他の地域では別の名前があるようで、州外だと「ニョッケッティ・サルディ（サルデーニャ州の小さなニョッキ）」と呼ばれている。紹介したのはカンピダーノでの代表的な食べ方で、サルシッチャ入りトマトソース和え。サフランで風味づけしているが、これはサフランの産地として有名な土地でもあり、マッロレッドゥスの生地自体にもサフランが練り込んであるから。このパスタは芯が残らないくらいに火を入れたほうが小麦粉のうまみが強く感じられ、おいしく食べてもらうことができると思う。

馬場圭太郎（タロス）

ricetta

①つぶしたニンニクをE.V.オリーブ油で炒め、皮をはずしたサルシッチャ（フェンネルシードとクミンシード入りの自家製品）を小さくちぎったものとサフランを加えて炒める。サルシッチャに火が通ったらトマトソースを合わせ、味をととのえる。

②マッロレッドゥス（市販品）を塩湯でゆで、水気をきって①のソースと和えて器に盛る。ペコリーノ・サルドとイタリアンパセリのみじん切りをふり、フィノッキオの葉を飾る。

Primo Piatto

#239
Culurgionis de patata
（クルルジョーニス　デ　パタータ）
クルルジョニス

ラヴィオリの一種で、クルルジョネスとも呼ばれる。生地の包み方に特徴があり、円形生地を餃子のように二つ折にして縁を合わせる際、綴じ目を左右両側から交互に折り重ねて編み込み模様をつくる。サルデーニャで最初に見た時は、実に美しいと感動したものである。ただ、レストランで手づくりする店は、いまやサルデーニャでもあまりなく、私は円形に切った紙で練習したり、フレッシュパスタ専門店で実際の生地で練習させてもらったりして習得した。詰めものはジャガイモとミントが代表的で、他州のラヴィオリと同様に、ホウレン草、肉、魚などのバージョンもある。

馬場圭太郎（タロス）

20 SARDEGNA

ricetta

①パスタ生地をつくる。セモリナ粉、卵、塩を練って生地をつくり、薄くのばして直径8cmの円形にぬく。
②詰めものをつくる。ジャガイモを塩ゆでして裏ごしし、ドライミント、ペコリーノ・サルド、E.V.オリーブ油で炒めたニンニクのみじん切りを混ぜ合わせる。
③パスタ生地の中心に詰めものをおいて半分に折り、2枚の縁を交互に少しずつ折り重ねて編み込み模様をつくりながら綴じていく。
④でき上がったクルルジョニスを塩湯で柔らかくゆで、器に盛ってトマトソースとペコリーノ・サルドをかける。フレッシュミントを飾る。

Primo Piatto

#240
Pane frattau
パーネ・フラッタウ

サルデーニャ州には紙のように薄く、パリパリに焼いたパン「パーネ・カラザウ（408頁写真参照）」があり、食中パンとして食べるほか、料理にもよく使われている。その一番の代表がパーネ・フラッタウで、ブロードに浸して柔らかくもどしたカラザウにトマトソース、ペコリーノ、オリーブ油をかける素朴な料理。カラザウは州中央部ヌーオロ一帯でつくられてきたパンで、パーネ・フラッタウも同地の羊飼いの料理として生まれた。だから、もとは羊のブロードとペコリーノくらいの少ない材料でつくる単純なものだったろうと思う。現代のレストラン料理として出すなら、鶏などのブロードでつくるのもよいし、リッチな味になっていくが、野菜やサルシッチャなどをのせることもでき、いかようにも応用できる。

20 SARDEGNA

馬場圭太郎（タロス）

ricetta

①パーネ・カラザウ（サルデーニャからの輸入品）2枚を温かい鶏のブロードに浸して柔らかくし、1枚を皿にのせる。トマトソースをぬってペコリーノ・サルドをふり、もう1枚のパーネ・カラザウを重ねてもう一度トマトソースをぬり、ペコリーノ・サルドをふる。

②鶏のブロードでポーチトエッグをつくり、①の中央にのせてバジリコの葉を飾り、E.V.オリーブ油をまわしかける。

Primo Piatto

#241
Fregula cun cocciula
（フレーグラ クン コッチューラ）
あさりのフレーグラ

フレーグラは元の意味が「魚の卵」というだけあって、あられ状の非常に小さいパスタである。サルデーニャ州独特のもので、同地を訪れるまで見たことはなく、こんなパスタがあるのかと驚き、日本に帰ったらぜひ提供しようと心に決めていた。私がサルデーニャで働いていた当時、すでに市販品を使う店が大半だったため、原書を読んで製法をマスターした。粒の大きさはいろいろあり、私はキャビア大からイクラ大まで3つのサイズに仕上げ、料理によってさっぱりとした味の場合は小粒、濃厚な味の場合は大粒、といった使い分けをしている。紹介したのはもっとも代表的な料理で、最小の粒をアサリ（現地ではコッチューラという二枚貝を使用）とドライトマト、ニンニク、オイルで煮るシンプルな仕立て。店でもお客さまの7割が注文する人気料理になっている。なお、フレーグラは方言で、標準語ではフレーゴラfregolaという。

馬場圭太郎（タロス）

20 SARDEGNA

ricetta

①フレーグラをつくる。粒の大きさの異なる2種類のセモリナ粉を用意する。ボウルに大粒のセモリナ粉を入れ、水を少量ふりかけて粒の表面をぬらす。小粒のセモリナ粉を少量ふり入れ、大粒のセモリナ粉の粒の表面にまぶすように混ぜ合わせる。水と小粒のセモリナ粉をふり入れてまぶすこの工程を繰り返して粒を大きくしていく。米粒大のものができたら天板に広げ、90℃のオーブンで乾かす。次に網でふるいにかけ、網目を通らなかったものをさらに大きな網目の網でふるいにかけて大中小の3種類に分ける。この料理では小サイズを使う。
②つぶしたニンニクをE.V.オリーブ油で炒め、香りが出てきたら殻付きアサリ、ドライトマトの細切り、フレーグラ、少量の水を入れて蓋をし、フレーグラが柔らかくなるまで7分間ほど煮て、最後にイタリアンパセリのみじん切りを入れて香りをつける。
③ニンニクを除いて煮汁ごと器に盛る。

Secondo Piatto

#242
アングウィッダ アッルスティヤ
Anguidda arrustia
ウナギの串焼き

日本ではあまり知られていないが、ウナギはサルデーニャ州の特産物の一つ。調理法はグリル、ロースト、煮込みなどで、ローリエと一緒にゆでてペコリーノをかけた料理などバリエーションは多い。産地の一つである州西部のボーサのレストランでウナギ料理を注文した時に、とぐろ状に巻いた1尾丸ごとのローストが出てきて驚いたが、味がすばらしく良くて二度驚いた経験がある。今回は1尾を丸ごと串刺しにして同じように塩味だけでローストしている。シンプルだけにウナギの質が問われる料理で、良質なものであれば臭みがなく、しっとりとした白身魚のおいしさを堪能できる。火を入れすぎたかなと思うくらいにしっかりと焼くことがポイントで、それによってジューシーで柔らかな身質が生かせる。

馬場圭太郎（タロス）

ricetta

①ウナギはぬめりを取ってきれいに水洗いし、1尾がS字状になるように金串を刺す。その際、間にローリエの葉も1枚ずつ刺す。全体に塩とE.V.オリーブ油をふる。
②平鍋に皮付きニンニク、皮をむいたジャガイモの輪切り、タマネギの厚切り、ミントを敷き、塩とE.V.オリーブ油をふる。①のウナギをのせて200℃のオーブンで15～20分間ローストして、ふっくらと焼き上げる。

サルデーニャのパン
料理のバックにあるのはセモリナ粉を使ったサルデーニャの代表的なパンで、パーネ・カラザウ（左）とパーネ・コッコイ（右）。カラザウは極薄にのばした大形の円形パンで、そのまま食べることも多いが、店ではサルデーニャから輸入したものにE.V.オリーブ油、塩、ドライのローズマリーをふって、オーブンで温めて提供している（このように加工したものはパーネ・グッティアウpane guttiauと呼ぶ）。一方のコッコイは、主に祝祭に使われる装飾パンで、生地に複雑な切れ込みなどを入れて花、植物、動物などの模様を施す。写真は自家製のコッコイ。

Secondo Piatto

#243
ボンバス デ アンゾーネ
Bombas de anzone
羊のポルペッティーネ

ポルペッティーネ（ミートボール）はイタリアの各州でつくられているが、サルデーニャでも日常食の一つ。牛肉や豚肉、馬肉でつくることも多いが、羊肉と羊乳チーズのペコリーノを使うのがサルデーニャを象徴するものだろう。ポルペッティーネもソースも、調味はいかようにもアレンジでき、サルデーニャの中でもつくる人によっていろいろな味がある。ここで紹介しているのは羊肉とペコリーノのほか、レーズンや松の実、フェンネルシードを入れているのが特徴で、これらの副素材でもサルデーニャらしさを感じてもらえると思う。

馬場圭太郎（タロス）

ricetta

①羊肉のミンチ、ペコリーノ・サルド、ニンニクのみじん切り、水でもどしたレーズン、松の実、フェンネルシード、卵、塩、コショウを練り合わせてポルペッティーネの生地をつくる。
②ゴルフボール大に丸めてE.V.オリーブ油で表面を焼き、トマトソースの中に入れて20～30分間煮込む。
③ソースごと器に盛り、ペコリーノ・サルドをふる。

Secondo Piatto

#244
トンノ　アッラ　カルロフォルティーナ
Tonno alla carlofortina
マグロのカルロフォルテ風

サルデーニャ州の中でマグロ漁が行なわれているのは南西部の沖合いに浮かぶサン・ピエトロ島近海で、料理名にあるカルロフォルテが主要基地である。当地での食べ方の代表がマグロをぶつ切りにして揚げ、甘酸っぱいタマネギソースで煮込むカルロフォルテ風。現地ではマグロのいろいろな部位を混ぜて使うが、日本ではパサついたマグロは好まれないので、脂ののった中トロでつくるのがよいと思う。ここではマグロを揚げずに塩ゆでして、冷めるまでおいておいたものをタマネギソースで煮ている。身に塩分がしみ込んでいると、煮込んだ時にソースのしみ込みがよく、柔らかく仕上がるので、パサつきやすい魚介には効果的な方法。さっぱりした夏向きの料理である。

馬場圭太郎（タロス）

ricetta

①マグロの中トロを5cm四方に切り分け、3％濃度の塩湯でゆでて中心まで火を入れる。ゆで汁に入れたまま冷ます。
②つぶしたニンニクとタマネギの薄切りをE.V.オリーブ油で炒め、香りが出てきたら白ワインヴィネガー、砂糖少量、トマトペースト、ローリエを入れてひと沸かしする。ここに①のマグロの水気をきって入れ、中までよく味がしみ込むように煮る。
③煮汁ごと皿に盛り、イタリアンパセリやトマトを飾る。

Dolce

#245
Dolci sardi
(ドルチ サルディ)
サルデーニャの焼き菓子

セアダス Seadas （左奥）
カスケッタス Caschettas （右奥）
パルドゥラス Pardulas （中央右）
パパッシーナス Papassinas （手前）

サルデーニャ州の菓子は地味だが、羊乳チーズ、ナッツ、蜂蜜などの特産物を利用した粉ものの焼き菓子が豊富である。ここではその中から、4種を盛り合わせてみた。粉生地に油脂分を加える時はラードを使うのが伝統的な方法で、ここでもそのレシピに従った。

20
SARDEGNA

馬場圭太郎（タロス）
ricetta 400頁

Dolce

#246
アマレットゥス エ ミルト
Amarettus e mirto

アマレッティ とミルト酒

アマレッティはアーモンドプードルと卵白でつくるひと口大の焼き菓子で、ピエモンテ州産が有名だが、実際はイタリア全土でつくられており、大きさや風味にそれぞれ個性がある。サルデーニャ州にはアーモンド系の菓子が多く、アマレッティも非常にポピュラーで、直径3〜5cmとやや大ぶりにつくり、レモンの皮で風味づけすることが多い。また、こうしたアーモンド系焼き菓子に合うサルデーニャならではの食後酒がミルト酒。ミルトの葉や実をシロップとともにアルコールに漬けた風味の良いリキュールで、葉を漬けたものは白、実を漬けたものは写真のような赤い酒になる。

ミルト
サルデーニャを代表する香辛料で、樹木が島内のあちこちに自生し、葉を肉や魚介のロースト料理に使う。針葉樹やネズの木に似た、爽やかな香りがある。写真にある葉と実はともにミルト。和名は銀梅花（ぎんばいか）。

馬場圭太郎（タロス）

20 SARDEGNA

ricetta

①アーモンドをミキサーにかけ、歯ごたえを出すためにやや粗い粒が残る状態に粉砕する。
②卵白と砂糖を泡立ててメレンゲをつくり、すりおろしたレモンの皮と①のアーモンドを混ぜ合わせる。
③絞り袋に入れて小さな円盤形に絞り出し、150℃のオーブンで約15分間焼く。粗熱を取って粉糖をまぶす。

ジャンル別 料理索引

アンティパスト

鹿肉のハム Mocetta（ヴァッレ・ダオスタ） 17
チーズフォンデュ Fonduta（ヴァッレ・ダオスタ） 18
ヤマメとジャガイモ、クレソンのサラダ Insalata di trota, patate e crescione（ピエモンテ） 33
インサラータ・ルッサ Insalata russa（ピエモンテ） 34・49
ヴィテッロ・トンナート Vitello tonnato（ピエモンテ） 34・49
豚レバーの網脂巻き Griva（ピエモンテ） 35・49
ホエー馬のタルタル Carne cruda（ピエモンテ） 35・50
テスタローリのジェノヴァ・ペースト風味 Testaroli al pesto genovese（リグーリア） 57
ジャガイモのフォカッチャ ローズマリー風味 Focaccia con patate al rosmarino（リグーリア） 57
ジャガイモとカルチョフィのタルト Torta di carciofi e patate（リグーリア） 57
ジェノヴァ風チーマ Cima alla genovese（リグーリア） 58
カッポン・マーグロ Cappon magro（リグーリア） 59
エイのマントヴァ風ソース Razza in salsa mantovana（ロンバルディア） 77
鴨のコンポズィツィオーネ Composizione di anatra（ロンバルディア） 78・93
野ウサギの背肉のサラダ Insalata di lombo di lepre（ロンバルディア） 80
ホワイトアスパラガスの玉子のせ Asparagi lessati（ヴェネト） 102
バッカラのヴィチェンツァ風 Baccalà alla vicentina（ヴェネト） 103
ヴェネツィア風前菜の盛合せ Antipasto della laguna（ヴェネト） 104・119
前菜の盛合せ Antipasto misto della Val Badia（トレンティーノ=アルト・アディジェ） 128
豚の頭の前菜 Testina di maiale（トレンティーノ=アルト・アディジェ） 129
イワシの酢漬け Sardele in saor（フリウリ=ヴェネツィア・ジュリア） 146
モンタージオとジャガイモのフリコ Frico（フリウリ=ヴェネツィア・ジュリア） 147
クレシェンティーナとモルタデッラのスプーマ Crescentina e spuma di mortadella（エミリア=ロマーニャ） 164
ロマーニャの前菜 Antipasto della Romagna（エミリア=ロマーニャ） 165
ピンツィモーニオ Pinzimonio（トスカーナ） 187
自家製マグロのブレザオラ風と白インゲン豆のサラダ Insalata di fagioli cannellini con tonno alla bresaola（トスカーナ） 188
シエナ風ソプレッサータ Soppressata senese（トスカーナ） 189
トリッパのサラダ Insalata di trippa（トスカーナ） 190
野菜のウンブリア風詰めものオーブン焼き Verdure ripiene all'umbra（ウンブリア） 209
インゲン豆やビエトラをサンドしたフォカッチャ Torta al testo con fagioli e bietola（ウンブリア） 210
貝のポルケッタ Conchiglie miste in porchetta（マルケ） 225
魚介のフリット・ミストとオリーブのフライ Fritto misto di mare e olive all'ascolana（マルケ） 226
アンコウのマルケ風トマト煮 Coda di rospo alla marchigiana（マルケ） 227
プンタレッラのサラダ アンチョビ風味のヴィネグレット Puntarelle alle acciughe（ラツィオ） 243
フォワグラを詰めたウナギのローストおかひじきのソテー添え Arrosto di anguilla con fegato grosso（ラツィオ） 244
コッツェのスープ仕立て サフラン風味 Cozze allo zafferano（アブルッツォ） 266
チーズボールのフリット Pallotte casce ova（アブルッツォ） 267
ナスと野菜の重ねオーブン焼き Tiella（モリーゼ） 280
スルメイカとジャガイモ、カルチョフィの蒸し煮 Totani, patate e carciofi（カンパーニア） 293
前菜盛合せ Antipasto misto（カンパーニア） 294
フリセリーネ Friselline miste（プーリア） 315
プーリア風フォカッチャ Focaccia alla pugliese（プーリア） 316

おまかせアンティパスト Antipasto dello chef（プーリア）317・330
カルドンチェッリの炭火焼き Cardoncelli alla brace（プーリア）324
ルカーニア風チーズのトルタ Torta di latticini alla lucana（バジリカータ）337
前菜の盛合せ Antipasto misto（カラブリア）356
自家製ピクルスとオレンジ風味のオリーブマリネ Verdure sott'aceto e olive all'arancia（カラブリア）358・368
ヒシコイワシのマリネ オレガノ風味 Marinato di alici all'origano（カラブリア）358・368
バッカラとポテトとペペローニの田舎風煮込み Baccalà alla campagnola（カラブリア）358・368
生シラスのマリネ ベルガモットと唐辛子風味 Bianchetti marinati al bergamotto（カラブリア）359・368
ヒシコイワシのトルティエーラ Tortiera di alici（カラブリア）359・368
ナスとポテトとソップレッサータ・ピッカンテのコロッケ Palline di melanzane e patate（カラブリア）359・368
パレルモ風ナスのカポナータ Caponata alla palermitana（シチリア）377
シチリア風アンティパスト Antipasti siciliani（シチリア）378
ヒシコイワシのオーブン焼き Alici all' arancia（シチリア）380
セロリ、からすみ、ペコリーノのサラダ Insalata alla sarda（サルデーニャ）401
ブッリーダ Burrida（サルデーニャ）402

プリモ・ピアット

ソラ豆のパスタ Favò（ヴァッレ・ダオスタ）19
栗のリゾット Risotto alle castagne（ヴァッレ・ダオスタ）20
トフェイヤ Tofeja（ピエモンテ）36
ノヴァーラ風ウズラ豆のリゾット Paniscia（ピエモンテ）37
カタツムリのスープ Zuppa di lumache（ピエモンテ）38
チーズフォンデュのリゾット アルバ産白トリュフがけ Riso mantecato alla fonduta con tartufo bianco（ピエモンテ）39
手打ちパスタ "タヤリン" ラグー・クラッシコ Tajarin al ragù classico（ピエモンテ）40
アニョロッティ・ダル・プリン Agnolotti dal "Plin"（ピエモンテ）41
エジプト豆のズッパ Zuppa di ceci（リグーリア）60
トリッパのミネストローネ リグーリア風 Minestrone di trippa alla ligure（リグーリア）61
トロフィエ フレッシュトマトのソースとバジリコのペースト Trofie al pomodoro fresco e pesto（リグーリア）62
トレネッテのジェノヴァ・ペースト和え Trenette al pesto genovese（リグーリア）63
アニョリ入りブロード Agnoli in brodo（ロンバルディア）81
テーリオのピッツォッケリ Pizzoccheri di Teglio（ロンバルディア）82
キャヴェンナ風ピッツォッケリ Pizzoccheri alla chiavennasca（ロンバルディア）83
カボチャのトルテッリ Tortelli di zucca alla mantovana（ロンバルディア）84
リゾット・アッラ・ピロータ Risotto alla pilota（ロンバルディア）85
パスタ・エ・ファジョーリ Pasta e fagioli alla veneta（ヴェネト）106
ビゴリ・イン・サルサ Bigoli in salsa（ヴェネト）107
リージ・エ・ビージ Risi e bisi（ヴェネト）108
ラディッキオ・ロッソ・ディ・トレヴィーゾのリゾット Risotto al radicchio rosso di Treviso（ヴェネト）109
カッソ・ピーパのビゴリ Bigoli in casso pipa（ヴェネト）111
ホウレン草のスペッツリ いろいろな肉のラグー和え Spätzli agli spinaci con ragù di carne（トレンティーノ=アルト・アディジェ）130
大麦のスープ Minestrone di orzo（トレンティーノ=アルト・アディジェ）131
ライ麦を使ったラヴィオリ Ravioli di patate（トレンティーノ=アルト・アディジェ）132
カネーデルリ・イン・ブロード Canederli in brodo（トレンティーノ=アルト・アディジェ）133
ボルロッティ豆と大麦のスープ Minestra di borlotti con orzo（フリウリ=ヴェネツィア・ジュリア）148

チャルソンス Cjalçons（フリウリ=ヴェネツィア・ジュリア） 149
ポレンタとホウレン草のスープ Paparot（フリウリ=ヴェネツィア・ジュリア） 150
カボチャのニョッキ フリウリ風 Gnocchi di zucca（フリウリ=ヴェネツィア・ジュリア） 151
ガルガネッリ 鳩のラグーのボローニャ風 Garganelli con ragù di piccione alla bolognese（エミリア=ロマーニャ） 166
ウズラのブロードのパッサテッリ Passatelli in brodo di quaglia（エミリア=ロマーニャ） 167
ビエトラのカッペッローニ Cappelloni con bietola（エミリア=ロマーニャ） 168
岩礁風のストロッツァプレーティ Strozzapreti allo scoglio（エミリア=ロマーニャ） 169
ボローニャのラグーのタリアテッレ Tagliatelle al ragù alla bolognese（エミリア=ロマーニャ） 170
ロマーニャ地方のラザーニャ Lasagne alla romagnola（エミリア=ロマーニャ） 171
カエルのリゾット イタリアンパセリ風味 Risotto con le rane（エミリア=ロマーニャ） 172
カラバッチャ Carabaccia（トスカーナ） 191
リボッリータ Ribollita（トスカーナ） 192
自家製スパゲッティ フラタッキオーネソース Spaghetti con salsa di fratacchione（トスカーナ） 193
ピンチ イノシシの赤ワイン煮込み Pinci al ragù di cinghiale（トスカーナ） 194
ホロホロ鳥と春野菜のパッパルデッレ Pappardelle con faraona e verdure primaverili（トスカーナ） 195
チポッラータ Cipollata（ウンブリア） 211
ファッロ麦と野菜のミネストラ Minestra di farro（ウンブリア） 212
タリアテッレのマッシュルームのラグー 黒トリュフ風味 Tagliatelle al ragù di prataiolo con tartufo nero（ウンブリア） 213
ウンブリチェッリ 野菜と鶏レバー、砂肝などの煮込みソース Umbricelli（ウンブリア） 214
チャヴァッロ Ciavarro（マルケ） 228
ペーザロ風ペンネのオーブン焼き Penne alla pesarese（マルケ） 229
自家製リガトーニ 小腸の煮込みのソース Rigatoni della casa con pajata（ラツィオ） 245
セモリナ粉のニョッキ オーブン焼き Gnocchi di semolino（ラツィオ） 246
トンナレッリのカーチョ・エ・ペペ Tonnarelli a cacio e pepe（ラツィオ） 247
スパゲッティ・アッラ・カルボナーラ Spaghetti alla carbonara（ラツィオ） 248
コンキリエッテとブロッコリの入ったエイのスープ Pasta e broccoli in brodo di arzilla（ラツィオ） 249
キタッラのアマトリチャーナ Chitarra all'amatriciana（アブルッツォ） 268
ひし形パスタの仔羊ソース和え Sagne a pezzi（アブルッツォ） 269
柔らかいポレンタと琉球島豚軟骨 トマトソースのオーブン焼き Polenta alla spianatora（アブルッツォ） 272
ヒヨコ豆とスカモルツァのスープ Zuppa molisana（モリーゼ） 281
ラガネッレのザリガニソース Laganelle ai gamberi di fiume（モリーゼ） 282
パッケリ ホウボウのアクアパッツァソース和え Paccheri al sugo di gallinella（カンパーニア） 296
ズィーティのジェノヴェーゼソース Ziti alla genovese（カンパーニア） 297
フェットゥッチェ 黒オリーブ、ケイパー、クルミ和え Fettucce con olive, capperi e noci（カンパーニア） 298
カリフラワーとパスタのミネストラ・アッシュッタ Minestra di cavolfiore e pasta（カンパーニア） 299
アサリ、ムール貝、ズッキーニのシャラティエッリ Scialatielli con frutti di mare e Zucchine（カンパーニア） 300
サルトゥ・ディ・リーゾ Sartù di riso（カンパーニア） 301
プレ・ディ・ファーヴェ Pure di fave e cicoria（プーリア） 318
チェーチ・エ・トゥリエ Ceci e trie（プーリア） 319
オレッキエッテ・コン・チーメ・ディ・ラーパ Orecchiette con cime di rapa（プーリア） 320
お米、ジャガイモ、ムール貝のティエッラ Tiella di riso, patate e cozze（プーリア） 321
トロッコリ 甲イカのソース Troccoli con sugo di seppie（プーリア） 323
ルカーニア風ピッツァ Pizza alla lucana（バジリカータ） 338
イカ墨のストラッシナーティ Strascinati al nero di seppia（バジリカータ） 339
西洋ワサビを添えたコンキリエッテのトマトソース Conchigliette con rafano（バジリカータ） 340
手延べパスタ「マナーテ」仔山羊とカルチョフィのラグー Manate al ragù di capretto con carciofi（バジリカータ） 341
ゆでた大麦のラグー和え Orzo al ragù（バジリカータ） 342
豚肉とンドゥイヤとヒヨコ豆のブカティーニ Bucatini al ragù piccante e ceci（カラブリア） 360

自家製シラスの唐辛子漬けとトロペア産赤タマネギのフジッリ Fusilli alla rosamarina e cipolla（カラブリア）361
羊飼いピエトロ風リガトーニ Rigatoni al pecoraro Pietro（カラブリア）362
アサリとマグロのカラスミのスパゲッティ Spaghetti alle vongole e bottarga di tonno（シチリア）381
イワシとウイキョウのパスタ Pasta con le sarde（シチリア）382
ケイパーのパスタ Spaghetti con capperi（シチリア）383
魚介のクスクス Couscous trapanese（シチリア）384
ガッルーラ風ズッパ Suppa cuata（サルデーニャ）403
カンピダーノ風マッロレッドゥス Malloreddus a sa campidanesa（サルデーニャ）404
クルルジョニス Culurgionis de patata（サルデーニャ）405
パーネ・フラッタウ Pane frattau（サルデーニャ）406
あさりのフレーグラ Fregula cun cocciula（サルデーニャ）407

セコンド・ピアット

野菜・魚

キノコのパイ包み Sfogliata di funghi porcini ai formaggi（ヴァッレ・ダオスタ）21
鯛の地中海風 Dentice alla mediterranea（リグーリア）64
甲イカのイン・ズィミーノ Seppie in zimino（リグーリア）65
干ダラのトマト煮込み Stoccafisso accomodato alla genovese（リグーリア）66
アカザ海老と真鯛とヒラメのカッソ・ピーパ Scampo, dentice e rombo in casso pipa（ヴェネト）110
イカの墨煮と白ポレンタ Seppie in nero con la polenta bianca（ヴェネト）112
天然ウナギの炭火焼き Anguilla alla griglia（エミリア=ロマーニャ）173
ロマーニャ風舌ビラメのパナート おかひじきのサラダ Sogliola alla romagnola con insalata di liscari（エミリア=ロマーニャ）174
カッチュッコ Cacciucco（トスカーナ）196
魚のオーブン焼き Orata al forno "Tegamaccio"（トスカーナ）197
タリアテッル入り魚介の煮込み Guazzetto di crostacei e molluschi con tagliatelle（マルケ）230
魚介のグリル・ミスト Frutti di mare alla griglia（マルケ）231
バッカラとカルチョフィのフリット Baccalà e carciofi fritti（ラツィオ）250
カワカマスのブロデッタート ローマ風 Luccio brodettato alla romana（ラツィオ）251
ヴァスト風ブロデット Brodetto di pesce alla vastese（アブルッツォ）270
甲イカの詰めもののトマト煮込み Seppie ripiene al pomodoro（プーリア）322
フッコのマリナーラ Spigola alla marinara（プーリア）325
マラテーア風エビのトマト煮 Gamberi alla marateota（バジリカータ）343
バッカラとクルスキの温かいサラダ Insalata di baccalà con cruschi（バジリカータ）344
カジキのグリル ペペローニとミントの2色ソース Pesce spada con salsa di peperoni rossi e menta（カラブリア）363
カジキのインヴォルティーニ Involtini di pesce spada（シチリア）385
ウナギの串焼き Anguidda arrustia（サルデーニャ）408
マグロのカルロフォルテ風 Tonno alla carlofortina（サルデーニャ）410

肉

鹿肉のローストと赤ワイン煮込み Cervo arrosto e carbonade（ヴァッレ・ダオスタ）22
ボッリート・ミスト Bollito misto（ピエモンテ）42
仔牛のフィレ肉とリ・ド・ヴォーのソテー フィナンツィエーラ風 Filetto e animella di vitello alla finanziera（ピエモンテ）43
牛の赤ワイン煮 Brasato di stinco di manzo（ピエモンテ）44
仔羊のロースト ニンニクとハーブの風味 Arrosto di agnello alle erbe aromatiche e aglio（ピエモンテ）45

ミルクラムとカルチョフィのフリカッセ Fricassea di agnello con carciofi（リグーリア）67
黒豚バラ肉とチリメンキャベツの軽い煮込み Verzada（ロンバルディア）86
ルガーネガと黄色のポレンタ Luganega alla griglia con polenta fresca（ロンバルディア）87
ミラノ風オッソブーコとサフランのリゾット Ossobuco alla milanese con risotto allo zafferano（ロンバルディア）88
ミラノ風仔牛のカツレツ Costoletta di vitello alla milanese（ロンバルディア）89
仔牛レバーのヴェネツィア風 Fegato alla veneziana（ヴェネト）113
ホロホロ鳥のペヴェラーダソース Faraona in salsa peverada（ヴェネト）114
ウサギのモモ肉のチロル風ロースト タイムとジャガイモソース Coniglio arrosto alla tirolese con salsa al timo e patate（トレンティーノ＝アルト・アディジェ）134
鹿の赤ワイン煮込み Stufato di cervo（トレンティーノ＝アルト・アディジェ）135
グーラシュ Gulasch（フリウリ＝ヴェネツィア・ジュリア）152
ウサギのアグロドルチェ ポレンタ添え Coniglio arrosto agrodolce con polenta（フリウリ＝ヴェネツィア・ジュリア）153
パルマ産骨付き黒豚のグリル チポッロッティのアグロドルチェ Suino nero di Parma alla griglia con cipollotti in agrodolce（エミリア＝ロマーニャ）175
自家製サルシッチャといろいろな豆 Salsiccia con legumi（トスカーナ）198
短角牛のペポーゾ Manzo "peposo"（トスカーナ）199
鳩のロースト ギオッタソース添え Piccione arrosto alla salsa ghiotta（ウンブリア）215
豚肉のソテー 乾燥ソラ豆を使ったピュレとブルスケッタ添え Saltato di maiale con passato di fave e bruschetta（ウンブリア）216
猟師風鶏肉の煮込み Pollo alla cacciatora（ウンブリア）217
ウズラの香草揚げ 黒トリュフの焼きリゾット ポートワインソース Quaglia fritta aromatica con risotto al forno（マルケ）232
ウサギのポタッキオ Coniglio in potacchio（マルケ）233
トリッパの煮込み トラステーヴェレ風 Trippa alla trasteverina（ラツィオ）252
豚の皮とインゲン豆の煮込み Fagioli e cotiche（ラツィオ）253
仔羊の猟師風 Agnello alla cacciatora（ラツィオ）254
仔羊モモ肉のローストとミント風味のカルチョフィのスープ Cosciotto di agnello arrosto con zuppa di carciofi alla menta（ラツィオ）255
牛テールの煮込み ローマ風 Coda di bue alla vaccinara（ラツィオ）256
内臓の網脂巻き Turcenelle（アブルッツォ）271
仔羊の骨付きロース網焼き Agnello arrust（アブルッツォ）273
ウサギの詰めものモリーゼ風 Coniglio ripieno alla molisana（モリーゼ）283
トリッパとナス、サラミ類のポルペッタ サンニオ風 Polpetta di trippa e mortadella alla sannita（カンパーニア）302
ウサギのイスキア風 Coniglio all'ischitana（カンパーニア）303
馬肉のブラチョーレ Braciole di cavallo（プーリア）326
仔羊とジャガイモのオーブン焼き 農家風 Agnello con patate alla contadina（プーリア）327
仔羊とそのサルシッチャ、ジャガイモの土鍋煮込み Pezzetti di carne e lucanica di agnello con patate nella pignata di terracotta（バジリカータ）345
ルカーニア風豚の内臓のピリ辛トマト煮込み Maiale alla lucana（バジリカータ）346
トロペア産赤タマネギ、ポテト、地鶏のロースト Arrosto di pollo e patatine e cipolla rossa di Tropea（カラブリア）364
骨付き豚バラ肉とキャベツの柔らか煮込み Costine di maiale e cavolo（カラブリア）365
仔牛のファルスマグル Farsumagru（シチリア）386
甘酸っぱい仔牛のポルペッティーネ Polpettine di vitello all'agrodolce（シチリア）387
仔羊のアッグラッサート Agnello aggrassato（シチリア）388
羊のポルペッティーネ Bombas de anzone（サルデーニャ）409

ドルチェ

アーモンドのズッパ Zuppa di mandorle（ヴァッレ・ダオスタ）23
米のタルト Torta di riso（ヴァッレ・ダオスタ）24
ヘーゼルナッツ入りのパンナコッタ Panna cotta con nocciole（ピエモンテ）46

ジャンドゥイヤ風テリーヌ 木イチゴのソース Terrina alla gianduia con salsa di lampone（ピエモンテ）47
ピエモンテ地方のお茶菓子盛合せ Dolci piemontesi（ピエモンテ）48・50
カスタードクリームのフリット 森のフルーツ添え Crema fritta con frutti di bosco（リグーリア）68
サッビオーサ マスカルポーネ・クリーム添え Sabbiosa con crema di mascarpone（ロンバルディア）90
あつあつリンゴのクロッカンテ Laciaditt（ロンバルディア）91
トルタ・パラディーゾとマスカルポーネのジェラート Torta paradiso con gelato di mascarpone（ロンバルディア）92
ティラミス Tirami su（ヴェネト）116
パンドーロ Pandoro di Verona（ヴェネト）117
グラッパのクリームとフレゴロッタ Crema di grappa e fregolotta（ヴェネト）118
カネーデルリのデザート ヴァニラアイス添え Canederli dolci con gelato di vaniglia（トレンティーノ＝アルト・アディジェ）136
リンツァー・トルテ Torta di Linz（トレンティーノ＝アルト・アディジェ）137
ストゥルーデル Strudel（トレンティーノ＝アルト・アディジェ）138
プレスニッツ Presnitz（フリウリ＝ヴェネツィア・ジュリア）154
タリオリーニのトルタ Torta di tagliolini（エミリア＝ロマーニャ）176
スフラッポレとカスタニョーレ Sfrappole e castagnole（エミリア＝ロマーニャ）177
エミリア風ズッパ Zuppa all'emiliana（エミリア＝ロマーニャ）178
ペコリーノ・トスカーノの鉄板焼きデザート Pecorino toscano ai ferri（トスカーナ）200
ミルフイユ風カスタニャッチョ Castagnaccio alla millefoglie（トスカーナ）201
栗のタルト Torta di castagna（トスカーナ）202
アッシジ風焼き菓子 Rocciata di Assisi（ウンブリア）218
チャンベッローネ Ciambellone（マルケ）234
ヴィテルボ風ピッツァ Pizza dolce del Viterbo（ラツィオ）257
マリトッツォ Maritozzo（ラツィオ）258
アブルッツォ風カッサータ Cassata abruzzese（アブルッツォ）274
ふわふわポテトフライデザート Scarpelle（モリーゼ）284
ソレント風レモンのケーキ Delizia al limone（カンパーニア）304
ナスのチョコレート風味 Melanzane alla cioccolato（カンパーニア）305
コーダ・ディ・アラゴスタ Code di aragosta（カンパーニア）306
ペットレ ハチミツとヴィンコット Pettole con miele e vincotto（プーリア）328
ディータ・ディ・アポストリ Dita di apostoli（プーリア）329
ルカーニアの豚の血のチョコレートケーキ Sanguinaccio alla lucana（バジリカータ）347
クルミの菓子 Dolce di noci（バジリカータ）348
レモンとベルガモットのグラニータ Granita al limone e bergamotto（カラブリア）366
デザートの盛合せ Dolci（カラブリア）367
ビアンコマンジャーレ Biancomangiare（シチリア）389
カンノーリとセミフレッド Cannoli e semifreddo di mandorle（シチリア）390
リコッタチーズのカッサータ Cassata siciliana（シチリア）391
ブリオッシュ・コン・ジェラート Brioche con gelato（シチリア）392
サルデーニャの焼き菓子 Dolci sardi（サルデーニャ）411・400
アマレッティとミルト酒 Amarettus e mirto（サルデーニャ）412

素材別 料理索引

ア アーモンド
   アーモンドのズッパ 23
   グラッパのクリームとフレゴロッタ 118
   タリオリーニのトルタ 176
   アッシジ風焼き菓子 218
   クルミの菓子 348
   ごまとアーモンドのヌガー 367
   ケイパーのパスタ 383
   ビアンコマンジャーレ 389
   カンノーリとセミフレッド 390
   カスケッタス 400・411
   アマレッティとミルト酒 412

合挽き肉
   アランチーニ 378

赤キャベツ
   鹿の赤ワイン煮込み 135

アカザエビ
   アカザ海老と真鯛とヒラメのカッソ・ピーパ 110
   岩礁風のストロッツァプレーティ 169
   タリアテッル 入り魚介の煮込み 230
   ヴァスト風ブロデット 270

赤タマネギ
   豚レバーの網脂巻き 35・49
   自家製マグロのプレザオラ風と白インゲン豆のサラダ 188
   カラバッチャ 191
   自家製スパゲッティ フラタッキオーネソース 193
   自家製シラスの唐辛子漬けとトロペア産赤タマネギのフジッリ 361
   トロペア産赤タマネギ、ポテト、地鶏のロースト 364

アサリ
   アカザ海老と真鯛とヒラメのカッソ・ピーパ 110
   岩礁風のストロッツァプレーティ 169
   カッチュッコ 196
   貝のポルケッタ 225
   タリアテッル 入り魚介の煮込み 230
   ヴァスト風ブロデット 270
   アサリ、ムール貝、ズッキーニのシャラティエッリ 300
   アサリとマグロのカラスミのスパゲッティ 381
   あさりのフレーグラ 407

アマレッティ
   カボチャのトルテッリ 84

アンコウ
   アンコウのマルケ風トマト煮 227
   ヴァスト風ブロデット 270

アンチョビ
   ビゴリ・イン・サルサ 107

イカ
   (ヒイカ) カッポン・マーグロ 59
   (甲イカ) 甲イカのイン・ズィミーノ 65
   (ヤリイカ) 野菜の詰めものをしたヤリイカ 104・119
   (スミイカ) アカザ海老と真鯛とヒラメのカッソ・ピーパ 110
   イカの墨煮と白ポレンタ 112
   (スミイカ) 魚介のフリット・ミストとオリーブのフライ 226
   (ヤリイカ) 魚介のグリル・ミスト 231
   ヴァスト風ブロデット 270
   (スルメイカ) スルメイカとジャガイモ、カルチョフィの蒸し煮 293
   (甲イカ) 甲イカの詰めもののトマト煮込み 322
   (甲イカ) トロッコリ 甲イカのソース 323

イカ墨
   イカ墨のストラッシナーティ 339

イセエビ
   カッポン・マーグロ 59

イタリアンパセリ
   カエルのリゾット イタリアンパセリ風味 172

イチジク (乾燥)
   アッシジ風焼き菓子 218
   チャンベッローネ 234
   干しイチジクのヴィンコット漬け入りタルトレット 367

イノシシ
   ピンチ イノシシの赤ワイン煮込み 194

イワシ
   イワシのイン・サオール 104・119
   イワシの酢漬け 146
   イワシとウイキョウのパスタ 382

岩ノリ
   ゼッポリーネ 294

インゲン豆
   トフェイヤ 36
   エジプト豆のズッパ 60
   トリッパのミネストローネ リグーリア風 61
   自家製マグロのプレザオラ風と白インゲン豆のサラダ 188
   リボッリータ 192
   自家製サルシッチャといろいろな豆 198
   インゲン豆やビエトラをサンドしたフォカッチャ 210
   チャヴァッロ 228
   豚の皮とインゲン豆の煮込み 253

ヴィンコット
   ペットレ ハチミツとヴィンコット 328
   干しイチジクのヴィンコット漬け入りタルトレット 367

ウサギ
   (背肉) 野ウサギの背肉のサラダ 80
   (モモ) ウサギのモモ肉のチロル風ロースト タイムとジャガイモソース 134
   (背肉、レバー) ウサギのアグロドルチェ ポレンタ添え 153
   ウサギのポタッキオ 233
   ウサギの詰めもの モリーゼ風 283
   ウサギのイスキア風 303

ウズラ
ウズラの胸肉のロースト キャベツとスペック添え　128
ウズラのブロードのパッサテッリ　167
ウズラの香草揚げ 黒トリュフの焼きリゾット ポートワインソース　232

ウズラ豆
トフェイヤ　36
ノヴァーラ風ウズラ豆のリゾット　37
パスタ・エ・ファジョーリ　106
ホロホロ鳥のペヴェラーダソース　114
ボルロッティ豆と大麦のスープ　148

ウナギ
ウナギのマリネ　104・119
天然ウナギの炭火焼き　173
フォワグラを詰めたウナギのロースト おかひじきのソテー添え　244
ウナギの串焼き　408

馬
（フィレ）ホエー馬のタルタル　35・50
（モモ）馬肉のブラチョーレ　326

エイ
エイのマントヴァ風ソース　77
コンキリエッテとブロッコリの入ったエイのスープ　249

エダ豆
チャヴァッロ　228

エビ
カッポン・マーグロ　59
エビのオリーブ油とレモン風味　104・120
岩礁風のストロッツァプレーティ　169
魚介のグリル・ミスト　231
マラテーア風エビのトマト煮　343

大麦
大麦のスープ　131
ボルロッティ豆と大麦のスープ　148
ゆでた大麦のラグー和え　342

オカヒジキ
ロマーニャ風舌ビラメのパナート おかひじきのサラダ　174
フォワグラを詰めたウナギのロースト おかひじきのソテー添え　244

オコゼ
カッポン・マーグロ　59

オマール
タリアテッル入り魚介の煮込み　230

オリーブ
（黒）豚肉のソテー 乾燥ソラ豆を使ったピュレとブルスケッタ添え　216
（緑）魚介のフリット・ミストとオリーブのフライ　226
（黒）フェットゥッチェ 黒オリーブ、ケイパー、クルミ和え　298
（黒、緑）自家製ピクルスとオレンジ風味のオリーブマリネ　358・368
（緑）パレルモ風ナスのカポナータ　377

カ　カエル
カエルのリゾット イタリアンパセリ風味　172

カキ
カッポン・マーグロ　59

カサゴ
タリアテッル入り魚介の煮込み　230
ヴァスト風ブロデット　270
魚介のクスクス　384

カジキ
カジキのグリル ペペローニとミントの2色ソース　363
カジキのインヴォルティーニ　385

カタツムリ
カタツムリのスープ　38

カチョカヴァッロ・チーズ
フリセリーネ　315

カチョリコッタ・チーズ
フリセリーネ　315

カツオ
カッポン・マーグロ　59

カニ
カニのサラダ　104・120

カボチャ
カボチャのトルテッリ　84
カボチャのニョッキ フリウリ風　151

鴨
鴨のコンポズィツィオーネ　78・93
鴨胸肉の燻製 タマネギのモスタルダ添え　128

カリフラワー
ホロホロ鳥と春野菜のパッパルデッレ　195
カリフラワーとパスタのミネストラ・アッシュッタ　299

カルチョフィ
ジャガイモとカルチョフィのタルト　57
ミルクラムとカルチョフィのフリカッセ　67
バッカラとカルチョフィのフリット　250
仔羊モモ肉のローストとミント風味のカルチョフィのスープ　255
スルメイカとジャガイモ、カルチョフィの蒸し煮　293
手延べパスタ「マナーテ」仔山羊とカルチョフィのラグー　341

カルドンチェッリ
カルドンチェッリの炭火焼き　324

カワカマス
カワカマスのブロデッタート ローマ風　251

キャベツ
ボッリート・ミスト　42
ウズラの胸肉のロースト キャベツとスペック添え　128
ウサギのモモ肉のチロル風ロースト タイムとジャガイモソース　134
骨付き豚バラ肉とキャベツの柔らか煮込み　365

牛
（挽き肉）手打ちパスタ"タヤリン"ラグー・クラッシコ　40
（タン・ホホ）ボッリート・ミスト　42
（スネ）牛の赤ワイン煮　44
（ホホ）グーラシュ　152
（肩肉）ボローニャのラグーのタリアテッレ　170

（バラ）短角牛のペポーゾ　199
（小腸）自家製リガトーニ　小腸の煮込みのソース　245
（尾）牛テールの煮込み　ローマ風　256
（肩肉、スネ、バラ）ズィーティのジェノヴェーゼソース　297
（挽き肉）サルトゥ・ディ・リーゾ　301
（挽き肉）仔牛のファルスマグル　386

牛乳
ビアンコマンジャーレ　389

クスクス
魚介のクスクス　384

グラッパ
グラッパのクリームとフレゴロッタ　118

クラテッロ
ロマーニャの前菜　165

栗
栗のリゾット　20
（粉）ミルフイユ風カスタニャッチョ　201
（粉）栗のタルト　202

グリーンアスパラガス
ボッリート・ミスト　42
ホロホロ鳥と春野菜のパッパルデッレ　195
仔羊とジャガイモのオーブン焼き　農家風　327

グリーンピース
インサラータ・ルッサ　34・49
リージ・エ・ビージ　108
ピンツィモーニオ　187
カラバッチャ　191

クルミ
アッシジ風焼き菓子　218
フェットゥッチェ　黒オリーブ、ケイパー、クルミ和え　298
クルミの菓子　348
ブッリーダ　402

クレソン
ヤマメとジャガイモ、クレソンのサラダ　33
ピンツィモーニオ　187

黒キャベツ
リボッリータ　192

黒トリュフ
タリアテッレのマッシュルームのラグー　黒トリュフ風味　213
ペーザロ風ペンネのオーブン焼き　229
ウズラの香草揚げ　黒トリュフの焼きリゾット　ポートワインソース　232

グワンチャーレ
スパゲッティ・アッラ・カルボナーラ　248
キタッラのアマトリチャーナ　268

ケイパー
フェットゥッチェ　黒オリーブ、ケイパー、クルミ和え　298
パレルモ風ナスのカポナータ　377
ケイパーのマリネ　378
ケイパーのパスタ　383

仔牛
（モモ）ヴィテッロ・トンナート　34・49
（フィレ・胸腺）仔牛のフィレ肉とリ・ド・ヴォーのソテー　フィナンツィエーラ風　43
（バラ）ジェノヴァ風チーマ　58
（スネ）ミラノ風オッソブーコとサフランのリゾット　88
（骨付きロース）ミラノ風仔牛のカツレツ　89
（レバー）仔牛レバーのヴェネツィア風　113
（モモ）仔牛のファルスマグル　386
（モモ）甘酸っぱい仔牛のポルペッティーネ　387

コッパ
ピンツィモーニオ　187

コテキーノ
トフェイヤ　36

仔羊
（首、バラ）仔羊のロースト　ニンニクとハーブの風味　45
（モモ）ミルクラムとカルチョフィのフリカッセ　67
（背肉）仔羊の猟師風　254
（モモ）仔羊モモ肉のローストとミント風味のカルチョフィのスープ　255
（端肉）ひし形パスタの仔羊ソース和え　269
（骨付きロース）仔羊の骨付きロース網焼き　273
（ロース）仔羊とジャガイモのオーブン焼き　農家風　327
（各部位）仔羊とそのサルシッチャ、ジャガイモの土鍋煮込み　345
（各部位）仔羊のアッグラッサート　388

小松菜
エジプト豆のズッパ　60
甲イカのイン・ズィミーノ　65

米
栗のリゾット　20
米のタルト　24
ノヴァーラ風ウズラ豆のリゾット　37
チーズフォンデュのリゾット　アルバ産白トリュフがけ　39
リゾット・アッラ・ピロータ　85
ミラノ風オッソブーコとサフランのリゾット　88
リージ・エ・ビージ　108
ラディッキオ・ロッソ・ディ・トレヴィーゾのリゾット　109
カエルのリゾット　イタリアンパセリ風味　172
ウズラの香草揚げ　黒トリュフの焼きリゾット　ポートワインソース　232
サルトゥ・ディ・リーゾ　301
お米、ジャガイモ、ムール貝のティエッラ　321
アランチーニ　379

仔山羊
手延べパスタ「マナーテ」仔山羊とカルチョフィのラグー　341

サーバ
カスケッタス　400・411

ザクロ
野ウサギの背肉のサラダ　80

サザエ
貝のポルケッタ　225

サバ
カッポン・マーグロ　59

サボテンのジャム
フリセリーネ　315

サヤインゲン
トレネッテのジェノヴァ・ペースト和え 63

サラミ
ノヴァーラ風ウズラ豆のリゾット 37
ホロホロ鳥のペヴェラーダソース 114
トリッパとナス、サラミ類のポルペッタ サンニオ風 302
フリセリーネ 315
ナスとポテトとソップレッサータ・ピッカンテのコロッケ 359・368
羊飼いピエトロ風リガトーニ 362

ザリガニ
ラガネッレのザリガニソース 282

サルシッチャ
リゾット・アッラ・ピロータ 85
黒豚バラ肉とチリメンキャベツの軽い煮込み 86
サルトゥ・ディ・リーゾ 301
カンピダーノ風マッロレッドゥス 404

鹿
（モモ）鹿肉のハム 17
（モモ、ロース）鹿肉のローストと赤ワイン煮込み 22
（各部位）鹿の赤ワイン煮込み 135

舌ビラメ
ロマーニャ風舌ビラメのパナート おかひじきのサラダ 174

シッタカ
貝のポルケッタ 225

ジャガイモ
ヤマメとジャガイモ、クレソンのサラダ 33
インサラータ・ルッサ 34・49
ボッリート・ミスト 42
ジャガイモとカルチョフィのタルト 57
ジャガイモのフォカッチャ ローズマリー風味 57
トレネッテのジェノヴァ・ペースト和え 63
テーリオのピッツォッケリ 82
キャヴェンナ風ピッツォッケリ 83
モンタージオとジャガイモのフリコ 147
チャルソンス 149
魚のオーブン焼き 197
ナスと野菜の重ねオーブン焼き 280
ふわふわポテトフライデザート 284
スルメイカとジャガイモ、カルチョフィの蒸し煮 293
プーリア風フォカッチャ 316
お米、ジャガイモ、ムール貝のティエッラ 321
仔羊とジャガイモのオーブン焼き 農家風 327
ルカーニア風ピッツァ 338
仔羊とそのサルシッチャ、ジャガイモの土鍋煮込み 345
バッカラとポテトとペペローニの田舎風煮込み 358・368
ナスとポテトとソップレッサータ・ピッカンテのコロッケ 359・368
トロペア産赤タマネギ、ポテト、地鶏のロースト 364
クルルジョニス 405
ウナギの串焼き 408

シャコ
岩礁風のストロッツァプレーティ 169
魚介のフリット・ミストとオリーブのフライ 226
タリアテッレ入り魚介の煮込み 230

シラウオ
魚介のフリット・ミストとオリーブのフライ 226

シラス
生シラスの唐辛子漬けブルスケッタ 356
生シラスのマリネ ベルガモットと唐辛子風味 359・368
自家製シラスの唐辛子漬けとトロペア産赤タマネギのフジッリ 361

白ゴマ
ごまとアーモンドのヌガー 367

白トリュフ
チーズフォンデュのリゾット アルバ産白トリュフがけ 39

スカモルツァ・チーズ
ヒヨコ豆とスカモルツァのスープ 281
ルカーニア風チーズのトルタ 337

ズッキーニ
野菜のウンブリア風詰めものオーブン焼き 209
ズッキーニのエスカベシュ 294
アサリ、ムール貝、ズッキーニのシャラティエッリ 300
ズッキーニのグラタン 317・330

ストッカフィッソ
干ダラのトマト煮込み 66

ストラッキーノ・チーズ
ロマーニャの前菜 165

スペアミント
魚のオーブン焼き 197

スペック
ライ麦を使ったラヴィオリ 132

セイラス・チーズ
バッロッティ・ディ・セイラス 48・50

セミドライトマト
羊飼いピエトロ風リガトーニ 362

セロリ
パレルモ風ナスのカポナータ 377
セロリ、からすみ、ペコリーノのサラダ 401

そば粉
テーリオのピッツォッケリ 82

ソラ豆
ソラ豆のパスタ 19
ピンツィモーニオ 187
カラパッチャ 191
ホロホロ鳥と春野菜のパッパルデッレ 195
（乾燥）豚肉のソテー 乾燥ソラ豆を使ったピュレとブルスケッタ添え 216
（乾燥）ブレ・ディ・ファーヴェ 318

タ タイ
鯛の地中海風 64
アカザ海老と真鯛とヒラメのカッソ・ピーパ 110
魚のオーブン焼き 197
魚介のグリル・ミスト 231

ダイコン

ピンツィモーニオ　187

タカベ
ヴァスト風ブロデット　270

タコ
真ダコのソップレッサータ　104・119
タコのサラダ　294
タコのアッフォガート　317・330

卵
ジェノヴァ風チーマ　58
ホワイトアスパラガスの玉子のせ　102
チポッラータ　211
スパゲッティ・アッラ・カルボナーラ　248
内臓の網脂巻き　271
仔牛のファルスマグル　386

タマネギ
インサラータ・ルッサ　34・49
ビゴリ・イン・サルサ　107
仔牛レバーのヴェネツィア風　113
イワシの酢漬け　146
チポッラータ　211
ナスと野菜の重ねオーブン焼き　280
ズィーティのジェノヴェーゼソース　297
プーリア風フォカッチャ　316
仔羊とジャガイモのオーブン焼き　農家風　327
パレルモ風ナスのカポナータ　377
甘酸っぱい仔牛のポルペッティーネ　387
ウナギの串焼き　408

チーメ・ディ・ラーパ
オレッキエッテ・コン・チーメ・ディ・ラーパ　320

チコリア
プレ・ディ・ファーヴェ　318

チポッロッティ（葉タマネギ）
パルマ産骨付き黒豚のグリル チポッロッティのアグロドルチェ　175

チョコレート
ジャンドゥイヤ風テリーヌ 木イチゴのソース　47
（ホワイト）グラッパのクリームとフレゴロッタ　118
ルカーニアの豚の血のチョコレートケーキ　347

チリメンキャベツ
テーリオのピッツォッケリ　82
キャヴェンナ風ピッツォッケリ　83
黒豚バラ肉とチリメンキャベツの軽い煮込み　86

ツナ
ヴィテッロ・トンナート　34・49

ツブガイ
貝のポルペッタ　225

トウガラシ
自家製ツナを詰めた唐辛子　356

トウモロコシ
チャヴァッロ　228

トマト
トロフィエ フレッシュトマトのソースとバジリコのペースト　62
鯛の地中海風　64
干ダラのトマト煮込み　66
ピンツィモーニオ　187
アンコウのマルケ風トマト煮　227
ウサギのポタッキオ　233
ナスと野菜の重ねオーブン焼き　280
フリセリーネ　315
プーリア風フォカッチャ　316

ドライフルーツ
リコッタチーズのカッサータ　391

鶏
（モモ）ボッリート・ミスト　42
（レバー）仔牛のフィレ肉とリ・ド・ヴォーのソテー フィナンツィエーラ風　43
（レバー）ボローニャのラグーのタリアテッレ　170
（心臓、レバー、砂肝）ウンブリチェッリ 野菜と鶏レバー、砂肝などの煮込みソース　214
（レバー）鳩のロースト ギオッタソース添え　215
猟師風鶏肉の煮込み　217
（レバー）サルトゥ・ディ・リーゾ　301
（モモ）トロペア産赤タマネギ、ポテト、地鶏のロースト　364

トリッパ
トリッパのミネストローネ リグーリア風　61
トリッパのサラダ　190
トリッパの煮込み トラステーヴェレ風　252
トリッパとナス、サラミ類のポルペッタ サンニオ風　302

ナ　ナス
野菜のウンブリア風詰めものオーブン焼き　209
ナスと野菜の重ねオーブン焼き　280
ナスの詰めものグラタン　294
トリッパとナス、サラミ類のポルペッタ サンニオ風　302
ナスのチョコレート風味　305
ナスのバジリコマリネ　317・330
ナスとヒシコイワシのスフォルマート　356
ナスとポテトとソップレッサータ・ピッカンテのコロッケ　359・368
パレルモ風ナスのカポナータ　377

ニンジン
インサラータ・ルッサ　34・49
ボッリート・ミスト　42
仔羊とジャガイモのオーブン焼き　農家風　327

ハ　バジリコ
テスタローリのジェノヴァ・ペースト風味　57
トリッパのミネストローネ リグーリア風　61
トロフィエ フレッシュトマトのソースとバジリコのペースト　62
トレネッテのジェノヴァ・ペースト和え　63

ハチミツ
（クリ）ペコリーノ・トスカーノの鉄板焼きデザート　200
（オレンジの花）チェチェラータ オレンジの花の蜂蜜がけ　367
（オレンジ）カンノーリとセミフレッド　390
カスケッタス　400・411
（ヤマコケモモ）セアダス　400・411

バッカラ
（丸干し）バッカラのヴィチェンツァ風　103
バッカラ・マンテカート 焼いた白ポレンタ添え　104・119

バッカラとカルチョフィのフリット　250
バッカラとクルスキの温かいサラダ　344
バッカラとポテトとペペローニの田舎風煮込み　358・368

鳩
（胸、モモ）ガルガネッリ 鳩のラグーボローニャ風　166
鳩のロースト ギオッタソース添え　215

パルミジャーノ
チーズフォンデュのリゾット アルバ産白トリュフがけ　39
ルカーニア風チーズのトルタ　337

パン
ソラ豆のパスタ　19
カネーデルリ・イン・ブロード　133
カネーデルリのデザート ヴァニラアイス添え　136
カラバッチャ　191
リボッリータ　192
豚肉のソテー 乾燥ソラ豆を使ったピュレとブルスケッタ添え　216
ヒヨコ豆とスカモルツァのスープ　281
ガッルーラ風ズッパ　403

ビエトラ
ビエトラのカッペローニ　168
インゲン豆やビエトラをサンドしたフォカッチャ　210

ヒシコイワシ
ヒシコイワシの酢漬け　104・119
ヒシコイワシのフリット　317・330
ナスとヒシコイワシのスフォルマート　356
ヒシコイワシのマリネ オレガノ風味　358・368
ヒシコイワシのトルティエーラ　359・368
ヒシコイワシのオーブン焼き　380

羊（挽き肉）
羊のポルペッティーネ　409

ビット・チーズ
キャヴェンナ風ピッツォッケリ　83

ヒメジ
カッチュッコ　196

ヒヨコ豆
エジプト豆のズッパ　60
トリッパのサラダ　190
チャヴァッロ　228
ヒヨコ豆とスカモルツァのスープ　281
チェーチ・エ・トゥリエ　319
豚肉とンドゥイヤとヒヨコ豆のブカティーニ　360
（粉）パネッレ　378

ヒラメ
アカザ海老と真鯛とヒラメのカッソ・ピーパ　110

ファッロ麦
ファッロ麦と野菜のミネストラ　212

フィノッキオ
ピンツィモーニオ　187
イワシとウイキョウのパスタ　382

フォワグラ

ボローニャのラグーのタリアテッレ　170
フォワグラを詰めたウナギのロースト おかひじきのソテー添え　244

フォンティーナ・チーズ
チーズフォンデュ　18

豚
（レバー）豚レバーの網脂巻き　35・49
（足、タン、ホホ、耳）トフェイヤ　36
（耳）ノヴァーラ風ウズラ豆のリゾット　37
（バラ）黒豚バラ肉とチリメンキャベツの軽い煮込み　86
（挽き肉）ルガーネガと黄色のポレンタ　87
（頭）豚の頭の前菜　129
（肩肉）ロマーニャ地方のラザーニャ　171
（肩ロース）パルマ産骨付き黒豚のグリル チポッロッティのアグロドルチェ　175
（頭）シエナ風ソップレッサータ　189
（肩ロース）自家製スパゲッティ フラタッキオーネソース　193
（肩、モモ）自家製サルシッチャといろいろな豆　198
（肩ロース）豚肉のソテー 乾燥ソラ豆を使ったピュレとブルスケッタ添え　216
（皮）豚の皮とインゲン豆の煮込み　253
（小腸）内臓の網脂巻き　271
（スペアリブ）柔らかいポレンタと琉球島豚軟骨 トマトソースのオーブン焼き　272
（挽き肉）ウサギの詰めもの モリーゼ風　283
（スネ）サルトゥ・ディ・リーゾ　301
（挽き肉）ゆでた大麦のラグー和え　342
（足、胃、タン、耳）ルカーニア風豚の内臓のピリ辛トマト煮込み　346
（血）ルカーニアの豚の血のチョコレートケーキ　347
（頭）コッパ・ディ・マイアーレ　356
（骨付きバラ）骨付き豚バラ肉とキャベツの柔らか煮込み　365
（肩）豚肉とンドゥイヤとヒヨコ豆のブカティーニ　360

フッコ
フッコのマリナーラ　325

フリセリーネ
フリセリーネ　315

プロヴォローネ・チーズ
仔羊内臓の網脂巻き　271

プロッシュット
ロマーニャの前菜　165
ボローニャのラグーのタリアテッレ　170
ピンツィモーニオ　187
インゲン豆やビエトラをサンドしたフォカッチャ　210
アンコウのマルケ風トマト煮　227
バーリ風生ハム　317・330

ブロッコリ
ホロホロ鳥と春野菜のパッパルデッレ　195

ブロッコリ・ロマネスキ
コンキリエッテとブロッコリの入ったエイのスープ　249

プンタレッラ
プンタレッラのサラダ アンチョビ風味のヴィネグレット　243

ベーコン
ルカーニア風ピッツァ　338

ヘーゼルナッツ
ヘーゼルナッツ入りのパンナコッタ　46
（ペースト）ジャンドゥイヤ風テリーヌ 木イチゴのソース　47

アッシジ風焼き菓子　218
カンノーリとセミフレッド　390

ペコリーノ
ペコリーノ・トスカーノの鉄板焼きデザート　200
インゲン豆やビエトラをサンドしたフォカッチャ　210
プンタレッラのサラダ アンチョビ風味のヴィネグレット　243
トンナレッリのカーチョ・エ・ペーペ　247
スパゲッティ・アッラ・カルボナーラ　248
チーズボールのフリット　267
セアダス　400・411
セロリ、からすみ、ペコリーノのサラダ　401

ペペローニ（ピーマン）
エイのマントヴァ風ソース　77
ピンツィモーニオ　187
野菜のウンブリア風詰めもののオーブン焼き　209
ヴァスト風ブロデット　270
ペペロナータ　294
ゆでた大麦のラグー和え　342
バッカラとクルスキの温かいサラダ　344
バッカラとポテトとペペローニの田舎風煮込み　358・368
カジキのグリル ペペローニとミントの2色ソース　363

ベルガモット・リキュール
生シラスのマリネ ベルガモットと唐辛子風味　359・368
レモンとベルガモットのグラニータ　366

ホウボウ
タリアテッレ入り魚介の煮込み　230
パッケリ ホウボウのアクアパッツァソース和え　296
魚介のクスクス　384

ホウレン草
ホウレン草のスペッツリ いろいろな肉のラグー和え　130
カネーデルリ・イン・ブロード　133
ポレンタとホウレン草のスープ　150
ピンツィモーニオ　187
ホロホロ鳥と春野菜のパッパルデッレ　195

ホースラディッシュ
西洋ワサビを添えたコンキリエッテのトマトソース　340

ホシザメ
ブッリーダ　402

ホタテ貝
ホタテのパン粉焼き　104・120
アカザ海老と真鯛とヒラメのカッソ・ピーパ　110
カッチュッコ　196
魚介のグリル・ミスト　231

ボッタルガ
マグロとマグロのカラスミのクロスティーニ　378
アサリとマグロのカラスミのスパゲッティ　381
セロリ、からすみ、ペコリーノのサラダ　401

ポルチーニ茸
キノコのパイ包み　21
リゾット・アッラ・ピロータ　85
カネーデルリ・イン・ブロード　133
ボローニャのラグーのタリアテッレ　170

ポレンタ
（黄）鹿肉のローストと赤ワイン煮込み　22
（黄）牛の赤ワイン煮　44
（黄）ルガーネガと黄色のポレンタ　87
（白）バッカラのヴィチェンツァ風　103
（白）バッカラ・マンテカート 焼いた白ポレンタ添え　104・119
（白）イカの墨煮と白ポレンタ　112
（黄）仔牛レバーのヴェネツィア風　113
（黄）ホロホロ鳥のペヴェラーダソース　114
（黄）ポレンタとホウレン草のスープ　150
（黄）グーラシュ　152
（黄）ウサギのアグロドルチェ ポレンタ添え　153
（黄）短角牛のペポーゾ　199
（黄）チャヴァッロ　228
（黄）柔らかいポレンタと琉球島豚軟骨トマトソースのオーブン焼き　272

ホロホロ鳥
ホロホロ鳥のペヴェラーダソース　114
（モモ）ホロホロ鳥と春野菜のパッパルデッレ　195

ホワイトアスパラガス
ホワイトアスパラガスの玉子のせ　102
ホワイトアスパラガスのボルツァーノ風ソース　128
豚の頭の前菜　129
ホロホロ鳥と春野菜のパッパルデッレ　195

マグロ
カッポン・マーグロ　59
自家製マグロのブレザオラ風と白インゲン豆のサラダ　188
自家製ツナを詰めた唐辛子　356
マグロとマグロのカラスミのクロスティーニ　378
マグロのカルロフォルテ風　410

マスカルポーネ
サッビオーサ マスカルポーネクリーム添え　90
トルタ・パラディーゾとマスカルポーネのジェラート　92
ティラミス　116
エミリア風ズッパ　178
ミルフイユ風カスタニャッチョ　201
フリセリーネ　315

マッシュルーム
タリアテッレのマッシュルームのラグー 黒トリュフ風味　213
仔羊とジャガイモのオーブン焼き 農家風　327

松の実
イワシの酢漬け　146
アッシジ風焼き菓子　218

マテ貝
アカザ海老と真鯛とヒラメのカッソ・ピーパ　110
マテ貝の白ワイン風味　104・120

ミルト
アマレッティとミルト酒　412

ミント
カジキのグリル ペペローニとミントの2色ソース　363
仔羊モモ肉のローストとミント風味のカルチョフィのスープ　255

ムール貝
カッポン・マーグロ　59
ムール貝のオリーブ油とレモン風味　104・119

アカザ海老と真鯛とヒラメのカッソ・ピーパ　110
岩礁風のストロッツァプレーティ　169
カッチュッコ　196
タリアテッル入り魚介の煮込み　230
コッツェのスープ仕立て サフラン風味　266
ヴァスト風ブロデット　270
アサリ、ムール貝、ズッキーニのシャラティエッリ　300
ムール貝のパン粉焼き　317・330
お米、ジャガイモ、ムール貝のティエッラ　321

芽キャベツ
テーリオのピッツォッケリ　82

モッツァレッラ
アランチーニ　379

モルタデッラ
クレシェンティーナとモルタデッラのスプーマ　164
ロマーニャの前菜　165
ボローニャのラグーのタリアテッル　170

モンタージオ・チーズ
モンタージオとジャガイモのフリコ　147

ヤ　ヤマメ
　　ヤマメとジャガイモ、クレソンのサラダ　33

ラ　ライ麦粉
　　ライ麦を使ったラヴィオリ　132

ラディッキオ・ロッソ
ラディッキオ・ロッソ・ディ・トレヴィーゾのリゾット　109
ピンツィモーニオ　187
短角牛のペポーゾ　199

ラディッシュ
ピンツィモーニオ　187

ラルド
ピンツィモーニオ　187

リ・ド・ヴォー
ピンチ イノシシの赤ワイン煮込み　194

リコッタ
ディータ・ディ・アポストリ　329
ルカーニア風チーズのトルタ　337
カンノーリとセミフレッド　390
リコッタチーズのカッサータ　391
パルドゥラス　400・411

リンゴ
あつあつリンゴのクロッカンテ　91
ストゥルーデル　138

ルーコラ
野ウサギの背肉のサラダ　80
ロマーニャの前菜　165
ピンツィモーニオ　187

レーズン
イワシの酢漬け　146

レモン
ソレント風レモンのケーキ　304
レモンとベルガモットのグラニータ　366

レンズ豆
チャヴァッロ　228

ロディジャーノ・チーズ
チーズボールのフリット　267

ン　ンドゥイヤ
　　豚肉とンドゥイヤとヒヨコ豆のブカティーニ　360

料理篇　担当シェフ プロフィール

岡谷文雄（おかや・ふみお）　ヴァッレ・ダオスタ州担当

ロッシ
東京都千代田区六番町1-2
03-5212-3215

1966年、岐阜県生まれ。名古屋のレストランを経て89年に渡伊、各地で修業を積む。90年に帰国。西麻布「アクアパッツァ」を経て、六本木「ロッシ」を開店。その後、青山「フェリチタ」で12年間料理長を務め、2011年9月、「ロッシ」を再開。長期休暇にはヴァッレ・ダオスタ州「ラ・クルーザ」など、イタリア各地の厨房に入ることもある。

堀川　亮（ほりかわ・りょう）　ピエモンテ州担当

フィオッキ
東京都世田谷区祖師谷3-4-9
03-3789-3355
http://www.fiocchi-web.com/

1972年生まれ。東京都出身。都内のレストランを経て、97年に渡伊。ヴェネト、エミリア＝ロマーニャ、ピエモンテ、南トスカーナなどで修業。ピエモンテ州の山麓の町、トッレ・ペッリーチェの「フリポット」は働いた期間も長く、最も影響を受けたレストラン。99年に帰国し、「リストランテ・アカーチェ」で働いた後、2000年10月に東京・祖師谷に「トラットリア・フィオッキ」をオープン。04年にコンセプトを見直し「フィオッキ」としてリニューアル。14年11月、2Fに「ズッペリア オステリア ピティリアーノ」を開店。

堀江純一郎（ほりえ・じゅんいちろう）　ピエモンテ州／リグーリア州担当

リストランテ イ・ルンガ
東京都世田谷区玉川3-13-7
柳小路南角1F
http://i-lunga.jp/

1971年、東京生まれ。大学卒業後、教職志望から一転、料理人を目指して96年に渡伊。トスカーナ州プラートとヴィアレッジョのリストランテで各1年半学んだのち、ピエモンテ州イーゾラ・ダスティの1ツ星リストランテで3年間修業する。2002年に同州アックイ・テルメのリストランテ「ピステルナ」オープン時にシェフに就任。翌年12月発売の『ミシュラン04年版』で1ツ星を獲得。05年に帰国し、「ラ・グラディスカ」（東京・西麻布。現在は閉店）のオーナーシェフを経て、09年奈良「リストランテ イ・ルンガ」を開店。19年2月に地元である世田谷の二子玉川に移転。現在に至る。

小塚博之（こづか・ひろゆき）　リグーリア州担当

ラ・ルーナ

1959年生まれ。徳島県出身。19歳から3年半、神戸のイタリア料理店「ベルゲン」で修業。22歳でジンバブエの日本大使館付き料理人となり、通算3年半勤務する。26歳から29歳までイタリアで修業、滞在。帰国後の8年間、百貨店資本による「パラクッキ」日本支店開業の準備に携わり、レストラン開店と同時に取締役料理長となる。97年から「ラ・ムレーナ」（大阪・京町掘）のシェフ、2004年、大阪・本町橋に「ラ・ルーナ」を独立開業。2013年5月逝去。

後藤俊二（ごとう・しゅんじ）　ロンバルディア州担当

ラ・ボッテガ・ゴローザ
愛知県名古屋市千種区清住町2-31-24
090-9184-5558
http://www.bottega-golosa.com

1959年、愛知県生まれ。フレンチレストランを経て、27歳で「アルポルト」（東京・西麻布）に入店。89年にイタリアへ渡り、イタリア料理の巡礼地といわれた「アルベルゴ・デル・ソーレ」（ロンバルディア州ミラノ近郊）の故フランコ・コロンバーニ氏のもとで働く。その他、トスカーナ、ヴェネトなどの数店で約2年間修業して帰国。名古屋で「グラン・ピアット」「ウン・ゴッチョ」の2店を手掛け、2000年4月、東京・北青山に古い日本家屋を利用したリストランテ「アテオ」をオープン。09年2月、神奈川県湯河原へ移転、翌年1月に「ラ・ボッテガ・ゴローザ」を開店する。20年3月名古屋に移転オープン。

西口大輔（にしぐち・だいすけ）　ロンバルディア州／ヴェネト州担当

ヴォーロ・コズィ
東京都文京区白山4-37-22
03-5319-3351
http://volocosi.com/

1969年、東京生まれ。18歳で料理の道を志す。西麻布の「カピトリーノ」（2008年閉店）のシェフ吉川敏明氏に師事、93年にイタリアに渡り、北部を中心にヴェネト州トレヴィーゾ、ヴェネツィア、ロンバルディア州ミラノで3年間研鑽を積む。96年に帰国後、代々木上原に「ブォーナ・ヴィータ」を開店する。2000年に再び渡伊、ヴェネト州などで働いた後、ロンバルディア州パヴィーアの1ツ星店「リストランテ・ロカンダ・ヴェッキア・パヴィーア」のシェフを5年間務める。06年に帰国し、文京区白山に「ヴォーロ・コズィ」を開店する。

林　亨（はやし・とおる）　ヴェネト州担当

トルッキオ
（2023年6月閉店）

大阪市生まれ。大阪・心斎橋のイタリアンレストランで修業を始める。1984年渡伊。ローマ、フィレンツェ、ミラノ、ヴェネツィア、トレヴィーゾ、トリノ、そして隣国モナコなどで研鑽を積む。89年帰国。青山「トゥーラ・バラッティ」シェフ、銀座「エノテーカ・ピンキオーリ」パスタシェフ、茗荷谷「タヴェルネッタ・アグレスト」シェフなどを経て、2002年1月、九段「トルッキオ」をオープンする。

高師宏明（たかし・ひろあき）　トレンティーノ＝アルト・アディジェ州担当

アルベラータ
東京都新宿区神楽坂3-6 1F
03-5225-3033
http://www.alberata.com

1963年生まれ。東京都出身。六本木「キャンティ」を経て、「ラ・ティグレ」（虎ノ門）でシェフを務める。93年に渡伊、ヴェネト州、トスカーナ州、トレンティーノ＝アルト・アディジェ州などで修業。最も長く滞在したのはアルト・アディジェの「ジューネック」。その後、ミラノの「サドレル」を経て帰国、「ペスケリーア」（千葉・浦安）のシェフに就く。「アルポンテ」（水天宮）で1年間働いた後、2000年9月、神楽坂に「アルベラータ」をオープン。

渾川　知（にごりかわ・あきら）　フリウリ＝ヴェネツィア・ジュリア州担当

リストランテ ラ プリムラ
東京都渋谷区広尾5-9-13-1F
03-6277-4122
https://www.la-primula.jp

1973年、愛知県生まれ。20歳で名古屋の「キャンティ」に入社、イタリア料理の修業を始める。96年に渡伊、シエナの料理学校を経て、フリウリ＝ヴェネツィア・ジュリア州、ロンバルディア、ピエモンテ、トスカーナなど各州計5軒のリストランテで修業。99年に帰国し、広尾の「アッカ」を経て、2002年に独立開店。07年より麻布十番「リストランテ ラ プリムラ」のシェフに就任。12年、白金台に移転。20年1月広尾に移転。

沼尻芳彦（ぬまじり・よしひこ）　エミリア＝ロマーニャ州担当

トラットリア ダディーニ
東京都文京区白山5-2-7
フォーエムビル 1F
03-6801-5022

1971年、東京生まれ。95年に渡伊してエミリア＝ロマーニャ州のリストランテ「ロカンダ・ソラローラ」やトレンティーノ＝アルト・アディジェ州などで学ぶ。翌年に帰国して浅草「リストランテ・ジャルディーノ」で1年間働き、再度渡伊してエミリア＝ロマーニャ州の同店で修業するなど2年間滞在する。99年に帰国し、「ヴィーノ・デッラ・パーチェ」のシェフを経て、2002年、恵比寿に「ダ・ディーノ」を開業。14年9月、文京区白山に移転して「トラットリア ダディーニ」を開業。

三浦　仁（みうら・じん）　エミリア＝ロマーニャ州担当

グラッポロ 銀座
東京都中央区銀座6-7-19
ミクニ銀座ビル5F
03-6274-6728
https://www.grappolo-ginza.jp

1963年、東京生まれ。美容師・ヘアメイクを経て、27歳でフードビジネス業界に転身。オライアングループの「ビスボッチャ」などを経て、31歳で渡伊。エミリア＝ロマーニャ州リッチョーネの星付きホテルなどで働く。帰国後98年に「オステリア　イル　グラッポロ」（恵比寿）の総料理長に就任。2003年に白金にオーナーシェフとして「イル　グラッポロ・ダ ミウラ」を開業。10年8月には「オステリア ルスティカ ドムス」を近隣に出店。20年6月に「イル　グラッポロ・ダ ミウラ」を「グラッポロ 銀座」として移転オープン。

今井雅博（いまい・まさひろ）　トスカーナ州担当

アルチェッポ
東京都港区白金1-25-32
J&Kビル白金2F
03-5424-1331
http://www.al-ceppo.jp/

1965年、愛知県生まれ。高校卒業後、実業団サッカーチーム所属を経て、調理師学校で学ぶ。87年に東京・渋谷の「トゥリオ」に入る。93年渡伊、トスカーナ、シチリア、サルデーニャ各州、ローマなどで働き、98年に帰国。六本木「ラ・パレッタ」シェフに就任。同店で出会ったサービスマンの神田直氏とともに独立。2001年、東京・白金に「アルチェッポ」をオープン、シェフを務める。21年現在の店舗に移転。

辻　大輔（つじ・だいすけ）　トスカーナ州担当

コンヴィーヴィオ
東京都渋谷区千駄ヶ谷3-17-12
カミムラビル 1F
03-6434-7907
http://www.convivio.jp

1981年、京都市生まれ。高校卒業後に訪れたローマでイタリア料理の道に進むことを決める。シエナでイタリア語を学び、04年からキャンティの「アンティーカ・トラットリーア・ラ・トッレ」、05年よりパヴィーアの「リストランテ・ロカンダ・ヴェッキア・パヴィーア」で料理を学び06年に帰国。都内のレストランを経て09年より「ビオディナミコ」シェフ、12年11月に独立し「コンヴィーヴィオ」のオーナーシェフに。15年3月に北参道に移転。

奥村忠士（おくむら・ただし）　ウンブリア州担当

リストランテ・アカーチェ
（2023年11月閉店）

1955年、岐阜市生まれ。東京・九段下の「ラ・コロンバ」（現在は閉店）などでイタリア料理を始める。82年に渡伊し、ウンブリア州スペッロの「イル・モリーノ」で半年間修業。その後、トスカーナ州やミラノで学び、84年の帰国直前に再度スペッロの同店で3ヵ月間働く。帰国後は東京・西麻布「アルポルト」でセコンドを務め、銀座「モランディ」のシェフを経て96年に独立、南青山に「リストランテ・アカーチェ」をオープン。独立直前にも計6ヵ月間、ピエモンテ州を拠点に各州のレストランやホテル学校で研修する。

石川重幸（いしかわ・しげゆき）　マルケ州担当

クチーナ シゲ
東京都江東区大島2-41-16
ポパイビル1F
03-3681-9495
http://www.cucinashige.com

1973年、東京生まれ。「クチーナ・ヒラタ」「ヴィノ・ヒラタ」で5年間学んだ後、99年に渡伊。マルケ州の魚介料理専門リストランテ「マドニーナ・デル・ペスカトーレ」で1年半修業し、ピエモンテ、トスカーナ、トレンティーノ＝アルト・アディジェ、ロンバルディアの各州などを回る。2002年に帰国し、「ヴィノ・ヒラタ」のシェフを経て、10年5月に東京・西大島に「クチーナ シゲ」を独立開業。マルケ州滞在時に魚の目利きや調理技術にめざめ、現在も豊洲市場で仕入れる四季の魚介類の料理を得意とする。

京　大輔（きょう・だいすけ）　ラツィオ州担当

コルニーチェ

1972年、東京生まれ。調理師学校を卒業後、青山「サバティーニ」、西麻布「アクアパッツァ」を経て、23歳で渡伊。ローマやアブルッツォ州、トスカーナ州のトラットリーアやピッツェリア、リストランテで2年間修業。帰国後、都内のリストランテに勤め、28歳で東京・緑が丘に「コルニーチェ」を独立オープン。2024年6月逝去。

小池教之（こいけ・のりゆき）　ラツィオ州／バジリカータ州担当

オステリア デッロ スクード
（2023年12月閉店）

1972年、埼玉県生まれ。大学在学中から料理修業を始め、「ラ・コメータ」（東京・麻布十番）、「パルテノペ」（同・恵比寿）など都内のイタリア料理店数軒で経験を積む。イタリア各地の伝統や文化をより深く理解するために2003年に渡伊し、各地で修業しながら全土を行脚。06年に帰国し、07年「インカント」の料理長に就任。18年四谷に「オステリア デッロ スクード」を開業。郷土色豊かなイタリア全土の料理を展開。

鮎田淳治（あゆた・じゅんじ）　アブルッツォ州／モリーゼ州担当

ラ・コメータ
東京都港区麻布十番1-7-2
エスポワール麻布2F
03-3470-5105

1951年、栃木県生まれ。74年に洋食レストランで料理人のスタートをきる。翌75年にイタリアへ渡り、ローマの国立（当時）ホテル学校「エナルク」でイタリア料理の基礎を3年間学ぶ。その後、ローマ市内、ウンブリア州、トスカーナ州、シチリア州など各地のホテルで修業し、82年に帰国。同年、「ラ・コメータ」を独立開店する。夫人がモリーゼ州との州境にあるアブルッツォ州ボッレッロの出身であることから両州の料理にも精通している。2003年にはイタリア食材の輸入販売を行なう㈱アイランドフーズを立ち上げる。16年にはイタリア国よりカヴァリエーレ勲章を授与される。

渡辺陽一（わたなべ・よういち）　カンパーニア州担当

パルテノペ 恵比寿店
東京都渋谷区恵比寿1-22-20
080-8144-8832
https://partenope.jp

1961年生まれ。愛知県出身。調理師学校卒業後、六本木「アントニオ」を経て、84年に渡伊。在ローマバチカン大使館付き料理長を務め、ナポリのホテル学校で1年間学び、イスキア島のホテルなどで3年働いた後、帰国。東京・銀座「リトル・イタリー」の料理長を経て、90年、再び渡伊。ナポリ、アブルッツォ州、プーリア州など南イタリアを中心に研鑽を積む。97年帰国、東京・中目黒の「サルヴァトーレ」料理長を経て、2000年東京・広尾の「パルテノペ」料理長に就任。退職後、現在はフリーランスの料理顧問。

杉原一禎（すぎはら・かずよし）　カンパーニア州担当

オステリア オ ジラソーレ
兵庫県芦屋市宮塚町15-6
キューブ芦屋
0797-35-0847
http://www.o-girasole.com/

1974年、兵庫県生まれ。日本のイタリア料理店で5年働いた後、97年にイタリアに渡ってナポリに惚れ込み、飛び込みで5代続く典型的なトラットリーアで2年半働いたのをはじめ、市内のパスティッチェリーアで半年、ナポリ近郊の2ツ星のリストランテ「トッレ・デル・サラチーノ」で1年半など、計4年半の修業を積む。イタリア滞在中にAISのソムリエ資格を取得。帰国後2002年に芦屋に「オステリア オ ジラソーレ」を開店する。

江部敏史 （えべ・さとし）　プーリア州担当

コルテジーア
東京都港区南青山5-4-24 B1F
03-5468-6481
http://www.r-cortesia.com

1967年、東京生まれ。調理師学校卒業後、都内数店で勤務。「ヴィーニ・ディ・アライ」のシェフを経て、94年に渡伊。フィレンツェ、ボローニャ、プーリア州のターラントなどを回り、帰国後は東京・水天宮の「アルポンテ」に5年間勤める。再度渡伊してプーリア州を中心に学び、帰国して99年に千葉・浦安「ペスケリーア」のシェフ、同店の移転・改名にともない小石川「アル・ペッシェ・ドーロ」（現在は閉店）のシェフとなる。2006年に表参道のリストランテ「コルテジーア」のシェフに就任。プーリア州の食材を生かしたシンプルな料理をこよなく愛し、その素朴なおいしさを追究する。

島田　正 （しまだ・ただし）　バジリカータ州担当

オステリア・ボーノ
東京都目黒区東山3-15-12 B1F
03-3713-0151
http://www.osteriabuono.com

1963年、千葉県生まれ。18歳からさまざまなジャンルの店で修業を積み、東京・渋谷のレストラン「レザール」（現在閉店）を経て、94年に「オステリア・ボーノ」を池尻大橋に独立開業。近隣に「ムロ・ルカーノ」「グラッパ・ディ・バッサーノ」の2店も展開する。毎年イタリア各地を訪れるが、なかでも知人の紹介で訪れたバジリカータ州にある町ムーロ・ルカーノには97年以来、欠かさずに足を運ぶ。

有水かおり （ありみず・かおり）　カラブリア州担当

トラットリア かおり
東京都中野区中央5-48-5
シャンボール中野 1F
03-4283-5435

1971年生まれ。東京都出身。調理師学校卒業後、都内のイタリア料理店に勤めた後、㈱サンルートに入社。新宿の「ホテルサンルート東京」内のイタリア料理店「レストランキャリオカ」で、当時シェフを務めていた吉田政國氏と出会う。その後、何店かのレストランを経て、パルマを中心に半年間、イタリア現地で研修。帰国後、98年に、吉田氏が東京・大井町に開業した「トラットリア ヨシダ（旧トラットリア・ファビアーノ）」のシェフに就任。同店は2017年に閉店。19年「トラットリア かおり」を開業。

石川　勉 （いしかわ・つとむ）　シチリア州担当

トラットリア シチリアーナ・ドンチッチョ
東京都港区南青山1-2-6
ラティス青山スクエア1F
03-5843-1393

1961年生まれ。岩手県出身。「ラ・パタータ」（東京・神宮前）を経て、84年渡伊。シチリア州パレルモの「チャールストン」で働き、衝撃を受ける。その後、フィレンツェや、ボローニャでも働き、87年に帰国。都内のレストランでシェフを務めた後、2000年5月、東京・外苑前に、シチリア色を強く打ち出した「トラットリア・ダ・トンマズィーノ」をオープン。その後もシチリアへ足を運び、店の方向性を確実なものとする。06年、東京・渋谷に移転、「トラットリア シチリアーナ・ドンチッチョ」をオープン。23年2月青山一丁目に移転。

日高良実 （ひだか・よしみ）　シチリア州担当

アクアパッツァ
東京都港区南青山2-27-18
パサージュ青山 2F
03-6434-7506
http://www.acquapazza.co.jp/

1957年、神戸市生まれ。「リストランテ・ハナダ」（現在は閉店）でイタリア料理修業をスタート。86年より3年間をかけてイタリアの北から南まで14軒のレストランで修業し、郷土料理の魅力に開眼する。帰国後、90年にリストランテ「アクアパッツァ」をオープン、2001年に広尾に移転する。同じビルの1階に「アクアヴィーノ」や「ジェラテリア　アクアパッツァ」、横須賀美術館内に「アクアマーレ」なども展開。シチリア州はリーパリ島で働いた経験があるが、日本へ帰国後も何度も訪れているお気に入りの地で、独自の風土、文化、料理に惚れ込んでいる。18年に南青山に移転。

馬場圭太郎 （ばば・けいたろう）　サルデーニャ州担当

タロス
東京都渋谷区道玄坂1-5-2
渋谷SEDEビル 1F
03-3464-8511
http://www.tharros.jp

1971年、新潟県生まれ。都内のフランス料理店とイタリア料理店で働いた後、93年に渡伊。トスカーナ、サルデーニャ、シチリア各州のレストランで計5年間修業する。サルデーニャでは「ラ・グリッタ」「コルサーロ」「トンノ・ディ・コルサ」など州内各地のレストランで計2年間働き、同州の地方料理を学ぶ。99年に帰国して、「ナプレ」（東京・表参道）、「ラ・スコリエーラ」（東京・赤坂）で料理長を務めた後、2007年にサルデーニャ家庭料理「タロス」を開店。料理、ワイン、雰囲気ともにサルデーニャを再現している。15年湘南国際村に葉山料理「ソリス・アグリトゥーリズモ」を開店。

（店舗データは2024年8月現在）

知識篇　主な参考文献

Lessico Universale Italiano, Istituto della Enciclopedia Italiana Treccani.
Regioni d'Italia, Giunti.
Geografia, Deagostini.
Anna Gosetti della Salda, *Le Ricette Regionali Italiane,* Casa Editrice Solares.
Grande Enciclopedia Illustrata della Gastronomia, Reader's Digest.
Luigi Carnacina & Luigi Veronelli, *La Cucina Rustica Regionale,* Rizzoli.
Davide Paolini, *Viaggio nei Giacimenti Golosi,* Mondadori.
Massimo Alberini & Giorgio Mistretta, *Guida all'Italia Gastronomica,* Touring Club Italiano.
Fernanda Gosetti, *La Grande Cucina Regionale Italiana - I Pesci,* Fabbri Editori.
Fernanda Gosetti, *I Dolci della Cucina Regionale Italiana ,* Fabbri Editori.
Il Pane, Rai- Eri.
Flavio Birri & Carla Coco, *Nel Segno del Baccalà,* Marsilio Editori.
Salami d'Italia, Slow Food Editore.
L'Italia del Pane, Slow Food Editore.
Formaggi d'Italia, Slow Food Editore.
L'Italia dei Dolci, Slow Food Editore.
Ennio Celant, *Val d'Aosta in Bocca,* Gulliver.
Alessandro Molinari Pradelli, *La Cucina Piemontese,* Newton Compton Editori.
La Grande Cucina Piemontese, Editrice Artistica Piemontese.
L'Antica Cuciniera Genovese, Nuova Editrice Genovese.
Prodotti di Liguria, Regione Liguria -Assessorato Agricoltura.
Fabiano Guatteri, *La Cucina Milanese,* Hoepli.
Franco Marenghi, *La Cucina Mantovana Ieri e Oggi,* Edizioni Edimarenghi.
La Cucina delle Regioni d'Italia-Veneto, Edizioni Mida.
Giovanni Righi Parenti, *La Cucina Toscana,* Newton Compton Editori.
Alessandro Molinari Pradelli, *La Cucina delle Marche,* Newton Compton Editori.
Luigi Sada, *La Cucina Pugliese,* Newton Compton Editori.
Amedeo Sandri & Maurizio Falloppi, *La Cucina Vicentina,* Franco Muzzio Editore.
Guglielma Corsi, *Un Secolo di Cucina Umbra,* Edizioni Porziuncola.
Carlo Gosetti & Annalisa Breschi, *Cucina Umbra,* Carlo Gosetti Editore.
Lucia Lazari, *Cucina Salentina,* Mario Congedo Editore.
Graziano Gruppioni, *La Cucina Ferrarese,* Casa Editrice Liberty House.
Paolo Petroni, *Cucina Emiliana e Romagnola,* Edizioni Il Centauro.
Monica Cesari Sartoni & Alessandro Molinari Pradelli, *La Cucina Bolognese,* Newton Compton Editori.
Paolo Petroni, *Cucina Fiorentina,* Bonechi.
Giuseppe Perisi, *Cucina di Sardegna,* Franco Muzzio Editore.
Giovanni Righi Parenti, *Dolci di Siena e della Toscana,* Franco Muzzio Editore.
Maria Adele Di Leo, *I Dolci Siciliani,* Newton Compton Editori.
Giuseppe Coria, *Profumi di Sicilia,* Vito Cavallotto Editore.

知識篇　主な参照サイト

www.regione.vda.it/turismo/scopri/enogastronomia/ricette/default_i.asp
www.piemonteitalia.eu/it/home-profilo.html
www.turismoinliguria.it/turismo/it/home.do
www.buonalombardia.it/browse.asp?goto=2&livello=2
www.turismo.milano.it
www.veneto.to/web/guest
www.comune.trento.it
www.altoadige-suedtirol.it/
www3.comune.gorizia.it/turismo/it
www.marecarso.it/
www.emiliaromagnaturismo.it/index.asp
www.turismo.intoscana.it/
www.regioneumbria.eu/default.aspx
www.italy-marche.info/jp/wine_foods/kyoudo.html#003
www.regione.lazio.it/web2/main/
www.abruzzoturismo.it//tourism/index.php?lan=it
www.molise.org/
www.incampania.com/index.cfm
www.sito.regione.campania.it/agricoltura/Tipici/indice.htm
www.viaggiareinpuglia.it/
www.vacanzeinbasilicata.it/
www.regione.sicilia.it/turismo/web_turismo/
www.sardegnaturismo.it/
www.saporetipico.it/
www.taccuinistorici.it/ita
www.formaggio.it/italia.htm
www.agraria.org/prodottitipici/salamemilanosalameocamortara.htm

イタリアの地方料理
La Cucina Regionale Italiana

北から南まで　20州280品の料理

撮影／
天方晴子　海老原俊之　大山裕平　川島英嗣　高島不二男
高瀬信夫　髙橋栄一　長瀬ゆかり　夫馬潤子

取材／
河合寛子　菅沼淳江　須山雄子　土田美登世　横山せつ子

イタリア風景写真提供／
イタリア政府観光局（ENIT）　Giovanni Gerardi

初版発行　2011年4月15日
7版発行　2024年9月20日

編者Ⓒ　柴田書店
発行者　丸山兼一
発行所　株式会社　柴田書店
　　　　東京都文京区湯島3-26-9　イヤサカビル　〒113-8477
　　　　電話　営業部　03-5816-8282（注文・問合せ）
　　　　　　　書籍編集部　03-5816-8260
　　　　URL　https://www.shibatashoten.co.jp

印刷・製本　大日本印刷株式会社

本書は別冊専門料理「イタリア地方料理の探究」（2005年刊）に
大幅に追加撮影・取材、加筆し、新たに構成・編集したものです。

本書収録内容の無断掲載・複写（コピー）・引用・データ配信等
の行為は固く禁じます。
乱丁・落丁本はお取り替えいたします。

ISBN 978-4-388-06111-2
Printed in Japan